Klaus Sachs-Hombach/Klaus Rehkämper (Hrsg.)

Bild – Bildwahrnehmung – Bildverarbeitung

Bildwissenschaft

Herausgegeben von
Klaus Sachs-Hombach und Klaus Rehkämper

Zunehmend werden unsere Erfahrungen und Erkenntnisse durch Bilder vermittelt und geprägt. In kaum zu überschätzender Weise halten Bilder Einzug in Alltag und Wissenschaft. Gemessen an der Bedeutung, die bildhaften Darstellungen mittlerweile zugeschrieben wird, erstaunt jedoch die bisher ausgebliebene Institutionalisierung einer allgemeinen Bildwissenschaft.

Mit dieser Buchreihe möchten die Herausgeber einen transdisziplinären Rahmen für die Bemühungen der einzelnen mit Bildern beschäftigten Fachdisziplinen zur Verfügung stellen und so einen Beitrag zum Entstehen einer allgemeinen Bildwissenschaft leisten.

Klaus Sachs-Hombach/Klaus Rehkämper (Hrsg.)

Bild – Bildwahrnehmung – Bildverarbeitung

Interdisziplinäre Beiträge zur Bildwissenschaft

2. Auflage

Springer Fachmedien Wiesbaden GmbH

Bibliografische Information Der Deutschen Bibliothek
Die Deutsche Bibliothek verzeichnet diese Publikation in der Deutschen Nationalbibliografie; detaillierte bibliografische Daten sind im Internet über <http://dnb.ddb.de> abrufbar.

Band 15 der Reihe Bildwissenschaft, die bis 2001 im Scriptum Verlag, Magdeburg erschienen ist.

Gefördert mit Forschungsmitteln des Kultusministeriums des Landes Sachsen-Anhalt.

1. Auflage November 1998
Nachdruck November 2000
2. Auflage Juni 2004

Ursprünglich erschienen bei Deutscher Universitäts-Verlag/GWV Fachverlage GmbH, Wiesbaden 2004

Lektorat: Ute Wrasmann / Frauke Schindler
www.duv.de

Umschlaggestaltung: Regine Zimmer, Dipl.-Designerin, Frankfurt/Main

ISBN 978-3-8244-4571-4 ISBN 978-3-663-09410-4 (eBook)
DOI 10.1007/978-3-663-09410-4

Vorwort zur zweiten Auflage

Die Tagung „Bild – Bildwahrnehmung –Bildverarbeitung", die 1997 in Magdeburg stattfand, verfolgte das Ziel, den Vertretern der einzelnen Bildwissenschaften ein Diskussionsforum zur Klärung der bestehenden theoretischen Ansätze zu bieten. Die damit verbundene Hoffnung, auf diese Weise einen Grundstein für die weitere bildwissenschaftliche Forschung zu legen, hat sich ohne Einschränkung erfüllt. Das zeigt sich nicht zuletzt daran, dass die Verwendung des Ausdrucks „Bildwissenschaft" inzwischen ganz selbstverständlich geworden ist, obwohl er doch erst 1994 im Rahmen des Bildwissenschaftlichen Kolloquiums Magdeburg (BWK) geprägt und auf der 1997er Tagung dann einer größeren Öffentlichkeit vorgestellt wurde. Er entsprach offensichtlich einem schon länger bestehenden Bedürfnis. Zwar ist auch heute die Bildwissenschaft noch nicht institutionell etabliert, die vielen Bemühungen hierzu machen die baldige Institutionalisierung aber wahrscheinlich.

Die zentrale Voraussetzung unserer Bemühungen zu einer allgemeinen Bildwissenschaft besteht in der Annahme, dass Bildwissenschaft notwendig interdisziplinär betrieben werden muss. Die Etablierung der Bildwissenschaft hat daher mit der Schwierigkeit zu kämpfen, dass die Forschung in der Regel disziplinär organisiert ist. Dies bietet aber andererseits eine besondere Chance: Wenn es gelingt, das Problem der interdisziplinären Zusammenarbeit zu bewältigen, dann könnte die Bildwissenschaft wie kaum eine andere Forschungsrichtung einen neuen, integrativen Wissenschaftstyp verkörpern. Von der Klärung der konzeptionellen Grundlagen der Bildwissenschaft sollte sich der Leser also nicht nur eine Orientierung für die empirische Forschung erwarten. Er sollte sie mit der Vision eines neuen Wissenschaftstyps verbinden. Hierzu eignet sich die Bildwissenschaft in besonderer Weise, da sie aus begrifflichen Gründen interdisziplinär verfasst ist. Zudem zieht sich die Bildproblematik wie kaum ein anderes Thema durch die verschiedensten gesellschaftlichen Bereiche und verbindet hierbei Kultur und Technik ebenso wie Kunst und Wissenschaft.

Die Magdeburger Tagung war für uns der Auftakt zahlreicher weiterer bildwissenschaftlicher Aktivitäten (siehe das Virtuelle Institut für Bildwissenschaft (VIB) unter www.bildwissenschaft.org). Hierzu gehörte unter anderem die Gründung der Buchreihe „Bildwissenschaft". Sie erschien ursprünglich im Scriptum Verlag. Durch den Konkurs des Verlages kam es dann aber leider zu Komplikationen bei der Auslieferung einzelner Bände. Mit dem Wechsel der Buchreihe zum Deutschen Universitätsverlag konnten zunächst der geregelte Fortgang der Reihe sichergestellt werden. Inzwischen sind auch die noch im Scriptum Verlag erschienen Bände (1, 2, 3, 5 und 6) wieder regulär im Buchhandel (und zwar über den Herbert von Halem Verlag) erhältlich. Auf Grund der anhaltenden Nachfrage haben wir uns nun entschlossen, auch den 97er Tagungsbandes in einer zweiten Auflage und im Rahmen der Buchreihe „Bildwissenschaft" wieder zugänglich zu machen. Erneut sei allen Teilnehmern der Tagung ganz herzlich für Ihre Unterstützung gedankt.

Magdeburg / Oldenburg, März 2003

Klaus Sachs-Hombach
Klaus Rehkämper

Geleitwort

Bilder rücken zunehmend in den Mittelpunkt der Kommunikationsmöglichkeiten zwischen Rechner und Benutzer. Dieses Phänomen ist sicherlich auch mitverantwortlich für die faszinierende, weltweite Verbreitung von internetbasierten Arbeiten. Das graphische Layout von Internetseiten, die Vernetzung von Informationsrepräsentationen und die Verknüpfung von bildhaften Darstellungen mit Texten machen das World-Wide-Web bereits heute zu einem beliebten und effizienten Arbeits- und Unterhaltungsmittel.
Dadurch gewinnen grundlegende Fragen zu Bildern im allgemeinen an Aktualität. Fragen danach, was Bilder eigentlich sind, wie sie von Menschen wahrgenommen, verarbeitet und genutzt werden, sind zwar nicht neu, stehen nun aber in einem neuen Licht. Von besonderem Interesse sind Antworten auf diese Fragen heute deshalb, weil die Diskussion mittlerweile um Überlegungen ergänzt worden ist, wie Computer Bilder für eine breite Masse an Benutzern erzeugen können. Diese Bilder sollen beispielsweise situationsgerecht und auf aktuelle Bedürfnisse von Benutzern eingehen. Dieses erfordert flexible Algorithmen zur Kodierung von Informationen in Bilder.
Dabei befindet sich die Erforschung von den Bildern zugrunde liegenden Prinzipien als Verbindung zwischen Rechner und Benutzer noch in der Anfangsphase, zumindest im Vergleich dazu, wie viel über Sprache bekannt ist. Während das Gebiet der Linguistik bereits in der Nachkriegszeit besonders aufzublühen begann, welches dann auch dazu führte, daß sich die Computerlinguistik als eigenständige Disziplin herauskristallisierte, wurde an Bildern nicht in vergleichbarer Weise systematisch gearbeitet. Während die Linguistik und die Computerlinguistik die traditionellen Grenzen von Wissenschaftsdisziplinen erfolgreich überwinden konnten, beginnt dieser Prozeß in Bezug auf Bilder erst in jüngster Zeit.
Aus Sicht der Informatik besteht ein gesteigerter Bedarf an Visualisierungen deshalb, weil die den Anwendungen der Informatik zugrunde liegenden Daten zunehmend komplexer strukturiert werden. Die für den Benutzer relevanten Beziehungen zwischen Datensätzen können oft nicht mehr durch Algorithmen errechnet werden, sondern *nur* noch durch Analyse von geeigneten Visualisierungen der Daten. Während früher graphische Darstellungen von bereits errechneten Ergebnissen als Beleg für die Richtigkeit der Schlußfolgerungen angefertigt wurden, kann der Benutzer heute Schlußfolgerungen oft nur noch anhand der Visualisierungen ziehen. Für diesen Übergang in der Nutzungsweise von Visualisierungen kann der vieldiskutierte Begriff der „visuelle Zeitwende" genutzt werden.
Das verstärkte Interesse an Bildern manifestiert sich nicht nur in der Forschung, sondern auch in der universitären Ausbildung. So wurde zum Wintersemester 1996/97 ein Diplomstudiengang Computervisualistik an der Fakultät für Informatik der Universität Magdeburg eingerichtet, der von Abiturienten sehr gut angenommen wurde und zu überraschend hohen Immatrikulationszahlen geführt hat. Bei den Übergängen zum Ausbildungskonzept stand im Mittelpunkt die Fragestellung, welches die notwendigen Bestandteile einer Wissenschaft sind, die sich mit Bildern im Kontext der Informationsgesellschaft beschäftigt. Im Ergebnis beruht das Ausbildungskonzept auf drei Säulen:

- Methoden und Werkzeuge der Informatik zum Umgang mit Bildern,
- Anwendungsfächer, z. B. Medizin oder Werkzeugwissenschaften, bei denen bildgebendeVerfahren auf der Basis der Methoden und Werkzeuge der Informatik zum Einsatz kommen und

- Herangehensweisen der Geistes-, Sozial- und Erziehungswissenschaften zur Reflexion über die Arbeit mit Bildern.

Zum Wintersemester 1998/99 nimmt nun auch die Universität Koblenz-Landau die Lehre im Diplomstudiengang Computervisualistik auf. In Magdeburg gibt es zusätzlich auch einen international angelegten „Master of Science" - Studiengang in Computational Visualistics.
Das vorliegende Buch hat seinen Schwerpunkt bei der dritten oben genannten Säule und verzahnt die Diskussion mit den anderen beiden Säulen. Grundlegende Fragen zum Bildbegriff an sich, der Bildkommunikation und der menschlichen Verarbeitung von Bildern stehen im Mittelpunkt des Interesses. Es ist zu hoffen, daß Vertreter der Informatik und der Anwendungsfelder von bildgebenden Verfahren daraus lernen können, welche Prozesse ablaufen, wenn Bilder verarbeitet und genutzt werden. Aus der Zusammenführung dieser Interessen ergibt sich ein besonderes Potential, das den Grundstein für eine neue Wissenschaft legt.

Magdeburg, im Mai 1998

Thomas Strothotte
Institut für Simulation und Graphik
Fakultät für Informatik
Otto-von-Guericke-Universität Magdeburg

Inhalt

Einleitung

Wir leben in einem visuellen Zeitalter, einem Zeitalter der Bilder. Information wird mit Hilfe von Bildern dargestellt, vermittelt, verständlich gemacht. Ihr Stellenwert in der modernen Medienlandschaft kann gar nicht überschätzt werden. Für die pädagogische Forschung erweisen sich Bilder mittlerweile als ebenso bedeutsam wie für die medizinische Diagnostik. Bildgebende Verfahren sind zu einem unverzichtbaren Bestandteil der technischen Konstruktion wie der wissenschaftlichen Analyse geworden. Bilder durchdringen also gleichermaßen die moderne Arbeits- und Berufswelt wie die Freizeitwelt. Deshalb erschöpft sich ihre Bedeutung nicht in der Faszination, die ihr unmittelbarer, sinnlicher Eindruck gewährt. Bilder können darüber hinaus verwendet werden, um komplexe Sachverhalte zu vereinfachen und zu strukturieren. Besonders diese Eigenschaft läßt es sinnvoll erscheinen, sich mit bildlichen Darstellungsformen – die sich anscheinend fundamental von sprachlicher Darstellung unterscheiden – wissenschaftlich auseinanderzusetzen.

Anders als es bei der Sprachwissenschaft der Fall war, hat sich eine Bildwissenschaft bisher aber noch kaum ausgebildet. Die Gründe hierfür sind vielfältig. Ein wesentlicher Grund liegt sicherlich in den Besonderheiten, die Bilder kennzeichnen. Ein zweiter Grund ergibt sich aber aus der Heterogenität der Phänomene, die wir mit dem Ausdruck „Bild“ bezeichnen. Wir sprechen von Weltbildern, Menschenbildern und Leit- oder Idealbildern ebenso wie von Spiegelbildern, Sprachbildern und mentalen Bildern. Es ist fraglich, ob sich überhaupt eine gemeinsame Eigenschaft finden läßt, die alle diese Phänomene besitzen. Vielleicht ist der Ausdruck „Bild“ daher ein ebenso gutes Beispiel wie der Ausdruck „Spiel“, um Wittgensteins Begriff der Familienähnlichkeit zu illustrieren. Dies mag die komplizierten Zusammenhänge zwischen den verschiedenen Bildphänomenen verständlich machen, für das Entstehen einer allgemeinen Bildwissenschaft ist diese Sachlage aber wohl mehr als hinderlich.

Ein weiterer Grund für die bisher nur rudimentäre Ausbildung einer allgemeinen Bildwissenschaft ist darin zu sehen, daß die komplizierten Zusammenhänge, die bei der Verwendung und Interpretation von Bildern eine zentrale Rolle spielen, in sehr vielen unterschiedlichen Disziplinen behandelt werden. Bilder sind, um nur einige wichtige Disziplinen zu nennen, Gegenstand der Psychologie, der Neurobiologie und der Kognitionswissenschaft, ebenfalls der Semiotik, der Kommunikationstheorie und der Kunstgeschichte, zudem der Philosophie und der Infomatik. In besonderer Weise hat sich vielleicht die Kunstgeschichte immer schon um Bilder gekümmert, aber sie behandelt Bilder erstens lediglich als ein Thema unter vielen, und zweitens interessiert sie sich traditionell nur für die besondere Klasse der ästhetischen Bilder. Die Philosophie, die ebenfalls seit der Antike besondere Beziehungen zur Bildthematik unterhält, vermeidet diese thematische Verengung der Sicht zwar, sie spaltet die unterschiedlichen Aspekte des Bildes dafür aber auf und ordnet sie den verschiedenen Unterdisziplinen der Ästhetik, der Philosophie des Geistes oder der Sprachphilosophie bzw. Zeichentheorie zu.

Um das Entstehen einer allgemeinen Bildwissenschaft zu fördern, scheint es daher geboten, zum einen eine gewisse Beschränkung zumindest auf den Bereich materieller und mentaler Bilder vorzunehmen, zum anderen aber eine interdisziplinäre Zusammenarbeit anzustreben, wie sie etwa in jüngster Zeit die Kognitionswissenschaftler vorgeführt haben. Vor diesem Hintergrund hatten wir beschlossen, mit der Tagung "Bild, Bildwahrnehmung, Bildverarbeitung", die im März 1997 an der Otto-von-Guericke-Universität stattfand, den Vertretern der verschiedenen Disziplinen ein Diskussionsforum zu bieten. Hiermit verbanden wir die Hoffnung, einen Grundstein für die weitere bildwissenschaftliche Forschung zu legen. Während die Psychologen und Neurobiologen, die sich in diesem Forschungsverbund mit der kognitiven Verarbeitung von Bildern befassen, in ihren Experimenten einen bestimmten Bildbegriff voraussetzen, kommt es den Philosophen zu, die verwendeten theoretischen Grundbegriffe, vor allem natürlich den Begriff des Bildes selbst, zu hinterfragen. Die kunstgeschichtliche Forschung, die Semiotik und die Kommunikationstheorie stehen zwischen diesen beiden Unternehmungen. Sie setzen einen bestimmten Bildbegriff voraus, verfahren aber nicht experimentell. Statt dessen versuchen sie, in jeweils besonderer methodologischer Ausrichtung, die Ergebnisse der psychologischen Experimente wie der philosophischen Begriffsklärungen in die eigene Sicht auf die Bildthematik zu integrieren. Damit trugen sie auf ihre Art zum Ziel der Tagung bei, nämlich einerseits die vorwiegend empirisch arbeitende Wissenschaftler mit theoretischen Fragestellungen zu konfrontieren und andererseits die Ansätze der theoretischen Überlegungen an der Praxis zu orientieren. Der vorliegende Band versammelt nun die Ergebnisse dieser Diskussionen.

Obwohl wir uns auf die beiden Themen der materiellen und der mentalen Bilder konzentriert hatten, ergab sich eine Vielzahl unterschiedlicher Probleme. Zunächst sollte genau getrennt werden zwischen den Problemen der verschiedenen Bildarten. Zwar wird ein umfassender Bildbegriff auch etwas über den Zusammenhang zwischen ihnen sagen müssen; worin die Gemeinsamkeit der verschiedenen Bildbegriffe liegt, ist aber bisher eine überaus kontrovers diskutierte Frage. Für das Thema der mentalen Bilder gilt zudem, daß nicht einmal Übereinstimmung darüber besteht, ob es überhaupt mentale *Bilder* gibt. Hier verspricht die Beantwortung der Frage nach wesentlichen Eigenschaften der Bilder im engeren Sinn bessere Ergebnisse. Zwar ist auch hier kontrovers, welches diese Eigenschaften im einzelnen sind und ob sie eher auf der syntaktischen, auf der semantischer oder auf der pragmatischen Ebene zu finden sind; daß es Bilder im engeren Sinn überhaupt gibt, und daß sie eine wichtige kommunikative Funktion besitzen, kann jedoch als gesichert gelten.

Was die Diskussion um die materiellen Bilder oder die Bilder im engeren Sinn betrifft, so haben sich zwei Diskussionslinien herausgebildet. Materielle Bilder werden entweder mit Blick auf die Sprachwissenschaft primär als spezielle Zeichen verstanden oder aber mit Blick auf phänomenologische Theorien sehr eng an spezielle Wahrnehmungsphänomene gebunden. Die zeichentheoretischen Ansätze bemühen sich um eine Übertragung der sprachwissenschaftlichen Termini und fassen Bilder daher als ein kommunikatives Zeichensystem, das einer Sprache mehr oder weniger entspricht. Die phänomenologischen Theorien stellen dagegen z.B. die illusionistischen Bildeffekte in den Vordergrund und koppeln die Bildtheorie primär mit wahrnehmungstheoretischen Diskussionen. Beide Standpunkte lassen sich sicherlich vereinbaren; da bisher eine solche übergreifende Theorie aber noch aussteht, entsteht mitunter der Eindruck eines schroffen Gegensatzes.

Obschon besonders für die phänomenologischen Bildtheorien ein enger Zusammenhang zwischen Bildtheorie und Wahrnehmungstheorie besteht, sollten die Probleme beider Bereiche aber klar unterschieden bleiben. Interessant sind Wahrnehmungstheorien für die Bilddiskussion zunächst bei dem speziellen Fall der Bildwahrnehmung, also der Wahrnehmung materieller Bilder. Darüber hinaus läßt sich auch fragen, inwieweit Wahrnehmung generell ein bildgestützter Prozeß ist. Nun ist aber nicht mehr von materiellen Bildern die Rede, sondern von Netzhautbildern oder auch von mentalen Bildern. Die Wahrnehmungstheorie enthält also Aspekte beider Diskussionen. Dies sollte im Einzelfall im Auge behalten werden.

Was die Diskussion um die mentalen Bilder betrifft, steht allen weiteren Problemen die Frage voran, inwieweit die Annahme mentaler Repräsentationen überhaupt eine sinnvolle Annahme zur Erläurung des Verhaltens ist. Wird dies erst einmal zugestanden, so richtet sich die Diskussion in der Regel auf die weitere Frage nach einer Klärung des Repräsentationsbegriffs, also danach, ob es sinnvoll ist, verschiedene Formen, namentlich auch piktoriale Formen, der mentalen Repräsentation anzunehmen. Hier stehen sich Piktorialisten und Deskriptionalisten gegenüber. Sie akzeptieren gleicherweise die Annahme mentaler Repräsentationen, haben aber unterschiedliche Kriterien darüber, was als mentale Repräsentation gelten darf. Die Diskussion über mentale Bilder spielt sich zentral im Bereich der Gedächtnispsychologie ab. Zuweilen greift sie aber auch auf Wahrnehmungsphänomene als paradigmatische Fälle zurück.

Diese groben thematischen Differenzierungen fallen nicht mit den disziplinären Differenzierungen zusammen. Die Kunstgeschichte ist zwar vor allem mit materiellen Bildern beschäftigt, während die Philosophie an beiden Bereichen beteiligt ist und man die Psychologie eher mit der Diskussion um mentale Bilder verbinden wird. Innerhalb der Kunstgeschichte haben sich aber z.B. psychologische Theorien der Bildwahrnehmung etabliert, wie sich innerhalb der Psychologie philosophische Standpunkte bemerkbar machen oder Modelle der Informatik übernommen worden sind.

Bei der Gliederung der Tagungsbandes sind wir so verfahren, daß zunächst die verschiedenen kommunikativen Funktionen der Bilder im engeren Sinn thematisiert werden. Es folgen die Arbeiten, die den Begriff des materiellen Bildes vertiefen und speziellere Aspekte der Bildsemiotik behandeln. Im dritten Abschnitt haben wir die Arbeiten zusammengefaßt, die sich primär auf die philosophischen Aspekte der Diskussion um die mentalen Bilder und die Bildhaftigkeit des Kognitiven beziehen. Der vierte Abschnitt hat diese Probleme schließlich aus Sicht der empirischen und pädagogischen Psychologie sowie der Neurobiologien zum Gegenstand.

Die Organisation der Tagung sowie die Herausgabe des Tagungsbandes war nur möglich durch die zahlreichen Unterstützungen, die wir erhalten haben. An dieser Stelle möchten wir uns besonders beim Kultusministerium des Landes Sachsen-Anhalt bedanken, das in großzügiger Weise die finanzielle Grundlage der Tagung sicherte. Dem Institut für Philosophie und dem Institut für Simulation und Graphik der Otto-von-Guericke-Universität Magdeburg sowie dem Institut für Philosophie der Carl-von-Ossietzky-Universität Oldenburg sei ebenfalls gedankt. Für die Hilfe bei der Durchführung der Tagung und bei der Drucklegung der Beiträge möchten wir uns schließlich bei Claudia Menzel, Thomas Schwieger, Gerald Jörn, Holger Leerhof und Udo Früsmer bedanken.

Oldenburg, im Mai 1998

Klaus Sachs-Hombach
Klaus Rehkämper

I.

Zur Funktion der Bilder

ROLAND POSNER und DAGMAR SCHMAUKS

Die Reflektiertheit der Dinge und ihre Darstellung in Bildern

Einleitung

Bilder sind ein besonderer Teilbereich des Sichtbaren, nämlich flächenhafte Artefakte, die zugleich Zeichen sind, indem sie etwas abbilden. Abschnitt 1 skizziert zunächst GIBSONS Theorie der Gebrauchswerte („Affordanzen") von Objekten und ergänzt sie durch Überlegungen zur Reflektiertheit der Dinge, so daß die anschließenden bildbezogenen Überlegungen darauf aufbauen können. Ausgangspunkt ist der Gedanke, daß Menschen und andere Lebewesen ständig mit ihrer Umwelt interagieren, wobei jedes Einzelobjekt ein bestimmtes Interaktionsangebot macht, also auf seine Verwendbarkeit in bestimmten Handlungszusammenhängen schließen läßt. Bilder werden in dieser Arbeit unter zwei verschiedenen Perspektiven behandelt. Abschnitt 2 überträgt die vorgestellte Theorie auf Bilder, deren Gebrauchswert darin besteht, als Abbild von etwas zu dienen. In diesem Bereich sind also zwei Dimensionen des Gebrauchswertes zu unterscheiden: die Dimension des Abgebildeten und die der Abbildung selbst. Der Schwerpunkt liegt auf den Fragen, wie ein Bild darauf schließen läßt, daß es ein Abbild von etwas ist und daß es als Kunstwerk betrachtet werden soll, wobei gerade die beabsichtigten Irritationen des Betrachters besonders interessant sind. Abschnitt 3 behandelt die Rolle von Bildern in unserer heutigen städtischen Umwelt. Hier tritt uns auf zahllosen großflächigen Werbeplakaten eine Flut von Bildern entgegen, die alle unsere Aufmerksamkeit erheischen, was die Wahrnehmung anderer Objekte stört. Ein zweiter Einsatzbereich von Bildern ist dadurch entstanden, daß in heutigen Ballungsräumen viele Straßen und Gebäude gleich aussehen, so daß ihre Besonderheiten nicht mehr anhand intrinsischer Zeichen erkennbar sind. Als Abhilfe werden zahlreiche extrinsische Zeichen angebracht, etwa Schilder und Piktogramme. Da auch diese zur wachsenden semiotischen Umweltverschmutzung beitragen, werden Vorschläge gemacht, wie man dieser Entwicklung mit semiotischen Mitteln entgegensteuern kann.

1. Objekte und ihre Gebrauchswerte

Menschen stehen wie alle Lebewesen in ständiger zeichengeleiteter Interaktion mit ihrer Umwelt. Die Kommunikation zwischen Lebewesen wird von der Semiotik seit langem untersucht, wobei die Bandbreite der Möglichkeiten von der Kommunikation zwischen Artgenossen über die Interaktion zwischen Angehörigen verschiedener Arten (Mensch und Haustier, Jäger und Beute, Nahrungskonkurrenten) bis zum Versuch reicht, mit außerirdischen Lebewesen Kontakt aufzunehmen. Demgegenüber sind die Prozesse der Interaktion zwischen Lebewesen und unbelebter Umwelt noch nicht in vergleichbarem Ausmaß erforscht. Nach dem hier vertretenen Ansatz handeln Lebewesen in ihrer Umwelt, indem sie sich durch die wahrnehmbaren Eigenschaften physikalischer Objekte zu bestimmten Annahmen über deren Verwendbarkeit für eigene Zwecke bewegen lassen. GIBSON (1979) nennt diese Interaktionsangebote der Umwelt in seiner ökologischen Theorie der Wahrnehmung „Affordanzen"; im folgenden wird hierfür der Ausdruck „Gebrauchswert" benutzt. Während nun die Gebrauchswerte natürlicher Objekte nur mehr oder weniger gut erschlossen werden, können Artefakte von ihrem Produzenten gezielt so gestaltet werden, daß sie ihre Gebrauchswerte kundtun. Nur weil die Funktion von Werkzeugen in ihre Form hineinkodiert ist, glauben wir, sogar ein Theaterrequisit mit einer Klinge aus Gummi als „Messer" bezeichnen zu dürfen (POSNER 1992b, 27ff). HEIDEGGER (1977, 69) kommt von einem anderen Ansatz her zu inhaltlich verwandten Aussagen, etwa wenn er das erkundende Ausprobieren von Werkzeugen analysiert: „Das Hämmern selbst entdeckt die spezifische 'Handlichkeit' des Hammers. Die Seinsart von Zeug, in der es sich von ihm selbst her offenbart", nennt er „Zuhandenheit".

Alle im folgenden analysierten Schlußprozesse setzen voraus, daß ein Objekt bereits als Artefakt identifiziert wurde. Diese Entscheidung ist keineswegs immer trivial: denn da alle Zeichen eine materielle Seite haben, kommt es ohne entsprechendes Hintergrundwissen oft zu Fehlentscheidungen. Bei Irrtümern der ersten Art (in der Diagnostik würde man von „falsch positiven Fällen" sprechen) wird ein Naturobjekt irrtümlich als Artefakt aufgefaßt, etwa wenn ein Wanderer Flechtenkolonien auf Felsen für Wegmarkierungen hält, weil sie gleichmäßig rund und auffallend gelb sind. Im umgekehrten („falsch negativen") Fall wird ein Artefakt nicht als solches erkannt, etwa wenn man eine Schaufensterpuppe im Halbdunkel für einen Menschen hält. Und selbst wenn ein Objekt bereits eindeutig als Artefakt erkannt wurde, kann seine Funktion unbegreiflich bleiben, bis man den entsprechenden Handlungskontext kennenlernt. Das Räsonnement durch Analogieschlüsse, das in solchen Fällen einsetzt, kann anhand eines sog. „Saugentwöhners" verständlich gemacht werden: dieses sehr einfach strukturierte, aber im städtischen Kontext unbekannte Objekt ist ein zackiger Nasenring für Kälber, der sie vom Trinken bei ihrer Mutter abhält (SCHMAUKS 1996b).

Typisch für Gebrauchswerte ist, daß sie auf verschiedenen Reflexionsstufen vorliegen. Dies läßt sich zum Beispiel anhand der verschiedenen Möglichkeiten illustrieren, einen Wasserlauf zu überqueren (POSNER 1995, 17f). Ein Wanderer, der suchend seinem Ufer folgt, findet vielleicht einen Baumstamm, der zufällig über den Bach gefallen ist und so ein Hinüberklettern ermöglicht. Von einer Planke hingegen wird er annehmen, daß sie von Menschen hergestellt und absichtlich in die richtige Position gebracht wurde, um eine Überquerung des Bachs zu ermöglichen. Eine Brücke läßt ihn darüber hinaus schließen, daß die Absicht besteht, den Wanderer merken zu lassen, daß sie errichtet worden ist, um die Überquerung des Bachs an dieser Stelle zu ermöglichen.

Interessant ist der Unterschied zwischen den verschiedenen Angeboten zur Überquerung des Bachs. Er besteht in der Art der beteiligten Absichten. Vom querliegenden Baumstamm, der keinerlei menschliche Absicht erkennen läßt, über die Planke, deren Querliegen auf die Absicht zur Ermöglichung des Überquerens schließen läßt, bis zur prototypischen Brücke, die auch noch die Absicht kundtut, diese Absicht zu zeigen, nimmt die Komplexität der unterstellten Absichten schrittweise zu. Beim Baumstamm kommt der Wanderer ohne die Annahme eines fremden Willens aus, er billigt ihm in dieser Konstellation keine Reflektiertheit zu (Reflexionsstufe 0). Bei der Planke unterstellt der Wanderer den einfachen Willen zur Ermöglichung des Überquerens, rechnet also mit einem Mindestmaß an Reflektiertheit (Reflexionsstufe 1). Bei der Brücke unterstellt er zusätzlich den Willen, ihn den Willen zur Ermöglichung des Überquerens merken zu lassen, sie verkörpert also einen iterierten Willen und damit ein größeres Maß an Reflektiertheit (Reflexionsstufe 2).

In allen natürlichen Sprachen findet man Belege für diesen Stufenaufbau, wenn man von einem gegebenen Zweck ausgeht und die Wortfelder analysiert, denen die Bezeichnungen von Artefakten für diesen Zweck angehören. Die Skala der Bezeichnungen bewegt sich zwischen dem Natürlichen und verschiedenen Graden des Künstlichen, sie reicht immer von menschenunabhängigen Gegebenheiten über Artefakte von geringer Reflektiertheit bis hin zu Artefakten höherer Reflexionsstufen. Drei Beispiele aus dem Alltag sind:

Fortbewegen: Spur – Pfad / Weg – Straße
Wohnen: Höhle – Hütte / Haus – Villa
Sitzen: Sitz – Hocker / Stuhl – Sessel

Auf der Reflexionsstufe 0 wird einem natürlichen Gegenstand nur ein elementarer Gebrauchswert zugesprochen (auf einer Spur glaubt man laufen, in einer Höhle wohnen, auf einem Sitz sitzen zu können). Zu jedem Beispiel gibt es aber ein Pendant, das erkennbar absichtlich hergestellt wurde, um denselben Zweck zu erfüllen (Reflexionsstufe 1), und zwar entweder nur notdürftig (Pfad[1], Hütte, Hocker) oder bereits unter zusätzlicher Befriedigung von Bedürfnissen nach Bequemlichkeit (Weg, Haus, Stuhl). Auf der Reflexionsstufe 2 wird der Zweck der Artefakte erkennbar absichtlich gekennzeichnet, ihr Hersteller will den Betrachter ausdrücklich glauben machen, daß er sie jeweils für genau diese Funktion herstellen wollte (Straße, Villa, Sessel).

Bemerkenswert ist nun, daß diese Bezeichnungsskalen nicht auf der 2. Reflexionsstufe abbrechen, sondern je nach Kulturbereich auch mehr oder weniger weit in noch höhere Reflexionsstufen hineinreichen. Auf der Reflexionsstufe 3 wird zusätzlich zur Herstellungsabsicht und zur Absicht der Kennzeichnung der Herstellungsabsicht erkennbar absichtlich auf diese Absicht zur Kennzeichnung der Herstellungsabsicht hingewiesen; der elementare Zweck des Bezugsobjekts wird nicht nur gezeigt, sondern auf dieses Zeigen wird auch seinerseits wieder erkennbar absichtlich aufmerksam gemacht, d.h. der elementare Zweck wird zelebriert, man kann ihn gar nicht anders als zeremoniell ausführen. Das ist der Fall für die Fortbewegung auf einem Boulevard, für das Wohnen in einem Palast und für das Sitzen auf einem Thron.

Nicht nur der Übergang von der zweiten zur dritten Reflexionsstufe, sondern auch die anderen Übergänge ziehen Veränderungen ihrer Gebrauchswerte nach sich (POSNER 1995, 20f). Zunächst werden die Formmerkmale standardisiert: Als elementare Sitze können so verschiedene Gegenstände wie Steine, Baumstümpfe oder niedrige Äste dienen, während Parkbänke einander sehr ähnlich sind. Komplementär dazu wird das Verhalten ihrer Benutzer automatisiert: vorgefundene natürliche Gegenstände muß man zunächst auf ihre Eignung als Sitz hin prüfen und sie vielleicht noch in die richtige Lage bringen, während man sich auf eine Bank ohne derartige vorbereitende Handlungen gleich setzt. Ferner werden abweichende Verwendungen wie das Bemalen von Parkbänken oder deren Zusammenbau zu einem Baumhaus sozial sanktioniert.

Dieser Prozeß bewirkt schließlich das, was die Psychologie „funktionale Fixiertheit" nennt (ANDERSON 1980, 282-285): Weitere Gebrauchswerte werden aus der Interaktion mit dem Gegenstand soweit ausgeblendet, daß erst durch gezieltes Kreativitätstraining wieder ein flexibles Verhalten ihm gegenüber möglich wird. Zu beachten ist jedoch, daß ein Erfolg in dieser Richtung oft mit den ungeschriebenen sozialen Konventionen des Objektgebrauchs kollidiert. Der Alptraum jedes Heimwerkers sind Menschen mit geringer Fixiertheit, die Nägel mit der Kneifzange einschlagen und Schrauben mit dem Meißel eindrehen. Bereits die sprachliche Beschreibung solchen Mißbrauchs

[1] Bei Pfaden ist allerdings zu unterscheiden zwischen solchen, die sich ohne jegliche direkte Herstellungsabsicht aus den Trampelspuren der Menschen ergeben haben (Trampelpfade; zu solchen „Phänomenen der dritten Art" vgl. KELLER und LÜDTKE 1997, 417ff), und solchen, die für bestimmte rudimentäre Fortbewegungszwecke angelegt wurden (z.B. Saumpfade für die Beförderung von Lasten durch Tiere im Gebirge).

weist auf Standardfunktionen hin, etwa der Vorwurf, jemand habe ein Brotmesser „als Stemmeisen" benutzt. Ein noch schwerer wiegender Fauxpas entsteht, wenn ein sakrales oder anderweitig wertbefrachtetes Objekt profan verwendet wird, man also im Meßkelch eine Bowle ansetzt oder auch nur eine Jagdtrophäe als Hutständer verwendet. Auch hier gilt es also, die gegenläufigen Forderungen nach Kreativität und sozial akzeptiertem Verhalten zu versöhnen.

Die Gegenstände höherer Reflexionsstufen werden in der Semiotik als Zeichen verschiedenen Typs behandelt. Es ist möglich, die analysierte Stufenfolge mit Begriffen der intensionalen Logik zu rekonstruieren, wobei lediglich die drei Operatoren „bewirken", „glauben" und „intendieren" erforderlich sind (POSNER 1993 und 1996). Diese formale Darstellung macht es möglich, die unterschiedlichen Zeichenprozesse auch im Bereich der Mensch-Maschine-Interaktion zu simulieren. Die aufgelisteten komplexen Schachtelungen entsprechen dann dem, was in der Künstlichen Intelligenz unter den Schlagworten „mutual belief" und „user modeling" dazu dient, ein benutzerangepaßtes Verhalten von Systemen herzustellen.

Die Hierarchie der Reflexionsstufen ermöglicht auch noch komplexere Konstellationen, die aus semiotischer Sicht sehr interessant sind. Ein Beispiel sind stufenübergreifende Widersprüche. Diese können ohne menschliches Zutun entstehen: Bei einer teilweise verfallenen Brücke etwa macht das prunkvolle Stahlgeländer weiterhin glauben, daß eine Gelegenheit zur Überquerung des Flusses angezeigt werden soll, während der bereits verrottete hölzerne Laufsteg diese schon gar nicht mehr erlaubt. Ein vom Menschen erzeugter Widerspruch liegt vor, wenn eine Sitzbank mit aufwendigem Design zugleich derart unbequem ist, daß sie ihre elementare Funktion als Möbelstück zum Ausruhen gar nicht mehr erfüllt (POSNER 1995, 20). Auch die isoliert in der Landschaft stehenden Autobahnbrücken ohne Zufahrten zählen in diese Kategorie; darüber hinaus können sie auf einer höheren Ebene als Zeichen dafür gesehen werden, daß der Bauwahn einer Epoche gründlich gescheitert ist. Wer einen anderen vorübergehend oder dauerhaft täuschen will, stellt solche Widersprüche absichtlich her; die Bandbreite reicht von Scherzartikeln (Äpfel aus Seife) bis zu großräumigen politisch motivierten Inszenierungen (Potemkinsche Dörfer). Eine weitere Möglichkeit sind spielerische Verfremdungen – man kann Wassertwerke wie Moscheen aussehen lassen und Kirchen wie Luftschutzbunker.

Die Bandbreite dieser Beispiele belegt, daß Gebrauchswerte in unterschiedlichen Kontexten ganz verschiedene Rollen spielen. In funktionalen Kontexten ist eine intrinsische Kodierung hilfreich, also eine möglichst selbsterklärende Gestaltung von Artefakten; denn die meisten Benutzer empfinden Ärger, wenn sie unter Zeitdruck zum langwierigen Ausprobieren gezwungen werden. Türen etwa sollte man ansehen, ob sie durch Drücken, Ziehen oder Schieben geöffnet werden, und Wasserhähnen, wie man Zufluß und Temperatur des Wassers reguliert (NORMAN 1989, 195ff). Jedoch kann der Designer auch abweichende Ziele verfolgen, etwa wenn er bestimmte Personen von der Benutzung ausschließen möchte. So sollen Kindersicherungen den Gebrauchswert von Türen verschleiern, also ihre Benutzung für Kinder kognitiv oder physisch unmöglich machen.

Zu diesen komplementären Prozessen des Gestaltens und Erkennens kommt es bei beliebigen Artefakten, ganz speziell aber bei solchen, die primär als Zeichen dienen sollen. Im Straßenverkehr und anderen funktionalen Kontexten ist es entscheidend, daß Zeichen schnell und sicher erkannt werden. Ganz andere Rahmenbedingungen bieten spielerische und ästhetische Kontexte, bei denen Zeichen auftreten, die durch offene Interpretation und das lustbetonte Entdecken von Deutungen gekennzeichnet sind. Im nächsten Abschnitt werden diese Zusammenhänge anhand von Bildern erläutert.

2. Der Gebrauchswert von Bildern

Der Ausdruck „Bild" ist systematisch mehrdeutig, denn er bezeichnet sowohl ein bestimmtes Medium als auch alle Zeichentoken innerhalb dieses Mediums. Als typische Bilder gelten Gemälde, Drucke, Zeichnungen und Fotos, also absichtlich hergestellte visuelle Zeichen, die zweidimensional und statisch sind, wobei die Untergruppe der gegenständlichen Bilder dreidimensionale Objekte darstellt. Die Übergänge zu anderen Abbildungsweisen sind fließend, so daß die im folgenden diskutierten Beispiele an einigen Stellen diese enge Definition überschreiten. Ausgeklammert werden vorgestellte und geträumte Bilder, aber auch bildhafte Phänomene in anderen Medien, etwa sprachliche Metaphern, Lautmalerei und Programmusik. Nicht eigens betrachtet werden ferner Bilder in festen Medienkombinationen, also etwa solche, die gedruckte Texte begleiten und bereits dadurch als Bilder erkennbar sind.

Wenn man die in Abschnitt 1 skizzierte Theorie der Gebrauchswerte auf Bilder überträgt, sind zwei Dimensionen zu unterscheiden. In der Dimension des Dargestellten gilt alles bereits Gesagte, da Bilder Objekte beliebiger Reflexionsstufe abbilden können – einem der analysierten Beispiele entsprechend etwa alle Wohngelegenheiten von der Höhle bis zum Palast.

In der Dimension des Darstellens haben alle Bilder den Gebrauchswert, als Abbild zu dienen. Die Vielfalt der Beispiele läßt sich wiederum entlang einer Skala vom Natürlichen zum Künstlichen anordnen. Am Pol des Natürlichen, also auf Reflexionsstufe 0, liegen ereignishafte Bilder wie Schatten, Spiegelbilder und Fußspuren, die ohne menschliches Zutun auf natürlichen Oberflächen entstehen, aber von (erwachsenen!) Menschen spontan in ihrer Eignung als Abbild der entsprechenden Objekte erkannt werden. Diese Bilder sind semiotisch gesehen Indizes, da sie in direkter kausaler Beziehung zum Abgebildeten stehen. Auf Reflexionsstufe 1 hingegen werden ganz ähnliche Abbilder nicht entdeckt, sondern absichtlich erzeugt. Hierher zählt das Bild im Spiegel, da dieser eigens zum Erzeugen von Spiegelbildern geschaffen wurde und diese folglich seinen Artefakt-Status 'erben'. Ein weiteres Beispiel, nämlich der Schattenriß als Fixierung eines Schlagschattens, ist besonders interessant, da er immer wieder als „Erfindung der Malerei" dargestellt wird (Wiedergabe der Legende und Bildbeispiele in Gombrich 1996, 34ff). Ein Beispiel aus einem anderen Kontext ist die Tatortskizze, die den Umriß festhält, den ein menschlicher Körper zu einer bestimmten Zeit hatte. In all diesen Fällen gab es jemanden, der das Abbild mit der Absicht erzeugt hat, daß es ein Abbild ist.

Auf Reflexionsstufe 2 wird ein solches Abbild zusätzlich mit der Absicht erzeugt, daß jemand glaubt, daß es ein Abbild ist – man kann folglich von einem „institutionalisierten Abbilden" sprechen. Ebenso wie auf der nächsten Stufe sind zwei unterschiedliche Weisen der Bilderzeugung zu unterscheiden. Die eine erfordert den Einsatz mehr oder weniger komplexer technischer Geräte. Während bei der Camera obscura die Kausalkette vom Urbild zum Abbild noch erkennbar ist, entzieht sie sich bei modernen Fotoapparaten dem Laien. Parallel zu dieser technologischen Entwicklung sind auch die Techniken des Malens und Zeichnens immer differenzierter geworden. In beiden Entwicklungssträngen besteht ein grundlegender Unterschied zwischen Bildern, die nur einen Gebrauchswert haben, und solchen, die einen ästhetischen Wert beanspruchen. Viele Bilder, denen wir im Alltag begegnen, sollen lediglich informieren: Fotos in Pässen und auf den Banderolen von Konservendosen gelten ebensowenig als Kunstwerke wie gezeichnete Phantombilder und die Ge-

räteskizzen von Gebrauchsanweisungen. Eine weitere Bildfunktion speziell in der Werbung ist das Fesseln der visuellen Aufmerksamkeit („Blickfang“, „Hingucker“).
Erst auf Reflexionsstufe 3 – dem künstlerischen Abbild – wird das Abbilden selbst thematisiert bzw. zelebriert. Ein künstlerisches Porträt wird nur als Kunstwerk angemessen gesehen und kann für nicht-ästhetische Zwecke, etwa zur kriminologischen Identifikation einer Person, völlig ungeeignet sein.
Die jeweils vier Stufen dieser beiden Skalen sind beliebig verknüpfbar. Ein Palast, dessen Spiegelbild man in einem nahegelegenen Teich sieht, kombiniert Reflexionsstufe 3 des Dargestellten mit Reflexionsstufe 0 des Darstellens; ein umgekehrter Fall ist das künstlerische Foto oder Gemälde einer Höhle. Ferner können die höheren Reflexionsstufen in der Dimension des Darstellens jeweils Abbilder der tieferen Stufen 'zu sich heraufheben', denn gerade bei einigen Formen der modernen Kunst – etwa der Collage – besteht die Leistung des Produzenten darin, Vorgefundenes in bestimmter Art zusammenzustellen oder es im Minimalfall lediglich mit einem Rahmen zu umgeben (s. Abschnitt 2.3). Abbilder beliebiger Reflexionsstufe können also selbst wieder als Material für neue Abbildungen in den künstlerischen Produktionsprozeß eingespeist werden – dies gilt in verstärktem Maße für die bewegten Bilder der Neuen Medien, die zum Material für Phantasien werden (s. den Beitrag von WIESING).
Im folgenden werden zunächst weitere Ebenen der Bildinterpretation unterschieden und bestimmten Gebrauchswerten zugeordnet (2.1). Anschließend wird gezeigt, wie die sichtbare Zeichenstruktur dem Betrachter nahelegt, das fragliche Objekt als Bild anzusehen (2.2), und zusätzliche Mittel dazu auffordern, es als Kunstwerk anzuerkennen (2.3). Diese beiden Aspekte sind faktisch eng miteinander verbunden, da gerade die Präsentation 'als Kunst' oft die Bildhaftigkeit eines Objekts klarstellt.

2.1 Die Ebenen der Bildinterpretation

Der erste Schritt der Bildinterpretation besteht darin, ein Bild als Artefakt zu erkennen, wobei auch hier durchaus Irrtümer möglich sind (vgl. Abschnitt 1). Zum einen kann man etwas in natürlicher Weise Entstandenes für ein Bild halten; ein Beispiel sind die Silhouetten von Menschen an den Hauswänden von Hiroshima, die durch den Atomblitz dort eingebrannt wurden. Im umgekehrten Fall wird ein Bild irrtümlich für etwas natürlich Entstandenes gehalten wie in der Fabel des griechischen Malers Zeuxis, der Trauben so täuschend echt malte, daß Vögel sie anpickten. Hinzuzufügen ist, daß selbst solche Trompe-l'œil-Malerei nach anfänglicher Irritation als Bild erkannt werden soll – und folglich als Indiz für die Kunstfertigkeit des Malers –, und daß sie nur unter ganz speziellen Sehbedingungen („Guckkastenbedingungen“) mit dem Urbild verwechselt werden kann. Ferner könnte ein Betrachter ohne entsprechende Kenntnisse bestimmte Formen der experimentellen Kunst als Ergebnis von Mißgeschicken (ausgelaufene Farbtuben) sehen oder als Resultat einer bloßen Hilfshandlung (Abwischen des Pinsels).
Über jedes Bild läßt sich auf mehreren Ebenen sprechen (vgl. die Beiträge von FELLMANN und WIESING), deren jeweilige Beziehung zu Gebrauchswerten erst in künftigen Detailuntersuchungen eingehend untersucht werden kann. Wenn man von seiner Funktion des Abbildens ganz absieht, ist ein Bild nur ein physikalisches Objekt, das etwa auf dem Postamt gewogen wird, um den Preis seiner Verschickung festzustellen, und das einer bestimmten Raumtemperatur bedarf, um die Leuchtkraft seiner Farben zu bewahren. Wichtige Gebrauchswerte folgen daraus, daß es flach ist und an die

Wand gehängt werden kann, folglich läßt sich mit ihm ein Fleck auf der Tapete ebenso verdecken wie ein Wandtresor.

Wenn man es hingegen als Zeichen betrachtet, spricht man über das von ihm Dargestellte, wobei es wiederum verschiedene Betrachtungsebenen gibt (SCHOLZ 1991, 131ff). Bei gegenständlichen Bildern läßt sich meist mühelos ihr Sachbezug erkennen, also welche Objekte auf ihnen dargestellt sind. Jede perspektivische Umrißskizze eines Würfels fordert durch die besondere flächige Konfiguration ihrer Linien so stark dazu auf, sie als Abbild eines dreidimensionalen Körpers zu sehen, daß die zweidimensionale Alternative meist ganz 'übersehen' wird. Zu beachten ist, daß ein und dasselbe Motiv entweder den Stoff für ein Genrebild liefern oder als Porträt eines bestimmten Objektes intendiert werden kann. Hier ist es in der Regel der Bildtitel, der den Betrachter veranlaßt, eine dieser Möglichkeiten zu wählen: bei „Kinder im Garten“ und „Heroische Gebirgslandschaft“ hat das Bild eine generische Lesart, bei „Die Kinder der Familie N.“ und „Das Matterhorn“ eine referentielle. Karikaturen von Prominenten belegen, wie ein fehlender Bildtitel durch enzyklopädisches Wissen ersetzt werden kann, das Produzent und Betrachter gemeinsam besitzen. Unabhängig vom Sachbezug ist der Realitätsbezug, denn das Dargestellte kann auch fiktional sein, wobei wieder Arttypisches oder Individuelles gemeint sein kann (man vergleiche die Bildtitel „Nymphe“ und „Daphne“). Ein weiterer Verstehensschritt, nämlich das Erkennen der illokutionären Rolle eines Bildes, muß analog bei allen Nachrichten vollzogen werden und ist daher nicht bildspezifisch.

Ein besonderes Problem von Kunstwerken sind komplexe zusätzliche Zeichenfunktionen wie die von Symbol oder Allegorie. Oft wird nur aufgrund von umfangreichem kulturhistorischem Wissen erschlossen, daß die dargestellten Objekte noch eine weitere, ikonologische Bedeutungsebene haben und was genau mit ihnen gemeint ist. Zu den noch vergleichsweise bekannten Beispielen zählen barocke Stilleben, auf denen ablaufende Stundengläser, menschliche Schädel und zerborstene Säulen als Zeichen für Vergänglichkeit stehen. Weitgehend in Vergessenheit geraten ist demgegenüber die Pflanzensymbolik mittelalterlicher Altartafeln, auf denen etwa Erdbeerpflanzen, die zugleich blühen und Frucht tragen, als Zeichen der Gottesmutter Maria gelten, die zugleich Jungfrau und Mutter ist. Der Prozeß, durch den Zeichen in immer neue Kontexte eingehen und sich dabei mit vielfältigen – oft einander widersprechenden – Bedeutungen aufladen, wird von BURKHARDT (1996, 470ff) unter anderem am Beispiel der Rose vorgeführt, die als vergänglich, schön und schmerzhaft wahrgenommen wird und folglich zu einem „geballten Zeichen“ für so unterschiedliche Inhalte wie Jugend, die Jungfrau Maria und die Wunden Christi werden konnte.

Die verschiedenen Bedeutungsebenen sind weitgehend unabhängig voneinander. So wird jeder Betrachter zwar mühelos sehen, daß Botticellis Gemälde „Geburt der Venus“ eine schöne junge Frau darstellt; aber erst das Lesen des Titels erlaubt es, diese Frau als Liebesgöttin der griechischen Mythologie zu identifizieren. Und erst durch die Kenntnis weiterer Textquellen werden einzelne Bildelemente zu speziellen Zeichen, so daß die gemalten Blumen auf den Frühling verweisen und die Meereswogen auf das Epitheton „schaumgeboren“. Je mehr Zeit zwischen Produktion und Rezeption verstreicht, desto größer ist die Wahrscheinlichkeit, daß die Tradierung des ikonologischen Repertoires unterbrochen wird oder in Mißverständnissen versinkt. Die Bedeutung vorgeschichtlicher Bilder, etwa der Spiralen und Gitternetze auf megalithischen Bauwerken, wird uns darum vermutlich immer verschlossen bleiben.

Der Betrachter eines Bildes kann zwischen diesen Ebenen beliebig hin- und herwechseln. Ein Beleg dafür ist, daß er beim Zeigen auf ein und denselben Teil eines Bildes vielerlei Äußerungen produzieren kann, die auf je spezifische Aspekte Bezug nehmen. So kann er feststellen „Hier ist ein Stück Farbe durch Feuchtigkeit abgeplatzt“ (Bild als Objekt), aber auch „Dieses Schiff verläßt den Hafen“ (das Dargestellte) oder „Das ist ein Symbol für den Menschen in seiner Jugend, der hoffnungsvoll in die Welt aufbricht“ (das vom Dargestellten Gemeinte). Möglich ist es ferner, sich mit der hinweisenden Geste auf das Modell zu beziehen („Diese Kogge gehörte dem Schwager des Malers“) oder auf den Malstil („Das ist typisch Romantik“).

Die semiotische Beziehung zwischen Gegenstand und Darstellung kehrt sich um, wenn Naturobjekte oder -szenerien als Exemplifizierungen von Malstilen gesehen werden. Typische Urteile sind dann, ein Sonnenuntergang sei „der reinste Caspar David Friedrich“ oder über dem Himmel am Meeresstrand stünden „Wolken wie bei Nolde“.

Bei jeder Interpretation ist zu beachten, daß das vom Künstler geschaffene Werk sich bereits durch die verstreichende Zeit immer stärker von dem Werk unterscheidet, das der Betrachter sieht. Materialbedingte Informationsverluste entstehen, wenn Teile des Farbauftrags verbleichen (man denke an die griechischen Tempel), durch Oxidation immer dunkler werden oder gar ganz abblättern. Umgekehrt entstehen gerade durch den natürlichen Alterungsprozeß auch bestimmte Informationsüberschüsse wie beim Wachsen einer Patina. Eine Veränderung auf inhaltlicher Ebene hingegen liegt vor, wenn eine spätere Epoche Bildteile hinzufügt – ein Beispiel sind die sprichwörtlichen Feigenblätter, durch die sinnenfrohe antike Gemälde an den moralischen Standard christlicher Rezipienten angepaßt wurden.

2.2 Das Erkennen eines Bildes als Bild

Selbst wenn etwas bereits als zeichenhaftes Artefakt identifiziert wurde, sind dadurch Mißverständnisse noch nicht völlig ausgeschlossen. Man kann sich nämlich auch hinsichtlich des Zeichensystems irren, etwa ein Notenblatt für ein Bild halten oder umgekehrt. Auf der Ebene der Elementarzeichen sind solche Mehrdeutigkeiten häufig: ein einzelner Kreis kann ein Token des Buchstabens O sein, aber auch die Ziffer 0, eine ganze Note oder ein Piktogramm des Vollmondes.

In den meisten Situationen legt der Kontext fest, welches Medium vorliegt; gerade in der Kunst jedoch wird diese Frage oft bewußt in der Schwebe gehalten (SCHMAUKS 1995). Ein zwischen Text und Bild schillerndes Beispiel ist ein Plakat der Kommunistischen Partei, auf dem ein Textfragment des Kommunistischen Manifestes derart mit verschiedenen Schrifttypen gesetzt wurde, daß es aus größerer Entfernung betrachtet ein Bild von Marx und Engels zeigt. Ein weiteres Beispiel sind die aus Rätseln bekannten sog. „Wortbilder“, bei denen der Umriß eines Texttokens ein Bild des bezeichneten Gegenstandes ist. Diese Technik wurde von der Konkreten Poesie auf die Textebene übertragen: Christian Morgensterns Gedicht „Zwei Trichter“ etwa zeigt die Silhouette eines Trichters. War in den bisherigen Beispielen die Figur mehrdeutig, so gibt es komplementär auch Ambiguitäten zwischen Figur und Grund. Ein Beispiel hierfür ist das visuelle Gedicht des kubanischen Dichters Guillermo Cabrera Infante, dessen Text aus Reihungen des Wortes „mar“ besteht, in denen eine Lücke den Umriß Kubas abbildet.

Auch innerhalb des Mediums Bild kann der Betrachter weiterhin durch vielfältige Ambiguitäten irritiert werden, die meist aus den Gesetzmäßigkeiten des Sehens folgen. Beispiele sind Kippfiguren wie der Necker-Würfel und die durch WITTGENSTEIN (1953, 194) bekannt gewordene Hasen-Ente. Typisch für solche Bilder ist das Umspringen zwischen zwei Deutungen, bei dem man nie beide zugleich sehen kann. Stellt man Kippfiguren in einen geeigneten Kontext, so wird im Extremfall die

eine Möglichkeit gar nicht mehr gesehen. Um dies zu demonstrieren, umgibt MANNING (1989, 105) die Hasen-Ente zuerst mit einem Möhrenfeld, dann mit einem Tümpel. Bei vielen Bildern von Maurits C. Escher sind die Lücken zwischen den Figuren selbst wieder als Figuren gestaltet worden, etwa beim puzzleartigen Ineinander von Vögeln im Holzschnitt „Sonne und Mond". WILDEN (1986) ordnet solche Bilder in das übergreifende Phänomen der semiotischen Oszillation ein.
Bilder sind aufgrund bestimmter semiotischer Eigenschaften von anderen Darstellungen abgrenzbar. Sie sind visuelle, zweidimensionale und statische Darstellungen und daher verwandt mit geschriebenen Texten, Landkarten und Diagrammen. Im Gegensatz zu Texten sind Bilder jedoch in der Terminologie GOODMANS (1968, Kap. 4) sowohl syntaktisch als auch semantisch dicht. „Syntaktisch dicht" bedeutet, daß zwischen zwei Bildelementen, die sich nur bezüglich eines visuellen Parameters (Lage, Größe, Farbton, Helligkeit usw.) unterscheiden, immer noch eine Zwischenstufe möglich ist, weil alle diese Parameter kontinuierlich variieren. „Semantisch dicht" bedeutet, daß auch zwischen den Bedeutungen von Bildelementen gleitende Übergänge bestehen. Das Abgrenzungskriterium gegenüber allen graphischen Darstellungen ist die Offenheit der Interpretation: während bei Landkarten und Diagrammen die Bedeutung jedes Einzelzeichens festliegt, hat der Betrachter eines Bildes immer einen Interpretationsspielraum.
Bilder geben nie sämtliche Qualitäten eines Gegenstandes wieder, denn sie sind wie alle Darstellungen Abstraktionen und keine Duplikate. Die Informationsverluste von Bildern folgen aus den genannten semiotischen Eigenschaften. Da sie zweidimensionale Zeichen sind, können sie die Tiefe des Raumes nur durch eigens geschaffene Gestaltungsmittel wie Perspektive, Schattenwurf und Texturgefälle darstellen und nicht direkt wie ein dreidimensionales Modell. Ähnliches gilt für Bewegungen und nicht-visuelle Phänomene (Töne, Gerüche etc.). Informationsüberschüsse entstehen durch Malweise und Material, denn es spielt für das Erkennen dessen, was ein Bild darstellt, keine Rolle, ob seine Farben glänzend oder matt sind und ob es auf Papier oder Holz realisiert ist.
Typisch für Bilder im Gegensatz zu Texten ist ferner ihr hoher Grad an Ikonizität. Einer Klassifizierung von PEIRCE zufolge haben ikonische Zeichen als Objekte eine wahrnehmungsrelevante Qualität mit dem bezeichneten Objekt gemeinsam. Während dieser Fall bei Texten nur in marginalen Bereichen wie Lautmalerei (akustische Ähnlichkeit) und Konkreter Poesie (visuelle Ähnlichkeit) vorkommt, stellen die Bildelemente auf gegenständlichen Bildern in der Regel die Form und die Farbe von Objekten ikonisch dar. Urteile bzgl. Ähnlichkeit werden jedoch immer auf der Basis von Konventionen getroffen, darum müssen neue Abbildungsgewohnheiten wie die Zentralperspektive der Renaissance und die Konturauflösung des Impressionismus erst gelernt werden. Weiterführend ist die Typologie von GOMBRICH (1984, 274ff), der gegenstandsunspezifische und gegenstandsspezifische Konventionen unterscheidet. Zu den ersteren zählt die Kontur, die den Betrachter veranlaßt, alles innerhalb Liegende als einzelnen Gegenstand aufzufassen, so daß Konturen eine Individuation von Objekten leisten. Gegenstandsspezifische Konventionen sind die Schemata zur Wiedergabe von Objekttypen. Ein Vergleich von Landschaftsbildern verschiedener Kulturkreise belegt zum Beispiel, wie stark bestimmte Formen (die sich an die als 'typisch' empfundenen Haufenwolken anlehnen) dazu auffordern, sie als Darstellung von Wolken zu interpretieren.

2.3 Das Erkennen eines Bildes als Kunstwerk

Im folgenden werden drei grundlegende Strategien vorgestellt, die auf den besonderen ästhetischen Charakter eines Objektes schließen lassen, nämlich Kontext, Heraushebung und Begleitinformation.

Sie gelten zwar für alle sichtbaren Objekte (Design-Museen stellen auch Gebrauchsgegenstände aus), werden aber hier dem Rahmenthema entsprechend überwiegend anhand von Bildern illustriert. Zu beachten ist, daß durch sie immer nur ein senderseitiger Anspruch artikuliert werden kann – ob die öffentliche Kritik derselben Meinung ist, bleibt jeweils abzuwarten und liegt jenseits der Möglichkeiten des Bildes selbst.

Eine erste Möglichkeit, etwas Sichtbares als Kunstwerk zu kennzeichnen, sind besondere Orte seiner Präsentation. Heute sind es in Europa vor allem Museen, Galerien oder die Eingangshallen von Rathäusern und anderen öffentlichen Gebäuden, in denen Bilder und andere Objekte gezeigt werden, die als Kunstwerke gelten. Der umgebende Raum beeinflußt jeweils die Interpretation, was bei geschachtelten Räumen besonders interessant ist. LYPP (1994, 413f) führt dies am Beispiel der Münchner Orangerie vor, die eigentlich als Schutzraum für empfindliche Pflanzen dient und innerhalb des Englischen Gartens liegt, der eine bestimmte Auffassung von Natur inszeniert und als Gegenwelt zur umgebenden Metropole gedacht ist. Das Erkennen eines solchen Kunstortes schützt nicht vor Irrtümern, wie der alte Witz des Mannes belegt, der in einer Galerie für moderne Kunst nach langem Prüfen aller Objekte den Feuerlöscher kaufen möchte (nämlich weil er nur darin 'etwas wiedererkennt'). Innerhalb von Privaträumen erwarten wir Bilder vor allem an den Zimmerwänden und in Fotoalben. Hierbei gibt es unausgesprochene Zuordnungen zwischen Orten und Bildtypen, so ist es etwa in religiösen Kreisen tabu, Heiligenbilder ins Badezimmer zu hängen.

Ein Aspekt, der eng mit dem Ort der Präsentation zusammenhängt, ist die jeweilige Lebensdauer von Bildern. Gemälde sind vergleichsweise dauerhafte Objekte, die im Falle von berühmten Kunstwerken sogar mit allen Mitteln der Restaurationstechnik vor Verfall geschützt werden. Jedoch sehen nicht alle Kulturgemeinschaften im Umgang mit Kunstwerken deren Dauerhaftigkeit als zentrales Ziel an, im Buddhismus etwa werden Wandgemälde regelmäßig übermalt und auch aufwendigste Mandalas sofort nach Beendigung der sie einbettenden Rituale wieder zerstört.

Heraushebung als zweite Möglichkeit kann durch Mittel sehr unterschiedlicher Art bewirkt werden, bei denen es immer darum geht, das Kunstwerk klar von seiner Umgebung abzugrenzen. SCHAPIRO (1994) weist auf die lange Geschichte der uns heute geläufigen Standards hin, denen zufolge Bilder auf einem eigens präparierten Untergrund gemalt werden, eine klare Begrenzung haben und mit einem Rahmen versehen werden. Im Mittelpunkt der folgenden Überlegungen steht der Rahmen, da er ein etabliertes Indiz dafür ist, daß ein Abbild als Kunstwerk, also als Abbild auf Reflexionsstufe 3 aufgefaßt werden soll. Wie Graffitti belegen, sind jedoch Rahmen keine notwendige Bedingung für ein künstlerisches Bild. Und erst recht sind sie keine hinreichende Bedingung, da ein schlechtes Bild nicht durch Rahmung zum Kunstwerk wird.

Rahmen gliedern das Sichtbare syntaktisch, indem sie das innerhalb von ihnen Liegende als Figur vom Hintergrund abheben. Dieses Prinzip beruht auf der Fenster-Metapher und ist von Malern in vielfältiger Weise verfremdet worden (s. den Beitrag von Axel MÜLLER). Schachtelungen von mehreren Rahmen zwingen zur Reflexion darüber, was jeweils 'innerhalb' und 'außerhalb' des Bildes liegt. Das wohl bekannteste Beispiel ist René Magrittes Bild eines Bildes einer Pfeife, das uns durch die Inschrift „Ceci n'est pas une pipe" explizit auf den semiotischen Unterschied zwischen Objekten und ihren Darstellungen aufmerksam macht. Eine andere Strategie der Irritation ist das Durchdringen des Rahmens, etwa durch eine Figur, die 'in das Bild hineinschaut'.

Ebenfalls bei Magritte finden sich zahlreiche Beispiele dafür, wie der Rahmen zur Lücke abgeschwächt wird, durch die man ein weiteres Bild betritt. So zeigt „Die große Familie" (PASSERON

1986, 21) ein Meer mit trübem Himmel, in dem eine Aussparung in Form einer fliegenden Taube den Blick auf einen blauen Himmel mit Schönwetterwolken freigibt. Die Gesetze des Sehens zwingen uns dazu, diese Konstellation als zwei hintereinanderliegende Bilder zu interpretieren, wobei als Besonderheit auch die Lücke selbst Figur ist – und mit der Taube als Symbol der Hoffnung assoziiert wird. In „Die Beschaffenheit des Menschen" (PASSERON 1986, 20) macht nur eine Staffelei und eine kaum sichtbare Fuge im Bild klar, daß der mittlere Teil nicht einen Teil der Landschaft selbst, sondern eine künstlerische Darstellung von ihr zeigt (und zwar genau jenen Teil, den die Darstellung für den Betrachter verdeckt). Nicht vergessen werden darf, daß die ganze Landschaft ja selbst wieder ein Bild ist, das wir wiederum als Druck in einem Buch sehen.

Aufgrund des erworbenen Wissens, daß künstlerische Bilder meist gerahmt sind, gewinnen sogar leere Rahmen einen ganz bestimmten Gebrauchswert: sie fordern den Betrachter dazu auf, das durch sie hindurch Sichtbare – in der Regel eine Konfiguration von dreidimensionalen Objekten – so zu sehen, als sei es auf der eingerahmten (virtuellen) Fläche abgebildet. Falls die so entstehenden Bilder auch bewegte Elemente haben, überschreiten sie allerdings bereits die hier vorausgesetzte Bilddefinition. Der Rahmen etwa, den der Künstler Joerg Lange in einen Braunschweiger Park stellte, erhebt das durch ihn hindurch Gesehene in den Status eines Gemäldes, so daß sich der Spaziergänger im Wortsinn „ein Bild des Parks" macht (POSNER 1992a, 8). Ein Extrem dieser Strategie ist der leere Rahmen an einer kahlen Wand, den der Betrachter durch seine eigene Imagination füllen muß – aber auch dieser Fall liegt bereits jenseits der hier vorausgesetzten Lesart von „Bild".

Durch Rahmung ist es möglich, auch ereignishafte Abbildungen wie Schatten und Spiegelbilder als Kunstwerke darzustellen. An der Gestaltung der Spiegelbilder in Zerrspiegeln haben mindestens zwei Menschen Anteil: der Besucher des Spiegelkabinetts und der Designer des Spiegels, der das Spiegelbild in wohlberechneter Weise verzerrt. Ganz ähnlich sind die Gestaltungsanteile verteilt, wenn neben dem Schild „Das gefährlichste Lebewesen der Erde" lediglich ein Spiegel hängt, den der Besucher zunächst für den Rahmen eines Bildes hält, bevor er – hoffentlich gebührend irritiert – sein eigenes Spiegelbild erkennt.

Spiegel können in Bezug auf Bilder zwei verschiedene Rollen spielen. Zum einen werden sie von Malern gerne als Bildelemente verwendet, weil sie bestimmte Aspekte der Bildproduktion verdeutlichen und den Betrachter zur Reflexion zwingen (COCHETTI 1994). Diese Funktion wird radikalisiert, wenn man Spiegel als Geräte der Bilderzeugung einsetzt wie in der Installation „Der Ort der Bilder" von Jai-Young Park, bei der vor einem Riesenspiegel in Form eines gerahmten Bildes ein Figurenensemble steht. Da der Spiegel nur matt poliert ist, eröffnet er keinen virtuellen Raum, vielmehr bleiben die Spiegelbilder auf seiner Oberfläche. LYPP (1994) versteht diese Installation als einen Traktat darüber, wie ein alltägliches Phänomen zu einem ästhetischen wird. Motor der Reflexion ist die Ambivalenz des Spiegelbilds, das wir einerseits als wahres Abbild, andererseits als täuschendes Zerrbild auffassen.

Eine weitere Funktion haben Rahmen beim Zitat von Bildern und durch Bilder. Wenn ein Bild ein anderes Bild zitiert, gehören zitierendes und zitiertes Zeichen demselben System an. Hierbei ist die bildliche Einbettung das Analogon zu den textuellen Anführungszeichen (GOODMAN 1978, 47-50), zum Beispiel kann innerhalb eines Gemäldes das zitierte Bild auf einer Staffelei stehen (POSNER 1992a, 10f). Ein Beispiel für Zitate mit Wechsel des Zeichensystems sind Gemälde, auf denen Landkarten zu sehen sind, und umgekehrt Landkarten, die Bilder enthalten, etwa Fotos von Sehenswürdigkeiten. Eine weitere häufig auftretende Kombination ist das Zitat von Texten durch Bilder. RINGBOM untersucht, mit welchen vielfältigen Strategien Maler darstellen, was die Personen auf ihren Bildern sagen, denken oder träumen. Zum Beispiel zeigt eine schlafende Gestalt zu Beginn einer mittelalterlichen Bildfolge durch eine etablierte Konvention an, daß die daran anschließenden Bilder den Traum der betreffenden Person wiedergeben (RINGBOM 1992, 32). Eine diachrone Analyse solcher Mittel belegt, daß eine kontinuierliche Entwicklung von mittelalterlichen Spruchbändern zu den Sprechblasen moderner Comics reicht (CLAUSBERG 1994).

Podeste und Absperrungen sind weitere Mittel, um ein Bild (oder ein anderes Kunstwerk) visuell hervorzuheben. Beide schaffen Distanz zum Betrachter und zwingen ihn so, seine Wahrnehmung gezielt auf das Bild zu konzentrieren. Ein anderes, aber funktional ähnliches Mittel ist eine durchdachte Lichtführung, etwa durch ein Spotlight. Hier wirkt die Lichtbahn nicht nur wie eine hinweisende Hand, die das Gemeinte lokalisiert, sondern sie erhellt es auch zugleich und macht es so optimal sichtbar. Den umgekehrten Effekt hat ungeschickt angebrachtes spiegelndes Schutzglas, das eine Betrachtung des Bildes erschweren oder ganz vereiteln kann.

Eine dritte Möglichkeit besteht darin, Bilder durch Begleitinformationen, die meist textueller Art sind, ausdrücklich als Kunstwerke zu kennzeichnen (zu den Funktionen von Begleitinformationen bei literarischen Texten vgl. GENETTE 1982). Bildextern geben standardisierte Schilder den Titel des Bildes, das Jahr seiner Herstellung und den Namen des Malers an. Als Ergänzung dieser statischen Erläuterung leihen heute viele Museen auch Kopfhörer aus, die durch einen vorgefertigten Text zwei komplementäre Aufgaben erfüllen. Zum einen leiten sie den Besucher durch Anweisungen wie „Gehen Sie jetzt durch die linke Tür in Saal 13" durch das Museum, linearisieren also für ihn den gesamten Bildbestand oder zumindest einen aussagekräftigen Teil davon. Zum anderen erläutern sie die ausgewählten Bilder, wobei die Informationen wesentlich umfangreicher sein können als die auf den Schildern an den Wändern. Die konsequente Weiterentwicklung dieser Strategie werden interaktive Computersysteme sein, die keine starr geführte Tour bieten, sondern auf individuelle Besucherfragen flexibel zu reagieren vermögen. Bei entsprechender Indexierung der Bilder wird es etwa möglich, sich alle Bilder des 14. Jahrhunderts zeigen zu lassen, auf denen Gewänder in einem bestimmten Blauton gemalt sind, oder alle Gemälde, auf denen ein blühender Apfelbaum zu sehen ist.

Als bildinterne Begleitinformation mit indexikalischer Funktion ist zwar oft eine Signatur vorhanden, sie alleine garantiert allerdings nicht, daß man ein Original vor sich hat. Denn zum einen beginnt hier das Sonderproblem der Bildfälschung, zum anderen ist bei mehrstufigen Darstellungen, etwa Gemälden von Fotos von Gemälden, auch die sichtbare Signatur nur das Abbild eines Abbildes. Durch solche Stufungen wollte der Fotorealismus der 60er und 70er Jahre die indirekte Wirklichkeit von Fotos thematisieren (vgl. den Beitrag von SCHIRRA & SCHOLZ).

Wie in allen Kunstarten steigt die Bereitschaft, ein einzelnes Werk als Kunst anzuerkennen, mit dem Bekanntheitsgrad des Künstlers. Wenn also jemand bereits als Künstler weitgehend akzeptiert ist, wird seine bloße Signatur auch ohne weitere Begleitinformation zu einem Index dafür, daß das betreffende Bild ein Kunstwerk ist.

Die experimentelle Kunst des 20. Jahrhunderts hat eine Fülle von Bildtypen hervorgebracht, deren Interpretation ganz neue semiotische Probleme mit sich bringt. Collagen sind Bilder aus verschiedenen Materialien, etwa Tapete, Stoff und Papier. Den Bestandteilen sieht man ihre Herkunft oft noch an, vor allem wenn sie Texte enthalten, so daß Fetzen einer bestimmten Zeitungsausgabe oder der Speisekarte eines bestimmten Restaurants identifizierbar sind. Diese Technik begann mit Ver-

suchen von Braque und Picasso und war u.a. im Dadaismus und Surrealismus beliebt. Die Entwicklung neuer Medien erweiterte das Repertoire der Mittel, so daß Fotomontagen und die heute durch Computereinsatz möglichen Mischungen aus Real- und Trickaufnahmen als moderne Nachfahren der Collage gelten können.
Zusammenfassend läßt sich feststellen, daß sich im Laufe der Geschichte immer reflektiertere Formen des Umgangs mit künstlerischen Bildern entwickelt haben. Der schöpferische Akt, der seit dem 18. Jahrhundert als definierendes Merkmal von Kunst gesehen wurde, wird heute im Prozeß des künstlerischen Schaffens selbst gesucht und nicht mehr nur in dessen Endprodukt.

3. Bildliche Darstellungen und semiotische Umweltverschmutzung

In unserer heutigen städtischen Umwelt treten uns Bilder vor allem in zwei Varianten entgegen. Eine davon ist die Werbung, und ihre Problematik im Hinblick auf das Stadtbild ist wohlbekannt. Zahllose großflächige Werbeplakate erheischen unsere Aufmerksamkeit, die nicht nur zueinander in Konkurrenz stehen, sondern auch andere Zeichenprozesse behindern: man kann kaum noch eine schöne alte Hausfassade betrachten, ohne daß ein grellfarbiges Plakat die Wahrnehmung von Details erschlägt, und kaum eine Kirche fotografieren, ohne daß eine Ankündigungstafel in den Bildausschnitt gerät. Solche Bilder tragen zur semiotischen Verschmutzung der Umwelt bei, die immer nur relativ zur Verarbeitung anderer Zeichen festgestellt werden kann: Ein Zeichen ist ein semiotischer Umweltverschmutzer im Hinblick auf andere Zeichen, wenn es deren Verarbeitung stört (POSNER 1997).
Ein zweiter Einsatzbereich von Bildern ist entstanden, weil die visuelle Monotonie der Städte immer weiter zunimmt. Im Laufe seiner Geschichte hat der Mensch die Zahl der von ihm benutzten Artefakte ständig weiter vermehrt. Er konnte sie gleichwohl voneinander unterscheidbar halten, indem er ihre Gebrauchszwecke in sie hineinkodierte. Die Ausdifferenzierung von Artefakten verschiedener Reflexionsstufen trug dazu bei. Auch in den größer werdenden menschlichen Siedlungen wurden die Orientierungsmöglichkeiten dadurch lange Zeit erhalten. Die Behausungen wurden in den verschiedenen Orten und Regionen für die verschiedenen Berufsgruppen und sozialen Schichten verschieden gestaltet und ließen daher bereits bei flüchtiger Wahrnehmung aufgrund intrinsischer Zeichen einen Schluß auf ihre spezifischen Funktionen und besonderen Bewohner zu. Diese Tendenz zur Differenzierung ist durch die Modernisierungsprozesse des 20. Jahrhunderts unterbrochen worden. Wir sind vielfach von riesigen Ballungsräumen umgeben, in denen überall gleiche Straßen und Häuserblocks keine Orientierung anhand von intrinsischen Eigenschaften mehr erlauben. Ausgeklammert wird im folgenden die sich hier aufdrängende und ebenfalls bildbezogene Frage, ob diese Gleichförmigkeit der äußeren Umgebung auch eine Verarmung der inneren Bilderwelt mit sich bringt, so daß auch genuin menschliche Fähigkeiten wie Phantasie und Kreativität in Mitleidenschaft gezogen werden.
Den beiden genannten Siedlungstypen entsprechen jedenfalls gänzlich verschiedene Arten der Wahrnehmung (vgl. HAUSER 1990). Viele mittelalterliche Städte hatten eine dem menschlichen Blick angemessene Größe, denn sie waren im Wortsinn 'überschaubar'. Vom Kirchturm aus, der in der Mitte des Ortes stand, war zugleich das Ganze sichtbar und alle seine Teile. Die heutigen Metropolen kann man wegen ihrer Ausdehnung weder als Ganzes überblicken noch zu Fuß durchmes-

sen, sie werden vielmehr im Standardfall nur noch partiell und flüchtig wahrgenommen, in der Regel aus einem fahrenden Auto heraus.
Typisch für die Städte der Industriestaaten ist ein ständiger Zuwachs an Beschilderung, der mehrere miteinander zusammenhängende Ursachen hat. Zum einen führt die Trennung von Wohn- und Arbeitsstätten, von dicht bebauten Innenstädten und freierer Umgebung dazu, daß die Menschen in Beruf und Freizeit immer längere Wege zurücklegen und folglich häufig auch in Umgebungen unterwegs sind, die sie nicht aus eigener Erfahrung kennen. Um Ortsfremden dennoch eine schnelle Orientierung zu ermöglichen, wurden umfangreiche Systeme von ortsfesten Schildern entwickelt, die einen ständig über Orte, Richtungen und Entfernungen informieren. Voraussetzung für eine optimale Informationsausbeute ist allerdings, daß der Reisende auch entsprechende Straßenkarten, Stadtpläne und Wegbeschreibungen besitzt, auf denen er die lokal verzeichneten Namen wiederfindet.
Außerdem sind immer neue Schilder nötig, weil sich die Zahl der Artefakte ständig erhöht und somit jeder immer wieder mit bislang unbekannten Objekten konfrontiert wird. Ein aktuelles Beispiel ist die immer stärker werdende Auffächerung des Mülls, die den einzelnen etwa im Hinterhof seines Hauses vor die Entscheidung stellt, in welchen Container sein Eispapier gehört: zu „Papier", „Verpackung" oder „Restmüll"? Darüber hinaus treten einem selbst Objekte, die von der Funktion her wohlbekannt sind, in immer neuer Form und mit neuer Bedienungsweise entgegen, etwa Wasserhähne mit Infrarotsensor, bei denen man zunächst lange nach einem Hebel sucht, bis sie – meist durch Zufall – ihre Funktionsweise enthüllen, die mit „Handhabung" kaum noch etwas gemein hat. Benutzer von so unterschiedlichen Geräten wie Fahrkartenautomaten, Kopierern und Computern haben eine gemeinsame Klage: daß man das Bedienungswissen, das man mit dem einen Modell mühsam und langwierig erworben hat, oft nur zu sehr kleinen Teilen auf ein anderes Modell übertragen kann und darum zu einem frustrierenden Neulernen gezwungen wird, das naturgemäß ständig von Interferenzen mit dem alten Wissen behindert wird.
Ein kurzsichtiger Ausweg aus diesem Orientierungsverlust, der durch die Nivellierung aller Formmerkmale entstanden ist, ist die massenweise Einführung von extrinsischen Zeichen. Die vom Aussehen her nur schwer unterscheidbaren Elemente der Stadt, also die Straßen und Gebäude, und der Geräte, also die Tasten, Knöpfe und Hebel, werden durch eine unüberschaubare Vielzahl und Vielfalt von Schildern gekennzeichnet, die entweder die Namen der betreffenden Objekte („Rathaus", „Stadtpark") oder deren Funktionen („Lautstärke", „Vorlauf", „Rücklauf") versprachlichen oder aber entsprechende Piktogramme enthalten.
Diese Versuche zur Wiedergewinnung von Orientierung sind zum Scheitern verurteilt, da der durch sie entstandene Schilderwald bereits heute eine Informationsüberflutung herbeiführt, die die perzeptuellen und kognitiven Möglichkeiten des Menschen übersteigt. Das Ergebnis ist jedoch nicht nur funktional verfehlt, sondern auch ästhetisch unbefriedigend: jemand, der eine stilgetreu renovierte Häuserzeile fotografieren möchte, wird dies selten schaffen, ohne gleichzeitig etliche Verkehrsschilder und Werbeplakate (s.o.) aufs Bild zu bringen. Auch dies ist eine semiotische Umweltverschmutzung, weil sie die Rezeption gegebener Zeichen durch dazwischentretende überflüssige Zeichen behindert. Sie trägt entschieden dazu bei, daß die städtische Umwelt vom einzelnen als chaotisch erlebt wird und seine eigenen Gestaltungsmöglichkeiten beschneidet, was letztlich eine der Ursachen für die zunehmende Aggression zunächst gegen Objekte und dann auch gegen Mitmenschen in öffentlichen Räumen ist.

Ebensowenig wie die durchgehende Beschilderung ist der gänzliche Verzicht auf Orientierungshilfen eine brauchbare Lösung. Jedoch ließe sich die schiere Zahl der Schilder schon drastisch verringern, wenn man sie an bestimmten Orten gebündelt anbieten würde. Statt an jeder Kreuzung über die in der Nähe liegenden öffentlichen Gebäude und deren Funktion zu informieren, könnte man diese Angaben an zentralen Orten anbieten, und zwar sowohl auf dort verorteten Stadtplänen als auch in spezifischen Broschüren, die der einzelne dann mitnehmen kann, solange es noch nicht überall interaktive elektronische Informationsmittel gibt (POSNER 1995, 22f).

Eine derartige Bündelung von Information ist die sehr einfache Strategie, die bereits jetzt im Straßenverkehr französischer Städte eine erhebliche Verringerung der Schilderzahl bewirkt (Schmauks 1996a). Bedeutungspuristen mögen die Schilder mit der Aufschrift „Toutes directions" für logisch falsch halten, da jede Straße offensichtlich nur in eine bestimmte Richtung führt. Die zugrundeliegende Konvention ist jedoch schnell zu lernen und verringert den perzeptuellen und kognitiven Aufwand eines Autofahrers, der lediglich schnell aus einem Ballungsraum herausfinden möchte. Er muß nun nicht mehr an jeder Kreuzung eine Vielzahl von möglichen Fahrtzielen daraufhin prüfen, ob sein eigenes dabei ist, sondern wird durch eine Serie gleichartiger Schilder schnell und sicher erst einmal aus der Innenstadt herausgeleitet. Später kommt er an Kreuzungen, die das Richtungsproblem auf eine einfache Entscheidungsfrage reduzieren, nämlich die Wahl zwischen einem bestimmten Ortsnamen und der Restmenge der möglichen Ziele, bezeichnet durch „Autres directions". Erforderlich ist hier nur noch das Wissen, in Richtung welcher großen Stadt das eigene Ziel liegt.

Im Hinblick auf eine semiotische Umwelthygiene ist es ferner notwendig, zur intrinsischen Kodierung der menschlichen Umgebung in Architektur und Städtebau zurückzukehren, also zur Verankerung von Gebrauchszwecken der verschiedenen Reflexionsstufen in wahrnehmbaren Eigenschaften der Gegenstände. So ist es möglich, den Unterschied zwischen Haupt- und Nebenstraßen bereits durch deren Gestaltung so deutlich zu machen, daß an der Einmündung untergeordneter Straßen keine zusätzlichen Schilder mehr nötig sind (POSNER 1995, 23). Ähnlich sollte der Unterschied zwischen Plätzen, die Orte zum Verweilen sind, und Straßen, die Verbindungen zwischen Orten sind, deutlich werden, ohne daß man erst die entsprechenden Schilder liest.

Diese Forderungen dürfen nicht dahingehend mißverstanden werden, daß irgendeine autorisierte Stelle sich anmaßt, einen verbindlichen Formenkanon für bestimmte Gebäudetypen aufzustellen, so daß ein Architekt nur noch nachschlagen muß, 'wie ein Rathaus auszusehen hat'. Damit wäre ja wieder genau der Zustand von öder Gleichförmigkeit vorprogrammiert, den es zu überwinden gilt. Nötig ist vielmehr, daß sich jedes Rathaus in deutlicher aber abwechslungsreicher Weise von einem Wohnhaus oder von einem Hallenbad unterscheidet.*

Literatur

ANDERSON, J. R.: *Cognitive Psychology and its Implications*. San Francisco: Freeman 1980

BURKHARDT, A.: Geballte Zeichen: Das Symbol und seine Deutungen. *Zeitschrift für Semiotik 18* (1996), 461-482

CLAUSBERG, K.: Gummiband und Gummilinse: Mittelalterliche Vorbilder für graphische Benutzungsoberflächen. *Zeitschrift für Semiotik 16* (1994), 5-9

* Wir danken Christine Petermann für zahlreiche weiterführende Anmerkungen zu einer ersten Fassung dieser Arbeit.

COCHETTI, S.: Spiegelbild, Metapher und Konvention: Das Beispiel „Las Meninas" von Velásquez. *Zeitschrift für Semiotik 16* (1994), 343-356
GENETTE, G.: *Palimpsestes: La littérature au second degré.* Paris: Seuil 1982. Deutsch von D. HORNIG: *Palimpseste: Die Literatur auf zweiter Stufe.* Frankfurt a. M.: Suhrkamp 1993
GIBSON, J. J.: *The Ecological Approach to Visual Perception.* Boston: Mifflin 1979. Deutsch von G. LÜCKE und I. KOHLER: *Wahrnehmung und Umwelt. Der ökologische Ansatz in der visuellen Wahrnehmung.* München: Urban und Schwarzenberg 1982
GOMBRICH, E. H.: *The Image and the Eye: Further Studies in the Psychology of Pictorial Representation.* Oxford: Phaidon 1982. Deutsch: *Bild und Auge. Neue Studien zur Psychologie der bildlichen Darstellung.* Stuttgart: Klett-Cotta 1984
GOMBRICH, E. H.: *Shadows. The Depiction of Cast Shadows in Western Art.* London: National Gallery Publications 1995. Deutsch: *Schatten. Ihre Darstellung in der abendländischen Kunst.* Berlin: Wagenbach 1996
GOODMAN, N.: *Languages of Art — An Approach to a Theory of Symbols.* Indianapolis u.a.: Bobbs-Meril 1968
GOODMAN, N.: *Ways of Worldmaking.* Indianapolis: Harvester 1978
HAUSER, S.: *Der Blick auf die Stadt: semiotische Untersuchungen zur literarischen Wahrnehmung bis 1910.* Berlin: Reimer 1990
HEIDEGGER, M.: *Sein und Zeit.* Zuerst erschienen als Sonderdruck aus: *Jahrbuch für Philosophie und phänomenologische Forschung* Band VIII (1927). 14., durchgesehene Auflage. Tübingen: Niemeyer 1977
HORTON, W.: *The Icon-Book.* New York: Wiley 1994. Deutsch von PCD KIEL: *Das Icon-Buch — Entwurf und Gestaltung visueller Symbole und Zeichen.* Bonn: Addison-Wesley 1994
KELLER, R. und LÜDTKE, H.: Kodewandel. In: ROLAND POSNER, KLAUS ROBERING UND THOMAS A. SEBEOK (Hrsg.): *Semiotik: Ein Handbuch zu den zeichentheoretischen Grundlagen von Natur und Kultur.* 1. Teilband, 414-435. Berlin u.a.: de Gruyter 1997
LYPP, B.: Spiegel-Bilder. In: GOTTFRIED BOEHM (Hrsg.): *Was ist ein Bild*?, 411-442. München: Fink 1994
MANNING, A. D.: The Invariant Code-Significance of Lexical Items. *Semiotica 85* (1989): 73-89
MULLET, K. und SANO, D.: *Designing Visual Interfaces.* Englewood Cliffs: Prentice Hall 1995
NORMAN, D. A.: *The Psychology of Everyday Things.* New York: Basic Books 1988. Deutsch von K. KOFER: *Dinge des Alltags. Gutes Design und Psychologie für Gebrauchsgegenstände.* Frankfurt a.M.: Campus 1989
PASSERON, R. (1986): *René Magritte — Die Gesetze des Absurden.* Köln: Benedikt
POSNER, R.: Zitat und Zitieren von Äußerungen, Ausdrücken und Kodes. *Zeitschrift für Semiotik 14* (1992a), 3-16
POSNER, R.: Was ist Kultur? Zur semiotischen Explikation anthropologischer Grundbegriffe. In: MARLENE LANDSCH, HEIKO KARNOWSKI und IVAN BYSTRINA (Hrsg.): *Kultur-Evolution: Fallstudien und Synthese*, 1-65. Frankfurt a.M.: Lang 1992b
POSNER, R.: Believing, Causing, Intending: The Basis for a Hierarchy of Sign Concepts in the Reconstruction of Communication. In: RENÉ JORNA, BAREND VAN HEUSDEN and ROLAND POSNER (Hrsg.): *Signs, Search, and Communication. Semiotic Aspects of Artificial Intelligence*, 215-270. Berlin und New York: de Gruyter 1993
POSNER, R.: Der Ort und seine Zeichen. In: KLAUS FRERICHS und ALEXANDER DEICHSEL (Hrsg.): *Der beschilderte Ort – Die dritten Lessing-Gespräche in Jork 1994*, 10-23. Jork: Dammann Jork 1995
POSNER, R.: Sprachphilosophie und Semiotik. In: MARCELO DASCAL, DIETFRIED GERHARDUS, KUNO LORENZ und GEORG MEGGLE (Hrsg.): *Sprachphilosophie: Ein internationales Handbuch zeitgenössischer Forschung.* 2. Halbband, 1658-1685. Berlin u.a.: de Gruyter 1996
POSNER, R.: Fighting Semiotic Pollution in Europe: Dutch and German-Speaking Semiotic Communities in the 20th Century. In: ERNEST W.B. HESS-LÜTTICH, JÜRGEN E. MÜLLER und AART VAN ZOEST (Hrsg.): *Culture, Sign, Space / Raum, Zeichen, Kultur – An International Conference on the Semiotics of Space and Culture in Amsterdam.* Tübingen: Narr 1997
RINGBOM, S.: Direkte und indirekte Rede im Bild. *Zeitschrift für Semiotik 14* (1992), 29-40
SCHAPIRO, M.: Über einige Probleme in der Semiotik der visuellen Kunst: Feld und Medium beim Bild-Zeichen. In: GOTTFRIED BOEHM (Hrsg.): *Was ist ein Bild?*, 253-274. München: Fink 1994
SCHMAUKS, D.: Übergänge zwischen Text und Bild. Eine Typologie ambiger Zeichentoken. In: *S – Europäische Zeitschrift für Semiotische Studien 7* (1995), 653-667

SCHMAUKS, D.: Beschilderung zwischen Hilfe und Hindernis. In: JÜRGEN KRAUSE, MATTHIAS HERFURTH und JUTTA MARX (Hrsg.): *Herausforderungen an die Informationswirtschaft*. Proceedings des 5. Internationalen Symposiums für Informationswissenschaft (ISI' 96), Berlin (1996a), 251-258

SCHMAUKS, D.: *Räsonieren als kognitive Strategie. Das Identifizieren von unbekannten Artefakten und Zeichen*. Memo Nr. 5 (1996b), FR Philosophie, Universität Saarbrücken

SCHOLZ, O. R.: *Bild, Darstellung, Zeichen. Philosophische Theorien bildhafter Darstellung*. Freiburg: Alber 1991

WILDEN, A.: Ideology and the Icon. Oscillation, Contradiction, and Paradox: An Essay in Context Theory. In: PAUL BOUISSAC, MICHAEL HERZFELD und ROLAND POSNER (Hrsg.): *Iconicity. Essays on the Nature of Culture*, 251-302. Tübingen: Stauffenburg 1986

WITTGENSTEIN, L.: *Philosophical Investigations*. Deutsch: Philosophische Untersuchungen. Hrsg. von G. E. M. ANSCOMBE. Oxford: Blackwell 1953

JOHN HYMAN

Bilder betrachten

„Dieser sagt von Reitern und der vom Fußvolk, mancher auch von Schiffen: auf schwarzer Erde seien sie das Schönste; doch ich nenn so, wonach einer sich sehnt."

Ich beginne mit diesen unvergeßlichen Zeilen SAPPHOS – der ersten und unübertroffenen Dichterin der individuellen Empfindsamkeit. Plato nannte sie die Zehnte Muse – weil sie in ihren Zeilen ebensogut wie Voltaire, Hutcheson oder Hume die Subjektivität der Schönheit ausdrücken konnte, die erstmals im 18. Jahrhundert als ein Resultat der Revolution in der Ästhetik den Status der Orthodoxie erlangte. Die Frage, ob ein Ding schön ist, weil es erfreut, oder erfreut, weil es schön ist, wurde schon seit der Antike gestellt; subjektivistische Antworten darauf kann man in jeder Epoche finden (TATARKIEWICZ (1980, Kap. 6). Jedoch erst im 18. Jahrhundert wurde die Vorherrschaft der objektivistischen Sichtweise tatsächlich abgelöst.

Diese Revolution in der Ästhetik ist bekannt. Weniger bekannt ist jedoch, daß DESCARTES bereits ein Jahrhundert früher eine nicht minder bedeutsame Revolution in der Kognitionswissenschaft bewirkte, indem er auf genau dieselbe Weise die Erklärungsreihenfolge zwischen Wahrnehmung und bildhafter Repräsentation umkehrte. Wie die Empiristen im 18. Jahrhundert Schönheit im Hinblick durch Erbauung erklärten, statt umgekehrt, und so die Ästhetik transformierten, erklärte DESCARTES bildhafte Repräsentation durch Wahrnehmung, statt umgekehrt, und veränderte dadurch die Theorie des Sehens von Grund auf. Dies war, so denke ich, der radikalste und phantasievollste Schritt, der jemals in der Theorie der bildhaften Repräsentation gemacht wurde. Zugleich ist dies einer der bemerkenswertesten Momente in der Geschichte der Kognitionswissenschaft. Diese Revolution ist das Thema der vorliegenden Arbeit.

Die orthodoxe Vorstellung von Bildern, gegen die sich DESCARTES wandte, war, daß Bilder flache Muster aus Strichen und Farbe sind, die Wälder, Schlachten oder Stürme darstellen, weil sie diesen ähneln. Selbstverständlich waren schon unzählige Autoren vor DESCARTES fasziniert von dem psychologischen Effekt, den Bilder und Skulpturen auf Menschen und Tiere haben können. Die Literatur der Antike beinhaltet viele Geschichten, die dieses Thema illustrieren. Die unangefochtene Annahme war jedoch, daß das, was an der Erfahrung des Betrachtens von Bildern außergewöhnlich ist, was diese von den Erfahrungen der Betrachtung anderer sichtbarer Dinge abhebt, durch die außergewöhnliche Beschaffenheit der Bilder an sich erklärt werden kann. Bilder berühren uns auf ihre eigentümliche Art, weil sie ihrem Gegenstand ähnlich sind; sie sind ihrem Gegenstand nicht ähnlich, weil sie uns auf ihre eigentümliche Art berühren.

DESCARTES behauptete das Gegenteil: die besondere Beschaffenheit der Bilder läßt sich durch den besonderen Charakter der Erfahrung der Bildbetrachtung erklären. Das besondere an dieser Erfahrung ist, daß man nicht, oder nicht ausschließlich, die Formen und Farben wahrnimmt, aus denen das Bild eigentlich besteht, sondern die Wälder, Schlachten oder Stürme, die das Bild darstellt. Die entscheidende Eigenschaft eines Bildes ist alsoTarnung: ein zweidimensionales Muster aus Tusche oder Pigment, das zu dem ausdrücklichen Zweck entworfen wurde, das Bestreben zu vereiteln, es als das zu sehen, was es ist. Dies ist letztendlich eine Illusionstheorie: DESCARTES' Ansicht zufolge ist es die Aufgabe eines Bildes, eine Illusion zu erzeugen.

DESCARTES' psychologische Theorie der Bilder hat, soweit mir bekannt ist, keinen Vorläufer. Und obgleich heute nur wenige Autoren willens sind, die Ansicht zu verfechten, daß jedes Bild dazu entworfen wurde, eine Illusion zu erzeugen, ist die generelle Herangehensweise DESCARTES' in letzter Zeit populärer geworden als jede andere. Es gibt keinen Konsens darüber, wie genau die Erfahrung der Bildbetrachtung definiert werden soll, aber es gibt eine weitverbreitete Übereinkunft unter den anglo-amerikanischen Philosophen, daß die Definition dieser Erfahrung der Schlüssel zur Theorie der bildhaften Repräsentation ist.[1]

Ich interessiere mich für die zeitgenössischen Arbeiten um ihrer selbst Willen. Ich halte es jedoch für den günstigsten Weg, die psychologische Abbildungstheorie in ihrer Originalform und in ihrem ursprünglichen Kontext zu untersuchen: zum Teil, um ihren extrem radikalen Charakter, ihre Absonderlichkeit und Genialität nicht zu verschleiern; und zum Teil, weil ein klares Verständnis des Drucks, der zu ihrer Entstehung führte, dabei helfen wird, ihre Stärken und Schwächen ans Licht zu bringen. Was ich also zu tun gedenke ist folgendes: Zunächst werde ich DESCARTES' Argumente untersuchen, die im vierten und sechsten Kapitel seiner *Dioptrik* zu finden sind. Ich beabsichtige zu zeigen, daß DESCARTES die Ähnlichkeitstheorie angriff, weil sie eine Wahrnehmungstheorie voraussetzte, die mit seiner Metaphysik nicht vereinbar war – genauer gesagt mit der Doktrin, daß Materie nur geometrische Eigenschaften hat. Ich werde diese Wahrnehmungstheorie die *Bild-Hypothese* nennen.

Zweitens werde ich zeigen, daß es zur Widerlegung der Bild-Hypothese nicht notwendig war, die Ähnlichkeitstheorie zu widerlegen; und daß DESCARTES an diese Notwendigkeit glaubte, weil er fälschlicherweise annahm, daß die Reflexionen auf den Oberflächen unserer Retinae unsere Wahrnehmungen hervorrufen, und daß Reflexionen Bilder sind.

Drittens werde ich die Ähnlichkeitstheorie an sich untersuchen. Dies heißt einen Schritt über DESCARTES Text hinaus zu gehen. Ich werde dafür argumentieren, daß es (1) Prinzipien *a priori* gibt, die die Formen und Farben von Bildern (oder Bildteilen) mit den Formen und Farben der Dinge verbinden, die sie darstellen; (2) daß diese Prinzipien bei weitem nicht ausreichen, die Wahrheit der Ähnlichkeitstheorie zu beweisen; aber (3) daß sie DESCARTES' Behauptung widerlegen, daß der Inhalt eines Bildes einfach eine Funktion der Empfindung ist, die es in unserer Seele hervorbringt.

Viertens werde ich, auf diese Ergebnisse aufbauend, eine Theorie entwerfen, die erklärt, wie Bilder Objekte darstellen, wobei ich die dem kartesischen Psychologismus und der Ähnlichkeitstheorie innewohnenden Fehler vermeiden werde.

Abschließend werde ich auf DESCARTES' *Dioptrik* zurückkommen und einige weitere Schlußfolgerungen ziehen.

---

1 Siehe beisielsweise GOMBRICH (1978), (1984); SCRUTON (1974, Kap. 13); WOLLHEIM (1982), (1987, Kapitel 2); SCHIER (1986); PEACOCKE (1987); WALTON (1990, Kap. 8); BUDD (1992).

1. Warum genau griff DESCARTES die orthodoxe und bis dato unumstrittene Doktrin an, daß bildhafte Repräsentation durch die Ähnlichkeit zwischen Bildern und dem, was sie darstellen, erklärt werden kann? Er nahm an – so die Antwort –, daß die Wahrheit dieser Doktrin eine Annahme über die Natur der visuellen Wahrnehmung voraussetzt, die – in verschiedenen Varianten – weithin akzeptiert war, und die er in der *Dioptrik* widerlegen wollte: die Hypothese, daß visuelle Wahrnehmung aus dem Empfangen und Verarbeiten von Abbildern resultiert, die von den sichtbaren Gegenständen ausgesandt und zum Auge übertragen werden. Ich werde dies, wie oben gesagt, die *Bild-Hypothese* nennen. Der hohe Stellenwert der Bild-Hypothese folgt, von DESCARTES' Standpunkt aus, direkt aus ihren metaphysischen Implikationen. Wenn die Hypothese nämlich wahr wäre, dann wäre die physikalische Welt in der Tat jener farbenfrohe Ort, mit dem wir uns in unserer Erfahrung konfrontiert sehen. Materie könnte nicht das rein geometrische Material sein, welches DESCARTES sich vorstellte. Er hatte also keine Wahl: er mußte abstreiten, daß die Bild-Hypothese ein annehmbares Fundament für die Theorie des Sehens darstellt. Und er hatte recht, ungeachtet der Metaphysik. Akzeptierten wir nämlich, daß sich Abbilder sichtbarer Objekte durch die Luft zu unseren Augen bewegen, müßte es unklar bleiben, wie wir uns ihrer bewußt werden – und auch, wie sie uns die Erscheinung der Objekte, von denen sie ausgehen, enthüllen können. Es hat keinen Zweck, das Vorhandensein von Bildern in unseren Köpfen zu postulieren, ohne zu erklären, wie wir herausfinden, wovon sie Bilder sind.

Wie wir sehen werden, enthält die *Dioptrik* eine Passage, die diesem Einwand nahezu entspricht. DESCARTES sagt, die Bild-Hypothese setze voraus, daß wir ein zweites Paar Augen in unserem Kopf hätten, um diese Bilder zu sehen.[2] Aber überraschenderweise konzentriert sich sein Angriff auf die Bild-Hypothese nicht auf diese fatale Schwäche. Sie richtet sich auf einen anderen Punkt, oder besser zwei andere Punkte, welche enger mit seinem metaphysischen Programm verbunden sind. Erstens akzeptiert er – er besteht sogar darauf –, daß sich ein Abbild der uns umgebenden Dinge auf unseren Retinae findet. Er attackiert jedoch die Annahme, daß sich Bilder von den Objekten, die sie darstellen, zu unseren Augen *bewegen*. Diese Diskussion macht einen wichtigen Teil des ersten Kapitels der *Dioptrik* aus. Obwohl er behauptet, daß dieses Abbild, wie jedes andere Bild, gewährleistet, daß "unser Denken [...] dazu angeregt werden kann, sich den Gegenstand vorzustellen, den es darstellt", und zugesteht, daß es in der Tat den Objekten ähnelt, von denen es ausgeht, erörtert er zweitens im vierten und sechsten Kapitel ausführlich, daß wir uns "die Sache nicht so vorstellen [dürfen], als ob wir durch diese Ähnlichkeit eine Vorstellung von ihnen bekommen" (DESCARTES 1637 1954: 90). Auf diesen zweiten Punkt werde ich mich konzentrieren. Das Argument, welches im vierten Kapitel der *Dioptrik* zu finden ist, lautet folgendermaßen:

---

2 THEOPHRASTUS (De Sensu, §21) kritisiert eine Theorie des Hörens, die er Empedokles zuschreibt, in genau der gleichen Hinsicht:
Empedocles explains hearing by stating that it is due to intra-aural sounds. But it is strange of him to suppose that he has made it self-evident how we hear, by merely stating this theory of a sound, as of a gong, within the ear. For suppose that we hear the outer sounds by means of this gong; by what do we hear the gong itself, when it rings? For this - the very point of the whole inquiry - is neglected by him. (Zitiert nach: BEARE 1906, 97)

Ausserdem muss man sich hüten anzunehmen, dass die Seele, um zu fühlen, irgendwelche Bilder betrachten muss, die von den Gegenständen zum Gehirn gesendet werden, wie das unsere Philosophen im allgemeinen annehmen, oder man müsste wenigstens das Wesen dieser Bilder ganz anders verstehen, als sie es tun. [...] Der einzige Grund, solche Bilder [d. h. Bilder, die von Objekten erzeugt, vom Auge empfangen werden etc.] anzunehmen, war, dass unser Denken, wenn wir ein Bild sehen, leicht dazu angeregt werden kann, sich den Gegenstand vorzustellen, den es darstellt. Es schien den Philosophen, dass wir die Gegenstände, die auf unsere Sinne wirken, durch kleine Bilder, die sich in unserem Kopfe formen, in uns aufnehmen. Statt dessen müssen wir beachten, dass es noch andere Dinge als Bilder gibt, die unser Denken anregen können, zum Beispiel die Zeichen und die Worte, die in keiner Weise den Dingen gleichen, die sie bezeichnen. Um uns von dieser anerkannten Lehre so wenig wie möglich zu entfernen, ziehen wir es vor anzunehmen, dass die Gegenstände, die wir wahrnehmen, tatsächlich ihre Bilder ins Gehirn senden. Dabei müssen wir aber bedenken, dass es kein Bild gibt, das dem Gegenstand vollig gleicht, den es darstellt. Sonst würde es keine Unterschiede mehr zwischen dem Gegenstand und seinem Bild geben. Es genügt aber völlig, dass die Bilder den Gegenständen in wenigen Dingen gleichen. Ihre Vollkommenheit hängt sogar oft gerade davon ab, dass sie den Gegenständen nicht so ähnlich sind, wie sie es sein könnten. Betrachten Sie zum Beispiel einen Kupferstich. Er ist dadurch entstanden, dass man hier und da ein wenig Tusche auf Papier gebracht hat, und doch zeigt er uns Wälder, Städte, Menschen, ja sogar Schlachten und Geschütze. Obgleich eine Unzahl verschiedener Einzelheiten uns die Gegenstände erkennen lassen, gibt es doch keine einzige Gestalt, der sie völlig gleichen. Und das ist auch noch eine sehr unvollkommene Ähnlichkeit, wenn man berücksichtigt, dass diese Stiche uns auf einer völlig ebenen Fläche Körper darstellen, die sich mehr oder weniger aus ihr herausheben, oder hinter ihr liegen, und dass sie nach den Regeln der Perspektive Kreise besser als Ovale als wieder durch Kreise, Quadrate durch Rechtecke als wieder durch Quadrate wiedergeben. Ebenso geht es mit allen anderen Firguren. So dürfen oft Bilder, um in ihrer Eigenschaft als Bilder vollkommen zu sein und die Gegenstände besser darzustellen, diesen häufig gerade nicht gleichen. Dasselbe müssen wir von den Bildern annehmen, die sich in unserem Gehirn bilden. Wir müssen dabei beachten, dass es hierbei darauf ankommt zu wissen, wie sie der Seele die Möglichkeit geben können, die verschiedenen Eigenschaften der Gegenstände, die sie darstellen, zu empfinden, und nicht, welche Ähnlichkeit sie mit ihnen haben. (Descartes 1637 1954: 88f)

In dieser Passage erörtert DESCARTES, daß die bloße Anwesenheit von Bildern in unseren Augen, oder eben in unseren Gehirnen, nicht für sich erklären kann, *wie* wir sehen. Das Problem, so sagt er, ist zu erklären, wie ein Abbild im Auge oder im Gehirn es bewerkstelligt daß "unser Denken [...] dazu angeregt werden kann, sich den Gegenstand vorzustellen, den es darstellt"; und es gibt keinen guten Grund, *a priori* anzunehmen, daß irgendeine Art von Ähnlichkeit zwischen diesen Abbildern und den Dingen, die sie darstellen, Teil der Antwort ist. Denn wir wissen sehr wohl, daß Zeichen und Wörter den Geist anregen, sich die Objekte, die sie vertreten, vorzustellen, ohne diesen überhaupt zu ähneln. Wir wissen ebenso, daß Bilder wie beispielsweise Kupferstiche dies tun, ohne daß sie den Gegenständen in irgendeiner Hinsicht ähneln, außer in Hinblick auf die Form – und dies auch nur unvollkommen. Was wir sicher über Bilder wissen, ist, daß sie diesen Effekt auf uns haben; daß sie durch "eine Unzahl verschiedener Einzelheiten uns die Gegenstände erkennen lassen"; aber es ist Aufgabe der Wissenschaft zu klären, *wie* sie dies bewirken. Wenn wir diesen Punkt erst klar sehen und nicht länger annehmen, daß Ähnlichkeit Darstellung erklärt, werden wir es nicht mehr verführerisch finden, davon auszugehen – woran sich die Philosophen bereits gewöhnt hatten –, daß die bloße Anwesenheit von Bildern im Auge bzw. im Gehirn zu erklären vermag, wie wir sehen.

Um zu erkennen, wie radikal dieses Argument die Theorie des Sehens verändert, müssen wir die Rolle, die die Abbilder in der von DESCARTES attackierten Theorie spielen, mit der Rolle vergleichen, die sie in seiner eigenen Theorie spielen. Der Unterschied ist der: DESCARTES macht den

darstellenden Anteil von Abbildungen abhängig von der Art der Wahrnehmungen, die sie bei uns hervorrufen, statt sie als Verursacher dieser Wahrnehmungen anzusehen. Genau aus diesem Grund wird die Notwendigkeit überflüssig, daß ein Abbild dem, was es darstellt, ähneln muß. Denn um zu erklären, wie ein Abbild ein Objekt mit diesen und jenen Farben, Größen und Formen darstellt, müssen wir, so scheint es, entdecken, welche Stimulationsmuster im Gehirn von dem Abbild hervorgerufen werden und welche Arten von sensorischer Wahrnehmung diese Stimulationsmuster dann erzeugen. Damit würde die Frage ob, bis zu welchem Grade und in welchen Beziehungen Abbilder dem ähneln, was sie repräsentieren, theoretisch irrelevant: "Wir müssen dabei beachten, dass es hierbei darauf ankommt zu wissen, wie sie [die Bilder] der Seele die Möglichkeit geben können, die verschiedenen Eigenschaften der Gegenstände, die sie darstellen, zu empfinden."
Abschließend betrachtet liegt die Wichtigkeit dieser neuartigen von DESCARTES entworfenen Konzeption von Bildern darin: sie erlaubt es ihm davon auszugehen, daß die von den sichtbaren Objekten in den Augen hervorgerufene Abbilder das Sehen ermöglichen. Dennoch gefährdet diese Annahme nicht seine mechanistische Optik und damit auch nicht die geometrische Theorie der Materie. Wenn wir uns nämlich diese Abbilder als nichts anderes als komplexe mechanische Reize vorstellen, die - wie er sagt – 'naturgegeben' sind, um sensorische Wahrnehmungen hervorzurufen, dann können sie uns nicht daran hindern zu erkennen, daß es einen großen Unterschied geben mag zwischen der physikalischen Welt, in der wir leben, und ihre Erscheinung, in welches sie in unserer Wahrnehmung gekleidet ist. DESCARTES' unermüdliche Untersuchung hat als Resultat die Bild-Hypothese aufgelöst, ohne sie direkt zu widerlegen. Denn ohne die Begleiterscheinung, daß Bilder ihrem Gegenstand ähnlich sind, bleibt von der Hypothese lediglich eine mechanische Kausalkette übrig, die die Möglichkeit offen läßt, eben die Tatsache anzuzweifeln, zu deren Erklärung sie aufgestellt wurde – nämlich die, daß unsere Erfahrung uns zeigt, wie die Dinge sind. Die Konzession, die DESCARTES macht "um [sich] von dieser anerkannten Lehre so wenig wie möglich zu entfernen", ist somit nicht das, was sie zu sein scheint: er gestattet uns, eine Formel beizubehalten, nicht jedoch die zugrundeliegende Lehre, die sie üblicherweise ausdrücken soll. Im fünften Kapitel wird dann klar, daß DESCARTES dieses Zugeständnis nicht machte, weil er ausdrücken wollte, daß im Respektieren des Orthodoxen eine gewisse Tugend steckt, sondern weil es zutreffend ist: sichtbare Objekte haben in der Tat die Eigenschaft, daß sie "recht vollkommene Bilder dieser Gegenstände in den Grund unseres Auges einprägen"; und DESCARTES nahm an, daß diese Abbilder "auch von dort bis ins Gehirn [gelangen]".

2. Ich will zwei Fragen zu DESCARTES' Argument genauer untersuchen: (1) War es notwendig, die Ähnlichkeitstheorie zu wiederlegen, um die Bild-Hypothese zu unterminieren? Und (2): Ist die Ähnlichkeitstheorie falsch? Die Antworten zu diesen Fragen sind, wie ich zeigen werde, folgende: erstens – nein; und zweitens – ja und nein.
Die erste Frage ist leichter zu beantworten. Es gab keinen Grund, die Ähnlichkeitstheorie zu verwerfen. Es ist irrelevant, *ob* unsere Auffassung von Abbildern auf den Anspruch eingeschränkt wird, daß sie den Gegenständen, die sie darstellen, ähneln sollen oder nicht – die bloße Präsenz von

Bildern im Auge oder im Gehirn kann ebensowenig erklären, wie wir sehen, wie es Bilder erklären würden, die wir auf die Stirn klebten. Folglich ist es unmöglich mittels der Ähnlichkeitstheorie, das Sehvermögen zu erklären, *welche Theorie der bildhaften Repräsentation auch immer richtig sein mag*.

Kurios ist, daß ein eng damit verbundenes Argument zu Beginn des sechsten Kapitels zu finden ist, wo DESCARTES folgendes schreibt:

> Wenn nun auch dieses Bild, das auf diese Weise ins Innere unseres Kopfes gelangt, immer noch eine Ähnlichkeit mit den Gegenständen behält, von denen es ausgeht, so darf man sich doch, wie ich es Ihnen ja schon verständlich genug gemacht habe, die Sache nicht so vorstellen, als ob wir durch diese Ähnlichkeit eine Empfindung von Ihnen bekommen, als ob es noch andere Augen in unserem Gehirn gäbe, durch die wir sie wahrnehmen könnten. Es sind vielmehr die Bewegungen, aus denen sich das Bild zusammensetzt, die unmittelbar auf unsere Seele wirken und, soweit sie eine Einheit mit unserem Körper bildet, von der Natur dazu hergerichtet sind, in ihr solche Empfindungen hervorzurufen. (DESCARTES 16?? 1954: 90)

In dieser Passage ist DESCARTES nahe dran, den ausschlaggebenden Punkt auf eine besonders fesselnde Weise deutlich zu machen: es ist sinnlos, Abbilder als Stellvertreter für sichtbare Objekte zu postulieren, weil dies impliziert, daß wir ein weiteres Paar Augen haben, mit dem wir diese Abbilder sehen. Was er jedoch tatsächlich sagt, ist, daß die Ähnlichkeit zwischen den Abbildern in unseren Gehirnen und den sie hervorrufenden sichtbaren Objekten theoretisch belanglos sein muß, denn wenn das nicht der Fall wäre, bräuchten wir ein weiteres Paar Augen, um diese Bilder zu sehen. Dies ist wahr. Wenn Abbilder in unseren Gehirnen uns die Objekte, die sie repräsentieren, dadurch bewußt machen würden, daß sie ihnen ähneln, würde ihr Effekt auf uns von ihrer Erscheinung abhängen, und damit davon, gesehen zu werden. Dies ist jedoch ein unglücklicher Punkt für DESCARTES, denn er scheint zu implizieren, daß die Ähnlichkeit zwischen Abbildern und den durch sie repräsentierten Objekten dann nicht theoretisch belanglos ist, wenn sichtbare Bilder, also jene, für deren Wahrnehmung wir unsere Augen benötigen, betroffen sind; und dies widerspricht offensichtlich dem Hauptpunkt seines Arguments im vierten Kapitel. Dort macht DESCARTES die unbewiesene und angeblich nicht plausible Behauptung: "Dasselbe [wie von Kupferstichen] müssen wir von den Bildern annehmen, die sich in unserem Gehirn bilden." Er behauptet also, daß die korrekte Erklärung für unser Erkennen, welche Art Dinge Kupferstiche dargestellen, die gleiche sein muß, wie die korrekte Erklärung, wie wir erkennen, was die Abbilder in unseren Gehirnen repräsentieren – ungeachtet der Tatsache, daß wir die erste Art Bilder sehen, die zweite hingegen nicht. In beiden Fällen, so sagt er, "müssen [wir] dabei beachten, dass es hierbei darauf ankommt zu wissen, wie sie der Seele die Möglichkeit geben können, die verschiedenen Eigenschaften der Gegenstände, die sie darstellen, zu empfinden, und nicht, welche Ähnlichkeit sie mit ihnen haben." Im sechsten Kapitel hingegen richtet sich das Argument exakt auf den Unterschied zwischen Abbildern, die wir sehen können und Abbildern, bei denen dies nicht der Fall ist.

Die Situation ist jedoch noch schlimmer, denn obgleich ich bislang die Idee beibehalten habe, daß Abbilder in unseren Augen und unseren Gehirnen uns das Sehen ermöglichen, ist dieser Umstand doch falsch; ein Überbleibsel der Bild-Hypothese, das auch im weiteren Verlauf DESCARTES' visuelle Theorie beeinträchtigt. Um den Grund dafür zu erklären, werde ich mich auf die Abbilder in unseren Augen konzentrieren, denn der Fortschritt in der Neurophysiologie hat der Vorstellung den Reiz genommen, daß es Abbilder der Dinge, die wir sehen, in unseren Gehirnen gibt. Würden sichtbare Objekte jedoch Abbilder von sich in unseren Gehirnen hervorrufen – auf der Oberfläche der Zirbeldrüse zum Beispiel – könnten die gleichen Argumente darauf angewendet werden.

Natürlich rufen die Dinge, die wir sehen, Abbilder von sich auf unseren Retinae hervor, weil die Retina eine reflektierende Oberfläche hat. Wenn die Retina das ganze auf sie treffende Licht absorbieren würde, dann könnte man auf ihrer Oberfläche kein Abbild ausmachen. Allerdings nicht, weil es von der Retina, sozusagen, "gefangen gehalten würde". Es würde unter diesen Umständen schlicht kein retinales Abbild geben, weil es ein Ding wie ein unsichtbares Abbild ebensowenig gibt wie einen nichtreflektierenden Spiegel. In der Tat ist jedoch ein deutlich sichbares Abbild auf der Oberfläche der Retina zu erkennen, wenn wir mit einem geeigneten Instrument in ein Auge hineinschauen. Weil es sich dabei jedoch um eine *Reflexion* handelt, ist es offensichtlich, daß unsere retinalen Bilder nicht Urheber unserer sensorischen Wahrnehmung sein können. Die auf die Retina auftrefenden Strahlen und die dadurch verursachten elektrochemischen Änderungen in ihren Nervenzellen ermöglichen es uns, natürlich zu sehen. Aber das Licht, das die Retina *reflektiert*, ruft diese Änderungen nicht hervor. Das retinale Abbild ist für die visuelle Theorie jedoch nicht irrelevant. Wie DESCARTES in seinem fünften Kapitel ausführt, bestätigt es Keplers Beschreibung der Geometrie des Auges. Aber retinale Abbilder ermöglichen uns nicht das Sehen, genau wie Echos in unseren Ohren uns nicht das Hören ermöglichen. Gesetzt den Fall, Smith kann einen Baum sehen. Wenn Jones nun mit einem geeigneten Instrument in Smiths Auge sieht, kann Jones den Baum ebenfalls sehen, weil sein Bild von Smiths Retina reflektiert wird. Somit ist Smiths retinales Abbild die Erklärung dafür, weshalb *Jones* den Baum sehen kann; nicht jedoch dafür, daß *Smith* ihn sehen kann.[3]

Der Umstand, daß retinale Abbilder Reflexionen sind, weist auf einen anderen Punkt hin. Obgleich Reflexionen Abbilder genannt werden, gibt es einen fundamentalen Unterschied zwischen dieser Art Abbilder und Kupferstichen, Gemälden oder Zeichnungen. Wenn wir nämlich eine Reflexion von etwas sehen, sehen wir das Ding selbst und nicht irgendetwas anderes – eine bestimmte Art Bild –, welches es repräsentiert. Ein Bild muß, wie auch alles andere, entweder beleuchtet oder selbst leuchtend sein, um gesehen zu werden. Wenn ich jedoch mein Gesicht in einem Spiegel sehen möchte, ist es mein Gesicht und nicht etwa die Oberfläche des Spiegels, das beleuchtet werden

3 Dieser Punkt scheint auch von Aristoteles bemerkt worden zu sein, welcher Demokrits Theorie des Sehens mit den folgenden Ausdrücken kritisiert: "Demokritus tut recht daran, wenn er lehrt, das Auge sei Wasser; wenn er jedoch meint, das Sehen sei das Spiegelbild, so stimmt dies nicht. Denn das kommt nur daher, weil das Auge glatt ist, und es haftet auch nicht an ihm, sondern gehört zum Betrachter, weil die Erscheinung eine Spiegelung ist." (ARISTOTELES Sinneswahrnehmung: 438a)
Der Ausdruck, der mit "es haftet auch nicht an ihm, sondern gehört zum Betrachter" übersetzt ist, befriedigt nicht ganz, aber ARISTOTELES' Punkt scheint zu sein, daß die Spiegelung vom Auge des Betrachters (Mensch oder Tier) gesehen wird, und nicht von dem Auge, in dem sie erscheint.

muß. Es ist also ein Fehler, einen Spiegel als ein bildproduzierendes Ding anzusehen. Wenn ich mein Gesicht in einem Spiegel sehe, ist es mein Gesicht, das ich sehe, und nicht ein Bild davon.

Da retinale Abbilder Reflexionen sind, können sie weder unsere sensorische Wahrnehmung hervorrufen, noch handelt es sich bei ihnen, streng genommen, überhaupt um Bilder. Wie sollten diese Fakten jedoch unsere Beurteilung von DESCARTES' Angriff auf die Bild-Hypothese beeinflussen? Diese Frage werden wir im Verlauf der Untersuchung noch genauer beantworten können; aber soviel ist jetzt schon klar: zunächst werden sie den Angriff noch verstärken, indem sie zweifach verdeutlichen, daß wir Objekte nicht dadurch sehen, daß wir Bilder von ihnen in unseren Augen oder Gehirnen empfangen, formen oder an sie denken. Zweitens bestätigen sie jedoch die Irrelevanz dieses Arguments gegen die Ähnlichkeitstheorie. Die Ähnlichkeitstheorie ist nämlich eine Abbildungstheorie, und Abbilder in unseren Augen – die ja Reflexionen sind – sind keine Bilder.

3. Ich werde später noch auf diesen Punkt zurückkommen; zunächst möchte ich untersuchen, ob die Ähnlichkeitstheorie falsch ist. Hatte DESCARTES recht als er abstritt, daß Ähnlichkeit erklärt, wie Bilder abbilden? Um diese Frage zu beantworten, müssen wir uns auf den letzten Teil der Passage konzentrieren, die ich oben zitiert habe. DESCARTES führt hier drei Punkte an: Der erste ist, daß ein Bild kein perfektes Faksimile der Dinge sein kann, die es repräsentiert; der zweite ist, daß ein Abbild dem, was es darstellt, nur in einigen wenigen Aspekten ähneln muß; und der dritte ist, daß selbst diese Ähnlichkeit oftmals unvollkommen ist. Dann illustriert er den zweiten und dritten Punkt anhand des Beispiels eines Kupferstiches. Ich möchte mich auf den dritten Punkt konzentrieren, der besagt, daß selbst im Hinblick auf die Form die Ähnlichkeit zwischen einem Abbild und dem Objekt, welches es repräsentiert, oftmals unvollkommen ist. DESCARTES stützt diese Behauptung mit zwei Beobachtungen: eine betrifft die Form von Körpern und die andere zweidimensionale Formen. Zunächst führt er aus, daß "diese Stiche uns auf einer völlig ebenen Fläche Körper darstellen, die sich mehr oder weniger aus ihr herausheben, oder hinter ihr liegen." Somit können beispielsweise die Teile eines Kupferstiches, die einen zylindrischen Turm und sein konisches Dach abbilden sollen, diesen Dingen unmöglich in Hinblick auf ihre Form ähneln, weil eine Figur auf einer Ebene unmöglich zylindrisch oder konisch sein kann. Dann fügt er hinzu, daß "sie nach den Regeln der Perspektive Kreise besser als Ovale als wieder durch Kreise [...] wiedergeben. Ebenso geht es mit allen anderen Firguren." Somit wird selbst der Teil eines Kupferstiches, der eine zweidimensionale Form abbildet – die Fassade eines Gebäudes beispielsweise, oder die Oberfäche eines Tisches – nicht exakt die gleiche Form haben wie der abgebildete Gegenstand, wenn der Künstler Verkürzungen verwendet hat.

Diese Beobachtungen über die auf die Form bezogene Ähnlichkeit zwischen Bildern und den Gegenständen, die sie repräsentieren, scheint mir ziemlich unstrittig zu sein. Wie dem auch sei, es folgt nicht, daß nur die experimentelle Psychologie entdecken kann, welche Korrelationen es gibt zwischen den Abbildern und den Sinneswahrnehmugen der einzelnen Eigenschaften der entsprechenden Gegenstände. Es folgt daher auch nicht, daß es keine Prinzipien *a priori* gibt, die die Formen und Farben von Bildern und den Objekten, die sie darstellen, verbinden. Es ist in der Tat möglich, Prinzipien *a priori* aufzustellen, sowohl in Hinblick auf Form wie auch im Hinblick auf Farbe. Ich werde mich auf die Form konzentrieren.

Der Begriff, den wir uns hier zu Nutze machen müssen, ist der Begriff der Umschließungsgestalt. Die Umschließungsgestalt eine Objektes ist das, was einige Philosophen seinen "*apparent* shape" oder seine Erscheinung genannt haben – mit anderen Worten also, der Umriß oder die Silhouette eines Objekts. Ich bevorzuge den Begriff "Umschließungsgestalt", weil er weniger irreführend ist. Er beinhaltet nicht die *suggestio falsi*, daß implizit ein Unterschied gemacht wird zwischen der *Umschließungsgestalt* eines Objekts und dessen *wirklicher Form*, und daß daher die Umschließungsgestalt eines Objekts keine vollkommen objektive sichtbare Eigenschaft unserer physischen Umgebung ist. Eine schräg betrachtete runde Scheibe hat eine elliptische Umschließungsgestalt: ein elliptischen Fleck auf einer senkrecht zur Sehachse stehenden Ebene wird sie entweder verdecken oder von ihr umschlossen werden. Die Umschließungsgestalt eines Objekts ist eine Funktion seiner *tatsächlichen* Gestalt (Ich verwende diesen Ausdruck ungeachtet der bestehenden Bedenken.) und seiner Lage relativ zur Sehachse. Hinsichtlich der Umschließungsgestalt eines Objekts können wir uns irren, und ein Irrtum dieser Art kann durch Messungen und Berechnungen korrigiert werden. Auch optische Brechung kann auf die Umschließungsgestalt eines Objekts Auswirkungen haben. Ein gerader Stab, der halb in Wasser eingetaucht ist, hat eine geknickte Umschließungsgestalt. Auch hierbei handelt es sich um eine völlig objektive Angelegenheit.

Das Konzept der Umschließungsgestalt spielt folgende Rolle in der Abbildungstheorie: Man stelle sich den Kupferstich des Kopfes eines Mannes vor. Die Form (genauer: die tatsächliche Form) des kleinsten Teils des Bildes, der die Nase oder das Kinn des Mannes abbildet, muß mit der Umschließungsgestalt der Nase oder des Kinns im Bild, relativ zur Sehachse des Betrachters, identisch sein. Das generelle Prinzip, welches ich das Umschließungsgestalt-Prinzip nennen möchte, ist leicht durch ein Gedankenexperiment zu beweisen. Tatsächlich handelt es sich dabei um ein ungewöhnliches Gedankenexperiment, da es sich tatsächlich durchführen läßt. In diesem Experiment soll man versuchen, den Umriß eines Bildteils nachzuziehen, der irgendetwas abbildet – sei es ein Haus, ein Baum, ein Mann oder einer seiner Körperteile –, indem man mit dem Finger über die Bildoberfläche zieht, ohne jedoch gleichzeitig die Umschließungsgestalt des entsprechenden Teils des abgebildeten Objekts – des Hauses, Baums, oder des Mannes – nachzuziehen. Alternativ könnte man versuchen, die Umschließungsgestalt des Gegenstandes eines Bildes nachzuziehen, ohne gleichzeitig die tatsächliche Form des Bildteils nachzuziehen, der es abbildet. Man muß nur einen Moment darüber nachdenken, um zu erkennen, daß keines von beiden möglich ist. Somit müssen die Umschließungsgestalt eines Teils des Gegenstands (**S**) eines Bildes, relativ zur Sehachse des Betrachters, und die tatsächliche Form des kleinsten Teils des Bildes, welches den entsprechenden Teil des Gegenstands (**R**) abbildet, identisch sein.

Es ist wichtig zu bemerken, wie bescheiden das Umschließungsgestalt-Prinzip ist. Zunächst liefert es uns zwar Informationen darüber, was die Umschließungsgestalt eines Gegenstandes ist relativ zur Sehachse des Betrachters, aber nicht darüber, was für eine *Art* Ding der Gegenstand eines

Bildes ist. Wenn ein Teil eines Bildes beispielsweise den Schnabel einer Ente oder die Ohren eines Kaninchens repräsentiert, sagt uns das Prinzip nicht, welches von beiden repräsentiert wird; obgleich es uns sagt, daß wenn das Bild entweder als Bild einer Ente oder als Bild eines Kaninchens gesehen werden kann, Ente und Kaninchen relativ zur Sehachse des Betrachters die gleiche Umschließungsgestalt haben müssen. Zweitens sagt es uns nichts über das Verhältnis zwischen der Oberfläche eines Portäts und dem tatsächlich porträtierten Mann. Wir können uns zwei Termini aus der Bedeutungstheorie leihen und sagen, daß das Umschließungsgestalt-Prinzip das Verhältnis der Oberfläche eines Bildes zur *Bedeutung* des Bildes beschreibt, nicht das Verhältnis zu dessen *Referenz*. Schließlich impliziert es nicht, daß jeder Teil des Gegenstands eines Bildes eine genau festgelegte Umschließungsgestalt haben muß; es impliziert jedoch, daß jede solche 'Ungenauigkeit' mit einer korrespondierenden Ungenauigkeit in der Form des korrespondierenden Teils der Oberfläche des Bildes exakt übereinstimmt.

Es gibt allerdings eine Ausnahme vom Umschließungsgestalt-Prinzip, nämlich die Anamorphose. Unter den bekanntesten Anamorphosen findet sich zum Beispiel die berühmte Abbildung eines Totenschädels im unteren Teil von Holbeins *Die Gesandten* (National Gallery, London) und ein Porträt von Edward VI (National Portrait Gallery) ein. Die Technik wurde jedoch routinmäßig und weniger verspielt von den Künstlern eingesetzt, die für die byzantinische Kirchenbemalung verantwortlich waren, um die Verzerrungen zu kompensieren, die durch die exzentrischen Sehachse des Betrachters oder Krümmungen der Bildoberfläche in Bildern auftreten würden. Zum Beispiel sind in der Pfingstdarstellung, die in der Hauptkuppel der Hagia Sophia in Thessaloniki zu sehen ist, die Beine der Apostel bewußt verlängert, weil die oberen Teile der Figuren nahezu senkrecht zur Sehachse des Betrachters stehen, ihre unteren Teile jedoch beinahe vertikal. Die Anamorphose stellt sicher, daß die Körper der Apostel wohlproportioniert scheinen, wenn die Kuppel von unten betrachtet wird.

Beispiele dieser Art sind Ausnahmen des Umschließungsgestalt-Prinzips, da die Umschließungsgestalt eines Beins eines der Apostel, *relativ zur Sehachse des Betrachters*, nicht mit der tatsächlichen Form des kleinsten Teil des Mosaiks, der es abbildet, identisch ist, eben weil die Sehachse des Betrachters exzentrisch ist. Solche Beispiele sollten uns jedoch nicht dazu veranlassen, das Umschließungsgestalt-Prinzip aufzugeben, da die Anamorphose ein außergewöhnlicher Fall *ist*:. Wenn wir im Normalfall den Gegenstand eines Bildes wahrnehmen, indem wir die Formen und Farben auf seiner Oberfläche wahrnehmen, verlangt die Anamorphose von uns, **R** falsch wahrzunehmen, um **S** so wahrzunehmen, wie es von uns erwartet wird. Soll beispielsweise eine elliptische Region eines Bildes anamorphotisch eine Kugel repräsentieren, deren Umschließungsgestalt ja notwendig kreisförmig ist, können wir unmöglich *gleichzeitig* sofort erkennen – ohne irgendwelche Schlüsse zu ziehen oder Berechnungen anzustellen –, daß das abgebildete Objekt kugelförmig ist, und daß der es abbildende Teil des Bildes elliptisch ist. Wenn wir sofort erkennen können, daß das repräsentierte Objekt kugelförmig ist, muß der korrespondierende Teil des Bildes notwendig rund *aussehen*. (Obgleich wir natürlich sehr wohl wissen mögen, daß er es nicht ist.) Anamorphosen sind folglich Bilder, die nicht das meinen, was sie sagen. Die Abbildungstheorie kann die außergewöhnliche Natur der Anamorphosen eingestehen, wie in etwa die Bedeutungstheorie die außergewöhnliche Natur von Ironie und Hyperbolie eingestehen kann, ohne durch ihre Existenz außer Kraft gesetzt zu werden.[4]

Das Umschließungsgestalt-Prinzip ist bescheiden. Aber es widerlegt die Doktrin, daß keine Korrelationen *a priori* zwischen der Oberfläche eines Bildes und dem Objekt bestehen, welches es abbildet. Diese Korrelationen decken auf, wie viel Wahrheit in DESCARTES' letztem Einwand gegen die Ähnlichkeitstheorie steckte. Der Einwand war dieser:

> Und das ist auch noch eine sehr unvollkommene Ähnlichkeit [auf die Gestalt bezogen], wenn man berücksichtigt, dass diese Stiche uns auf einer völlig ebenen Fläche Körper darstellen, die sich mehr oder weniger aus ihr herausheben, oder hinter ihr liegen, und dass sie nach den Regeln der Perspektive Kreise besser als Ovale als wieder durch Kreise, Quadrate durch Rechtecke als wieder durch Quadrate wiedergeben. Ebenso geht es mit allen anderen Firguren. So dürfen oft Bilder, um in ihrer Eigenschaft als Bilder vollkommen zu sein und die Gegenstände besser darzustellen, diesen häufig gerade nicht gleichen.

Da ein Kupferstich eine zweidimensionale Darstellung eines Gegenstandes ist, können die tatsächliche Form von **S** und die tatsächliche Form von R nicht identisch sein, wenn die Form von **S** dreidimensional ist; und das Beispiel der Perspektive zeigt, daß die tatsächliche Form von S und die tatsächliche Form von **R** nicht einmal dann identisch sein müssen, wenn die tatsächliche Form von **S** zweidimensional ist. Überdies müssen die Umschließungsgestalt von **S** und die Umschließungsgestalt von **R** (beide relativ zur Sehachse des Betrachters) nicht identisch sein, da die Umschließungsgestalt von **S** sich nicht nur aufgrund der Sehachse des Betrachters ändert, und somit ändert sich die Umschließungsgestalt von **R**. Was die Formen angeht, hatte DESCARTES recht, die Ähnlichkeitstheorie abzulehnen, wenn der Begriff 'Ähnlichkeit' *au pied de la lettre* genommen wird. Es ist jedoch schlicht irreführend zu behaupten, wie er es tat, daß die Ähnlichkeit zwischen Bildern und den Objekten, die sie repräsentieren – auf den Inhalt von Bildern bezogen – minimal, unvollkommen und theoretisch irrelevant sind.

Das Umschließungsgestalt-Prinzip (und die korrespondierenden Prinzipien, die sich mit relativer Größe und mit Farbe beschäftigen) sind wichtig, weil sie erklären, wie die repräsentierenden Eigenschaften von Bildern von ihren nicht-repräsentierenden Eigenschaften abhängen. Und sie implizieren, daß wir sagen können, welche Arten von Objekten ein Bild repräsentiert, weil wir ihre Formen, Größen und Farben sehen können – das heißt, auf die gleiche Weise, wie wir sagen können, um was es sich bei den sichtbaren Gegenständen in unserer Umgebung handelt. Dies heißt nicht zu behaupten, daß wir Schlüsse aus Aussagen ziehen, die die Formen und Farben von Objekten beschreiben, um zu bestimmen, was ein Bild abbildet, ebensowenig wie wir solche Schlüsse ziehen, um sichtbare Objekte in unserer Umgebung zu identifizieren. Im Gegenteil: Wie können wir sagen, daß Tauben Tauben sind und Elstern Elstern? Indem wir ihre unverwechselbaren Formen und Farben erkennen. Kein Schluß wird durch diese Antwort ins Spiel gebracht, und tatsächlich tritt im Normalfall auch kein Schluß auf, wenn wir eine Taube oder eine Elster sehen und sagen können,

4 Ich verteidige das Umschließungsgestalt-Prinzip detaillierter in HYMAN (erscheint).

Beiden Parteien angehörige analytische Philosophen werden, so prophezeie ich, den Kompromiß eine befreiende Erfahrung nennen, weil er von der Bürde befreit, 'bildet ein F ab' entweder in Hinsicht auf Erfahrung oder in Hinsicht auf Ähnlichkeit zu definieren. Ein Bild bildet ein F dann und nur dann ab, wenn es (erfolgreich) hergestellt wurde, uns direkt erkennen zu lassen, daß es ein F abbildet. Wir können unmittelbar erkennen, daß etwas ein F abbildet – in anderen Worten, wir können einfach durch Ansehen, ohne die Zuhilfenahme irgendwelcher Schlüsse erkennen, daß etwas ein F abbildet –, weil wir die Umschließungsgestalten der verschiedenen, dargestellten Objekte und ihrer verschiedenen Teile sehen können. Wir können diese erkennen, weil sie die tatsächlichen Formen der korrespondierenden Teile der Oberfläche des Bildes sind. Dies ist eine plausible Abbildungstheorie, eben weil sie zeigt, wie wir einen Pfad ansteuern können zwischen dem falschen Subjektivismus, der den Inhalt eines Bildes einfach in Hinsicht auf die Wahrnehmung, die es in uns hervorzurufen kann, definiert und dem falschen Objektivismus, der den Inhalt eines Bildes nicht in Hinsicht auf unsere Wahrnehmung des Bildes definiert. Eben so muß eine plausible Theorie der Ästhetik die Implikation vermeiden, daß Dinge ästhetisch wertvoll sind, weil wir ihren Anblick genießen, aber auch die Implikation, daß wir den Anblick von Dingen genießen, weil sie ästhetisch wertvoll sind.

Bis zu welchem Grad befriedigt dies die legitimen Interessen der beiden Parteien? Nun, vielleicht war der Kartesianer daran interessiert, weiterhin die Behauptung aufzustellen, daß ein Bild auf unsere visuellen Gewohnheiten und Fertigkeiten zugeschnitten sein muß – auch wenn es manchmal die Gewohnheiten ändert und die Fähigkeiten ausbaut –, weil der Maßstab des Erfolgs eines Künstlers bei der Darstellung eines Objekts im Erfolg des Betrachters beim Erkennen dessen liegt, was es repräsentiert: der erste ist erfolgreich im Zeigen, wenn der zweite erfolgreich ist beim Erkennen. Bis zu diesem Grad war DESCARTES berechtigt zu behaupten, daß "wir dabei beachten [müssen], dass es hierbei darauf ankommt zu wissen, wie sie [Bilder] der Seele die Möglichkeit geben können, die verschiedenen Eigenschaften der Gegenstände, die sie darstellen, zu empfinden [...]" Wenn es dies ist, was der Kartesianer wollte, wird er zufrieden sein. Und der Anti-Kartesianer? Seine fundamentalste Einsicht war vielleicht, daß das, was ein Bild abbilden kann, schließlich von seinen nicht-repräsentierenden Eigenschaften in einer Weise abhängen muß, die sich in Hinblick auf Prinzipien *a priori* erklären lassen, ohne sich auf die Erfahrung zu beziehen, die das Bild in uns auslöst. Warum muß dies so sein? Weil wir normalerweise die nicht-repräsentierenden Eigenschaften eines Bildes nicht falsch wahrnehmen müssen, um zu erkennen, was es abbildet. Es ist in genau jenen Fällen, die als Ausnahmen zu dieser Regel gelten – zum Beispiel im Fall der Anamorphose –, nötig, das Umschließungsgestalt-Prinzip aufzugeben.

5. Wenn DESCARTES die durch ein Bild, welches einen Wald oder eine Schlacht oder einen Sturm abbildet, hervorgerufene Erfahrung beschreibt, macht er dies auf eine Weise, die nahelegt, daß diese Erfahrung genau der Erfahrung entspricht, die wir haben, wenn wir diese Dinge tatsächlich sehen. In der Tat geht er sogar noch weiter und legt nahe, daß das Bild tatsächlich unsere Sinneswahrnehmung dieser Gegenstände hervorruft. Er tut dies, weil er sich prinzipiell für retinale Abbilder

interessiert; und da retinale Abbilder Reflexionen sind, wäre es nicht korrekt, dies als einen groben Fehler auf DESCARTES' Seite anzusehen, oder überhaupt als einen Fehler. Denn obwohl unsere retinalen Abbilder unsere Wahrnehmungen nicht hervorrufen, ist es zutreffend, daß die Wahrnehmung, die wir haben, wenn wir eine Reflexion sehen, eben eine Wahrnehmung eben des reflektierten Gegenstandes ist, und nicht von etwas, das in einer bestimmten sichtbaren Relation dazu steht. Die *wirklichen* Fehler in DESCARTES' *Dioptrik*, von der die Illusionstheorie und ihre modernen Varianten ursprünglich abstammen, sind zwei: erstens die Doktrin, daß unser retinales Abbild unsere Wahrnehmung hervorruft, und zweitens die Annahme, daß Reflexionen Bilder sind; mit anderen Worten, daß wir erklären müssen, wie Bilder repräsentieren und wie Reflexionen in genau dieser Weise Wahrnehmungen hervorrufen können.

Ironisch ist, daß beide Fehler Überbleibsel eben jener Hypothese über visuelle Wahrnehmung waren, an deren Widerlegung DESCARTES korrekterweise arbeitete: der Hypothese, daß visuelle Wahrnehmung das Resultat der Verarbeitung von Abbildern ist, die von den sichtbaren Objekten emittiert und zum Auge übertragen werden. Wie wir gesehen haben, war es nicht notwendig zu argumentieren, daß der Inhalt eines Bildes von der Art der Wahrnehmung, die in unserem Geist hervorzurufen es konstruiert wurde, abhängt – weder um die Bild-Hypothese zu wiederlegen noch um die geometrische Theorie der Materie zu schützen. Wenn diese Fehler jedoch kombiniert werden, ist es nicht nur verständlich, sondern eigentlich unvermeidbar, daß DESCARTES es für notwendig gehalten hat. Wenn nämlich unsere visuelle Wahrnehmung der Gegenstände durch Bilder, die sie abbilden, hervorgerufen wird, dann ist der einzige Weg, der Bild-Hypothese zu entkommen, zu argumentieren und zu erklären – wie es DESCARTES tat –, daß ein Bild ein Objekt mittels der Wahrnehmung, die es in uns hervorruft, darstellt. Weil keine andere Bild-Erklärung uns den Inhalt eines Bildes bewußt machen kann, *ohne daß wir es sehen.* Aber natürlich sollten wir von einer Theorie, die für Bilder erdacht wurde, die wir *nicht* sehen, daß sie auf Bilder passt, die wir *sehen.* Daher solten wir nicht überrascht sein, wenn wir entdecken, daß DESCARTES' Argument die Natur der abbildenden Kunst verdunkelt. Es ist, unzweifelbar, ein genialer 'Trick'; wir müssen jedoch den Fehler finden, um wirklich würdigen zu können, wie absolut genial er ist.

Literatur

ARISTOTELES: Über die Sinneswahrnehmung und ihre Gegenstände (De Sensu). In: ders.: *Kleine Schriften zur Seelenkunde*. Paderborn: Ferdinand Schöningh 1953

BEARE, J.I.: *Greek Theories of Elementary Cognition*. Oxford: OUP 1906

BUDD, M.: On Looking at a Picture, In: J. HOPKINS und A. SAVILE [Hrsg.]: *Psychoanalysis, Mind and Art* . Oxford: Basil Blackwell, 1992

DESCARTES, R.: *Dioptrik.* (1637) In: G. LEISGEGANG: *Descartes Dioptrik*, Meisenheim am Glan: Westkulturverlag, 1954

GOMBRICH, E. H.: Illusion in Art. in: GOMBRICH, E. H.; GREGORY, R. L. (Hrsg.): *Illusion in Nature and Art.* London: Duckworth, 1973

GOMBRICH, E. H.: *Kunst und Illusion.* Stuttgart: Belser 1978

GOMBRICH, E. H.: *Visuelle Entdeckungen durch die Kunst in: Bild und Auge: neun Studien zur Psychologie der bildlichen Darstellung*. Stuttgart: Klett-Cotta 1984

GOMBRICH, E. H.: Vom Experiment in der Kunst. In: ders.: *Bild und Auge.* Stuttgart: Klett-Kotta, 1984

HYMAN, J.: *Words & Pictures. Royal Institute of Philosophy Lectures 1996*, Cambridge: Cambridge University Press, erscheint
PEACOCKE, C. A. B.: Depiction. *The Philosophical Review*, XCVI, 3, 1987
SCHIER, F.: *Deeper into Pictures*. Cambridge: Cambridge University Press, 1986
SCRUTON, R.: *Art and Imagination*. London: Routledge & Kegan Paul 1974
STRAWSON, P. F.: Freedom and Resentment. In: ders.: *Freedom and Resentment and other essays.* London: Methuen, 1974
TATARKIEWICZ, W.: *A History of Six Ideas*. The Hague: Martinus Nijhoff, 1980
WALTON, K. L.: *Mimesis as Make-Believe*. Cambridge, Mass.: Harvard University Press, 1990
WOLLHEIM, R.: Sehen-als, sehen-in und bildliche Darstellung. In: ders.: *Objekte der Kunst*. Frankfurt am Main: Suhrkamp 1982
WOLLHEIM, R.: *Painting as an Art*. London: Thames and Hudson, 1987

Übersetzt von Holger Leerhof und Klaus Rehkämper

MARTINA PLÜMACHER

Sinn der Bilder

1. Einleitung

Die philosophische Symboltheorie befaßt sich mit der Rolle von Zeichen und Zeichensystemen[1] in Erkenntnisprozessen und im Aufbau von Erkenntnisstrukturen. Sie fragt nach den epistemologischen Voraussetzungen des Verstehens von Zeichen und analysiert den Zeichengebrauch unter syntaktischen, semantischen und pragmatischen Aspekten. Darüber hinaus vergleicht sie Symbolsysteme[2] in ihren Funktionen, die Arten des Wissens, das sie ermöglichen, und untersucht das Zusammenspiel der Systeme.

Daß die zu untersuchende Beziehung zwischen Zeichen und Bezeichnetem *nicht* die Relation von Zeichen und 'Welt' sein kann und die Symboltheorie sich auf die Analyse der Symbolsysteme, des Symbolgebrauchs und der Beziehung der Zeichensysteme zueinander zu beschränken hat, machten in diesem Jahrhundert insbesondere zwei Philosophen besonders nachdrücklich geltend: Anfang der 20er Jahre der Neukantianer Ernst CASSIRER (1875-1945) und seit Mitte der 50er Jahre Nelson GOODMAN (geb. 1906), einer der führenden Vertreter der amerikanischen analytischen Philosophie. Sie weisen auf die Unmöglichkeit einer Weltsicht hin, die nicht in irgendeiner Form auf einem Beschreibungssystem und einer Interpretation in dessen Rahmen beruht. Schon Charles Sanders PEIRCE, der Begründer der modernen Semiotik, hatte in den 60er Jahren des 19. Jahrhunderts die grundsätzliche Zeichenvermitteltheit des Denkens dargelegt; CASSIRER lenkte die Aufmerksamkeit auf die Verschiedenheit der Strukturformen und Gesetzmäßigkeiten der Symbolsysteme und verdeutlichte unter Bezugnahme auf die Gestaltpsychologie, inwiefern auch Wahrnehmen als zeicheninterpretierendes Handeln zu begreifen ist, das typisiert, klassifiziert, strukturiert und in-Beziehung-setzt.[3] In Anknüpfung an CASSIRER analysiert GOODMAN heute Symbolsysteme als verschiedene "Weisen der Welterzeugung", da sie unterschiedlich bezeichnen, gewichten, unterscheiden und gliedern. Er spricht von "Weltversionen", denn "wir erzeugen nicht jedesmal eine neue Welt, wenn wir die Dinge auf eine andere Weise zerlegen oder zusammensetzen; Welten können sich jedoch darin *unterscheiden*, daß nicht alles, was zur einen gehört, auch zur andern gehört" (1990, 21). Die Rede ist von *epistemischen* Welten, die durch die Darstellungsmodi der Symbolsysteme wohlbegrenzt sind. Die Musik, die Klangwelten erzeugt und Zeitstrukturen in Relation zueinander verdeutlichen kann, ist kein (geeignetes) Instrument zur Klassifizierung von Gegenständen, Eigenschaften und deren Verortung. Sprache kann auf bestimmte Eigenschaften verweisen, Beziehungen und Strukturen benennen, diese aber, von wenigen Ausnahmen abgesehen, nicht selbst auf-

1 'Zeichen' und 'Symbol' werden hier und im folgenden synonym gebraucht.

2 Symbolsysteme sind regelgeleitete Systeme des Symbolgebrauchs. Systeme sind auf verschiedenen Ebenen anzusetzen: E. CASSIRER nahm die Kulturformen Sprache, Kunst, Wissenschaft, Religion und Mythos vergleichend in den Blick; N. GOODMAN und seine Schule analysieren die unterschiedlichen Gestaltungsmodi der verschiedenen Künste, Sprachen, Wissenschaften etc.

3 Siehe PLÜMACHER (1997); zur Interpretativität der Wahrnehmung vgl. auch ABEL (1994, 1995).

weisen.[4] Wie im folgenden verdeutlicht werden soll, leisten Bilder bestimmte, nicht durch Sprache ersetzbare 'Beschreibungen'. Einige können auf einer gewissen Ebene ebenso klassifizieren wie die Sprache und benötigen keine Korrelation mit Sprache. Andere Bilder erschließen sich dem Betrachter nur in sprachlichen Kontexten.
Bilder bzw. bildliche Darstellungen sind ein besonderer Modus symbolischen Ausdrucks, den die Symboltheorie vor allem gegenüber der Sprache abzugrenzen versuchte. Keiner der bislang gemachten Vorschläge ist jedoch problemlos. Peirce hatte als 'Ikon' einen Zeichentyp benannt, der mit dem Bezeichneten aufgrund gemeinsamer Qualitäten übereinstimmt. Diese Bestimmung trifft auch auf onomatopoetische Worte der Sprache zu. Dabei handelt es sich um akustische bzw. rhythmische Qualitäten; Bilder vermögen allein visuelle Gemeinsamkeiten mit dem Abgebildeten aufzuweisen. Diese Kennzeichnung führte zu der Debatte um die Ähnlichkeitsbeziehung zwischen Abbild und Abgebildetem. Charles W. Morris, der an PEIRCE anknüpfte, wies darauf hin, daß die Gemeinsamkeit der Eigenschaften nicht bis zur Identität des Zeichenträgers mit dem Denotat reichen dürfe, denn im Fall der Identität würde man nicht mehr von Abbildung sprechen. Die bloße Gleichheit von zwei Objekten macht nicht eines von ihnen zu einem ikonischen Zeichen des anderen (1964 1975, 287). Auch ist Ähnlichkeit eine symmetrische Relation, während Abbildung asymmetrisch ist. Damit etwas zu einem Ikon für einen Zeichenbenutzer wird, muß er als Interpret wissen, was es abbildet und in welcher Hinsicht das Zeichen das Objekt darstellt. Vor allem Goodman machte geltend, daß die Feststellung von Ähnlichkeit auf Konventionen der Bezugnahme beruht.[5] Er schlug eine Unterscheidung auf syntaktischer Ebene vor: Sprache folge einem digitalen Symbolschema; das pikturale Schema dagegen sei analog (GOODMAN 1988, 1993). Allerdings grenzt diese Bestimmung digital strukturierte und zu lesende Diagramme aus dem Bereich der bildhaften Darstellungen aus. Ihr gelingt es damit nicht, sämtliche bildlichen Darstellungsformen als eine gemeinsame Klasse besonderen symbolischen Ausdrucks der Sprache gegenüberzustellen.[6] Einen dritten, anders gelagerten Vorschlag unterbreitete Susanne K. LANGER, die präsentative Symbole, wie Bilder, Kunstwerke, Rituale etc., von dem diskursiven Symbolismus der nicht-literarischen Sprachen unterschied. Ersteren fehle ein Vokabular mit festgelegten Bedeutungen und eine Syntax; der präsentative Symbolismus bestehe aus massiven, wenngleich artikulierten Symbolen, die ein Ausdruck der Abstraktionen der Sinne und des Fühlens sind. Im Unterschied zu Sprachen seien nichtdiskursive Symbolismen nicht übersetzbar, d.h. mittels anderer zu definieren (1942 1965, 102 ff.; 1953, 27 ff.). Abgesehen von der im Lichte neuerer Sprachphilosophie problematischen Charakterisierung der Sprache sind die angeführten Unterschiede syntaktischer und semantischer Art zu undifferenziert, um der Vielfalt nichtsprachlicher Symbolismen und der Vielfalt bildlicher Symbole gerecht zu werden.
Ich will die Debatte um die Abgrenzung der Bilder von der Sprache hier nicht weiter vertiefen. Nur auf die Probleme sollte hingewiesen werden, die der alltagssprachliche Begriff des Bildlichen einer symboltheoretischen Präzisierung bereitet. Der Bildbegriff erstreckt sich auf einen außerordentlich

---

4 Eine solche Ausnahme ist beispielsweise das deutsche Wort 'kurz', das selbst kurz ist (GOODMAN 1968 1995, 65). Goodman unterscheidet Exemplifikation, d.h. Referenz durch die Funktion als Probe eines Merkmals oder Etiketts, von Denotation (ebd.).

5 Siehe zur Debatte um Ähnlichkeit: GOODMAN (1968 1995, 1. Kapitel); ESCHBACH (1975, 67 f.); ELGIN (1988 1993, 148 ff.); SCHOLZ (1991, 43 ff.) Zur Diskussion des Verhältnisses von perspektivischer Abbildung und Wahrnehmung vgl. REHKÄMPER (1995).

6 Die in GOODMAN 1995 entwickelten syntaktischen und semantischen Unterscheidungskriterien erlauben zwar die Formulierung sehr feiner Differenzen zwischen verschiedensten Symbolsystemen und somit Kennzeichnungen der Systeme. Die Grenzziehungen entsprechen jedoch nicht ganz den Klassifikationen der normalen Sprache.

heterogenen Phänomenbereich, der Gemälde, Reliefs, Zeichnungen im Bereich der Kunst, Konstruktionsplanungen, Skizzen, schematische Darstellungen, Diagramme etc. in Technik, Wissenschaften, Berufspraxis und Alltag, Fotos, Infrarotaufnahmen, tomographische Bilder, geographische Karten, Piktogramme, Computersimulationen und -modulationen und manches mehr an *materiellen* Bildern umfaßt. Auf Bilder, insbesondere *mentale* Bilder,[7] verweist die Rede von Weltbildern, Selbstbildern, Leitbildern, musikalischen Klangbildern, bildhafter Sprache etc. Diese 'Bilder' sind jedoch nicht zu den bildhaften Symbolsystemen zu rechnen, da Symbolsysteme auf materiellen Zeichenträgern beruhen.[8]

Im folgenden sollen fünf weithin gebräuchliche Funktionen materieller Bilder unterschieden und näher betrachtet werden: Abbildung von Gegenständen; Dokumentation von Realitäten; Handlungsorientierung; Strukturprojektion; Reflexion von ästhetischer Form und Symbolik. Diesen Funktionen entsprechend sind Bilder in Typen einteilbar – in gegenständliche Abbildungen, kausal verursachte Bilder, Piktogramme, Projektionen und Bilder der Kunst. Es ist jedoch keineswegs ausgeschlossen, daß einzelne Bilder mehrere Funktionen erfüllen; Fotos z.B. sind häufig sowohl Abbildungen von Gegenständen, Dokumentationen von Realitäten und Kunstwerke zugleich.

Die Funktion von Symbolen ist nicht den materiellen Zeichenträgern inhärent, sondern wird ihnen durch den Zeichenbenutzer aufgeprägt. Zwar erlernen wir im Umgang mit Gegenständen zumeist einen primären Gebrauch – Urlaubsfotos oder Röntgenbilder werden gewöhnlich nicht als Kunstgegenstände betrachtet –, nichts hindert uns aber, andere Perspektiven und Handhabungen des Gegenstands zu ersinnen. CASSIRER (1929 1994a, 232 f.) verdeutlicht das Aufprägen der Symbolfunktion bzw. die Perspektivität der Interpretation am Beispiel eines Linienzugs: Dessen Form kann als ein Ornament betrachtet werden, wobei unter Umständen nicht nur ihre Symmetrie in den Blick genommen wird, sondern die Zeichnung als Repräsentation eines bestimmten Ornamenttyps oder – in einem anderen Sinnhorizont – als ein mythisches Wahrzeichen begriffen wird. Gegenstand der Aufmerksamkeit können in einer wiederum anderen Blickrichtung die 'Dynamik' der Linie im Raum und der Abdruck des Graphits als Spur[9] von Schwung und Kraft des Zeichenakts sein. Unter Umständen ist es möglich, daß dieselbe Linie als – vielleicht grobe – Zeichnung einer mathematischen Funktion oder Abbildung im Kontext einer geometrischen Beweisführung fungiert.[10] Cassirer weist darauf hin, daß der Perspektivenwechsel zum Teil die Phänomene selbst verändert: Soweit die Zeichnung in einem mathematischen Kontext betrachtet wird, werden Phänomene wie die Abschürfung des Graphits übersehen. Die gewöhnliche Gegenstandswahrnehmung registriert Farbe als Eigenschaft von Gegenständen und nicht die Farbigkeit der Schatten, welche dem Betrachter erst erscheint, sobald er bewußt Farbphänomene des Lichts fokussiert. Ein Zeichen ist stets durch eine

---

7 Zur Diskussion darum vgl. SACHS-HOMBACH (1995).

8 Auch Cassirer, der die Symbolhaftigkeit des Wahrgenommenen herausstellte, kennzeichnete die Wahrnehmung nicht als ein Symbolsystem. Wahrnehmen ist ein Erkennen von Zeichen und Zeichenbedeutung im Kontext komplexer Wissenskonstellationen; auch mentale Bilder sind Formen des Erkenntnisprozesses.

9 Die Spur ist in der Symboltheorie als ein besonderer Zeichentyp gekennzeichnet worden. Peirce unterschied gegenüber Ikon und Symbol ein *Index* benanntes Zeichen, das mit dem Objekt, auf das es sich bezieht, durch kausale Prozesse verbunden ist, so wie ein Thermometer ein Zeichen für die Temperatur der Umwelt ist oder ein Fußabdruck im Sand ein Zeichen für den den Abdruck verursachenden Fuß. In diesem Sinn verwendet FELLMANN (1995, 27 ff.) den Begriff der Spur; leicht erweitert ist er jedoch durch Einbeziehung von Ausdrucksgebärden. HUSSERLs Begriff des Anzeichens bzw. der Anzeige umfaßt darüber hinaus auch nichtkausale Relationen zwischen Zeichen und Bezeichnetem, z.B. die Flagge als Zeichen der Nation (1984, 30 f.). Ihm folgt LANGER (1942, 1965, 65 ff.).

10 Vergleichbare Beispiele führen MORRIS (1964 1975, 287) und GOODMAN (1968 1995, 212) an; siehe auch SCHOLZ (1991, 5.2/ 5.3).

bestimmte Perspektive der Sicht, einen Handlungs- und Gebrauchskontext geprägt und insofern einem Symbolsystem und Wissenskomplex eingegliedert.

2. Bildfunktionen und Bildtypen

2.1 Abbildung von Gegenständen

Die Identifizierung von Gegenständen ist ein erster, spontaner Interpretationsakt gegenüber Bildern, die dies erlauben. Die Frage, was an ihnen diese Identifikation ermöglicht, durchzieht die philosophische Symboltheorie und führte in die bereits genannte Debatte um die Ähnlichkeitsbeziehung von Abgebildetem und Abbildung. Bilder bzw. Bildelemente werden als Zeichen für repräsentierte Gegenstände oder Eigenschaften erkannt, aber es existiert ein Wissen um Differenz: Sie werden nicht mit dem Bezeichneten verwechselt. Ein Gegenstandsbezug ist selbst dann möglich, wenn die Abbildung keine direkte Ähnlichkeit mit einer Ansicht eines Wahrnehmungsgegenstands aufweist. Seit jeher sind in der Kunst abstrakte Formen, z.B. in Ornamenten, im Gebrauch, die gegenständliche Deutungen nahelegen. Wenig plausibel ist die Annahme, diese Formen seien das Ergebnis einer schrittweise vollzogenen Abstraktion von realistischeren bildlichen Darstellungen, denn es gibt keinerlei Zeugnisse, daß ihnen realistische Studien vorausgingen. Die realistische Illusion ist vielmehr eine relativ späte kunsthistorische Entwicklung (LANGER 1953, 70). Die zu klärende Frage, was die Herstellung des Gegenstandsbezugs eines Bildes ermöglicht, stellt sich in voller Schärfe daher nicht am Beispiel von Fotos, Portraits und zentralperspektivischer Darstellungsformen, sondern in Hinblick auf nichtrealistische Repräsentationen.
KANT verwies auf die *Einbildungskraft*: Sie vermittle die Beziehung eines konkreten Bildes auf einen allgemeinen Begriff bzw. ein Konzept, indem sie ein transzendentales Schema, eine regelgeleitete Einheitsbildung hervorbringt (1781/87 1976, A 140 ff./B 179 ff.). Um eine Einheitsbildung handelt es sich insofern, da unter einen allgemeinen Begriff die verschiedensten Bilder und Phänomene fallen können. Cassirer interpretierte die schöpferische Tätigkeit in Analogie zur Mathematik als die Bildung einer *Funktion*, die verschiedenste Elemente zu einer Menge resp. Klasse bindet und ihr gegenüber die Invariante bildet, d.h. die Regel der Verknüpfung und der *Variation* des Besonderen (1910 1994b, 25-34). In anderen Worten heißt das: es werden strukturelle Gemeinsamkeiten festgestellt, im Fall der bildlichen Repräsentation zwischen Abbildung und wahrgenommenem bzw. analysiertem Gegenstand. So können verschiedene Darstellungen einer ringförmigen Anordnung von Kreisen oder Ellipsen um ein Zentrum als Struktur der Anordnung von Blütenblättern interpretiert werden; in dem Fall repräsentieren sie eine Blüte bzw. eine Blütenstruktur.
Schon die Wahrnehmung natürlicher Dinge basiert auf Akten der Einheitsbildung, der Typisierung und Klassifizierung, da sie verschiedenste Erscheinungsformen auf einen identischen individuellen Gegenstand bezieht, der wiederum das Exemplar einer Gattung darstellt (CASSIRER 1929 1994a, 180f.). An diese Typisierungs- und Klassifizierungsakte kann die Bezeichnungsfunktion der Sprache anknüpfen; über sie können auch Bilder eine Referenzfunktion gewinnen. In gegenständlichen Abbildungen ist eine bildliche Form für bestimmte typische Merkmale des Referenzgegenstands gefunden worden. Aber nicht immer wird der Gegenstandsbezug aufgrund der Feststellung struktu-

reller Gemeinsamkeiten zwischen Bild und 'Gegenstand'[11] hergestellt. Es genügt unter Umständen schon die Entdeckung eines charakteristischen Kennzeichens oder dessen Andeutung, um einer Abbildung eine gegenständliche Bedeutung zuzulegen. Eine Darstellung kann z.B. als eine Hasen-Darstellung 'gelesen' werden, sobald ein Charakteristikum von Hasen – lange Ohren – mit dem Dargestellten in Verbindung gebracht werden kann. Vorausgesetzt ist allerdings, daß eine bestimmte Form als 'Hasenohr' interpretiert wird, was verlangt, daß Hasen bekannt sind und ein Sinn entsteht, das Bild oder Bildelement als ein Hasenabbild zu deuten. Soll auch diese Repräsentation als eine Abbildung von Strukturverhältnissen begriffen werden, kann sich der Begriff Struktur nicht mehr auf ein Wahrnehmungsbild beziehen, da für die Repräsentationsfunktion des Zeichens eine Ähnlichkeit in bezug auf die Form eines wahrnehmbaren Hasens und selbst seiner Ohren nicht notwendig ist. Vielmehr ist das Konzept 'Hase' in einem umfassenderen Sinn mobilisiert. Der Gegenstandsbezug wird hier durch eine Ordnung der Erfahrung ermöglicht, derzufolge einzig Tiere mit langen hochstehenden Ohren Hasen sind. Sehr häufig fungieren Abbildungen auf diese Weise. So können allerlei Arten von Strichfiguren Menschen symbolisieren, da sie als Abbildungen von Merkmalen begriffen werden, die Menschen im Vergleich zu anderen Lebewesen auszeichnen: aufrechte Haltung, lange Beine, lange Arme. Ein Rock kann durch ein Dreieck symbolisiert werden; dann repräsentiert eine Strichfigur eine Frau, da im allgemeinen nur Frauen Röcke tragen.

Gegenständliche Abbildungen können wie Worte denotieren. Auch Handlungen sind bildlich darstellbar, man denke etwa an Bilderbücher für Kinder, deren Bilder wie Worte oder einfache Sätze fungieren und in Sätzen zu paraphrasieren sind. Aber Bilder können Sprache nicht ersetzen. Zeitliche Strukturen z.B. sind mittels stehender Bilder nur schwer darstellbar, ebenso Klassifikationen und Relationen höherer Abstraktionsebenen, z.B. theoretische Begriffe oder heterogene Phänomenbereiche umfassende Begriffe. Man bedenke etwa, wie umständlich eine rein bildliche Erklärung des Satzes wäre 'Wale sind keine Fische, sondern zählen zu den Säugetieren'. Was Bilder in ausgezeichneter Weise leisten, sind Typisierungen visueller Gestalten, wobei allerdings gelernt werden muß, flächige Formen und Linien auf dreidimensionale, sich in der Regel bewegende Gestalten zu beziehen. Eine Typisierung liegt beispielsweise in einer Zeichnung vor, die die zueinander gebeugten Haltungen von Menschen verdeutlicht, die miteinander kommunizieren. Sie ist gewissermaßen eine bildliche Kennzeichnung von Kommunikation. Karikaturen stellen dagegen einen Aufruf zur Wahrnehmung besonders charakteristischer Formelemente dar. Einerseits entstehen Bilder im Rückgriff auf Typisierungen der Wahrnehmung, andererseits prägen sie sie weiter aus. Besonders Bilder der Kunst, die neue Formen gegenständlicher Darstellung und mit ihnen neue Perspektiven auf Dinge einführen, lehren Aspekte zu sehen, die häufig übersehen werden. Dies kann auch in einer metaphorischen Form der Symbolisierung geschehen, wie z.B. viele Bilder, vor allem Zeichnungen, des Malers Henri de Toulouse-Lautrec zeigen, die mittels ausgeprägter Schattenpartien im Gesichtsbereich der dargestellten Personen Menschen mit Geheimnissen repräsentieren. Geheimnisse bewirken bei wirklichen Menschen keine Schatten im Gesicht. Die Bilder arbeiten mit der dem Schatten anhaftenden Assoziation der Zwielichtigkeit und machen auf die Sichtbarkeit von Geheimnissen in äußerlichen Anzeichen aufmerksam.

Bilder vermögen abstrakte Ideen zu repräsentieren. Sie können wie z.B. die Naturdarstellungen der Romantik ein Sinnbild für die Gewaltigkeit der Natur sein; Bilder der Werbung symbolisieren At-

---

11 Genau genommen müßte hier 'Gegenstandskonzept' stehen, denn der Vergleich von Bild und Gegenstand bezieht sich auf Typisierungen und Strukturierungen der Wahrnehmung bzw. des Wahrgenommenen.

tribute wie Reichtum, Eleganz, Genuß, Entspannung und dergleichen, indem sie Symbole dieser Eigenschaften aufgreifen und prägen. Für die besondere Form der Referenz dieser Bilder wählte GOODMAN den Begriff *Exemplifikation*, denn sie geben eine Probe des Bezeichneten. Wofür jedoch etwas eine Probe ist, wird durch den Zeichengebrauch festgelegt. Häufig sind Bilder auf verschiedene Weise interpretierbar; der Betrachter rückt sie in Kontexte ein, in denen sie für ihn Sinn ergeben.

2.2 Piktogramme

Verkehrsschilder und andere bildliche Hinweisschilder im öffentlichen Raum sind Piktogramme. Sie zeichnen sich dadurch aus, daß ihnen eine bestimmte, häufig international festgelegte Bedeutung zukommt,[12] die Hinweise, Verbote und Gebote, d.h. Handlungsaufforderungen beinhalten. Häufig sind gegenständlich abbildende Elemente mit anderen graphischen Symbolen gepaart. Einige Piktogramme, ein Teil der Verkehrsschilder beispielsweise, kommen gänzlich ohne gegenständlich abbildende Symbole aus. Für das Erkennen der Handlungsaufforderung reicht das Verstehen der gegenständlichen Abbildungen oftmals nicht aus, denn nicht immer ist die Hinweisfunktion so leicht entzifferbar wie im Fall der in Flughäfen anzutreffenden Telefon-Zeichen, bei denen ein Pfeil neben der Telefonabbildung angibt, in welcher Richtung sich Telefone befinden. Die von einem Querbalken überlagerte Abbildung einer Tüte mit Eis oder Pommes frites in Bremer Straßenbahnen bedeutet keineswegs, daß nur das Mitführen von Eis in Waffeln oder Pommes frites verboten wird, sondern vielmehr, daß generell Essen in der Bahn nicht gestattet ist. Diese Information ist allein einem nebenstehenden schriftlichen Hinweis zu entnehmen. Das Bild fungiert als schnell erfaßbare und weithin sichtbare Mahnung für die, die seinen Sinn kennen; für andere ist es ein Hinweis, daß es etwas Besonderes zu beachten gilt. Piktogramme heben sich aus der Menge der uns umgebenden schriftlichen Hinweise und Werbetexte heraus und dienen einer übersichtlichen und schnellen Orientierung im öffentlichen Raum. Wo immer nicht erwartet werden kann, daß ihre standardisierte Bedeutung durch Sozialisation oder in Schulen erlernt wird, benötigen Piktogramme einen sprachlichen Zusatz, der ihre Bedeutung fixiert und den Interpretationsspielraum einschränkt.

2.3 Kausal verursachte Bilder

Abbildungen, wie Fotographien, Röntgenbilder, Ultraschallaufnahmen, Abdrücke etc., deren Entstehung auf kausalen Mechanismen beruht, erlauben unter Einschluß eines Wissens um die Ursache-Wirkungs-Zusammenhänge Rückschlüsse auf die die Bilder verursachenden Realitäten. Im Allgemeinen werden diese Bilder als Dokumentationen von Realität gehandhabt. Die Reflexion auf die allgemeinen Gesetzmäßigkeiten und sonstigen Bedingungen der Bildentstehung ist ein wesentlicher Aspekt des Bildverstehens. Das gilt selbst für gewöhnliche, zu Dokumentationszwecken erstellte Fotos, z.B. Urlaubsfotos, bei denen eine Manipulation des Betrachters nicht einzukalkulieren ist. Man erkennt in dem verzerrten Gesichtsausdruck einer Person kein realistisches Bild, weil man weiß, daß die Fotographie eine Millisekunde einer Bewegung fixiert. Filmbenutzer wissen um Unterschiede der Filme hinsichtlich Farbqualität, Körnung etc., und daß Filmentwicklung über die Bildqualität mitentscheidet. Bekannt ist, daß nichtvisuelle Aspekte der Wahrnehmung wie Tempe-

---

[12] Zu Piktogrammen siehe auch SCHOLZ (1991, 106-108). Die bildstatistischen Isotypen Otto NEURATHS sind gemäß der von mir vorgeschlagenen Kategorisierung nicht zu den Piktogrammen, sondern zu den Strukturprojektionen zu rechnen.

ratur, Geräusche, Gerüche nicht abgebildet werden, Größenverhältnisse unter Umständen nicht erkennbar sind, Fotos also nur in einem bestimmten Maße als Dokumentationen von Realität zu betrachten sind.

Aufnahmen der medizinischen und wissenschaftlichen Praxis deuten zu können, setzt bereits ein spezielles Fachwissen voraus. Schon um zu wissen, was abgebildet wird, was nicht erfaßt und z.B. überlagert wird, ist wissenschaftliches Wissen über die Gegenstände und ihre Eigenschaften, ihre Reaktionen auf das Medium der Bilderzeugung – Schallwellen, Röntgenstrahlen, magnetische Hochfrequenzsignale –, Brechungs- und Dämpfungsfaktoren etc. notwendig. In der Bildinterpretation müssen Normalität und Anormalität unterschieden und Anormalitäten klassifiziert werden können. Ein sicheres Interpretieren erfordert einige Erfahrung im 'Lesen' der Aufnahmen. Für Radiologen und Neuroradiologen z.B. wird die Schwierigkeit weiterhin dadurch erhöht, daß Schichtbilder vom Körperinneren aufeinander bezogen werden müssen, um eine Vorstellung der Dreidimensionalität der anatomischen Struktur zu gewinnen.

Gegenwärtig wird an der Entwicklung einer computergestützten Verarbeitung tomographischer Daten gearbeitet, die Ärzten die Identifizierung ihrer Gegenstände erleichtert (Sakas 1997, Jendrysiak 1997, Wegner u.a. 1997). Konventionelle Ultraschallgeräte können bereits zu einem dreidimensionalen Tomographiegerät aufgerüstet werden. Mittels verschiedener Filterprogramme ist der Arzt in der Lage, das gewohnte Ultraschallbild um Versionen zu ergänzen, die tiefenscharfe Dreidimensionalität und härtere Konturen aufweisen sowie von störenden Effekten bereinigt sind. Im Vergleich der Bilder ist dann zu entscheiden, ob der Bearbeitungsprozeß nicht nur Bildmängel, sondern auch medizinisch wesentliche Details unterdrückt hat. Dazu muß der Arzt nicht um den Algorithmus wissen, wohl aber das Prinzip der Filterungsprogramme kennen. Gleiches gilt auch für die Anwendung der Segmentierungsprogramme in der Computertomographie und Magnetresonanz-Tomographie.

Außerhalb des kontrollierten Vergleichs mit Rohbildern machen die neuen Techniken der digitalen Bildbearbeitung den Dokumentcharakter kausal erzeugter Bilder zunichte. Die schon verbreiteten Programme für Graphik und Bildbearbeitung erlauben neue Dimensionen der Fotomanipulation, da die bislang besonders verräterischen Indizien für Bildcollagen, die scharfen Ränder der Skalpellschnitte, entfallen, und zudem Weichzeichnungen und Konturierungen vorgenommen werden können. Leicht ist eine Entfernung, Umordnung, Größenveränderung und Neufärbung der Elemente einer Szene möglich. Die Graphik-Software berechnet Licht- und Schatteneffekte. Dadurch ist der Nachweis der Manipulation durch Aufweis von Inkonsistenzen erheblich schwerer geworden und erfordert ein spezielles Fachwissen (Mitchell 1994). In Zukunft dürfte der noch weitverbreitete Glaube an die 'Wahrheit' der Bilder der Fotographie und des Films nachhaltig erschüttert werden.

2.4 Strukturprojektionen

Bei Abbildungen wie Diagrammen, Modellskizzen, Konstruktionsplanungen, Stadt- und Landkarten, Computersimulationen und einigem mehr handelt es sich um Bilder, die zum Zweck der Verdeutlichung ausgewählter Strukturen, Relationen sowie struktureller Veränderungsprozesse geschaffen wurden. Es sind Konstruktionen, die nach Maßgabe bestimmter, zweckbezogener Kriterien einige strukturelle Eigenschaften von Gegenständen oder Gegenstandsbeziehungen herausheben. Sofern nicht eine normierte und den Benutzern bekannte Zeichenverwendung vorliegt, wie im Fall von Architekturzeichnungen, Stadtplänen und Ähnlichem, bedürfen die Bilder der sprachlichen Er-

läuterung, durch die festgelegt wird, worauf sie bzw. ihre Bildelemente sich beziehen. Erst in Kenntnis des Referenzbereichs ist zu verstehen, daß es sich um eine Projektion handelt, und in bezug auf ihn kann deren Genauigkeit abgeschätzt werden. Erstellung, Bearbeitung und Handhabung von Projektionen erfordern einen Vergleich von abstrakter Struktur und dem komplexer strukturierten und unter Umständen alternativ strukturierbaren Referenzgegenstand. Die Grundlagen der Konstruktion sind zu bedenken: Auf welchen Prinzipien oder Daten beruht sie? Welche Aspekte werden bzw. wurden vernachlässigt? Wie weitgehend die Konstruktionsgrundlagen transparent sein müssen, ist abhängig von den Gebrauchszwecken. Bei technischen Modellen, Architekturplänen, Diagrammen der Wissenschaft etc. muß überprüfbar sein, auf welchen Daten und Entscheidungen sie beruhen. Für den Gebrauch von Stadtplänen ist es ausreichend zu wissen, welcher Maßstab der Abbildung vorliegt, daß nicht jeder Kurvenverlauf einer Straße exakt projektiert ist, Erhebungen nicht angezeigt und unter Umständen kleine Wege ausgelassen sind.
Einige Strukturprojektionen wie Diagramme und schematische Abbildungen, die z.B. Strukturen verdeutlichen, welche eine wissenschaftliche Abhandlung beschreibt, sind *Hilfsmittel* für ein besseres Verständnis von Theorien bzw. Meßdaten, da Strukturen von den meisten Menschen leichter visuell in Form räumlicher Projektionen erfaßt werden können als in einem Zahlenvergleich oder einer sprachlichen Beschreibung. Die Darstellungsform hat jedoch ihre Grenzen. Wechselwirkungsaktivitäten sind in stehenden Bildern nicht gut darstellbar; dazu bedarf es bewegter Bilder z.B. einer Computersimulation. Anders liegt der Fall bei Modellskizzen, Architekturzeichnungen, technischen Konstruktionsplanungen etc. Sie sind keine Hilfsmittel im Kontext sprachlicher Darlegungen, sondern genuine *Analyseinstrumente* und Beschreibungsformen. Die Sprache ist hier ein, wenn auch häufig unentbehrliches, Hilfmittel der Operation mit ihnen.

2.5 Ästhetische Perspektiven

Bilder der Kunst sind unter kunstwissenschaftlichen Kriterien ausgezeichnete Arbeiten; für sie werden ästhetische Perspektiven der Zeicheninterpretation empfohlen. Eine ästhetische Betrachtungsweise kann jedoch grundsätzlich gegenüber jedem Gegenstand eingenommen werden. Sie liegt auch dann vor, wenn geprüft wird, ob Abbildungen wie Diagramme, Illustrationen, Werbeplakate etc. übersichtlich die für wesentlich erachteten Aspekte betonen und ihre Druckqualität den Gütestandards entspricht. Die ästhetische Perspektive richtet sich auf die Form und Qualität der *Erscheinung,* und in einem weiteren, an Kunst orientierten Interesse wird etwas in den Blick genommen, was LANGER mit Schiller 'Schein nannte (1953, 45 ff.): der durch die visuelle Gestalt hervorgerufene Eindruck und damit verbundene Assoziations- und Interpretationsprozesse. Vermittelt über die ästhetische Form und ihre Wirkung gilt es zu entdecken, welche Eigenschaften ein Werk hat und was es symbolisiert (GOODMAN 1968 1995, 229). Bilder der bildenden Künste erlauben in der Regel den Ansatz verschiedenster Deutungshorizonte. Häufig sind ihre Sinngehalte nicht auf den ersten Blick zu erfassen, sondern müssen in längerer intensiver Betrachtung und im Nachdenken über Struktur und Symbolik entschlüsselt werden.
Es ist hier nicht der Platz, Funktionen und Deutungsmöglichkeiten von Bildern der Kunst vorzustellen, die sich zudem historisch wandelten. Ich will lediglich zwei häufig auftretende Aspekte herausheben, zum einen die Reflexion über Mechanismen und Gewohnheiten des Sehens, zum anderen die Auseinandersetzung mit der Gegenwartskultur. Die Beschäftigung mit Wirkungsweisen der ästhetischen Form ist ein Entdecken von Mechanismen der Wahrnehmung, die eine bestimmte

Struktur und Qualität der Erscheinung oder Symbolik auslöst. Künstler experimentieren zu den Wirkungen von Formen, Materialien und Farben seit alters her, man denke etwa an Studien zur Findung der idealen harmonischen Form in der Antike und der Renaissance, an die Entwicklung perspektivischer Darstellungsmethoden zur Erzeugung illusionistischer Wirkungen oder an die Experimente der abstrakten Kunst dieses Jahrhunderts zu den Wechselwirkungen der Farben, Dynamik und Raumillusion der Linien, der Wirkungen der Pastösität und Struktur des Farbauftrags, der Kombination verschiedener Materialien etc. Vor allem die abstrakte Kunst verdeutlicht den Anteil der Imagination in der Wahrnehmung, indem sie gegenständliche Deutungen ausschließt und die Betrachtung auf die Wirkungen der reinen Formelemente bildlicher Gestaltung lenkt, wobei sich der Betrachter bewußt wird, daß er selbst diese Wirkungen aufbaut. Denn die Linie im Bild bewegt sich nicht; ihre Dynamik ist virtuell, ebenso wie die Räumlichkeit, die Farbflächen erzeugen. Die Kunst trägt damit auf verschiedenste Weise zu einer Erkenntnis des Wahrnehmens bei. Eine Fotographie einer Küche, die auf einen spärlichen Lebensstil ihres Benutzers schließen läßt, verrät über Wahrnehmungsstrukturen, daß in Gegenständen mehr gesehen wird als ihre Form, ihre Materialität und Funktion. Das Bild dokumentiert, daß über Gegenstände Rückschlüsse auf ihre Benutzer, deren Befindlichkeit, Charakter, sozialer Status etc., gezogen werden. Es zeigt eine Weise der Theoriegeladenheit der Wahrnehmung.

Anspielungen auf die Gegenwartskultur oder die Selbstreflexion der Kunst zu verstehen, heißt häufig Symbole in ungewohnten und verfremdeten Zusammenhängen oder in verzerrter Form wiederzuerkennen; es kann aber auch bedeuten, die Typisierung visueller Erscheinungen als Sinnbild für Ideen, eine bestimmte Lebensweise etc. zu begreifen oder die Verletzung ihrer Normen durch ein Bild zu erkennen. In Gang gesetzt wird eine Reflexion über Symbole und die Rolle der Symbole in der Kultur.

Diese Klassifizierung von Bildfunktionen und Bildtypen erhebt nicht den Anspruch auf Vollständigkeit. Genannt sind lediglich einige wohlbekannte Weisen des Bildgebrauchs, deren spezielle Regeln weiter zu analysieren w_ren. Speziellere Formen sind beispielsweise psychologische, kunsthistorische oder kulturwissenschaftliche Analysen von Bildern.

Literatur

ABEL, G.: Theorie, Beobachtung und Wirklichkeit. In: SANDKÜHLER, H.J. (Hrsg.): *Theorien, Modelle und Tatsachen*. Frankfurt/M.: Peter Lang 1994, 9-28

ABEL, G.: Imagination und Kognition. In: HOFFMANN, T.S./ MAJETSCHAK, S. (Hrsg.): *Denken der Individualität.* Berlin/ New York: Walter de Gruyter 1995, 381-397

CASSIRER, E.: *Philosophie der symbolischen Formen. Dritter Teil.* (1929) Darmstadt: Wissenschaftliche Buchgesellschaft 1994a

CASSIRER, E.: *Substanzbegriff und Funktionsbegriff.* (1910) Darmstadt: Wissenschaftliche Buchgesellschaft 1994b

ELGIN, C.Z.: Im Blick: Neuheit. In: GOODMAN, N./ ELGIN, C.Z. (Hrsg.): *Revisionen.* (1988) Frankfurt/M.: Suhrkamp 1993, 137-161

ESCHBACH, A.: Charles W. Morris' dreidimensionale Semiotik und die Texttheorie. In: Morris, C.W.: *Zeichen, Wert, Ästhetik.* Frankfurt/M.: Suhrkamp 1975, 7-68

FELLMANN, F.: Innere Bilder im Licht des imagic turn. In: SACHS-HOMBACH, K. (Hrsg.): *Bilder im Geiste,* Amsterdam/ Atlanta, GA: Rodopi 1995, 21-38

GOODMAN, N.: Wörter, Werke, Welten. (1975) In: GOODMAN, N.: *Weisen der Welterzeugung.* (1978) Frankfurt/M.: Suhrkamp 1990, 13-37

GOODMAN, N.: Re-Präsentierte Repräsentation. In: GOODMAN, N./ ELGIN, C.Z. (Hrsg.): *Revisionen.* (1988) Frankfurt/M.: Suhrkamp 1993, 162-175
GOODMAN, N.: *Sprachen der Kunst.* (1968) Frankfurt/M.: Suhrkamp 1995
HUSSERL, E.: *Logische Untersuchungen. 2. Bd., 1. Teil.* (1901) The Hague: Martinus Nijhoff Publishers 1984
JENDRYSIAK, U.: Segmentierung von Schnittbildern. *Spektrum der Wissenschaft* (1997, H. 6), 107-112
KANT, I.: *Kritik der reinen Vernunft.* (1781/87) Hamburg: Felix Meiner 1976
LANGER, S.K.: *Feeling and Form.* New York: Charles Scribner's Sons 1953.
LANGER, S.K.: *Philosophie auf neuem Wege.* (1942) Frankfurt/M.: Fischer Verlag 1965
MITCHELL, W.J.: Digitale Photomanipulation. *Spektrum der Wissenschaft* (1994, H. 4), 82-87
MORRIS, C.W.: Bezeichnung und Bedeutung. (1964) In: MORRIS, C.W.: *Zeichen, Wert, Ästhetik.* Frankfurt/M.: Suhrkamp 1975, 193-319
PLÜMACHER, M.; *Gestaltpsychologie und die Wahrnehmungstheorie bei Ernst Cassirers* In: RUDOLPH, E./STAMATESCU, I.O. (Hrsg.): *Von der Philosophie zur Wissenschaft. Cassirers Dialog mit der Naturwissenschaft.* Hamburg: Meiner 1997, 171-207
REHKÄMPER, K.: "Perspektive ist des Malers beste Kunst". *Logos. Neue Folge* (1995), 122-146
SACHS-HOMBACH, K. (Hrsg.): *Bilder im Geiste*, Amsterdam/ Atlanta, GA: Rodopi 1995
SAKAS, G.: Dreidimensionale Bildrekonstruktion aus Ultraschall-Daten. *Spektrum der Wissenschaft* (1997, H. 6), 103-106
SCHOLZ, O.R.: *Bild, Darstellung, Zeichen.* Freiburg/ München: Verlag Karl Alber 1991
WEGNER, S./OSWALD, H./WUST, P./ FLECK, E.: Segmentierung mit der Wasserscheidentransformation. *Spektrum der Wissenschaft* (1997, H. 6), 113-116

ANDREAS SCHELSKE

Zeichen einer Bildkultur als Gedächtnis

1. Archiv und Gedächtnis

Wie und woran erinnern sich Gesellschaften, die ihre Kultur der Bilder und der Bildnerei als Gedächtnisse bewahren? Ohne diese Frage hinreichend beantwortet zu haben, erwarten der Kunsthistoriker Abi Warburg (GOMBRICH 1970 1986, 239ff., 283ff.; RAPPL 1993) und der Computer-Multiunternehmer Bill Gates, daß aufbewahrte Zusammenstellungen von Bildern sich als lohnend erweisen werden. Allerdings verfolgen die beiden Bildersammler ungleiche Absichten. Denn während Warburg zuversichtlich ist, sein Mnemosyne-Atlas von ca. 1140 Bildern könne die besondere Rolle der Bilder für ein Kollektivgedächtnis verdeutlichen, geht die Spekulation von Gates auf, sobald digitalisierte Kopien aus seinem Archiv von bisher zwanzig Millionen Bildern gewinnbringend zu verkaufen sein werden. Ob und an was sich jemand erinnert, der diese Bildkopien visuell wahrnimmt, mindert nicht den Erfolg, den Gates mit seiner marktstrategischen Archivierung von Bildern zu erzielen sucht. Warburg wäre indessen enttäuscht, wenn Betrachter seines Mnemosyne-Atlasses vergessen würden, wie sie dessen Leistung für das Gedächtnis eines Kollektivs erinnern könnten. Sein Atlas soll nämlich nicht dazu verwendet werden, Bilder archivarisch zu erhalten, um in Zukunft eventuell eine Vergangenheit als Historie zu dokumentieren, sondern er soll als ein Gedächtnis wirken, das zur Erinnerung, Nach- und Vorahmung kultureller Formungen befähigt.

Der Mnemosyne-Atlas und das Gates' Archiv lassen den Unterschied bemessen, der zwischen einem Gedächtnis und einem Archiv besteht. In Archiven lagern wir beispielsweise Bücher, Bilder, Filme und andere Materialien, die sich dafür eignen, Aufzeichnungen zu konservieren. Fungiert das Archiv als ein solcher Speicher, ist während kurzer Zeitspannen zu erwarten, daß die eingelagerten Materialien in ihrem Zustand identisch abgerufen werden können. Ein Irrtum wäre es aber, würde man damit rechnen, daß ebenfalls Nachrichten, die aus den Interpretationen der jeweiligen Aufzeichnungen hervorgehen, sich in dem materiell Eingelagerten speichern bzw. abrufen ließen. Denn die materiellen Träger der potentiellen Kommunikation sind außerstande, ein Medium zu bilden, das die interpretierten Nachrichten speichern kann, nach denen sich Individuen richten (FÖRSTER 1991, 59). Archive akkumulieren deshalb keine Erinnerungen. Auf Archive greifen wir zurück, sobald wir uns nicht erinnern und statt dessen Aufzeichnungen hinzuziehen, von denen wir annehmen, daß sie das bezeichnen, was uns in der Erinnerung nicht präsent ist (TAURECK 1995, 64).

Das Material eines Archivs erfordert, daß es bei jeder Recherche erneut interpretiert werden muß, weil es selbst unverändert abrufbar sein soll. Nahezu umgekehrt erfüllt indessen ein Gedächtnis seine Funktion. Ihm schreiben wir unsere Erinnerungen zu, wenn wir Vergangenes dadurch vergegenwärtigen, daß wir etwas diesem Vergangenen *Ähnliches* in der Gegenwart wiederholen und wiedererkennen können. Würde sich jemand erinnern, indem er das Vergangene selbst vorzeigt, indem er beispielsweise ein konkretes Flugzeug aus seinem Gedächtnis hervorholt und vor uns entfaltet, dann wären wir vermutlich erschrocken. Das Gedächtnis übernimmt somit keine archivarische Aufgabe, da es ihm unmöglich ist, einen ihm materiell externen Zustand zu akkumulieren oder diesen während des Erinnerns materiell identisch vorzuweisen.

Anstatt daß ein Gedächtnis diverse Gegenstände selbst aufbewahrt, behält es von diesen Schemata und Konzeptualisierungen (Zeichen), um eine Erinnerung vergegenwärtigen zu können, die nicht das Material, sondern dessen „abstrahierte" Interpretation so wirken läßt, daß deren Gegenwärtigkeit als eine der Vergangenheit ähnelnde Wiederholung wiederzuerkennen ist. Läßt sich etwas nicht erinnern, weil nichts dem Vergangenen Ähnliches wiedererkannt, wiederholt und vergegenwärtigt werden kann, helfen die in Archiven abgelegten Erzeugnisse, eine Interpretation dessen zu entwikkeln, was nicht erinnert wurde. Trotzdem dient ein (Bild-)Archiv nur dazu, diskontinuierliche Stationen einer Historie zu erfassen und zu dokumentieren. Würde ihm die Aufgabe übertragen werden, unaufhörlich gerade anfallende Dokumente zu absorbieren, würde dies seinen Speicherplatz rasch erschöpfen (wie z.B. Filmarchive der Fernsehsender zeigen). Konträr zum Archiv ist ein Gedächtnis darauf angewiesen, phasisch eine Regel zu befolgen, die sowohl seine „Aufzeichnungs-" Bereitschaft nicht blockiert als auch notwendig erwarten läßt, daß sich mit dem Gedächtnis an dieses selbst erinnert werden kann, um seine kommunikative Anschlußfähigkeit an seine Verwender nicht zu verlieren. Geht ein Gedächtnis vollständig verloren, ist an dieses keine Erinnerung möglich, auch nicht mit Hilfe eines anderen Gedächtnisses.

Das Archiv bekräftigt durch seine Eigenschaften, d.h. durch sein Speichern externer Materialien, seine diskontinuierliche Aufnahmebereitschaft und seine *vollständige* Interpretationsbedürftigkeit, daß es kein Ort ist, an dem Gesellschaften ihr Gedächtnis bewahren. Wo ist statt dessen ein „Gedächtnis" der Gesellschaft zu lokalisieren? Undeutlich ist zwar, ob ein Gedächtnis sich verorten läßt, trotzdem wird es dort vorzufinden sein, wo gesagt werden kann: „Nur wo vergessen wird, gibt es Erinnern (und vice versa)" (PORATH 1995, 77). Für Gesellschaften könnte dies zugleich heißen: nur wenn sie vergessen, können sie erinnern. Aber wie befähigen Gesellschaften ihr „Gedächtnis" dazu, regelmäßig Erinnerbares derart aufzunehmen, daß es Vergangenes im Gegenwärtigen für die Zukunft präsent halten kann?

2. Annäherung: Kultur als Gedächtnis

Mit Archiv und Gedächtnis typisierte ich zwei Formen des Bewahrens, mit denen Gesellschaften versuchen, ihre (Bild-)Kultur vor dem Vergessen zu schützen. Die zeitlich diskontinuierliche Technik des Archivierens wird nutzbar gemacht, um den materiellen Zerfall von Gegenständen hinauszuzögern. Dem Vergessen bietet sie jedoch keinen Einhalt. Lagern Archivalien einer (Bild-)Kultur *ungenutzt*, dehnt sich zwar die Zeitspanne oftmals aus, in der sie zerfallen und in der sie zu irgendeinem Datum für Gesellschaften potentiell abrufbar sind. Doch möchte eine Gesellschaft ihr Gedächtnis oder ihre Kultur *unverwendet* überdauern lassen, würde sich ihre Erinnerungsfähigkeit rasch abbauen, denn die Formen ihrer Kultur sind ihr Gedächtnis. Was und wie eine Gesellschaft erinnert oder vergißt, wird deshalb maßgeblich davon beeinflußt, welche kulturellen Formen sie als ihre Mnemotechnik verwendet.

Hätte ich zum Beispiel versucht, ein Bild herzustellen, um mit dessen kulturellen Formen die Inhalte dieses schriftlichen Textes darzustellen, wäre kaum damit zu rechnen gewesen, daß jemandem Sätze eingefallen wären, die denen gleichen würden, die hier geschrieben stehen. Ebenfalls ist mit bildhaften Aufzeichnungsformen meistens ungenauer als mit Schriften zu kalkulieren, welche Bedeutungen jemand interpretiert. Dieses vereinfachte Beispiel verdeutlicht, daß Bilder sich selten als

ein Zeichenmittel bewähren, falls jemandem Bedeutungen und sprachliche Formulierungen annähernd so zu verstehen gegeben werden sollen, wie sie ein anderer intendiert hat. Die kulturellen Formen bildhafter Aufzeichnung sind deshalb wenig effektiv, wenn sie gering veränderliche oder wenig komplexe Bedeutungen erinnern lassen sollen, aber sie sind sehr erfolgreich, wenn ihre anschaulichen Bezeichnungen[1] etwas erinnern lassen sollen, von dem viele Betrachter meinen, sie hätten das gleiche gesehen. Denn selbst wenn Bilder Jahrtausende überdauert haben, erinnern sie ihre heutigen Betrachter häufig äußerst einheitlich daran, was sie mit ihrer bildlichen Anschaulichkeit bezeichnen. Diese Erinnerung der Bezeichnung wird von den jeweiligen kulturellen Darstellungskonventionen zweifellos beeinflußt und sie ist sicher nie die gleiche, an die sich bereits die Bildproduzenten vor tausend Jahren erinnert sahen, trotzdem kann sie bei heutigen Betrachtern hinsichtlich der Bezeichnung eine Übereinstimmung erwecken.
Warum Bildkultur diese besondere Gedächtnisleistung einerseits für die Erinnerung ihrer Bezeichnungen erbringt, doch andererseits bei der Erinnerung ihrer Bedeutungen versagt, möchte ich in folgenden vier Abschnitten erläutern. Für diese Überlegungen möchte ich zunächst mit JURIJ LOTMANN die Kultur als Gedächtnis ansprechen, dann mit MAX WEBER einen weitgefaßten Kulturbegriff begründen, um im Anschluß daran mittels der Semiotik von CHARLES SANDERS PEIRCE und UMBERTO ECO einen bildspezifischen Kulturbegriff zu formulieren, der die Kultur bildhafter Aufzeichnungsweisen als Gedächtnis erfaßt. Am Schluß skizziere ich Konsequenzen, die sich aus der Bilderverwendung zum einen für die Kultur als Gedächtnis und zum anderen für ein „soziales Gedächtnis" ergeben können.

2.1 Kultur als Gedächtnis

Das Verhältnis von Kultur und Gedächtnis charakterisieren ALEIDA und JAN ASSMANN als ein „kulturelles Gedächtnis" . Von diesem „kulturellen Gedächtnis" nimmt J. ASSMANN an, daß es sich auf „... Fixpunkte in der Vergangenheit richtet ..." (1992, 52) und daß „sein Horizont ... nicht mit dem fortschreitenden Gegenwartspunkt ..." (J. ASSMANN 1988, 12) mitwandert. Diese Fixpunkte werden in schicksalhaften Ereignissen (Exodus, Exil, Landnahmen) verortet, an deren Vergangenheit sowohl institutionalisierte Kommunikation (Rezitationen, Begehungen, Betrachtungen) als auch kulturelle Formungen (Texte, Bilder, Denkmäler, Riten) erinnern sollen (J. ASSMANN 1988, 12). Des weiteren vermuten A. u. J. ASSMANN: „Durch Materialisierung auf Datenträgern sichern die Medien den lebendigen Erinnerungen einen Platz im kulturellen Gedächtnis" (A. u. J. ASSMANN 1994, 120). Ob diese Vermutung zutrifft, ist jedoch keineswegs sicher, weil Archive, die Material speichern, gelesen und interpretiert werden müssen, wenn ihr Inhalt in ein Gedächtnis zurückgerufen werden soll. Zwar analysieren A. u. J. Assmann dieses Problem des Erinnerns, unterscheiden aber nicht genügend zwischen einem Gedächtnis und einem Archiv, da sie ebenfalls letzteres als ein „kulturelles Gedächtnis" kategorisieren. Aus diesem Grund möchte ich noch einmal dort beginnen, wo auch A. u. J. ASSMANN (1994, 116) in das Thema einsteigen, nämlich bei LOTMANN und seiner Formulierung der „Kultur als Gedächtnis".

---

[1] Bedeutung und Bezeichnung sind zwei unterschiedliche Funktionen eines Zeichens. Die Bedeutungsfunktion erfüllt ein Zeichen in der pragmatischen Zeichendimension. In der semantischen Zeichendimension erfüllt ein Zeichen indessen seine Bezeichnungsfunktion. Beispielsweise kann ein bildhaftes Elefantenzeichen in vielen verschiedenen Kulturen als die Bezeichnung eines Elefanten visuell wahrgenommen werden. Die Bedeutung dieser gesehenen Bezeichnung wird jedoch drastisch von Gesellschaft zu Gesellschaft schwanken, obwohl die augenscheinliche Bezeichnung des bildhaft Repräsentierten die gleiche bleiben kann.

LOTMAN und USPENSKIJ gehen von der Konzeption aus, daß Kultur „im weitesten Sinne des Wortes ... als ein (genetisch A.S.) nicht vererbbares Gedächtnis des Kollektivs verstanden werden kann, das in einem bestimmten System von Vorschriften und Verboten seinen Ausdruck findet" (LOTMAN/ USPENSKIJ 1984, 3; Übers. A.S.). Für sie ist die Kultur als Gedächtnis zum einen in historischen Schatzkammern vorhanden, in denen Artefakte (Bilder, Texte) verwaltet werden, zum anderen erkennen sie aber auch, daß die Kultur als Gedächtnis eine Art generierender Mechanismus sein kann, dessen kulturelle Vergangenheit (*sedimentierter Code*) eine gegenwärtige und zukünftige Realisierung von Codes beeinflußt. Daher widersprechen LOTMAN und USPENSKIJ teilweise der sogenannten Speicheranalogie, der zufolge die Kultur als Gedächtnis mit archivarischen Einlagerungen übereinstimmt. Für sie ist ebenso eine Konstruktivität maßgeblich, indem sie das Erinnerungsvermögen durch die jeweilige Gegenwartskonstruktion der Kultur bedingt sehen. Mit diesem Hinweis auf den generierenden Mechanismus der Kultur stehen LOTMAN u. USPENSKIJ (1984, 28; LOTMAN 1990, 18, 272) dem Kulturbegriff nahe, den WEBER konzipierte und den ich gleich vorstelle, um mit einer tragfähigen Formulierung für das Kulturelle weiterarbeiten zu können. Denn die Kultur übernimmt in LOTMANNS Theorie zahllose Aufgaben, sogar so viele, daß darin ein Begriff der Gesellschaft weitgehend fehlt. Trotzdem betont er, daß Kultur insoweit für Gesellschaften eine Gedächtnisfunktion übernimmt, wie sie von Individuen beispielsweise dafür verwendet wird, im Erinnerungsvermögen eines gemeinsamen Zeichenvorrats zu kommunizieren. Worin zeigt sich aber das Kulturelle von Bild-Zeichen, und wie stellt sich Bild-Kultur als Gedächtnis dar?

2.2 Kulturbegriff von MAX WEBER

Den über hundert Definitionen, mit denen wissenschaftliche Disziplinen sich bemühen, zu beschreiben, was und wie Kultur sein kann, möchte ich keine weitere Bestimmung zufügen. Statt dessen werde ich versuchen, in Anlehnung an WEBER und ECO einen Kulturbegriff aufzuzeigen, der neben speziell eingewiesenen Trägerschaften, kulturellen Klassikern und hochkulturellen Institutionen usw. auch eine Kultur als Kultur gelten läßt, auf deren Formen sich Individuen alltäglicherweise einlassen, wie z.B. ihre *Bauweise* von Häusern, Feldern und Autos, ihre *Sprech-* und *Schreibweise* sowie ihre *Gestaltungsweise* von Bildern visueller Kommunikation und bildhafter Aufzeichnung. Um Kultur, insbesondere Bildkultur, zu beschreiben, wäre sie begrifflich zu eng gefaßt, wenn sie lediglich in hochkulturellen Werterscheinungen anzutreffen sein sollte. Um ihre Reichweite angemessen zu beurteilen, ist sie vielmehr mit WEBER aus allgegenwärtigen, ubiquitären Wertideen herzuleiten, „... welche das Stück Wirklichkeit, welches in jenen (kulturellen A.S.) Begriffen gedacht wird, für uns *bedeutsam* machen" (WEBER 1904 1956, 224). Jede kulturelle Methode, so ebenfalls die der bildhaften Darstellungsweise, präjudiziert daher Wertdifferenzierungen, die wir in sozialen Kontexten mit Bedeutungen belegen. WEBER überantwortet zwar den Begriff „Gesellschaft" dem der „Kulturgemeinschaft", trotzdem gilt ihm Kultur als „... ein vom Standpunkt des Menschen aus mit Sinn und Bedeutung bedachter endlicher Ausschnitt aus der sinnlosen Unendlichkeit des Weltgeschehens" (WEBER 1904 1956, 223). Den Begriff der „Kultur als Gedächtnis" nimmt WEBER mit seiner Formulierung der kulturellen Sinnstiftungen und Wertideen quasi vorweg, da er deren historische Vergangenheit als eine versteht, die in gegenwärtiges und zukünftiges Handeln einfließt.
Schnell ließe sich WEBER so auffassen, als ob er Kultur als einen quasi gesellschaftsunabhängigen Wertbegriff bestimmt. Jedoch befindet er für die Kulturträger, also die sozialen Akteure, daß für diese die Wirkungen der kulturellen „... Leistungen in spezifischer Art zugänglich ..." (WEBER 1921

1980, 530) sein müssen. Kultur als Wertbegriff meint, daß nicht Kultur eine eigene Bedeutung in sich *speichert*, sondern daß sie als eine programmatische Heraushebungsweise und Wertidee bereitsteht, unter deren Kulturperspektiven etwas zur Bedeutung kommt (WEBER 1956, 217f.). Kultur übernimmt also – so weit möchte ich WEBER interpretieren – das präformierte Repertoire der jeweiligen Ausschnitts-, Aufstellungs- oder Thematisierungsformen von Bildern. Diese Formen implizieren Wertideen, indem sie allein das, was unter ihrem präformierten Themenfokus steht, überhaupt nur zum Wert und zur sozialen Wirkung kommen lassen. Kultur beinhaltet somit zwei Funktionen: Erstens bietet sie Wertpräferenzen, die keine Darstellungsfunktion erfüllen, sondern innerhalb sozialer Systeme für die Wertdirektive sorgen, daß z.B. die *Authentizität* des Dargestellten als ein Wert gilt, der von bildlicher Berichterstattung erwartet wird. Der Anspruch an diese Form der Bildverwendung wird in unserer Kultur gegenwärtig erfüllt, wenn die Bildformen unter anderem im fotografischen Realismus angeordnet werden. Zweitens leitet (Bild-)Kultur eine Darstellungsfunktion an, insoweit sie vorstrukturiert, *»wie«* oder auf welche Weise etwas zu thematisieren ist, um in der Gesellschaft als Mitteilung mit einer Bedeutung interpretiert zu werden.

2.3 Kulturelles in bildhaften Zeichen

Der geleistete, noch in allgemeinen Formulierungen verankerte Kulturbegriff beschreibt bisher nicht, wie sich das Kulturelle speziell in Bildern niederschlägt und wie es dort als Gedächtnis fungiert. Für diese Überlegungen rücke ich die kulturelle Zeichenhaftigkeit von Bildern in den Vordergrund, setze jedoch implizit voraus, daß bildtragende Zeichenmittel materiell vorliegen, um visuell wahrnehmbar zu sein und Kommunikation zwischen Individuen zu vermitteln. Bildhaft mentalen Repräsentationen oder inneren Bildern, die sich Individuen z.B. im Traum oder in der Vorstellung vergegenwärtigen, fehlt die Voraussetzung, visuell kommunikativ zugänglich zu sein und in bewußtseinsexterner Materialität vorzuliegen. Diese quasi bildlichen Repräsentationen beziehe ich nicht in die Überlegungen mit ein, weshalb ich von folgendem Bildbegriff ausgehe:
Visuell kommunikative Bilder sind vorwiegend zweidimensional wirkende, sozial bedeutungsmögliche Gegenstände, auf denen Mitteilungen von Kulturen in einer unwahrscheinlichen Form von Zeichen segmentiert sind, um etwas per Anschaulichkeit zu bezeichnen.

Wie Bilder als Zeichen strukturiert sind, um sich als kulturelle Mitteilung verständlich zu machen, kann die Zeichentheorie von PEIRCE sehr genau differenzieren. Das nebenstehende Schema zeigt, daß PEIRCE (1931, 2.243-2.308) vollständige Zeichen in drei Mittel-, drei Objekt- und drei Interpretantenbezüge unterscheidet (SCHELSKE 1997, 14-51). Seiner Semiotik folgend gehört zu einem Zeichen zunächst ein *Zeichenmittel*, z.B. Farbe, dessen Qualität und Form in seiner Zeichenmaterialität wahrgenommen und als Zeichen erkannt wird. Das erste Zeichenmittel ist ein Qualizeichen, das eine Möglichkeit der z.B. visuellen Interpretation bietet. Bild-Archive implizieren diese Potentialität, sofern sie als reiner Materialspeicher (z.B. Höhlenmalereien) keine Erwartungssicherheit dafür bieten, ob etwas aus ihrem Depot als ein Zeichen semiotisiert wird oder nicht.

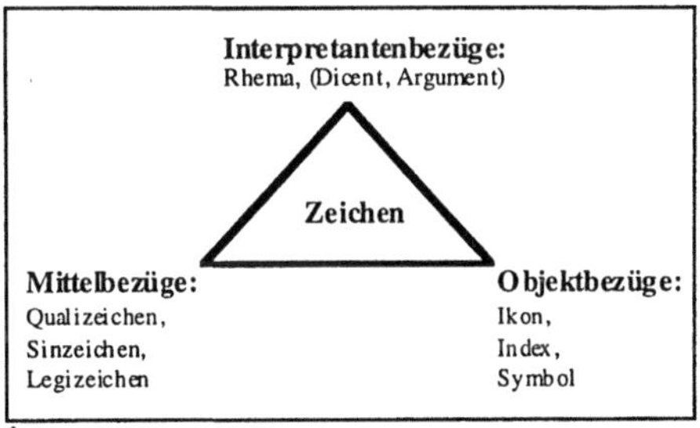

Abb. 1: Zeichen in seinen Bezügen

Ein Zeichenmittel, das als eine einmalig konkretisierte Zeichen-Form erkannt oder hergestellt wird, nennt PEIRCE Sinzeichen. Das Bild der Mona Lisa ist beispielsweise in den Merkmalen ein Sinzeichen, in denen sie unikal veranschaulicht wird. Werden Merkmale eines Sinzeichens wiederholt verwendet, charakterisiert PEIRCE sie als Legizeichen (z.B. die Wiederholung der Zentralperspektive im Bild der Mona Lisa und in anderen Bildern). Diese legizeichenhaften Wiederholungen sind für die Bildkultur als Gedächtnis besonders relevant, weil sie die syntaktische Regel stabilisieren, infolge der die Wahrscheinlichkeit steigt, daß eine konkretisierte Form nicht als natürliches, sondern als kulturelles Zeichen wiedererkannt, erinnert und exemplifiziert wird.
Neben dem Mittelbezug hat jedes Zeichen immer einen Objektbezug, mit dem die Funktion eines Zeichens als Zeichen und zumeist ein Objekt bezeichnet ist. Alltäglicherweise läßt ein Zeichenmittel einen Objektbezug erkennen, der eine Bezeichnungsfunktion übernimmt, indem er uns zu einer Idee seines semantischen Inhalts motiviert. Der Objektbezug eines Zeichens bezieht sich hier nicht auf einen zeichenexternen Gegenstand, sondern er beschreibt, wie das Objekt des Zeichens thematisiert wird, ob es beispielsweise in symbolischer Ordnung, im indexikalischen Hinweis bzw. in ikonischer Ähnlichkeit als Aufgestelltes des Zeichens, d.h. als Thema des Zeichens, vorliegt.
Der Begriff »Thema« deutet auf WEBERS Kulturbegriff. Mit der semiotischen Beziehung von Mittel- und Objektbezug des Zeichens entsteht nämlich eine kulturelle Thematisierungsweise, deren Bedeutung noch zu interpretieren ist, da sie etwas ins Bild setzt, um es bedeutsam zu machen. Zweifellos ist Bedeutung an jeder Wahrnehmung beteiligt. Doch wird der Interpretationsprozeß eines ikonischen Bildes abstrahiert analysiert, dann stellt sich beispielsweise die Zentralperspektive in einer Haus-Fotografie als ein legizeichenhaftes Zeichenmittel dar, mit dem ein ikonischer Objektbezug so strukturiert wurde, daß er für kulturell vertraute Betrachter während der visuellen Wahrnehmung einem Haus zu ähneln scheint. Allerdings beinhaltet die Wahrnehmung einer bildhaften Haus-Bezeichnung nicht, was diese als ikonischer Objektbezug bedeutet. Das Foto thematisiert hier unter der Struktur des Legizeichens „Zentralperspektive" einen ikonischen Objektbezug „Haus", dessen Bedeutung jedesmal erst mit der Interpretation aktualisiert wird. Kultur möchte ich deshalb mit WEBER und ECO (1991/22ff.) als eine Signifikationsbeziehung auffassen, die als eine Verbindung von Mittelbezug und Objektbezug verwendet wird, um etwas auf eine Weise zu bezeichnen, die als kulturelle erinnert, erkannt und bedeutsam wird.
Für diese Signifikationsbeziehung als Kultur ist die dritte Dimension des Zeichens unverzichtbar. Zum *vollständigen* Zeichen gehört der dritte Zeichenbezug, der die bedeutsame Wirkung im Gebrauch des Zeichens, die Pragmatik, in wiederum drei finale Interpretanten unterscheidet. Ich beziehe mich hier auf den ersten, für Bilder ausschlaggebenden Interpretanten, den Peirce „Rhema" (gr. „Wort", „Einzelzeichen") nennt. Den rhematischen Interpretantenbezug charakterisiert, daß ein ikonischer Objektbezug, also die Bezeichnung mittels bildlicher Ähnlichkeit, eine offene und kontextsensible Bedeutung nach sich zieht und keine Behauptung erlaubt, die die ikonische Bezeichnung als wahr oder falsch beurteilt. Ikonische Bilder bieten lediglich die Möglichkeit des Behauptungsfähigen. Sie stehen als Einzelzeichen in keiner grammatischen Ordnung, die einen logischen Kontext ihrer Bedeutung regelt. Sie behaupten deshalb im Rhema ohne Negationsmöglichkeit die augenscheinliche Identität von etwas, ohne daß es für sie ein Gegenbild gäbe, mit dem eine Antithese geltend gemacht werden könnte.
Mit dem Interpretantenbezug, also mit der Interpretation der Bedeutung, die der Beziehung von Zeichenmittel und Objektbezug zugeschrieben wird, ist die triadische Relation des Zeichens voll-

ständig. Diese Differenzierung spaltet nach ECO die Semiotik nicht in zwei sich gegenseitig ausschließende Methoden, sondern sie analysiert die Codierung der Signifikationsbeziehung zwischen Zeichenmittel und Objektbezug als *Kultur*, indessen sie die Bedeutung der bereitgestellten Codes als konkretisierte Kommunikation ermittelt. Der verwendete Kulturbegriff geht also quer durch die Gesellschaft und kann ohne diese nicht gedacht werden. Da Kommunikation das Konstituens für *Gesellschaft* ist, berührt sie die Frage des sozialen Interpretanten und der Bedeutung, während Kultur die Voraussetzung für sozialorientierte Bedeutung und eben Gesellschaft bietet. Zunächst möchte ich jedoch die "Semiotik der ikonischen Signifikation" bezüglich der Bild-Kultur als Gedächtnis betrachten.

3. Kultur als synchronisches Gedächtnis

Werden Ereignisse derart interpretiert, daß deren Beobachter meint, sie kommen ihm wie ein Gedächtnis oder eine Erinnerung vor, dann sind zumeist spezifische Merkmale und Funktionen erfüllt, die diese Annahme stützen. Oft wird ein Gedächtnis angenommen, sobald in gegenwärtigen Merkmalen ein indexikalischer Hinweis (wieder-)erkannt wird, der die zeitliche Differenz zur Vergangenheit markiert und damit das Zeitmaß der Erinnerung verdeutlicht (PORATH 1995, 88). Hält sich der Hinweis auf Vergangenes im Unbeobachteten, z.B. in Gewohnheiten, verborgen, würde man vermutlich folgender These zustimmen: „Das System selbst reproduziert sich nur in der Gegenwart und braucht dazu kein Gedächtnis" (LUHMANN 1987, 103 Fußn.). Wäre diese These auf konservierende Speicher bezogen, wäre sie zutreffend, denn der Verzicht auf Bild-Archive ist ohne Einfluß darauf, ob der kulturelle Signifikationscode unserer Fernsehbilder fortdauernd verwendet werden kann. Die These ist aber unhaltbar, sobald archivarische Funktionen der materiellen Notierverfahren (wie sie z.B. in Bildarchiven, Museen, Kultstätten verwendet werden) nicht von kulturellen Signifikationscodes unterschieden werden. Ohne erstere Erinnerungsmöglichkeit vermittels des Archivs wären soziale Beziehungen zwar fortdauernd möglich, aber ohne zweitere Mnemotechnik, d.h. der Codes im Legizeichen, wäre visuelle Kommunikation der größtmöglichen Verwirrung ausgeliefert, wenn nicht undurchführbar.

Enthalten sich „Bilder" in ihren syntaktischen Formen einer kulturellen Kontinuität, indem z.B. darauf verzichtet wurde, mit dem Bildrahmen oder der Zentralperspektive den kommunikativen Beziehungsaspekt zu indizieren, dann wird es den betreffenden Interpreten selten gelingen, einmalig konkretisierte, aber kommunikativ gemeinte (Sin-)Zeichen von zufälligen Umweltereignissen zuverlässig zu unterscheiden. Vermutlich könnten die Interpreten ohne wiedererkennbare Codes in der Form kaum erinnern, was für sie Kommunikation sein soll. Die kontinuierlich wiederholten, kulturellen Merkmale (Legizeichen) im ikonischen Signifikationscode fungieren deshalb für die bildhafte Kommunikation als unverzichtbare Mnemotechnik, da ihrer Kultur die Aufgabe eines synchronischen Gedächtnisses anvertraut wird. Diese Kultur als synchronisches Gedächtnis gewährleistet ein kontinuierlich verwendeter Signifikationscode, da dessen Legizeichen die Erwartung stärkt, daß das mit ihm ikonisch (bildhaft) Aufgezeichnete nicht zufällig, sondern höchst wahrscheinlich kommunikative Anschlußfähigkeit erreicht.

Seine hohe Verläßlichkeit sowie seine Konnektivität zu vergangenen Codes erhält der bildliche Signifikationscode vorrangig aufgrund wiederholter Legizeichen, gleichwohl er diverse ikonische

Objektbezüge in immer neuen Bildern thematisiert. Beispielsweise toleriert der legizeichenhafte Code „Zentralperspektive" beliebig viele ikonische Objektbezüge von Stuhl-Bezeichnungen, ohne daß sich die Kapazität seiner Kultur als synchronisches Gedächtnis jemals erschöpft. Eher im Gegenteil wirkt sich die Kultur als Gedächtnis um so demonstrativer als eine „stilbildende Macht" (WARBURG in GOMBRICH 1970 1986, 270) aus, je öfter sie in ihren syntaktisch-semantischen Thematisierungsformen erinnert wird und je deutlicher sie Sensibilität und Differenzierungsfähigkeit der visuellen Bildkommunikation vorsteuert. Solange sie diese synchronische Anschlußfähigkeit erfüllt, kann ihre Diachronie für soziale Systeme durchaus vergessen sein.

3.1 Kultur als diachronisches Gedächtnis

Wie kann ein Kollektiv sich mittels Bild-Archiven etwas Vergangenes ins Gedächtnis rufen? Archive der Fernsehsender arbeiten beispielsweise nicht als eine unaufhörliche Erinnerungsmaschine. Diese Leistung verlangt ihnen schon deshalb niemand ab, weil ihre Entleerung die Kommunikation zwischen zur Zeit lebenden Individuen eher blockieren als fördern würde. Andererseits laufen archivarische Depots Gefahr, daß die Erinnerung an ihren Nachlaß verloren geht, wenn in ihnen sämtliche visuell kommunikativen Artefakte ungesehen konserviert werden. Ist ein solches (Bild-) Archiv, das dem Gedächtnis abhanden gekommen ist, zu entziffern, muß dessen diachronische Kultur als Gedächtnis zuvor oder währenddessen erinnert werden. Diese mögliche Decodierung setzt zum einen voraus, daß historische Artefakte mit einigen Merkmalen ihrer jeweiligen Kultur als Gedächtnis ausgestattet wurden. Zum anderen ist die Decodierung dieser diachronischen Kultur als Gedächtnis daran gebunden, ob und wie die synchronische Kultur als Gedächtnis kontinuierlich in ihrem Signifikationscode kommuniziert wurde.

Ikonische Bezeichnungen der Bilder lassen sich vielfach monosemantisch vergegenwärtigen, d.h., eine bildhafte Veranschaulichung erinnert unterschiedliche Betrachter meist an einen optischen Aspekt des Objektbezugs. Beispielsweise nehmen Betrachter alltäglicher „Pferdebilder" gewöhnlich nur eine Ansicht bzw. eine optische Bezeichnung des anschaulichen Zeichens für Pferde wahr. Trotz dieser monosemantischen Stabilität bietet Kultur als diachronisches Gedächtnis, falls sie vergessen wurde, im ikonischen Signifikationscode lediglich die Möglichkeit zu einer kommunikativen Wirklichkeit. Zwar beginnt eine erinnernde Semiotisierung damit, Legizeichen in archivierte „Bilder" quasi hineinzusehen, aber um sich deren kulturelle Formen ins Gedächtnis zurückzurufen, kann sie nur von der Möglichkeit des Qualizeichens zum Sinzeichen fortschreiten, ansonsten würde sie nicht etwas erinnern, was vergessen war. Innerhalb der Kommunikation erinnern wir deshalb die diachronische Bildkultur als Gedächtnis in zwei Verknüpfungsvorgängen: entweder wir orientieren uns an *assimilatorischen* Assoziationen, indem wir Zeichenmittel und ikonische Bezeichnungsklassen nach synchronischen Signifikationscodes überformen; oder wir bilden *akkommodierende* Assoziationen, um kulturell vergessene und daher ungebräuchlich wirkende Klassen (Konventionen) sinnfindend als einen kulturellen Code zu rekonstruieren, zu renovieren sowie neu zu beleben (PIAGET/INHELDER 1974, 38).

3.2 Sozialität eines Gedächtnisses

Obwohl Bildkultur als Gedächtnis ihre ikonischen Bezeichnungen sehr beständig erinnerbar hält, ist sie es nicht, die Bedeutungen erinnert. Ihre Bedeutungen erhält sie vielmehr durch die Interpretationen, die eine vitale Gesellschaft ihr zuschreibt. Diese Zuschreibungen, Geschichten und fortbestehenden Bedeutungen, nach denen sich Gruppenmitglieder wiederholt richten, nennt MAURICE HALBWACHS (1985, 68) das „kollektive oder soziale Gedächtnis". Mit diesem Begriff legt HALBWACHS nicht dar, daß Gesellschaft sich selbst als Gedächtnis beobachtet, sondern daß ihr Gedächtnis einerseits auf Sozialität sowie spezifische Gruppen angewiesen ist, um Erinnerungen kontinuierlich zu tradieren, und daß andererseits ihre Erinnerungen „... in sehr weitem Maße eine Rekonstruktion der Vergangenheit mit Hilfe von der Gegenwart entliehenen Gegebenheiten ..." (HALBWACHS 1985, 55) sind.

Damit erinnerte Bedeutungen sich über eine Zeitspanne erhalten, sind sie also auf Gruppen angewiesen, die sich wiederholt nach ihnen in sozialen Wirkungsbeziehungen koordinieren, andernfalls werden sie vergessen. Werden sie jedoch vergessen, dann hängt ihre Rekonstruktion erheblich davon ab, aus und mit welchen gegebenen Kulturformen als Gedächtnis sie bestimmt werden. Wenn soziale Gruppen für das, was sie selbst gelegentlich erinnern möchten, eine in sich vertextete Symbolschrift bemühen, deren Syntaktik und Semantik in einem eng geregelten Code verläuft, dann können Erinnerungen an die *Bedeutung* zuverlässiger rekonstruiert werden als dies bei einer reinen Bildkultur als Gedächtnis möglich ist. Die verhältnismäßige Verläßlichkeit leistet die („alphabetische" (HAVELOCK 1990, 75)) Schriftkultur als Gedächtnis, weil sie sowohl die Negation beinhaltet als auch aus begrifflichen Symbolisierungen aufgebaut ist, deren Kombinationsmöglichkeiten sich während iterierender Interpretationen zwar nie auf abschließend eindeutige, aber auf wenige Bedeutungskonsequenzen eingrenzen lassen.

Eine Gesellschaft indessen, die Erinnerungen aus einer ikonischen Bildkultur als Gedächtnis rekonstruiert, aktualisiert deren Bedeutungen sowohl beliebig als auch kohärent. Denn das negationsunfähige Niveau ikonischer Bilder inhäriert ausschließlich interpretativ offene Bedeutungen (Rhema), wodurch ihnen diese sowohl widerspruchsfrei als auch willkürlich bzw. beliebig zugestanden werden können. Aus gleichem Grund erinnern sich Gesellschaften in den Bedeutungen kohärent, wenn sie etwas zu Erinnerndes ausschließlich bildlich aufzeichnen. Ihre Rekonstruktion der Bedeutung, die sie ikonischen Bildern beimessen, kann nämlich selten anders als unter dem Gesichtspunkt entschieden werden, über den die Gegenwart verfügt, da ohne eine chronologische Sammlung schriftlicher Dokumente keine widersprüchliche Bedeutung belegt werden kann. Eine solche Gesellschaft, die auf die Bildkultur als Gedächtnis setzt, neigt dazu, sich bezüglich der Vergangenheit ihrer Bedeutungen „homöostatisch" (GOODY/WATT 1981, 50-55) zu organisieren, d.h., sie vergißt, ohne es zu bemerken, tradierte Bedeutungen, die ihr nicht gegenwartsgemäß erscheinen und erinnert ihre bebilderte Geschichte in deren Bedeutung und deren Zeitrechnung gerade so, wie sie diese beiden in willkürlicher Erinnerung rekonstruieren möchte und kann (SCHOTT 1968, 201). Vermutlich würde in solch nicht-literalen „Bildergesellschaften" die Bedeutung des kulturellen Erbes eher mythologisch als historisch begründet werden, weshalb es weiterhin zu überlegen wäre, worauf unsere Gesellschaft sich einlassen würde, wenn *alle* Erinnerungen an unser sprach-symbolisch konstruiertes Wissen in ikonischen Bildern aufgezeichnet werden würden. Umgekehrt ist allerdings ebensowenig geklärt, wie Gesellschaften erinnern, die auf den enorm kreativen Variationsmechanismus und die spontan emotionalisierende Kraft der Bilder verzichten. Gegenüber den Bezeichnungen einer Schriftkultur sind die einer Bildkultur nämlich wesentlich langfristiger und mit offenkundig geringerem Bildungsaufwand zu erinnern.

Literatur

ASSMANN, A. U. J.: Das Gestern im Heute. Medien und soziales Gedächtnis. In: MERTEN, K./ SCHMIDT, S.J./ WEISCHENBERG, S. (Hrsg.): *Die Wirklichkeit der Medien. Eine Einführung in die Kommunikationswissenschaft.* Opladen: Westdeutscher Verlag 1994, 114-140

ASSMANN, J.: *Das kulturelle Gedächtnis. Schrift, Erinnerung und politische Identität in frühen Hochkulturen.* München: Beck 1992

ASSMANN, J.: Kollektives Gedächtnis und kulturelle Identität. In: ASSMANN J./HÖLSCHER T. (Hrsg.): *Kultur und Gedächtnis.* Frankfurt a.M.: Suhrkamp 1988, 9-19

ECO, U.: *Semiotik. Entwurf einer Theorie der Zeichen.* 2., korrigierte Auflage, (1987) München: Wilhelm Fink Verlag 1991

GOODY, J./WATT, I.: Konsequenzen der Literalität. In: GOODY, J. (Hrsg.): *Literalität in traditionalen Gesellschaften.* Frankfurt a.M.: Suhrkamp 1981, 45-104

GOMBRICH, E. H.: *Abi Warburg. An intellectual Biography.* (1970) Oxford: Phaidon Press ^{2}1986

HALBWACHS, M.: *Das kollektive Gedächtnis.* Frankfurt a.M.: Fischer Verlag 1985

HAVELOCK, E. A.: *Schriftlichkeit. Das griechische Alphabet als kulturelle Revolution.* Weinheim: VCH, Acta Humaniora 1990

FOERSTER, H. VON: Was ist Gedächtnis, daß es Rückschau und Vorschau ermöglicht? In: SCHMIDT, S. J. (Hrsg,): *Gedächtnis. Probleme und Perspektiven der interdisziplinären Gedächtnisforschung,* Frankfurt a.M.: Suhrkamp 1991, 56-96

LOTMAN, J. M./ USPENSKIJ, B. A.: The Role of Dual Models in the Dynamics of Russian Culture. In: dies. (Hrsg.) *The Semiotics of Russian Culture.* Ann Arbor: University of Michigan 1984, 3-35

LOTMAN, Y.(J.): *Universe Of The Mind. A Semiotic Theory of Culture.* London, New York: I.B. Tauris & Co. Ltd 1990

LUHMANN, N.: *Soziale Systeme. Grundriß einer allgemeinen Theorie.* Frankfurt a.M.: Suhrkamp 1987

PEIRCE, C. S.: *Collected Papers of Charles Sanders Peirce.* Bd. I-II, HARTSHORN, C./WEISS, P. (Hrsg.): Cambridge: Harvard University Press 1931-1935

PIAGET, J./INHELDER, B.: *Gedächtnis und Intelligenz.* Olten, Freiburg im Breisgau: Walter-Verlag 1974

PORATH, E.: Erinnerung: Bewußtsein, Kommunikation, Gedächtnis. Die systemtheoretische Sicht auf das Gedächtnis und Ansätze seiner Kritik. In: ders. (Hrsg.) *Aufzeichnung und Analyse. Theorien und Techniken des Gedächtnisses.* Würzburg: Königshausen und Neumann 1995, 73-101

RAPPL, W.: Mnemosyne, Ein Sturmlauf an die Grenze. In: FLECKNER U., GALITZ R., NABER C., NÖLDEKE H. (Hrsg.): *Aby M. Warburg. Bildersammlung zur Geschichte von Sternenglauben und Sternenkunde im Hamburger Planetarium.* Hamburg: Dölling und Galitz 1993, 363-390

SCHELSKE, A.: *Die kulturelle Bedeutung von Bildern. Soziologische und semiotische Überlegungen zur visuellen Kommunikation.* Wiesbaden: Deutscher Universitäts-Verlag 1997

SCHOTT, R.: Das Geschichtsbewußtsein schriftloser Völker. *Archiv für Begriffsgeschichte,* (begründet von ROTHACKER, E.) GADAMER, H.G./RITTER, J./GRÜNDER, K. (Hrsg.), 1968, Bd. XII, 166-205

TAURECK, B.H.F.: Inwiefern gibt es Vergangenes? In: siehe PORATH, E. (Hrsg.) 1995, 63-72

WEBER, M.: *Wirtschaft und Gesellschaft. Grundriß der verstehenden Soziologie.* (1921) 5., rev. Aufl. von Winkelmann, J., Tübingen: Mohr, ^{5}1980

WEBER, M.: Die »Objektivität« sozialwissenschaftlicher Erkenntnis. In: *Soziologie - Weltgeschichtliche Analysen - Politik* (1904) Stuttgart: Alfred Kröner Verlag 1956, 186-262

JÖRG R.J. SCHIRRA und MARTIN SCHOLZ

Zwei Skizzen zum Begriff 'Photorealismus' in der Computergraphik

Blättert man in einem der gegenwärtig recht zahlreich angebotenen Bücher über Computergraphik, so findet man für gewöhnlich eine Fülle mehr oder weniger interessanter Abbildungen, die mithilfe eines Computers erzeugt wurden. Sie werden ergänzt von Texten, in denen beschrieben wird, nach welchen Regeln und mit welchen Algorithmen diese Bilder generiert worden sind, und warum es günstig oder vielleicht auch ungünstig erscheint, jene Regeln oder Algorithmen zu verwenden.
In vielen Fällen tritt in den Texten als das in den Beispielen mehr oder weniger näherungsweise erreichte Ziel der Bilderzeugung ein Ausdruck auf, den sich näher zu betrachten lohnt. Es ist der Ausdruck „Photorealismus". Was soll damit gemeint sein, was wird wovon abgegrenzt? Ist das Wort gut gewählt hinsichtlich der *intendierten* Unterscheidungsdimension?[1] Der Beitrag widmet sich diesen Fragen in zwei Skizzen. Zunächst werden einige alternative Bedeutungen, die sich aus der Morphologie und Etymologie des Ausdrucks ableiten, der grundlegenden Struktur der computergraphischen Bilderzeugung gegenübergestellt. Im zweiten Teil wird eine auch für den Einsatz von Computergraphik wichtige zeichentheoretisch motivierte Differenzierung im Umgang mit Bildgegenständen und Bildern vorgestellt und auf den Terminus 'Photorealismus' bezogen.

1. Vier Interpretationsmöglichkeiten für den Ausdruck 'Photorealismus'

Gehen wir die Sache zunächst naiv an: Was könnte mit dem Ausdruck 'Photorealismus' in einem Buch der Computergraphik gemeint sein? Eine Interpretationsvariante mag da beispielsweise sein, daß es hier darum geht, mithilfe informatischer Verfahren die äußere, raumzeitliche Wirklichkeit wie mit einer Photographie abzubilden. Eine zweite Interpretation könnte lauten: Die Autoren möchten den photographischen Prozeß selbst mit seinen Parametern nachbilden, ohne daß das Modell des Photographierens sodann auf wirkliche Tatbestände angewandt werden muß. Fiktive Szenen oder solche, die physikalischen Gesetzen widersprechen, könnten damit ebenfalls „photographiert" werden, sofern sie nur entsprechend mitmodelliert wurden. Eine weitere Interpretation ergibt sich daraus, daß der Terminus 'Fotorealismus' in der Kunstgeschichte verwendet wird, um einen Stil zu kennzeichnen, der den hier betrachteten computergraphischen Bemühungen zeitlich vorausgeht.[2] Soll also dieser Stil nachgeahmt oder gar fortgeführt werden? Schließlich könnte es auch sein, daß der Ausdruck 'photo-realistisch' schlicht als Synonym für die bildtheoretische Stilcharakterisierung 'realistisch' oder genauer eigentlich 'naturalistisch' verwendet wird, also eine letztlich überflüssige Verdopplung der Terminologie darstellt. Weitere Interpretationsmöglichkeiten lassen sich sicher ausfindig machen, doch mögen diese vier hier genügen:

- *Computerphotographie*
- *Kunststil Fotorealismus*
- *Photographie-Modell*
- *Kunststil Naturalismus*

---

[1] In bislang erst relativ wenigen Veröffentlichungen haben sich Computergraphiker auch mit nicht-photorealistischen Bildern beschäftigt, cf. etwa (SAITO & TAKAHASHI 1990, SCHOFIELD 1994).

[2] Zum leichteren Verständnis wird hier durchweg die unterschiedliche Schreibweise verwendet: '*Photorealismus*' (und die daraus abgeleiteten Wortformen) in der Computergraphik, '*Fotorealismus*' (etc.) in der Kunstgeschichte. In der Literatur ist diese Differenzierung übrigens nicht ausgeprägt.

Wie werden photorealistische Bilder von Computergraphikern nun eigentlich hergestellt?
Den Terminus 'Computergraphik' kann man weiter fassen, doch wollen wir hier folgende allgemeine Struktur zugrunde legen. Der computergraphische Konstruktionsprozeß umfaßt zwei Stufen:

modeling: Bereitstellen eines dreidimensionalen geometrischen Modells
rendering: Projektion des geometrischen Modells auf eine zweidimensionale Bildfläche

Die Projektionsphase ist im naivem Verständnis eine Nachbildung des Photographierens. Das Modell steht für das photographierte Motiv „in der Realität" — die Gegenstände, ihre Anordnung sowie die Beleuchtungsverhältnisse. Die Projektion erzeugt aus dem Modell eine zweidimensionale Ansicht aus einem vorgegebenen Blickwinkel, dabei mehr oder weniger getreu den mathematischen Gesetzen folgend, die die photo-optische Projektion idealisiert beschreiben. So erzeugte Bilder zeichnen sich durch ihre leichte Veränderbarkeit und Reproduzierbarkeit aus: Manipulationen des Modells oder der Projektionsverfahren sind im Gegensatz zu entsprechenden Eingriffen in der „realen" Welt reversibel. Das liegt vor allem daran, daß das Modell selbst eine (formalisierte) Beschreibung ist, die auf einer Datenstruktur beruht, mit der dreidimensionale geometrische Entitäten beschrieben werden können. Das Projektionsverfahren, das letztlich in Form einer Beschreibung der Projektionsregeln vorliegt, erzeugt daraus eine andere Beschreibung auf der Basis einer Datenstruktur, die zweidimensionale Punktraster mit Farbattributen darzustellen erlaubt. Wird eine Instanz jener zweiten Datenstruktur auf einem Bildschirm ausgegeben oder auf Papier ausgedruckt (etc.), können wir die entstehenden Pixelbilder anschauen und schließlich als ein Bild wahrnehmen (cf. Bild 1). Die Qualität der Bilder hängt bei dieser Art der Erzeugung wesentlich ab vom Modellieraufwand, also dem Detailreichtum, mit dem die abzubildende Szene beschrieben ist.

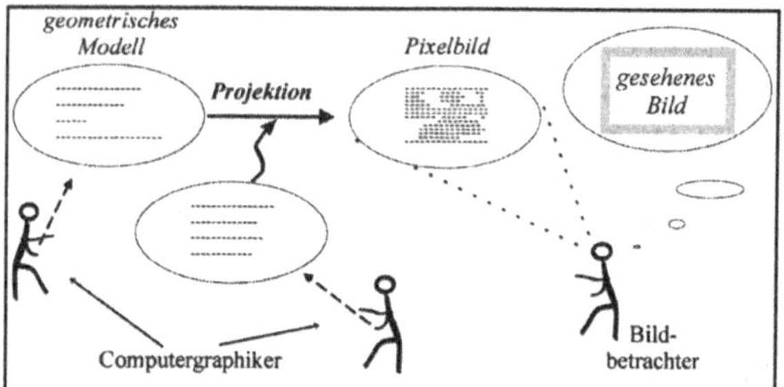

Bild 1: Schema zur modellbasierten Bilderzeugung in der Computergraphik

Auf diese Weise lassen sich beispielsweise „lebensechte" Darstellungen zukünftiger Bauten erzeugen: so etwa ein „Videoflug" um den hölzernen Aussichtsturm, dessen Bau zur Bundesgartenschau in Magdeburg 1999 geplant ist. Sehr bekannt dürften auch die ebenfalls nach diesem Schema erzeugten Spezialeffekte aus Hollywood-Filmen wie „TERMINATOR II" oder „JURASSIC PARC" sein, bei denen es weniger um die Ansicht eines später zu realisierenden Gegenstands im Verlauf dessen Planung geht, sondern um die visuelle Darstellung gänzlich oder weitgehend fiktiver Kreaturen — um das Erzeugen einer *virtuellen Realität*, wie es heißt. Vorteilhaft lassen sich modellbasiert erzeugte Computergraphiken aber auch in einem interaktiven Anatomie-Atlas einsetzen: An Stelle der einzelnen festgelegten anatomischen Ansichten, wie sie in einem traditionellen Anatomiebuch vorkommen, kann sich ein Benutzer fast beliebige Ansichten aus dem zugrunde liegenden Modell berechnen lassen, oder gar ganze Videosequenzen, die nicht nur einen virtuellen „Flug" um oder durch anatomische Modelle ermöglichen, sondern auch, etwa durch Ein- oder Ausblenden von Teilen des Modells, komplexe räumliche Verhältnisse übersichtlich präsentieren. Modellbasierte Com-

putergraphik bietet — das kann man auch nach den wenigen angegebenen Beispielen bereits schließen und das sei hier auch gar nicht bestritten — anscheinend eine trotz des Modellieraufwands oft relativ kostengünstige Methode zur flexiblen Bilderzeugung für viele interessante Anwendungen.
Doch kommen wir nun zurück zum Ausdruck 'Photorealismus' und den möglichen Bedeutungen:
Computerphotographie: Tatsächlich fällt diese Interpretation bereits bei nur flüchtiger Kenntnis computergraphischer Bemühungen aus der Betrachtung: Wie schon gesagt werden dort nämlich gerade auch fiktive Situationen abgebildet (etwa der oben erwähnte Magdeburger BuGa-Turm, oder Spielbergs Dinosaurier). Es wäre denn auch etwas verwunderlich, daß man den im Grunde nicht unbedeutenden Aufwand, der bei der modellbasierten Erzeugung eines Bildes mit dem Computer anfällt, ausschließlich zu einem Zweck nutzen wollte, der durch die Photoindustrie bereits sehr gut und effizient abgedeckt wird.[3]
Photographie-Modell: Diese Interpretation wird, wie im vorigen Abschnitt angedeutet, sehr oft als eines der Urmotive der Computergraphik angeführt (cf. Brugger 1994). Bietet doch, wie es scheint, das Urbild der Photographie einen Weg, um objektiv realistische bildliche Darstellungen zu erhalten, indem nämlich das photographisch Abgebildete über die von ihm ausgehenden und von der Kamera aufgefangenen Lichtstrahlen kausal an der Bildentstehung beteiligt ist.
Ganz schlüssig bleibt indes das Verständnis von der simulierten Photographie bei genauerem Hinsehen nicht, und zwar aufgrund des Modellbegriffs (cf. etwa Müller 1983): Üblicherweise versuchen wir mit dem Modell eines Flugzeugs nicht zu fliegen, und ebenso wenig, mithilfe des Modells der sehr komplexen Prozesse beim Brotbacken tatsächlich Brot zu backen. Das Modell eines DNA-Moleküls kann normalerweise nicht zum Vererben einer Eigenschaft eingesetzt werden. Allerdings kann ein Flugzeugmodell gegebenenfalls durchaus auch fliegen, selbst wenn es nicht in der Lage ist, dabei das Gewicht eines Menschen mitzutragen. Und das Spielzeugmodell einer Dampfmaschine mag tatsächlich die thermische Ausdehnung von Wasser bei der Dampfproduktion in Bewegungsenergie umsetzen können, auch wenn man damit kaum größere Maschinen wird betreiben können. Der Zweck eines solchen Modells ist es, bestimmte Aspekte und Zusammenhänge exemplarisch oder symbolisch deutlich werden zu lassen — beim DNA-Modell etwa die Anordnung der Atome bzw. Nukleinsäuren, ohne daß Aspekte der Vererbung dabei eine Rolle spielten; beim erwähnten Flugzeugmodell bestimmte aerodynamische Sachverhalte, ohne daß hier die Funktion des dem Modell zugrunde liegenden Flugzeugs, nämlich bestimmte Lasten zu tragen, berücksichtigt wird. Ein anderes Flugzeugmodell mag hingegen den Zweck haben, bestimmte statische Eigenschaften jenes Flugzeugs zu untersuchen: Dazu muß es nicht unbedingt fliegen können.
Ein Modell des Photographierens mag für einen Physiker oder Chemiker, der sich mit den optischen bzw. photochemischen Prozessen beschäftigt, sehr nützlich sein. Ob dieses Modell tatsächlich auch Bilder erzeugt, sei zunächst dahingestellt. Für den Chemiker mögen beispielsweise entstehende Korngrößen von Pigmenten wesentlich sein. Der Zweck dieser Modellbildung ist jedenfalls nicht eigentlich, Bilder zu erzeugen, sondern vielmehr, die physikalischen oder chemischen Theorien der Photographie auf anschauliche Art und Weise zu studieren, Vorhersagen für konkrete Systemkonstellationen abzuleiten, Verbesserungen anzuregen, und ähnliches mehr. Deshalb mag auch ein Photograph in der Ausbildung von einem solchen Modell durchaus profitieren. Computergraphiker verfolgen derartige Ziele weniger häufig. Zwar schließt das modellbasierte Verfahren der Compu-

[3] Womit nicht gesagt sein soll, daß eine Verquickung von photographischen Verfahren und modellbasierten Methoden der automatischen Bilderzeugung in Zukunft nicht auch zu sehr interessanten Anwendungen führen könnte.

tergraphik eine Betrachtung als Photographie-Modell nicht prinzipiell aus; doch liegt eine derartige Konzeption in den seltensten Fällen im Interesse der Computergraphiker. Sie wollen vielmehr primär auf die oben schematisch beschriebene Weise *Bilder erzeugen*: Ein Modell der Photographie mag dabei durchaus auch nützlich sein, doch steht der Begriff eines solchen Modells eigentlich in einem ganz anderen explanatorischen Zusammenhang. Diese Interpretation, obgleich nicht rundheraus falsch, dürfte somit letztlich nicht sehr fruchtbar sein. Wenn beim Photorealismus der Computergraphiker die Analogie zur Photographie eine zentrale Rolle einnimmt, dann wird in der Regel auf den sogenannten Realismus der Photographie angespielt, der der kausalen Beziehung zwischen Motiv und Bild zugesprochen wird, weniger auf den Mechanismus, der diese Kausalität vermittelt. Genau genommen ist mit Realismus hierbei Naturalismus gemeint:

Naturalismus: Unter Naturalismus wird allgemein eine Art der bildlichen Darstellung verstanden, bei der möglichst genau der visuelle Eindruck beim Betrachten der abgebildeten Szene reproduziert wird. Das Bild soll die abgebildete Szene in visueller Hinsicht vollkommen ersetzen können. Man soll „durch das Bild wie durch ein Fenster" schauen. Im weiten Sinn fallen beispielsweise auch das '*trompe l'oeil*' der Renaissance- und Barockmalerei unter diesen Begriff: jene so täuschend echt aussehenden Malereien von scheinbaren architektonischen Details, wie sie — perspektivisch entsprechend stark verzerrt — etwa am Rande von Deckengemälden in Fortsetzung der echten Architektur angebracht wurden.

Zumindest für einen sehr großen Teil der computergraphisch erzeugten photorealistischen Bilder, insbesondere diejenigen, die als '*virtual reality*' Anwendung finden sollen, ist eine Charakterisierung als „naturalistisch" vollkommen zutreffend und in der Regel auch hinreichend: Jene Bilder sollen die Anwesenheit der abgebildeten Szenen visuell vortäuschen. Im zweiten Teil wird dieser Aspekt naturalistischer Darstellungen genauer untersucht. Bleibt die Frage, ob die Bezeichnung 'Photorealismus' vielleicht darüber hinaus noch auf die Kunstrichtung Fotorealismus zurückgeht:

Fotorealismus: Mit diesem Ausdruck wird ein Stil der modernen Malerei bezeichnet, der sich vor allem in den 1960'ern und 70'ern in Amerika, mit einigen Vertretern auch in Europa, ausgebildet hatte und manchmal unter der Bezeichnung 'radikaler' oder 'neuer Realismus' erscheint. Auf den ersten Blick handelt es sich dabei um naturalistische Bilder, die in Öl oder mithilfe von Spritztechniken manuell vom Künstler hergestellt wurden. Technisch gesehen gehen die Fotorealisten bei ihren Motiven von Photos aus, nicht unmittelbar von der Wirklichkeit; eben dieses Vorgehen hat der Kunstrichtung ihren Namen eingetragen. Eine Photographie als 'Modell' zu verwenden mag zunächst einfach als eine Mechanisierung der traditionellen, akademischen naturalistischer Modellmalerei erscheinen: Muß sich beispielsweise ein impressionistischer Landschaftsmaler mit dem Problem auseinandersetzen, daß die von ihm gewählte Szene sich während der Bilderstellung durch Beleuchtungswechsel ständig wandelt, hält eine Photographie der Szene einen Augenblick mitsamt den dann herrschenden Lichtverhältnissen fest.[4]

Auffällig ist die Ähnlichkeit mancher fotorealistischen Bilder mit typischen computergraphisch-photorealistischen Erzeugnissen: etwa das Bild eines Kinderspielzeugs aus Blech von CHARLES BELL (CAT,[5] 1973, Sammlung M. Groman, Ca.), einer kleinen bunten Katze mit einem ballförmigen

[4] Aus welchen Motiven heraus der Impressionist dann das Photo nochmals abmalen sollte, bleibt allerdings unklar.

[5] Aus technischen Gründen muß leider auf eine Wiedergabe verzichtet werden. Die Bilder sind in der Regel farbig und oft recht großformatig; in verkleinerter Schwarz/weiß-Darstellung geht ihre Wirkung weitgehend verloren.

Rad zwischen den Vorderpfoten, die Kinder spielend hinter sich herziehen könnten. Wen erinnerte dieses Gemälde nicht an DISNEYs ersten computergenerierten Spielfilm von 1995, TOY STORY?
Einiges scheint also durchaus für eine enge Beziehung zwischen Fotorealismus und Photorealismus zu sprechen. Doch sehen wir uns ein weiteres typisches Beispiel des „radikalen Realismus" an: CHUCK CLOSE legte eine Reihe von fotorealistischen Portraits (wie es auf den ersten Blick scheint) vor, unter anderem „NAT", gemalt zwischen 1969 und 1971 (Sammlung A. und B. Reiner, Md.). Es handelt sich um ein extrem großformatig abgemaltes Photo vom Gesicht eines älteren Mannes — mit rund 2,8m * 2,5m geradezu kolossal. Bei genauerem Hinsehen fällt auf, daß die Schärfentiefe beim Photographieren recht eng begrenzt war, so daß tatsächlich die Nasenspitze wie auch die Ohren und sichtbaren Haare des hinteren Kopfbereichs unscharf projiziert wurden. Nur der Bildbereich, der die Augen-, Stirn-, Mund- und Kinnpartie umfaßt, ist scharf abgebildet. Diese Spezifika des beim abgemalten Original verwendeten technischen Prozesses treten natürlich gerade durch die ungeheure Vergrößerung im Gemälde besonders deutlich hervor.
Hier wird ein typisches Merkmal fotorealistischer Bilder erkennbar: Es werden in der Tat *Photographien abgemalt*, und nicht die photographierten Szenen unter der eher nebensächlichen Zuhilfenahme eines Photos. Selbst (scheinbare) Fehler auf der Vorlage, wie Kratzer, Abschürfungen, Farbverzerrungen oder, wie bei „NAT", fehlende Schärfentiefe, werden minutiös ins Bild übertragen, ja machen einen wesentlichen Teil seiner Zeichenfunktion aus. Dadurch unterscheidet sich der Fotorealismus grundlegend von der akademischen Modellorientierung der naturalistischen Malerei etwa des 19. Jhds. Es ist oft behauptet worden, daß der Fotorealismus, nach der Konzentration auf das Nichtgegenständliche in der Moderne, wieder einen neuen Blick auf abgebildete Gegenstände erlaubt hat (cf. MEISEL 1980). Das ist sicher richtig, doch kommt es hier auf die Betonung an: Es ist ein neuer Blick auf das *abgebildete* Objekt — auf den Gegenstand *als etwas Abgebildetes*, als etwas, das vielen sogar überhaupt nur noch in Abbildungen gegeben ist in der modernen Industriegesellschaft. Ein schönes Beispiel dieser Distanz, das Thematisieren des Abbildens selbst, beschreibt JUTTA HELD (cf. HELD 75, 2, mit einer Anmerkung der Autoren):

> MORLEY (...) reproduziert Bilder berühmter Maler. Dabei setzt er sich jedoch nicht wie frühere, akademische Kopisten vor das Original, sondern er reproduziert eine farbige Wiedergabe des Originals. Das kennzeichnet er z.B. bei seiner Kopie nach COURBET dadurch, das er am Rande die Bezeichnung „Kodak" *[die auf den normalerweise weggeschnittenen Rand des Negativs gedruckt ist]* erscheinen läßt. Die Wiedergabe der Realität ist also dreimal gebrochen: der Maler reproduziert ein Foto, das seinerseits nach einem Gemälde angefertigt wurde; dieses erst gibt ein Motiv der objektiven Realität wieder.

Entsprechend kommt auch HELD zum Schluß, daß es den Fotorealisten darum geht, „*dem Betrachter klarzumachen, wie Wirklichkeit in unserer industrialisierten, technisierten Gesellschaft konstituiert wird, und wie wir sie wahrnehmen.*" (cf. HELD 1975, 2).
Gegenüber diesen Interessen der fotorealistischen Maler scheinen Computergraphiker meist weniger auf Kunstproduktion und die damit verbundenen gesellschaftskritischen wie auch Wirklichkeit allererst bewußtmachenden Aspekte aus zu sein.
Zusammenfassend läßt sich demnach als wichtigstes Ziel der Herstellung der als „photorealistisch" bezeichneten Computerbilder eine Art der bildlichen Darstellung feststellen, die traditionell als „naturalistisch" bezeichnet wird. Daß die Photographie einen Weg eröffnet zu haben schien, auf dem naturalistische Darstellungen besonders einfach (nämlich physikalisch-kausal) möglich sind und der deshalb partiell zum Vorbild wurde, hat die Wahl jenes Terminus wohl ebenfalls motiviert.

Sollten nun aber Bilder, die so mit dem Computer erzeugt werden, überhaupt stets photorealistisch (also naturalistisch) sein? Ist die visuelle Illusion des Naturalismus für alle Anwendungen sinnvoll?

2. Zwei Modi des Umgangs mit Bildgegenständen

Einige Beispiele für Anwendungen computererzeugter Bilder sind oben erwähnt worden. Bei sehr allgemeiner Betrachtung muß dabei allerdings das *Kommunizieren mit Hilfe von Bildern* unterschieden werden vom *Schaffen visueller Illusionen*. Bei der Bildkonstruktion für Anwendungen in *virtual reality* soll definitionsgemäß vor allem eine visuelle Illusion erzeugt werden — eine naturalistische Darstellung sollte also oberstes Ziel sein. Bei Bildern, die etwa in einem Anatomie-Lehrsystem Verwendung finden, dominiert hingegen der kommunikative Charakter: Die naturalistische Illusion „realer" (sprich: auch blutender) Organe steht dann nicht im Vordergrund. Die Darstellung ist vielmehr auf das Wesentliche — das, was mitgeteilt werden soll — zu reduzieren. Beschränken wir uns zunächst darauf, das begriffliche Umfeld der beiden Umgangsformen genauer zu beschreiben. Die Differenzierung betrifft nicht nur einfach den Stil der Darstellung, sondern den gesamten Umgang mit dem Bildgegenstand. Es ist wichtig, sich den Unterschied zwischen den Begriffen 'Bild' und 'Bildgegenstand' ins Gedächtnis zu rufen, und auch zu beachten, *wen* wir eigentlich jeweils beim Betrachten eines Bildgegenstands betrachten.
Ein darstellendes Bild ist ein Zeichen; ohne an dieser Stelle auf eine feinere Analyse des Zeichenbegriffs eingehen zu können,[6] fassen wir ein Zeichen auf als einen Gegenstand, der von einem Zeichenverwender dazu eingesetzt wird, die Aufmerksamkeit eines weiteren Zeichenverwenders (oder sich selbst in der Rolle eines solchen) auf etwas anderes zu lenken. Der Bildgegenstand ist also ein Objekt, das in einem bestimmten Typ von Zeichenhandlung, einer bildhaften Zeichenhandlung nämlich, als Zeichen eingesetzt wird und eben dadurch überhaupt erst zum Bild wird. Hier soll auf das Spezifische, das ein Zeichen zum *bildhaften* Zeichen macht, nicht näher eingegangen werden (cf. etwa SCHOLZ 1991). Wichtig ist hingegen, daß ein Bildgegenstand einerseits als Zeichen verwendet, andererseits mit ihm aber auch unabhängig von einer Zeichenhandlung umgegangen werden kann. Insbesondere kann einer Person *A* ein Bildgegenstand *g* als Bild von etwas dienen, während eine andere Person *B* (oder *A* zu einer anderen Zeit bzw. in einem anderen Zusammenhang) denselben Gegenstand *g* nicht als Bild einsetzt, sondern beispielsweise als Brennmaterial.
Besonders aufschlußreich ist jener Fall, bei dem jemand sich in Gegenwart eines Bildgegenstands so verhält, als wäre tatsächlich das Abgebildete gegenwärtig: Das ist gerade die Grundlage für das Funktionieren von *virtual reality*. Dem gegenüber kann das Bild auch als etwas vollkommen anderes als das Abgebildete verstanden und behandelt werden, nämlich als Zeichen — und nur in diesem Sinn ist es überhaupt ein *Bild von* etwas, ein Gegenstand also, der ganz andere Eigenschaften hat als

[6] So müßte beispielsweise berucksichtigt werden, daß in elementaren Zeichenhandlungen der Zeichenverwender den Empfänger gar nicht auf einen beliebigen Sachverhalt — geschweige denn von Gegenständen — aufmerksam machen kann, sondern notwendig auf seine eigene Befindlichkeit (die sich bei komplexeren Sprachhandlungen möglicherweise, aber nicht notwendigerweise, einem Sachverhalt gegenüber einstellt): Elementare Zeichenhandlungen stehen Bekundungen wesentlich näher als Aussagen. Womit nicht gemeint ist, daß zumindest Aussagen sich unmittelbar auf Sachverhalte beziehen· Den Selbstbezug 'erben' alle komplexen Zeichenhandlungsbegriffe von ihren elementaren Vorformen. Der begriffliche Schritt von der Fähigkeit zu Bekundungen hin zur Fähigkeit zu Aussagen wird im weiteren Verlauf dieser Arbeit eine Rolle spielen, doch muß die Betrachtung hier skizzenhaft bleiben (cf. etwa auch LORENZ 1991).

jenes abgebildete Etwas, auf den man folglich auch ganz anders reagieren sollte: Vor dem Bild eines Tigers in Panik zu erstarren oder wegzurennen, mag zwar nicht weiter gefährlich sein; besonders geglückt wird man eine solche Reaktion indes ebensowenig nennen wollen, wie den Versuch, angesichts eines wirklichen Tigers in aller Ruhe dessen Streifen zu zählen. Stellen Computergraphiker demnach für *virtual reality*-Anwendungen tatsächlich gar keine Bilder her?
Unterschieden wir also zwischen den folgenden beiden Formen (oder Modi) des Umgangs mit einem Bildgegenstand im Zusammenhang mit dem Abgebildeten:[7]

1. *immersiver Modus*: man akzeptiert den Bildgegenstand als das, was das Bild darstellt: etwa ein unreflektiert gesehenes Spiegelbild (mit dem entsprechenden Erschrecken über diesen 'Fremden' in der Wohnung). Die Gegenwart des Bildgegenstands *evoziert* hier die Gegenwart des Dargestellten; in diesem Modus ist der Bildgegenstand selbst sozusagen gar nicht (als eigenständiger Gegenstand) vorhanden.

2. *symbolischer* oder *kommunikativer Modus*: das Bild stellt etwas anderes, nicht Anwesendes (visuell) dar — symbolisiert (vertritt) es; man betrachtet explizit die Darstellungsrelation und somit das Bild gerade als verschieden von dem, was es darstellt: Das Bild tritt als Zeichen auf, als Kommunikationswerkzeug analog zu sprachlichen Äußerungen, als instrumenteller Teil einer Zeichenhandlung.[8] Betrachtet werden muß also diese Handlung und alle Beteiligte.

Der systematische Übergang zwischen den beiden Modi ist durchaus nicht trivial. Geht jemand mit einem Bildgegenstand im immersiven Modus um, dann ist jener für den Verwender überhaupt nicht vorhanden; nur das Dargestellte ist ihm gegenwärtig. Er ist sozusagen völlig in die Darstellung 'eingetaucht' (*immers*): Es handelt sich eigentlich um eine Fehlklassifikation. Damit jemand ('*A*') feststellen kann, daß jemand ('*B*') sich einem Bildgegenstand ('*g*') gegenüber im immersiven Modus verhält, muß *A* jenem Bildgegenstand gleichwohl im symbolischen Modus gegenüber stehen: Der Zusammenhang zwischen der beobachteten, als Fehlklassifikation interpretierten Reaktion von *B* auf den Bildgegenstand und dem „eigentlichen“ Ziel jener Reaktion als das mit *g* Dargestellte ('*d*') wäre für *A* sonst nicht herstellbar. *A* muß *g* als Zeichen für *d* verstehen („sich selbst mit Hilfe von *g* auf *d* auf-

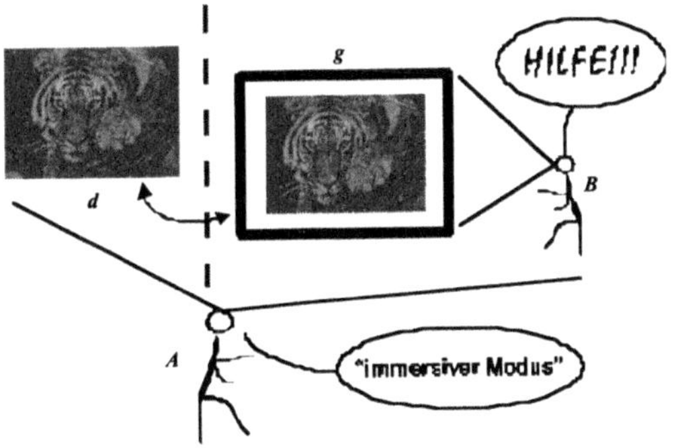

Bild 2: *A's* Erkennen des immersiven Modus von *B* setzt den symbolischen Modus (*g* als Bild von *d*) voraus

[7] Im weiteren wird von Verwendungen des Bildgegenstandes, die in keiner systematische Beziehung zur Verwendung als bildhaftes Zeichen stehen (wie etwa die Verwendung als Brennmaterial oder Packpapier), abgesehen.
[8] Hierbei kann es zu zwei Unterfällen kommen, nämlich der Verwendung des Bildgegenstandes als *bildhaftes* Zeichen einerseits, und seiner Verwendung als *nicht-bildhaftes* Zeichen (etwa als Schriftzeichen) andererseits. Dieser letzte Fall soll aber hier nicht weiter diskutiert werden.

merksam machen"), damit ihm klar wird, daß *B*'s Reaktion zwar auf die Anwesenheit von *d*, nicht aber auf die von *g* paßt. Die spezifische Fehlklassifikation des immersiven Modus ist als solche nur erkennbar für jemanden, der auch über den symbolischen Modus verfügt (cf. Bild 2).

Umgekehrt setzt der symbolische Modus in gewisser Weise den immersiven voraus: Um die Distanz des Symbolischen zu erreichen, muß man über die Unmittelbarkeit des Immersiv/Konkreten — des In-der-Welt-Seins — verfügen: *A* muß spontane korrekte Reaktionen auf das Vorhandensein von *d* zeigen können, damit er *g* als (bildhaftes) Zeichen für *d* verwenden kann. Wie wüßte er auch sonst, was das Bild darstellt? „Realitätstreue", d.h. die Illusion des „In-die-Welt-eingetaucht-Seins", erzeugen zu können, bestimmt den naturalistischen Darstellungstyp. Naturalismus ist notwendig, wenn der Bildverwender mit dem Bild über seinen unmittelbaren Handlungskontext getäuscht werden soll (oder sich selbst täuschen will), etwa im Bereich *virtual reality*. Gleichwohl muß sich der Hersteller solcher Bildgegenstände der Differenzierung zwischen Gegenstand und Ansicht bewußt sein, um überhaupt Realitätstreue zu garantieren: Auch auf einer Photographie sind nicht eigentlich materielle Gegenstände zu sehen, sondern Ansichten von in der Regel nicht anwesenden materiellen Gegenständen. Als Produzent jedenfalls tritt man seinen naturalistischen Bildern (*sic!*) durchaus im kommunikativen Modus gegenüber, und was man kommunizieren will, sind in diesem Fall meist die visuellen Erscheinungsweisen von Szenen: „daß dies oder jenes so und so aussieht."

Greifen wir die oben gestellte Frage in neuer Form auf: Stellen Computergraphiker vielleicht naturalistische Bilder mit der Charakterisierung 'photorealistisch' her, wenn diese zu dem Zweck erzeugt wurden, von anderen überhaupt nicht als Bilder (sondern immersiv) verwendet zu werden?

Für das Verhalten des 'Konsumenten' eines naturalistischen Bildes scheint es unter diesen Begriffen zwei Möglichkeiten zu geben: Er kann den Bildgegenstand im immersiven Modus behandeln, die virtuelle Realität wird ihm zur Realität, für ihn gibt es nichts Abgebildetes, kein Bild; jedenfalls, bis er merkt, daß er sich getäuscht hat. Oder er kann die kommunikative Absicht des Produzenten erkennen und den Bildgegenstand als bildliches Zeichen für die visuelle Erscheinungsform einer Szene lesen. Tatsächlich scheint es aber, insbesondere bei *virtual reality* Anwendungen, auch zu einer spezifischen Mischform zu kommen, bei denen der immersive Modus zwar die Handlungen des Konsumenten dominiert, der sich doch zugleich der Täuschung durchaus bewußt ist. Zum Verständnis des computergraphischen Photorealismus (wie auch allgemein von Naturalismus) ist eine Klärung des Begriffs dieser Mischform offenkundig wesentlich.

Damit deutet sich an, daß es sinnvoll ist, begrifflich einerseits einen *primären* immersiven Modus anzusetzen: Der wird nur jemandem zugesprochen, der (noch) nicht über komplexe Zeichenhandlungen verfügt — der insbesondere also nicht in der Lage ist, den Bildgegenstand als bildliches Zeichen für etwas Abwesendes zu betrachten. Dieser primäre Begriff ist, wie oben angedeutet, eine der Komponenten, die für das Verständnis des symbolischen Modus grundlegend sind (die referentielle Verankerung des Zeichens). Er wird ferner mit dem Erwerb der Fähigkeit zu komplexen Zeichenhandlungen transformiert zum Begriff eines *sekundären* immersiven Modus, bei dem die Täuschung zwar erkannt, aber gleichwohl hingenommen wird. Der sekundäre ist mit dem primären immersiven Modus eng verwandt, hat aber wegen der möglichen Wechselwirkungen zu entsprechenden symbolischen Umgangsformen mit einem Bildgegenstand ein wesentlich komplexeres begriffliches Umfeld. Sich bewußt auf eine visuelle Täuschung einzulassen, diese als intendiert, mithin als Zeichen, verstehen zu können, wie das bei naturalistischen Darstellungen der Fall ist, fällt

offensichtlich nur unter den sekundären Immersionsbegriff. Die obige Frage kann also verneint werden: Photorealistische Bilder sind für alle (betrachteten) Beteiligten letztlich echte Bilder.
Fassen wir nun zusammen, was sich daraus für die Computergraphiker ableiten läßt. Kommunikativ genutzte Bilder setzen den symbolischen Modus bei den Bildverwendern voraus: Dabei ist die kommunikative Absicht, aus der heraus das Bild verwendet wird, wichtiger als jede im immersiven Sinn verstandene „Realitätstreue". Bei kommunikativ eingesetzten Bildern gilt denn auch, daß sie ihre Aufgabe oft besser erfüllen, wenn sie *nicht* im Sinne des computergraphischen Photorealismus geschaffen werden. Solche Bilder sind keineswegs notwendig „unrealistisch"; vielmehr sollten sie als „konzentriert" hinsichtlich dessen, was mit ihnen mitgeteilt werden soll, verstanden werden (cf. auch STROTHOTTE 1998). Umgekehrt gilt, daß naturalistische Bilder — d.h. als Bilder (kommunikativ) eingesetzte Bildgegenstände, die wesentlich das visuelle Erscheinungsbild einer Szene darstellen — zur Kommunikation anderer Aspekte (also solcher, die nicht unmittelbar mit dem visuellen Erscheinungsbild zusammenhängen) nicht ohne weiteres eingesetzt werden können: Denn gerade weil sie die Aufmerksamkeit des Betrachters auf die visuelle Erscheinung ziehen, lenken sie von den eigentlich mitzuteilenden Aspekten ab (cf. SCHIRRA & SCHOLZ 1998).
Das prinzipiell auf (formalisierten) Beschreibungen beruhende Verfahren der computergraphischen Bilderzeugung bietet keineswegs besondere Vorteile für den Naturalismus, noch ist es ausschließlich darauf beschränkt. Ganz im Gegenteil: das geometrische Modell ist, als Beschreibung, bereits notwendig abstrakt und auf Kommunikation ausgerichtet. Beschreibungen können (und sollen) die Fülle eines realen Gegenstands nicht erreichen. Als regelhafte Beziehung zwischen zwei Beschreibungsarten ist andererseits das Projektionsverfahren (Rendering) gerade offen dafür, neben dem Modell etwa auch (Beschreibungen von) Kommunikationsintentionen des Bilderzeugers zu berücksichtigen und ganz andere Arten als naturalistische Darstellungen zu erzeugen (cf. z.B. Bild 3).[9]

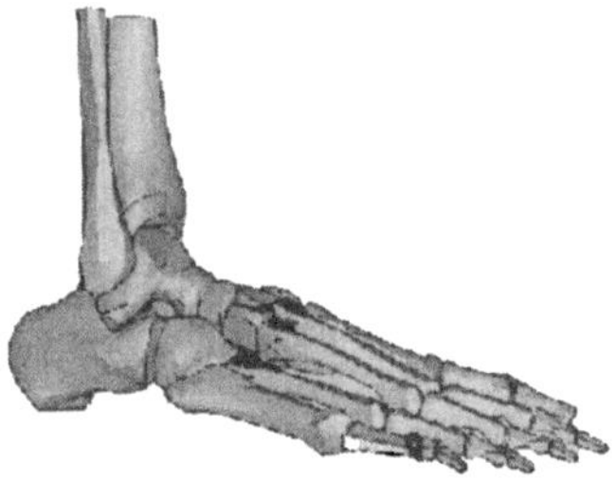

Bild 3: Computergeneriertes Bild des Fußskeletts: Die verstärkten Umrißlinien kommen in einer naturalistischen Darstellung nicht vor, erleichtern die „Lesbarkeit" der Graphik aber wesentlich.

Bei der Erzeugung photorealistischer Bilder wäre insbesondere auch in der Computergraphik eine Stufenfolge von Begriffen des immersiven und kommunikativen Gebrauchs, wie oben angedeutet, zu berücksichtigen. Um abschließend die Zusammenhänge einer solchen genetischen Betrachtungsweise wenigstens im Ausblick etwa deutlicher zu skizzieren, lohnt es sich, ein bestimmtes Charakteristikum sprachlicher Kommunikation, genauer: assertorischer Äußerungen, d.h. Aussagen, ins Auge zu fassen. TUGENDHAT hat darauf hingewiesen (TUGENDHAT 1976, 224ff & 442ff), daß die besondere Struktur von Aussagen — daß sie nämlich in einen prädikativen (klassifizierenden) und einen hinweisenden (referentiellen) Teil zergliedert werden können — wesentlich damit zusammenhängt, daß wir uns mit Aussagen auf andere als den gerade aktuellen situativen Kontext beziehen können: Während einfachere Kommunikationstypen (etwa ein Warnruf „Feuer!") ausschließlich auf die aktuelle Situation bezogen sind und diese damit zwar klassifizieren, aber keine Gegenstände referenzieren, zeichnen

9 Bild 3 wurde generiert und freundlicherweise zur Verfügung gestellt von A. Raab (ISG, FIN, Otto-von-Guericke-Universität Magdeburg); cf. 'http://isgwww.cs.uni-magdeburg.de/~raab/research/hybrid.html'.

sich Aussagen (und verwandte Äußerungstypen) dadurch aus, daß mit ihnen einzelne *Gegenstände* aus einem Diskurskontext herausgegriffen und — in einer zweiten Teilhandlung — klassifiziert werden.

Der Diskurskontext kann fiktiv oder hypothetisch sein; er kann sich auf Vergangenes oder Zukünftiges beziehen, oder auch bestimmte Aspekte der zuvor nur integral gegebenen Situationen isolieren. Verschiedene Kontexte (insbesondere der tatsächliche situative Kontext der Äußerung) sind dabei gerade durch gemeinsame Gegenstände miteinander verbunden: Die Gegenstände erscheinen in verschiedenen Kontexten in unterschiedlicher „Gegebenheitsweise", um FREGES Terminus ins Spiel zu bringen (FREGE 1892). Aussagen kommt damit ganz wesentlich die Eigenschaft zu, daß mit ihnen andere situative Kontexte *evoziert* werden können: Sie statten uns gewissermaßen aus mit einer realen Virtualität, einer *real virtuality* ganz im Gegensatz zur virtuellen Realität, die mit dem primären immersiven Modus assoziiert ist. Denn den sprachlich evozierten Kontexten treten wir normalerweise gerade nicht „eingetaucht", sondern vielmehr distanziert — uns ihrer Virtualität angesichts der aktuellen Handlungssituation durchaus bewußt — gegenüber: Auf die Äußerung „Das Kölner Rathaus brennt" kann man (sofern das Kölner Rathaus nicht gerade der aktuelle Äußerungskontext ist) sehr viel gelassener reagieren, als etwa auf den Signalruf „Feuer!" oder einen im immersiven Modus wahrgenommenen Film eines Zimmerbrandes.

Damit ist es einerseits möglich, Unterscheidungsgewohnheiten auf einen vom aktuellen Handlungskontext verschiedenen (Fern-) Kontext zu evozieren, andererseits, dem aktuellen Handlungskontext distanziert gegenüberzutreten und eine Unterscheidungsgewohnheit, die zuvor reflexhaft gegriffen hätte, zu suspendieren. Das heißt nun aber nichts anderes, als daß für ein Wesen, das sich auf solche Weise von seinem aktuellen Handlungskontext zu lösen imstande ist, auch die Fehlklassifikation des primären immersiven Modus zwar gewissermaßen initiiert wird, daß aber die zugehörige Reaktion zurückgehalten werden kann; oder daß umgekehrt ein fiktiver Kontext gewissermaßen über den aktuellen gestülpt wird und die Reaktionen des Wesens anregt – diesem also eine virtuelle Realität, eine Bühne, bildet –, ohne daß der aktuelle Kontext dabei gänzlich außer Kraft gesetzt wäre. Für das Verständnis von *virtual reality* und den dazu benötigten Bildgegenständen sind solche Überlegungen essentiell. Neben den technischen Fragestellungen verbirgt sich also hinter dem Ausdruck „Photorealismus" in der Computergraphik durchaus eine Fülle komplexer und aufschlußreicher Probleme, deren Bearbeitung nur programmatisch angedeutet werden konnte. Als Leitmotiv dazu ist schließlich der folgenden Bemerkung HELDS zum Fotorealismus (mit 'F') auch für den Photorealismus (mit 'Ph') wenig hinzuzufügen (cf. HELD 1975, 6):

> Nicht das Bild, das die Technik liefert, und somit unsere auf dem scheinbaren Automatismus dieser Technik beruhenden Zivilisation, sondern deren Handhabung, die menschliche Tätigkeit, ..., ist die Grundlage der Erkenntnis.

Literatur

BRUGGER, R.: *Professionelle Bildgestaltung in der 3D-Computergrafik.* Bonn 1994

FREGE, G.: Über Sinn und Bedeutung. *Zeitschrift f. Philosophie u. philosophische Kritik 100* (1892), 25-50

HELD, J.: Visualisierter Agnostizismus. In: *Kritische Berichte* 3 (Heft 5/6) (1975), 1—7

LORENZ, K.: *Einführung in die philosophische Anthropologie.* Darmstadt: WB 1990

MEISEL: *Photo-Realism.* New York 1980

MÜLLER, R.: Zur Geschichte des Modelldenkens und des Modellbegriffs. In: STACHOWIAK, H. (Hrsg.): *Modelle – Konstruktion der Wirklichkeit.* München: Fink 1983

SAITO T./TAKAHASHI, T.: Comprehensible Rendering of 3-D shapes. In: BASKETT, F. (Hrsg.): *Proc. Siggraph '90*. ACM Press 1990, 6-10
SCHIRRA, J.R.J./SCHOLZ, M.: Abstraction versus realism: Not the real question. In: STROTHOTTE, T. (Hrsg.): *Abstraction in interactive computational visualization*. Berlin: Springer 1998 Kap. 23
SCHOFIELD, S.: *Non-photorealistic rendering: A critical examination and proposed system*. Ph.D. Thesis, (School of Art and Design) Middlesex Univ., London 1994
SCHOLZ, O.: *Bild, Darstellung, Zeichen*. Freiburg: Karl Alber 1991
STROTHOTTE, T. (Hrsg.): *Abstraction in interactive computational visualization*. Berlin: Springer 1998
TUGENDHAT, E.: *Vorlesungen zur Einführung in die sprachanalytische Philosophie*. Frankfurt/M.: Suhrkamp 1976

Computergenerierte Ansichten des im ersten Teil erwähnten zukünftigen Magdeburger BuGa-Turmes sind zur Zeit im WWW zugänglich unter 'http://isgwww.cs.uni-magdeburg.de/~axhoppe/filme.html'.

Klaus Sachs-Hombach und Kai Buchholz sowie allen Diskutanten beim Vortrag sei für ihre kritisch-konstruktiven Anmerkungen zu dieser Arbeit gedacht.

DAGMAR SCHMAUKS

Die Rolle von Bildern in der internationalen Kommunikation

1. Einleitung

Weil im Zuge der Globalisierung in Tourismus, Handel und Telekommunikation zahlreiche Sprachen, Schriftsysteme und Kulturen aufeinandertreffen, gibt es viele sehr unterschiedliche Versuche, eine internationale Verkehrssprache bereitzustellen, die mit möglichst geringem Aufwand soweit erworben werden kann, daß alltägliche Probleme lösbar sind. Das zweite große Ziel der Fremdsprachendidaktik, nämlich das Lehren einer Erschließungssprache wie Altgriechisch oder Chinesisch, die uns eine zeitlich oder räumlich ferne Kultur aufschließt, spielt demgegenüber für die folgenden Überlegungen keine Rolle.

Plansprachen wie Esperanto oder Interlingua sind zwar relativ leicht zu lernen, konnten sich aber nicht durchsetzen. Oft wird ihre Ablehnung damit begründet, daß man in derselben Zeit eine gewachsene lebendige Sprache soweit lernen kann, daß es zur Verständigung auf Reisen ausreicht. Eine ganz andere Lösung, nämlich die Maschinelle Übersetzung, ist nur in begrenzten Bereichen erfolgreich, nämlich wenn es sich um stereotype Texte in einer eng begrenzten Domäne handelt. Längst unverzichtbar ist sie dort, wo ständig riesige Datenmengen – etwa Gesetzestexte oder Wetterberichte – parallel in viele Zielsprachen übersetzt werden müssen.

Das Fehlen einer gemeinsamen Sprache legt es nahe, auf andere Zeichensysteme auszuweichen. Das Darstellungspotential der nonverbalen Kommunikation, die einem spontan als eine erste Möglichkeit einfällt, ist jedoch zu begrenzt für einen Austausch von komplexen Informationen. Man kann lediglich durch seine Mimik grundlegende Emotionen wie Freude oder Wut ausdrücken und gestisch kleine Pantomimen aufführen. Ferner ist die Körpersprache stark kulturabhängig und kann daher ernsthafte Mißverständnisse verursachen. Bereits der Blickkontakt mit fremden Personen unterliegt oft erheblichen Beschränkungen, vor allem wenn die Interaktionspartner nicht demselben Geschlecht angehören.

Als weitere Möglichkeit einer sprachunabhängigen Verständigung wurden und werden immer wieder Bilder und bildähnliche Darstellungen vorgeschlagen. Die vorliegende Arbeit bietet eine Typologie einschlägiger Ansätze an und stellt die grundlegenden Möglichkeiten anhand ausgewählter Beispiele dar, wobei sie jeweils deren Leistungen und Grenzen untersucht. Ausgeklammert werden Strategien, in denen die Bilder eine nur untergeordnete Rolle beim Erlernen einer Sprache spielen. Hierher zählt die internationale Hilfssprache BASIC ENGLISH von Richard OGDEN (z.B. 1930), bei der rund 200 Ausdrücke durch Bilder eingeführt wurden, aber auch der moderne Bildwörterduden.

Für die Verwendung von Bildern spricht, daß manche Eigenschaften von Objekten – vor allem die Farbe und die Details der Form – sprachlich gar nicht angemessen darstellbar sind. Das weitere oft genannte Argument, daß Bilder spontan verständlich sind, wird anhand der analysierten Beispiele relativiert. Das Darstellungspotential von Bildern ist nämlich in mehrfacher Hinsicht begrenzt. Zum einen im Hinblick auf die dargestellten Objekte: Am ehesten verständlich sind Bilder von bekannten konkreten Objekten unseres Alltags, die auf einer mittleren Ebene der jeweiligen Begriffshiera-

chie liegen. So läßt sich zwar zum Ausdruck "Katze" ein bildliches Analogon schaffen, nicht aber zu "Tier", da etwa Schlangen, Vögel und Huftiere zu wenig gemeinsame Strukturmerkmale haben. Eine zweite Einschränkung des Darstellungspotentials erfolgt durch die Darstellung selbst, denn innerhalb einer Kultur muß jedes neue Gestaltungsverfahren erst gelernt werden, bevor es als 'natürlich' gelten kann. Die Zentralperspektive der Renaissance und die Konturauflösung durch den Impressionismus etwa waren neue Sehweisen, die sich nur langsam durchsetzten.
Die bildliche Darstellung abstrakter Objekte erfordert immer zusätzliche Zeichenprozesse und wird daher auch leicht mißverstanden. Zwei grundlegende Strategien sind die Visualisierung durch Metapher, die auf Ähnlichkeit beruht (das räumliche Oben bedeutet etwas Gutes), und die durch Metonymie, die auf kausalen Zusammenhängen beruht (der Mond bedeutet Nacht). Ferner wird sich zeigen, daß alle entworfenen Bildsprachen in ihrer Realisierung Anleihen bei anderen Zeichensystemen machen.
Keiner der vorgestellten Versuche wollte ausschließlich durch Bilder kommunizieren, denn alle Autoren waren sich darüber im klaren, daß Bilder alleine immer mehrdeutig sind und einer Ergänzung durch andere Medien bedürfen, um eine ganze Nachricht mitzuteilen. Daher wird im folgenden nicht von "bildlicher Kommunikation" gesprochen, sondern von "bildgestützter Kommunikation". Die Gliederung der Arbeit orientiert sich zunächst am vorliegenden Zeichenprozeß: Kapitel 2 untersucht die bildgestützte Präsentation von Information, Kapitel 3 die bildgestützte Kommunikation. Eine Schlußbemerkung (Kapitel 4) rundet die Arbeit ab.

2. Bildgestützte Präsentation von Information

Ein erster Einsatzbereich von Bildern, nämlich die bildgestützte Präsentation von Information, ist seit der Antike ein gängiges didaktisches Prinzip. Die Akteure der platonischen Dialoge kratzten die entsprechenden Figuren in den Sand, um geometrische Probleme zu lösen, und in der römischen Rhetorik gehörten zur "ars memoriae" ("Gedächtniskunst") eine Reihe ausgefeilter Visualisierungstechniken, etwa das Vorstellen von Redeteilen als Objekten, die man in einem bekannten Haus ablegt und beim Vortrag dort mental wieder aufsammelt.
Aber erst durch die Erfindung des Buchdrucks wurde die allgemeine Verbreitung von bebildertem Lehrmaterial möglich. Der tschechische Pädagoge Johann Amos COMENIUS publizierte 1658 das Sach- und Sprachbuch "Orbis sensualium pictus". Jede Seite besteht aus Bild und Text, wobei eine Überschrift das Thema nennt und die Zuordnung zwischen Bild- und Textelementen durch Indizes gestiftet wird. Das Bild zeigt die Varianten eines Phänomens, etwa Haustiere oder Lebensalter, der zugeordnete Text beschreibt die Objekte und deren Relationen. Aufgrund der von ihm erarbeiteten Präsentationsprinzipien, die analog auch für komplexere Medienkombinationen gelten, wurde COMENIUS zu einem Ahnherrn all dessen, was heute unter dem Schlagwort "Multimedia" versammelt wird.

2.1 Otto Neuraths Bildsprache ISOTYPE

Otto NEURATH entwickelte seine Bildsprache ISOTYPE in der Zwischenkriegszeit für konkrete Aufgaben: sie sollte der Volksaufklärung dienen und die Textzentriertheit des herkömmlichen Unterrichts mildern. Sein Versuch steht im Schnittpunkt bild- und universalsprachlicher Traditionen

(ESCHBACH 1996, 27ff). Weil Bilder statisch und zweidimensional sind, können sie als semiotisch einfachere Medien das Wesentliche einer Sache betonen. "Die Pädagogik muß sich bemühen, den Raum durch die Fläche, die Bewegung durch die Ruhe zu ersetzen" (NEURATH 1933, 31). Die verwendete Parallelprojektion liefert klare Umrisse des dargestellten Objektes und die Reduktion der Form auf das Wesentliche ermöglicht ihr schnelles und sicheres Erkennen auch unter ungünstigen Rahmenbedingungen. Bei Beachtung dieser Gestaltungsprinzipien sollten die Bilder unabhängig von Sprachgrenzen und Schulwissen sein: "Worte trennen – Bilder verbinden" (NEURATH 1933, 13). Der Produzent der Zeichen will also den komplementären Erkennungsakt des Rezipienten weitestgehend vereinfachen – genau die umgekehrte Absicht haben Drudel, bei denen eine ungewöhnliche Perspektive oder ein gezielt uninformativer Bildausschnitt den Betrachter verwirren sollen.
Eine semiotische Grundregel lautet, daß gleiche Objekte durch gleiche Zeichen dargestellt werden sollen. Ein Hauptanliegen von ISOTYPE ist die leicht verständliche Präsentation von quantitativer Information: in Reihungen gleicher Grundzeichen bedeutet jedes davon eine bestimmte Anzahl von Objekten, etwa von Nutztieren. Wenn man verschiedene Grundzeichen kombiniert, entstehen bildliche Analoga zu Komposita, etwa "Schuhfabrik" (Schuh + Fabrik) und "Bergmann" (Mann + Kohle). TWYMAN (1996, 175ff) belegt an Beispielen, daß die Entwicklung von ISOTYPE zu immer flexibleren Darstellungsformen führte, die auch komplexe Zusammenhänge visualisieren können (ein zeitgenössischer Versuch in dieser Richtung ist etwa der dtv-Atlas zur Philosophie). Im Rahmen wohldefinierter Aufgaben, in denen die natürliche Sprache immer Metasprache bleibt (HARTMANN 1996, 74f), kann die so geschaffene Bildsprache durchaus zur Verständigung beitragen. Ihre einheitliche Gestaltung macht die Einzelzeichen ersichtlich zu Elementen eines Systems. Wie bei der Schriftsprache sind alle Elementarzeichen gleich groß, so daß die relative Größe der Objekte nicht wiedergegeben wird. Neuraths Zeichen für Sportarten (s. TWYMAN 1996, 168) weisen schon viele Merkmale heutiger Piktogrammsysteme auf, denen man ein einheitliches Raster zugrundelegt. Im genannten Beispiel drücken Größe und Körperform das Gemeinsame aller Sportler aus (genus proximum), Sportgeräte und Körperhaltung die charakteristischen Unterschiede (differentia specifica).

2.2 Moderne internationale Piktogrammsysteme

Moderne internationale Piktogrammsysteme wenden NEURATHS Prinzipien in vielen Kontexten an. Auf Flughäfen, Olympiaden und an anderen Orten mit internationalem Publikum dienen sie vor allem der Orientierung im Raum. In Verkehr, Produktkennzeichnung und bei Gebrauchsanweisungen gibt es Normierungen durch spezielle Organisationen, etwa die IOS (International Organization for Standardization). Derartige Zeichensysteme sollen also nicht die gesamte natürliche Sprache ersetzen, sondern nur in eng begrenzten Sachgebieten ein paar wichtige und häufige Mitteilungen. Die historische Entwicklung von Piktogrammen beginnt mit sehr naturalistischen, detailreichen Darstellungen und schreitet fort zu hochgradig schematisierten (s. KRAMPEN 1983 und 1995).
Zu beachten ist jedoch, daß die Sprachunabhängigkeit von Piktogrammen noch keine globale Verständlichkeit gewährleistet, denn viele Kodierungen sind kulturspezifisch. So kann ein Sparschwein – selbst wenn es überall spontan als Schwein erkannt wird – nur dort eine Sparkasse bezeichnen, wo Sparen in dieser Form institutionalisiert ist und Schweine ihrer Fruchtbarkeit wegen mit Wohlstand assoziiert werden. Muslime hingegen verbinden Schweine vor allem mit Unsauberkeit, so daß diese

negative Konnotation die Deutung selbst dann behindern kann, wenn der gemeinte Zusammenhang verstanden wird (vgl. HORTON 1994, 272).
Bereits das Verstehen einfacher Piktogramme erfordert eine hohe semiotische Kompetenz, wenn man alle Schritte explizit macht. An Lebensmittelläden findet man oft das durchgestrichene Bild eines Hundes. Auch wenn man es nur als "Hunde nicht erlaubt" interpretiert – darf der Blindenhund mit in den Laden ? Da das Schild auf Hygienevorschriften beruht, ist offenbar der Hund auch als Stellvertreter für andere Tiere gemeint – aber für welche ? Wie kann man begründen, daß nicht nur Katzen mitgemeint sind, sondern auch Schildkröten oder gar Goldfische, die in ihren Gläsern herumgetragen werden ?
Ein weiteres Beispiel sind die Signaturen auf Landkarten. Hier ordnet die Legende jedem Zeichen eindeutig seine Bedeutung zu und belegt somit, daß zumindest Kartographen nicht an die Selbsterklärungspotenz von Bildern glauben. "Selbst hinter dem markantesten Zeichen können sich zahlreiche Bedeutungen verbergen. Ein Pferdekopf kann ebensogut eine Rennbahn versinnbildlichen wie einen Stall, ein Gestüt, eine Reitschule, einen Reitweg, eine Pferdeschlächterei [...]" (BERTIN 1974, 103).
Auf graphischen Benutzeroberflächen stellen sogenannte "Icons" Objekte und Aktionen dar. Bei ihrer Gestaltung tauchen alle Probleme von ISOTYPE innerhalb eines neuen Mediums erneut auf, und Neuraths Forderungen nach Einfachheit, Einheitlichkeit und sinntragenden Unterscheidungen gelten auch hier (MULLET & SANO 1995). Da solche Systeme international vertrieben werden, ist eine kulturunabhängige Kodierung besonders vorteilhaft und wird durch Beachtung bestimmter Regeln erreicht (HORTON 1994, 265-294). Naheliegenderweise ungeeignet sind Icons, die auf Wortspielen beruhen, etwa auf der Doppeldeutigkeit von "Maus" ("kleiner Nager" vs. "Eingabegerät"). Weitere problematische Bereiche sind Darstellungen des menschlichen Körpers, religiöse Symbole und Icons von Tieren.

3. Bildgestützte Kommunikation

Der zweite hier untersuchte Einsatzbereich ist die bildgestützte Kommunikation, die nach den jeweiligen Rahmenbedingungen weiter gegliedert wird. Denn auch beim Informationsaustausch zwischen zwei Menschen können Bilder nützlich sein, und zwar sowohl in Situationen, in denen ein echter Dialog stattfindet (3.1), als auch in Fällen, in denen räumlich getrennte Personen nur durch geschriebenen Text kommunizieren (3.2).

3.1 Der Bild-Thesaurus "point it"

Typisch für Dialoge ist die Kopräsenz der Gesprächsteilnehmer, die parallel zur vokalen Sprache eine körpersprachliche Kommunikation möglich macht. Bei Urlaubsreisen in Ländern, deren Sprache man nicht spricht, zeigt man oft auf die Objekte, die man haben möchte. Diese Strategie kann durch vorstrukturierte visuelle Kontexte erheblich erleichtert werden.
Der Bild-Thesaurus "point it" (GRAF 1994) enthält farbige Fotos von etwa 1000 Alltagsobjekten, auf die der Tourist zeigen soll, um sich ohne Sprachkenntnisse verständlich zu machen. Typische Beispielseiten zeigen einen gedeckten Tisch, Obstsorten, Verkehrsmittel oder Sportarten. In linguistischer Terminologie bilden die abgebildeten Objekte also entweder ein Paradigma (Tee und Kaf-

fee sind gleichwertige Alternativen) oder ein Syntagma (Tasse und Unterteller gehören beide zur Standardsituation). In geeigneten Rahmensituationen, etwa im Frühstücksraum eines Hotels, wird das Zeigen auf einzelne Objekte erfolgreich sein: man erhält das Gewünschte.
Dennoch erweist sich diese in der Praxis oft erfolgreiche Strategie bei einer theoretischen Rekonstruktion auf Basis der Analysen von QUINE und WITTGENSTEIN als sehr voraussetzungsreich (SCHMAUKS 1998). Das Verstehen derartiger Zeigehandlungen erfordert nämlich drei Identifikationsschritte, die je spezifisches Wissen erfordern: die Kenntnis der abgebildeten Objekte selbst, der Abbildungskonventionen und der Konventionen des Zeigens. Komplexe Gesten verursachen zusätzliche Verstehensprobleme, denn der Rezipient muß etwa entscheiden, ob ein Zeigen nacheinander auf Tee und Kaffee als logisches "und" oder als "oder" zu interpretieren ist. Ferner bleibt in vielen Fällen offen, ob das zwar generell verstandene "Haben-Wollen" in der jeweiligen Situation durch Betrachten, Fotografieren, Benutzen, Leihen oder Kaufen realisiert werden soll.
Abseits von Dienstleistungssituationen, bei denen ein allgemein bekanntes Skript vorliegt und man mit überdurchschnittlich motivierten und gutwilligen Dialogpartnern rechnen kann, ist darum der Nutzen des Büchleins begrenzt. Denn ohne derartigen Kontext sind viele Bilder mißverständlich: der Autor selbst berichtete von einer Touristin, die in einem chinesischen Kaufhaus auf das Photo der Toilette zeigte und – sich in der Sanitärabteilung wiederfand. Auf der anderen Seite läßt sich "point it" auch in anderen Sprachspielen durchaus nutzbringend einsetzen, vor allem beim Lernen einzelner Wörter oder begrenzter Wortfelder, aber auch beim Erzählen von zu Hause.

3.2 Semantography

Eher für textuelle Situationen hat Charles Bliss in den 40er Jahren sein ideographisches Zeichensystem SEMANTOGRAPHY (oder: BLISSYMBOLICS) konzipiert, allerdings mit einem sehr umfassenden Anspruch (z. B. BLISS 1978). Kriege und Demagogie sind ihm zufolge nur möglich, weil der Sprache das Potential zur Täuschung innewohnt. Bildhafte Zeichen hingegen sind untauglich zur Lüge, denn sie zeigen die wahre Natur der Dinge. SEMANTOGRAPHY sollte weltweit als Kurzschrift dienen und allen Menschen den Zugang zu Büchern ermöglichen. Als Erfüllung der "Algebra der Gedanken" (LEIBNIZ) beansprucht es ferner, auch eine Logik, Semantik und Ethik zu liefern. Eine semiotische Analyse belegt jedoch, daß auch diese Zeichen keineswegs selbsterklärend sind, sondern die Konventionen ihrer Herkunftskultur mit sich tragen.
Bereits bei der Darstellung bekannter konkreter Objekte gibt es Mehrdeutigkeiten: ein Kreis bedeutet je nach syntaktischem Kontext "Sonne" oder "Mund". Falls Größenvariationen auftreten, sind diese ikonisch motiviert: ein großes Dreieck bedeutet "Berg", ein kleines "Stein". Ein prinzielles Problem besteht darin, daß niedrigere Hierarchieebenen nicht bildlich darstellbar sind, etwa Unterarten von Lebewesen. Bliss führt hier symbolische Zusätze ein, indem er die in einem Kontext in Frage kommenden Arten durchnumeriert. So wird auf Speisekarten das Zeichen für "Vogel" durch den Index "2" zu "Gans" determiniert und durch "8" zu "Taube".
Zusammengesetzte Zeichen entstehen im einfachsten Fall durch Wiederholung des Grundzeichens: zweimal "Blatt" ergibt "Buch". Auch die Lage der Elemente in einem virtuellen Liniensystem ist bedeutungstragend, so daß ein waagerechter Strich unten "Erde" und oben "Himmel" bedeutet. Bei der Kombination von verschiedenen Grundzeichen wird versucht, weitestgehend dem ikonischen Prinzip zu folgen. Definitionen wie "Werkzeug" = "Ding in Hand" und "Insel" = "Erde mit Wasser auf beiden Seiten" bilden räumliche Beziehungen ab. Die Grundzeichen werden aber auch mit sym-

bolischen Zeichen kombiniert: ein vorangeschaltetes Multiplikationszeichen steigert "Wasser" zu "See", ein zweites zu "Meer". Indexikalische Pfeile identifizieren die jeweils gemeinten Teile der dargestellten Objekten, etwa den Gipfel eines Berges oder seinen Abhang.

Eine semiotische Analyse seiner Kodierungen belegt, daß Bliss die üblichen Visualisierungsverfahren verwendet, um abstrakte Objekte darzustellen. Beispiele für Metonymie sind die Zeichen für "Zeit" (Zifferblatt), "sehen" (Auge) und "Gas" (aufsteigende Luftblase). Manche dieser Stellvertretungen sind stark kulturabhängig, etwa wenn ein Herz für "Gefühl" steht. Die verwendeten Metaphern sind aus der Sprache wohlbekannt. Emotionen werden mit Richtungen im Raum assoziiert: bei "Freude" zeigt der Pfeil neben dem Herzen nach oben, bei "Trauer" nach unten. Eine andere Metapher weitet die Bedeutung von "offen/geschlossen" aus. So bedeutet das Fragezeichen in einem offenen Kasten "Frage" und in einem geschlossenen "Antwort". Wird das Fragezeichen durch ein Herz ersetzt, so ergeben sich die Antonyme "Freiheit" und "Unterdrückung".

Zwei wichtige, eng miteinander verknüpfte Anleihen aus der indoeuropäischen Schriftsprache sind die Anordnung der Zeichen in Zeilen und ihre Produktion und Rezeption von links nach rechts. Bei der Kombination "Sprache" = "Mund plus Ohr" etwa ist das links stehende Zeichen als Quelle des Lautstroms, das rechte als sein Ziel aufzufassen. Die Verwendung der arithmetischen Zeichen "+" für "gut" und "-" für "schlecht" macht sich die Tatsache zunutze, daß die Ausdrücke "positiv" und "negativ" sowohl mathematische als auch moralische Lesarten haben (man denkt hierbei auch an Orwells "1984" mit seinen Newspeak-Wendungen wie "doppelplus gut"). Die herkömmlichen Interpunktionszeichen kennzeichnen die Einstellung des Sprechers, so bedeutet "!" Interesse und "?" Frage oder Zweifel (vgl. die Notationen der Sprechakttheorie). Ferner dient das Ausrufezeichen zur Verstärkung, es steigert "Geräusch" zu "Lärm" oder zu "Krach" (zwei Ausrufezeichen). Auch der Schrägstrich der Negation ist aus dem Umgang mit Texten abgeleitet; das Durchstreichen eines Zeichens bedeutet Zerstörung (Haus – Ruine; Schiff – Wrack) oder das Fehlen einer Fähigkeit (Mund – stumm).

Bliss begründet jede Zuordnung zwischen Begriff und Form, wenn auch oft in sehr idiosynkratischer Weise. So stellt er "Objekt" durch ein Quadrat dar, weil Kristalle die vollendetsten Formen der unbelebten Natur sind, und "Aktion" durch ein umgekehrtes "V", weil die Formung der Vulkankegel eine der ursprünglichsten Aktionen war. Die Klassifikation der Lebewesen geht abseits der biologischen Taxonomie von pragmatischen Aspekten aus, so werden Heuschrecken definiert als "Insekten, die Feldfrüchte untergraben". Die Liste der eurozentrischen Kodierungen reicht von der Darstellung der Personalpronomen durch Zahlen (etwa "2" für die angesprochene Person) über die Numerierung der Wochentage vom Sonntag an bis zur Darstellung von "Schöpfung" durch ein Dreieck, das sich von der abendländischen Darstellung von Gottes Auge ableitet. Die Benennung von Körperteilen durch lateinische Ausdrücke (etwa "colon") übernimmt die etablierte medizinische Sprache in die Bildsprache, ebenso wie das Verstehen des Äskulapstabes als "Medizin" die Kenntnis dieser Konvention voraussetzt.

Aus heutiger Sicht wirkt das Programm von Bliss seltsam zwiespältig. Man bewundert die Verbissenheit, mit der er auch ohne positive Rückmeldung dieses gewaltige Programm gegen Demagogie durchführte. Da jedes Adjektiv durch einen Index explizit als subjektive Bewertung gekennzeichnet wird, ist die Aussage "X ist gut" syntaktisch nicht wohlgeformt, möglich ist nur "X wird von Y für gut gehalten". Jedoch wird dieser Zuwachs an Rationalität durch die Tatsache relativiert, daß auch einige natürliche Sprachen wie das Spanische bei der Kopula "sein" ein notwendiges und ein nur zugesprochenes Sein unterscheiden.

4. Schlußbemerkung

Die analysierten – sehr unterschiedlichen – Ansätze zeigen, daß der Einsatz von Bildern in wohldefinierten Kontexten durchaus zur Kommunikation beiträgt. Es ist jedoch nicht möglich, eine Bildsprache zu schaffen, die zwar dasselbe Kommunikationspotential hat wie die natürliche Sprache, von dieser aber völlig unabhängig ist. Die Gründe hierfür liegen in den semiotischen Merkmalen von Bildern. Bildliche Zeichen können vor allem Objekte einer mittleren Hierarchieebene darstellen, und hier erweisen sie sich als sehr ausdrucksstark. Hingegen ist es ihnen nicht möglich, abstraktere Objekte darzustellen, temporale und modale Aspekte auszudrücken oder auf einer Metaebene über ihr eigenes Darstellungsverfahren zu informieren. Ferner haben Bilder keine Syntax: die Kombination der Einzelzeichen ist nicht von sich aus verständlich, sondern muß sprachlich erläutert werden. Trotz all dieser theoretischen Einwände wurde auch nach Neurath und Bliss immer wieder versucht, eine internationale Bildsprache zu schaffen, etwa LoCos (OTA 1973).

Ferner ist festzustellen, daß alle Bemühungen um eine verbale oder nonverbale Verkehrssprache faktisch längst überholt sind, da sich Englisch als internationale Verkehrssprache (und auch als Wissenschaftssprache) bereits durchgesetzt hat. Hinzu kommt, daß NEURATH und BLISS die Möglichkeiten der Maschinellen Übersetzung nicht vorhersehen konnten, die in eng umgrenzten Bereichen mit standardisierten Ausgangstexten schnelle und akzeptable Ergebnisse liefert. Ferner ist auch eines der Motive von Bliss, ein System zum Schreiben und nicht zum Sprechen zu schaffen, historisch überholt: er setzte noch voraus, daß internationale Kommunikation überwiegend schriftlich ist, da nur wenige Menschen ins Ausland reisen.

Und schließlich muß betont werden, daß das Verstehen von Bildern etliche Gemeinsamkeiten zwischen Sender und Empfänger voraussetzt, nämlich zumindest eine sehr ähnliche Wahrnehmungsfähigkeit und einen gemeinsamen kulturellen Hintergrund. Jemand, der schlecht sieht, versteht ein Bild ebensowenig wie jemand, der die abgebildeten Objekte und die Konventionen ihre Darstellung nicht kennt. Aus semiotischer Sicht belegen also die Bildplaketten der Pioneer-Sonden, daß ihre Designer ein grenzenloses Vertrauen in das Mitteilungspotential von Bildern hatten, sozusagen einen 'piktorialen Optimismus'. Denn diese Plaketten, die als Gruß an intelligente Wesen anderer Sonnensysteme in den Weltraum geschickt wurden, zeigen eine schon für Erdlinge schwer verständliche Kombination ganz verschiedener bildlicher Darstellungen: die naturalistische Frontalansicht eines nackten Menschenpaares vor der Raumsonde, flankiert von schematischen Abbildungen sehr verschiedenen Maßstabs, so daß Atome und die Planeten der Sonne durch Kreise gleicher Größe dargestellt werden. Alle stillschweigenden semiotischen Annahmen sind hier mit einem Blick zu sehen. Im Hinblick auf die Darstellungsebene wendet sich die Botschaft an Empfänger, die sich visuell orientieren, die Zentralperspektive kennen und Konturen verstehen. Auf der Objektebene wurden einige sehr irdische Fakten als galaktische Universalien behandelt, etwa die Zweigeschlechtlichkeit des Menschen und die freundliche Bedeutung einer grüßend erhobenen Hand.

Literatur

BERNARD, J. und G. WITHALM (Hrsg.): *Neurath. Zeichen.* Wien: Österreichische Gesellschaft für Semiotik 1996

BERTIN, J.: *Sémiologie Graphique. Les Diagrammes – Les Réseaux – Les Cartes.* Paris u.a.: Gauthier-Villars Mouton 1967. Deutsch : *Graphische Semiologie. Diagramme, Netze, Karten.* Berlin u.a.: de Gruyter 1974

BLISS, Ch. K.: *Semantography – Blissymbolics.* 3rd enlarged edition. Sydney: Semantography – Blissymbolics Publications 1978

COMENIUS, J. A.: *Orbis sensualium pictus.* Hg. J. KÜHNEL. Photolithographie der 1. Ausgabe Noribergae 1658. Leipzig: Klinkhardt 1910

ESCHBACH, A.: Bildsprache. ISOTYPE und die Grenzen. In: BERNARD/WITHALM: *Neurath. Zeichen,* 1996, 15-48

GRAF, Dieter: *point it. Bilderwörterbuch mit Miniatlas.* 3. Auflage. München: Dieter Graf Verlag 1994

HARTMANN, F.: Sprechende Zeichen. Zur Rückkehr des Ikonischen bei Otto Neurath. In: BERNARD/ WITHALM: *Neurath. Zeichen,* 1996, 65-86

HORTON, W.: *The Icon-Book.* New York: Wiley 1994. Deutsch: *Das Icon-Buch. Entwurf und Gestaltung visueller Symbole und Zeichen.* Bonn: Addison-Wesley 1994

KRAMPEN, M.: Icons of the Road. *Semiotica* 43 (1983), 1-204

KRAMPEN, M.: Zur Geschichte der amtlichen Verkehrszeichen. *Zeitschrift für Semiotik* 17 (1995), 3-8.

MULLET, K./SANO, D.: *Designing Visual Interfaces.* Englewood Cliffs: Prentice Hall 1995

NEURATH, O. v.: *Bildstatistik nach Wiener Methode in der Schule.* Wien: Deutscher Verlag für Jugend und Volk 1933

OGDEN, Ch. K.: *Basic English.* London: Paul, Trench, Trubner 1930

SCHMAUKS, D.: Wittgenstein kauft Gavagai: vom Nutzen sprachfreier Bildwörterbücher. Erscheint 1998 in: *Tagungsband des 3. Internationalen Symposiums "Bildsprache – Visualisierung – Diagrammatik"* (Wien 1996)

OTA, Y.: LoCoS. Experimente mit der Bildersprache. *Bild der Wissenschaft* 2/73 (1973), 152-159

TWYMAN, M.: Observations on ISOTYPE Symbols and their Varied Applications. In: BERNARD/WITHALM: *Neurath. Zeichen,* 1996, 161-179

THOMAS HÖLSCHER

Wittgenstein über Bilder

Wittgenstein dürfte der Philosoph sein, der am meisten mit der Thematik der Bildlichkeit beschäftigt war. In allen Varianten und Verzweigungen taucht sie, nicht nur im *Tractatus*, sondern auch in seinen gesamten späteren Schriften auf. Fast keine Seite, bei der es nicht, ausdrücklich oder unausdrücklich, darum geht: um äußere Bilder, innere Bilder, Porträts, Schatten, Aspekte, Analogien, Gleichnisse, Symptome, Familienähnlichkeiten, übersichtliche Darstellungen, Weltbilder und mehr dergleichen. WITTGENSTEIN hat seine eigene philosophische Tätigkeit entsprechend charakterisiert, indem er im Vorwort zu den „Philosophischen Untersuchungen" von „einer Menge von Landschaftsskizzen" spricht, von „immer neuen Bildern", die, „so angeordnet...werden mußten, daß sie dem Betrachter ein Bild der Landschaft geben konnten.- So ist also dieses Buch eigentlich nur ein Album."

Im Folgenden will ich hauptsächlich ein paar charakteristische Äußerungen WITTGENSTEINS zum Thema Bild zusammenstellen, die nicht ohne weiteres zusammenpassen, ja widersprüchlich erscheinen, und einige Verknüpfungen zwischen ihnen suchen sowie wenige Linien weiter ausziehen.

(1) „Wir machen uns Bilder", so wird im *Tractatus* (2.1) die Bildtheorie, sein zentrales Theorem, eingeführt. „Wir machen uns Bilder der Tatsachen". Denken und Sprache, Gedanken und Sätze sind hier Bilder der Wirklichkeit. Sie treten als ausgezeichneter Typ von Bild bzw. von Bildermachen auf - es ist aber auch die Rede von der Grammophonplatte, dem musikalischen Gedanken bzw. der Partitur, den Schallwellen, sowie von „lebenden Bildern", sogar von den zwei Jünglingen, ihren zwei Pferden und ihren Lilien im Märchen als Beispiele anderer Arten der Bilderverfertigung. Bild und Abgebildetes werden im strikten Isomorphie-Verhältnis gedacht, das worin sie übereinstimmen, ist die „logische Form". Bildlichkeit wird als Übereinstimmung in der Form aufgefaßt. Ja, sogar die Logik wird als „Spiegelbild der Welt" (6.13) bestimmt, und hierin liegt der Clou des ganzen *Tractatus*. Denken und Bildermachen sind nicht getrennt. WITTGENSTEIN scheint eine Art transzendentaler Imagination vorzuschweben.

In den Philosophischen Untersuchungen beginnt WITTGENSTEIN diese positive Sicht der Bilder in unerhört scharfer Weise zu dekonstruieren. Es scheint, als habe er auf einmal die enorme Irrtumsanfälligkeit von Bildern, ihre Suggerierung von falschen Analogien, fast schockartig, bemerkt. Nicht zuletzt deshalb, da ihm immer deutlicher wurde, daß er mit seiner Auffassung von der Logik als „Spiegelbild der Welt" im *Tractatus* selber entscheidend einem falschen Bild aufgesessen war. (2)

> Ein *Bild* hielt uns gefangen. Und heraus konnten wir nicht, denn es lag in unserer Sprache, und sie scheint es uns nur unerbittlich zu wiederholen. (PU 115)

und

> Die Philosophie ist ein Kampf gegen die Verhexung unseres Verstandes durch die Mittel, unserer Sprache. (PU 109)

Das entspricht Descartes Angst vor einer Bilder-Invasion des Verstandes, die ihn zu Beginn der Neuzeit dazu brachte, alle Bilder, Ähnlichkeit, Analogie aus dem Denken strikt zu verbannen. Heute ist die Rede vom „ikonoklastischen" späten WITTGENSTEIN, von seiner „Bilderangst" (MITCHELL 1988).

Das ist so nicht richtig. Auf eine vorhandene Ambivalenz weist schon der Kontrast zu WITTGENSTEINS Selbstcharakterisierung im Vorwort der *PU*, wie sie eben zitiert wurde. „Bildermachen" ist genauso zentral für die *PU* wie für den *Tractatus*. WITTGENSTEIN geht hier sehr umsichtig, abwägend und differenzierend, nie prinzipiell, theoretisch vor, was sein pro und contra zu den Bildern angeht. Es gibt gutes und schlechtes Bildermachen:

> Wir machen uns von der Erde das Bild einer Kugel...Das Bild der Erde als Kugel ist ein gutes Bild, es bewährt sich überall, es ist auch ein einfaches Bild - kurz, wir arbeiten damit, ohne es anzuzweifeln. (ÜG 146f)
>
> Man macht sich ein falsches Bild vom Zweifel. (ÜG 249)
>
> Der Sündenbock, auf den man seine Sünden legt und der damit in die Welt hinausläuft, - ein falsches Bild, ähnlich denen, die die philosophischen Irrtümer verursachen. (BT 86-93.)
>
> ja wir sagen, daß dieses Bild und seine Ramifikationen uns verhindert, die Verwendung des Wortes zu sehen, wie es ist. (PU 305)
>
> Das falsche Bild verwirrt, das richtige hilft (BF III, 20)

Gut ist das Bildermachen, wenn es z.B. zur „Übersichtlichkeit" beiträgt, WITTGENSTEINS philosophischem Hauptziel; und schlecht, wenn es Produkt grammatischer Unklarheit, z.B. der Verwechslung von Oberflächen- und Tiefengrammatik, ist und eine „grammatische Fiktion" darstellt. In beiden Fällen handelt es sich um eine Darstellung von Zusammenhängen. Das Bildermachen ist also ein Theorie-Nachfolgekonzept. Es ist zwar sprachlich verwurzelt, aber von selbständiger Qualität.
Ebenso abwägend verhält sich WITTGENSTEIN den „inneren" oder „geistigen Bildern" gegenüber. Sie werden weder eliminiert noch marginalisiert als bloße psychische Begleiterscheinungen. Vielmehr zielt die die Schärfe von WITTGENSTEINS Attacken gegen ihre Verdinglichung, ihre Essentialisierung nach dem Muster von äußeren bzw. körperlichen Objekten; d.h. die langgeübte Dichotomie von außen/innen, körperlich/geistig ist der eigentliche Angriffspunkt, hier greift die Privatsprachenkritik.

> Der Begriff des 'inneren Bildes' ist irreführend, denn das Vorbild für diesen Begriff ist das 'äußere Bild'; und doch sind die Verwendungen der Begriffsworte einander nicht ähnlicher als die von „Zahlzeichen" und „Zahl".(Ja, wer die Zahl das 'ideale Zahlzeichen' nennen wollte, könnte damit eine ähnliche Verwirrung anrichten.) (PU II, xi, S. 523).

Oder die Passagen über das angebliche „Leugnen" innerer Vorgänge und die Entstehung der behavioristischen Position PU 305-308, z.B.

> Der Eindruck, als wollten wir etwas leugnen, rührt daher, daß wir uns gegen das Bild vom inneren Vorgang wenden. Was wir leugnen ist, daß das Bild vom inneren Vorgang uns die richtige Idee von der Verwendung des Wortes „erinnern" gibt. Ja, wir sagen, daß dieses Bild mit seinen Ramifikationen uns verhindert, die Verwendung des Wortes zu sehen, wie sie ist. (PU 305)

So findet Wittgenstein sogenannte „innere Bilder" ganz problemlos, wo sie außerhalb jeder Bezugnahme auf äußere Bilder, auch ihrer Übersetzung in gezeichnete Bilder, benutzt werden bzw. wo der Übergang vom Ausdruck Bilder "im Kopf" zum Ausdruck „Bilder im Geist" nicht gemacht wird. (Vgl. PU II, S. 523, PU 301)
Die bildrelevante Zentralkategorie der *PU* ist die der „Familienähnlichkeit". Hier scheint eine Rehabilitierung der Ähnlichkeitskategorie vorzuliegen, die durch Descartes und alle Rationalisten

verteufelt worden ist, — wenn auch auf eine sehr eigenwillige Weise, denn es handelt sich um Ähnlichkeiten, die „auftauchen und verschwinden," „ein kompliziertes Netz von Ähnlichkeiten, die einander übergreifen und kreuzen. Ähnlichkeiten im Großen und Kleinen" statt des einen, durchgehenden Merkmals der unter einem entsprechenden Wort begriffenen Sachen (PU 66). Am deutlichsten macht dies das Bild vom Faden:

> [...] wie wir beim Spinnen eines Fadens Faser an Faser drehen. Und die Stärke des Fadens liegt nicht darin, daß irgendeine Faser durch seine ganze Länge läuft, sondern darin, daß viele Fasern einander übergreifen. (PU 57)

Man kann die „Familienähnlichkeit" als das Nachfolgekonzept in WITTGENSTEINS Spätphilosophie für „Logik", „das Logische", die „logische Form", für die 1:1-Isomorphie des *Tractatus* betrachten - diese als hier im Aggregatzustand ihrer Dekonstruktion befindlich. Zur Familienähnlichkeit später mehr.

Was das Sprachspielkonzept angeht, die Grundidee der *PU*, so muß man betonen, daß auch Bilder in Sprachspielen existieren. Es gibt Bilder-Sprachspiele, Bilder haben bestimmte Gebrauchsweisen. Nimmt man sie da heraus, so kommt es zur essentialistischen Illusion der inneren Bilder als innerer Objekte bzw. der äußeren Bilder als in unmittelbarer Schau erfaßbarer Gebilde reiner Evidenz (PU 349, zur Nacktheit der Worte und Bilder). Spielt man die falschen Sprachspiele mit ihnen, dann kommt man zu den Ergebnissen des schlechten Bildermachens, die uns blockieren, „unseren Verstand verhexen." Ein schönes Beispiel für unterschiedliche Sprachspiele mit einem Bild gibt WITTGENSTEIN mit Folgendem:

> Denken wir uns ein Bild, einen Boxer in bestimmter Kampfstellung darstellend. Dieses Bild kann nun dazu gebraucht werden, um jemand mitzuteilen, wie er stehen, sich halten soll; oder, wie er sich nicht halten soll; oder, wie sich ein bestimmter Mann dort und dort gestanden hat; oder etc.etc. (PU 22)

Eine weitere Wendung von WITTGENSTEINS Gedanken zeigt schließlich folgende Passage (das dritte der zu verknüpfenden Zitate) von 1949, aus dem Umkreis seines letzten Werks *Über Gewißheit* (3):

> Ein in uns festes Bild kann man freilich dem Aberglauben vergleichen, aber doch auch sagen, daß man *immer* auf einen festen Grund kommen muß, sei er nun ein Bild, oder nicht, und also sei ein Bild am Grunde alles Denkens zu respektieren und nicht als Aberglaube zu behandeln (VB, 567f.)

Das Bild als „Aberglaube" und „am Grunde alles Denkens", diese Alternative könnte uns ratlos machen. Sie zeigt aber nur die extreme Spannweite, in der WITTGENSTEIN seine Bilderprobleme abhandelt.

Wieder geht er äußerst behutsam, geradezu tastend vor: das fixe Bild, das sehr wohl von der Art des Aberglaubens sein kann, weist aber für ihn zugleich auf eine positive fundamentale Funktion für das Denken.

Aberglaube bedeutet für WITTGENSTEIN ein zutiefst irrtumgeprägtes „Weltbild", und nicht nur im religiösen Bereich, oft aufgrund falscher Importe aus dem Bereich der Wissenschaft. Er gehört zu den „falschen Bildern", die wir uns machen, jenes zitierte „Ein *Bild* hielt uns gefangen" paßt genau auf ihn.

Warum aber „hält uns" jenes „Bild", obwohl doch „in uns fest", nicht „gefangen" ? Weil es zum Bereich der Grundentscheidungen unseres Handelns gehört. Solch ein Grund-Bild untersucht WITTGENSTEIN am Beispiel des religiösen Glaubens (Vorlesungen und Gespräche über Ästhetik, Psychologie und Religion). PUTNAM (1995) hat dem in „Renewing Philosophy" eine umfassende

Darlegung gewidmet. Diese Bilder der religiösen Verwendung grenzt WITTGENSTEIN gegen den religiösen Aberglauben ab, aber auch gegen die Unterstellung ihrer bloßen Vorwissenschaftlichkeit, weiter gegen die Annahme, sie könnten mit den Kategorien der Inkommensurabilität, des Nicht-Wörtlichen gegenüber dem Wörtlichen, des Nicht-Kognitiven, Emotiven, gegenüber dem Kognitiven, ja sogar des Nichtreferentiellen gegenüber dem Referentiellen zureichend erfaßt werden. Was sie bestimmt, ist die strenge Konsequenz und Folgenhaftigkeit für die Lebensführung: das „ganze Gewicht", das in ihnen liegt, wie WITTGENSTEIN schreibt, und das das Gewicht einer ganzen „Lebensform" ist. Deshalb liegen derartige Bilder „am Grunde alles Denkens". Sie haben also einen ungewöhnlichen Status. Handelt es sich um eine neue Form von Apriorizität?
„Zu respektieren" und nicht als Aberglaube zu nehmen sind sie, nach WITTGENSTEIN, „weil man *immer* auf einen festen Grund kommen muß. In PU 217 heißt es:

> Wie kann ich einer Regel folgen? - wenn das nicht eine Frage nach den Ursachen ist, so ist es eine nach der Rechtfertigung dafür, daß ich *so* nach ihr handle.
> Habe ich die Begründungen erschöpft, so bin ich nun auf dem harten Felsen angelangt, und mein Spaten biegt sich zurück. Ich bin dann geneigt zu sagen: "So handle ich eben."

Oder in The Blue and Brown Books S. 24:

> [...] here we strike rock bottom, that is, we have come down to conventions.

Dazu gehört ÜG 205:

> Die Begründung aber, die Rechtfertigung der Evidenz kommt zu einem Ende; - das Ende aber ist nicht, daß uns gewisse Sätze unmittelbar als wahr einleuchten, also eine Art *Sehen* unsererseits,sondern unser *Handeln*, welches am Grunde des Sprachspiels liegt.

Dazu ist einiges zu sagen. Dies alles zusammengenommen, erscheint das Bild hier als Felsgrund/harter Fels bzw. der Felsgrund als Bild. Es handelt sich indessen nicht um einen Fundamentalismus, etwas Apriorisches, Metatheoretisches, eine transzendentale Grundlage etc., sondern um deren Rückspiegelung in Handeln, die Lebensform, die Konventionen (VOSSENKUHL 1995, 314-317). Es läßt sich auch kein Bildfundamentalismus etwa gegenüber einem Sprachfundamentalismus ableiten; genausowenig wie die genannte Existenz von Bildern in Sprachspielen eine Sprachdominanz über die Bilder oder gar einen „Logozentrismus" á la Derrida bedeutet. WITTGENSTEIN steht hier quer zur Opposition von ikonoklastisch und anti-ikonoklastisch. Eher vertritt er eine Art Gleichursprünglichkeit von Bild und Wort. „Sei er nun ein Bild oder nicht" heißt es vom „festen Grund", auf den man „*immer* kommen muß", und in ÜG 205. ist die Evidenz-Bildhaftigkeit ausdrücklich bestritten und implizite auch das Bild-am-Grunde statt vom Sehen vom Handeln her bestimmt.
Quer steht WITTGENSTEIN, indem er die Konventionen als Felsgrund bezeichnet, auch zur weithin üblichen Dichotomie von Natur und Konvention. Bilder, jedenfalls Bilder von besonderem „Gewicht", sind seiner Meinung nach offensichtlich beides bzw. hier trägt die Unterscheidung nicht.
Daß Bilder verdichtete Konventionengeflechte bzw. verdichtete Konventionengeflechte Bilder sind, daß es also mit dem harten Fels, von dem mein Spaten sich zurückbiegt, seine besonders komplexe Bewandtnis hat, sowie daß „alles Denken" in Bildern - wenn auch nicht nur in Bildern - „verwurzelt" ist, die englische Übersetzung sagt auch „a picture at the root of all one's thinking" - das erinnert so stark an eine andere Beschreibung dieser Sachverhalte, daß auch sie hier zitiert sei:

In den bestgedeuteten Träumen muß man oft eine Stelle im Dunkel lassen, weil man bei der Deutung merkt, daß dort ein Knäuel von Traumgedanken anhebt, der sich nicht entwirren will, aber auch zum Trauminhalt keine weiteren Beiträge geliefert hat. Dies ist dann der Nabel des Traums, die Stelle, an der er dem Unerkannten aufsitzt. Die Traumgedanken, auf die man bei der Deutung stößt, müssen ja ganz allgemein ohne Abschluß bleiben und nach allen Seiten hin in die netzartige Verstrickung unserer Gedankenwelt auslaufen. Aus einer dichteren Stelle dieses Geflechts erhebt sich dann der Traumwunsch wie der Pilz aus dem Mycelium. (FREUD 1900, 1972, Kap.VII, Stud.ausg. II, 503).

Die Analogien sind frappierend: "Stelle im Dunkel", dem „Unerkannten" aufsitzen d.h. Ende jeder weiteren Analysierbarkeit, das „Knäuel", das sich nicht „entwirren" läßt, der „Nabel des Traums", die „netzartige Verstrickung unserer Gedankenwelt", das Verhältnis von „Pilz" und „Myzel". Nicht weniger erstaunlich ist WITTEGENSTEINS Kommentar zu solchen und anderen Freud-Stellen (4):

Wenn etwas an der Freudschen Lehre von der Traumdeutung ist; so zeigt sie, in wie komplizierter Weise der menschliche Geist Bilder der Tatsachen macht.
So kompliziert, so unregelmäßig ist die Art der Abbildung, daß man sie kaum mehr eine Abbildung nennen kann. (VB, 512)

Nimmt man beides zusammen, versteht man, daß in WITTGENSTEINS Konzeptionen der Familienähnlichkeit, des Sprachspiels, des Netzwerkcharakters der Sprache, der Metapher von der Sprache als einem „Stellwerk" und der zitierten Metapher vom Faden auch eine neue Auffassung vom Bild und Bildermachen enthalten ist, welche die einfache 1:1-Präzision der Tractatus-Isomorphie durch ein hochkomplexes, plurales Modell ablöst.

Literatur

FREUD, S.:*Die Traumdeutung* Studienausgabe, Frankfurt/Main:Fischer (1900).1972, Bd.II
MITCHELL, W. J. T.: Wittgenstein's Imagery and What It Tells Us. *New Literary History* 19 (1988), 361-370
PUTNAM, H.: *Renewing Philosophy*. Cambridge/Mass. u. London: Harvard University Press 1992, Kap.7: Wittgenstein on Religious Belief
WITTGENSTEIN, L.: Werkausgabe. Frankfurt/Main: Suhrkamp 1984ff.:
- *Tractatus logico-philosophicus*: Bd. 1
- *Philosophische Untersuchungen* (=PU): Bd. 1
- *Bemerkungen über die Farben* (=BF): Bd. 8
- *Über Gewißheit* (=ÜG): Bd.8
- *Vermischte Bemerkungen* =VB): Bd. 8
WITTGENSTEIN, L.
- *The Blue and Brown Books*. Oxford: Blackwell 1969
- *Big Typoskript* = T), Nyman, H. (Ed.). *Revue Internationale de Philosophie* 43 (1989), 177-203
- *Vorlesungen und Gespräche über Ästhetik, Psychologie und Religion*, Barret, C. (Hrsg.), Göttingen: Vandenhoek 1971
VOSSENKUHL, W.: *Ludwig Wittgenstein*. München: Beck 1995

LAMBERT WIESING

Sind Bilder Zeichen?

Es ist üblich, Bilder als Zeichen zu behandeln. Insbesondere dann, wenn es um eine Verständigung über das Aussehen einer Sache, eines Sachverhaltes oder Ereignisses geht, greift man vorrangig auf Bilder zurück. Auch in der Philosophie hat diese Gewohnheit ihre Spuren hinterlassen. An jüngeren Beiträgen der philosophischen Bildtheorie kann man feststellen, daß es gemeinhin als ausgemacht gilt, Bilder könne man am besten erforschen, indem man möglichst präzise ihren besonderen Zeichencharakter beschreibt. Dieser Gedanke scheint nun angesichts der massenhaften Verwendung von Bildern für Kommunikationszwecke gleichermaßen naheliegend wie sinnvoll zu sein. Sprachanalytische Philosophien des Bildes ziehen deshalb hieraus die Konsequenz, die Erforschung des Bildes überhaupt als den Teil einer allgemeinen Zeichentheorie zu verstehen. Ihr Standpunkt basiert auf der Grundannahme: Da jedes Bild notwendigerweise ein Zeichen ist, kann eine philosophische Bildtheorie als Spezialfall einer alle Zeichenprozesse umfassenden Semiotik konzipiert werden.
Doch sind Bilder wirklich immer Zeichen und ist die Semiotik wirklich so geeignet, verstehen zu helfen, was Bilder sind und können? Allein der empirische Tatbestand, daß Bilder oft als Zeichen verwendet und gedeutet werden, begründet nämlich keineswegs die prinzipielle These, daß die Dinge, die man Bilder nennt, immer Zeichen sein müssen, um Bilder zu sein. Selbst dann, wenn der Zeichencharakter immer bei Bildern nachweisbar wäre, würde dies nicht zwingend begründen, daß der Zeichencharakter eine wesentliche Eigenschaft des Bildes ist - also eine Eigenschaft, auf die kein Bild verzichten kann. Es könnte sein, daß der bei Bildern feststellbare Zeichencharakter erstens nur für bestimmte Bilder zutrifft und zweitens für das Phänomen der Bildlichkeit insgesamt irrelevant ist. Wäre dies der Fall, dann würde eine semiotische Erforschung des Bildes bei einer kontingenten Eigenschaft des Bildes ansetzen und diese fälschlicherweise als wesentlich behandeln. Der sprachanalytische Ansatz wäre dann in einer Situation, die man mit einem Anthropologen vergleichen könnte, der aus dem Umstand, daß der Mensch nahezu immer Haare auf dem Kopf hat, den Schluß zieht, daß dies deshalb eine wesentliche Eigenschaft des Menschen sein müsse, auf der man die Wissenschaft vom Menschen aufbauen sollte.
Kurzum: Es ist angebracht, der Frage nachzugehen, ob und - wenn ja - wie Bilder ohne semiotische Funktionen gedacht und produziert werden können. Darüberhinaus handelt es sich hierbei um eine Frage, die auch für die Einschätzung der gegenwärtigen Ästhetik hilfreich zu sein scheint. Die Frage nach dem Zeichencharakter von Bildern ist in der Lage, einen gewichtigen Unterschied zwischen zwei aktuellen Richtungen der Gegenwartsästhetik zu markieren. Von einem phänomenologischen Standpunkt ist nämlich entgegen dem sprachanalytischen Ansatz die These verteidigt worden, daß das Bild gerade im 20. Jahrhundert in einer Weise auftritt, die den Zeichencharakter gänzlich ablegt und jegliche Informationsabsicht unwichtig werden läßt. Nach diesem Konzept wird nicht die Lesbarkeit, sondern vielmehr die reine Sichtbarkeit als die wesentliche Eigenschaft aller Bilder angesehen.
Unabhängig davon, welcher Seite dieser Alternative man zuneigt, kann als sicher gelten, daß die Frage, ob Bilder Zeichen sind, eine Grundsatzentscheidung betrifft: Je nach dem, wie sie beantwortet wird, fällt auch auch die Einschätzung aus, in welcher philosophischen Richtung man das angemessene begriffliche Instrumentarium zur Beschreibung moderner Bilderwelten findet.

1. Das Bild als Zeichen

Ein Zeichen - und an dieser klassischen Definition soll festgehalten werden - ist ein Gegenstand, der für etwas anderes steht. Ein Zeichen verweist auf etwas, das existent oder fiktiv sein mag, und diese Verweisfunktion kann jeder beliebige Gegenstand übernehmen, wenn sich die Zeichenbenutzer konventionell darauf verständigen. Da auch ein Bild ersteinmal ein Objekt in Raum und Zeit ist - zumindest soll hier nur über physisch existente Bilder gesprochen werden -, kann jedes Bild konventionell zu einem Zeichen für jeden beliebigen Gegenstand erklärt werden. Doch eine willkürliche Verwendung des Bildes als Zeichen ist in den meisten Fällen vollkommen widersinnig: Kaum jemand wird das Porträt einer Person abiträr als ein Zeichen für eine Landschaft benutzen wollen. Wenn ein Bild als Zeichen verwendet wird, dann wird ein Bild nur für bestimmte Sachen als Zeichen verwendet, und zwar speziell für die Sachen, von denen man meint, daß man sie auf dem Bild sehen kann. Ein Porträt ist dementsprechend sinnvollerweise als Zeichen für die dargestellte Person verwendbar. Im Anschluß an NELSON GOODMAN hat sich durchgesetzt, diese Möglichkeit der bildlichen Bezugnahme auf Gegenstände als 'Denotation' anzusprechen.
Obwohl nun einerseits die Bedeutung eines Bildes durch sein Aussehen festgelegt ist, muß man aber andererseits auch feststellen, daß jedes Bild dennoch für unzählig viele Sachverhalte als Zeichen verwendet werden kann. Kein Bild ist in der Lage, einzig und allein einen einzelnen, isolierten Gegenstand zu zeigen. Ein Bild bietet einem Betrachter und Benutzer stets mehrere Bedeutungsmöglichkeiten an. Genauso gut wie man ein Porträt als Zeichen für die dargestellte Person nehmen kann, kann man es zur Denotation des im Hintergrund sichtbaren Gegenstandes verwenden. Darüberhinaus gibt es auf jedem Bild unzählig viele Relationen zwischen den dargestellten Teilen zu sehen, und für jede dieser Relationen kann das Bild als Zeichen auftreten. Immer wenn ein Bild als Zeichen fungiert, haben Interessen, Gewohnheiten und Traditionen dazu beigetragen, daß das Bild in der jeweiligen Verwendung die jeweilige Bedeutung angenommen hat. Im westlichen Kulturkreis hat sich durchgesetzt, Bilder zumeist für die Gestalten als Zeichen auftreten zu lassen, die sich zentral im Vordergrund befinden. Doch dies ist keine notwendige Bedeutungszuweisung. Man könnte sich Üblichkeiten vorstellen, nach denen ein Bild zumeist als Zeichen für den oben links in der Ekke dargestellten Gegenstand verwendet wird, also für den Gegenstand, den man nach Lesekonventionen als erstes sieht. Allgemein kann man sagen: Ein Bild schränkt zwar durch sein Aussehen das Spektrum der Denotation ein, gibt aber trotzdem immer noch unzählig viele Denotationsmöglichkeiten vor, von denen in der konkreten Verwendung stets nur wenige genutzt werden. Kurzum: Jedes Bild kann mehr bezeichnen, als es bezeichnet, aber das, was es als Bild bezeichnen kann, ist nicht beliebig durch den Benutzer festlegbar.
Noch komplexer wird die Frage nach dem Zeichencharakter von Bildern nun dadurch, daß das, was man auf einem Bild sehen kann, keineswegs nur Dinge und ihre Beziehungen untereinander sind. Mindestens genauso gut, wie Bilder Gegenstände darstellen können, zeigen sie auch Sichtweisen auf Gegenstände. Die Sichtweise eines Bildes entspricht der Art und Weise, wie das Bild den Gegenstand zeigt, den es zeigt; kein Bild kann auf eine solche Art des Darstellens verzichten. Ein Bild muß, um überhaupt etwas zu zeigen, das Aussehen des Gezeigten interpretieren. Dieser bildimmanente Interpretations- und Transformationsprozeß der sichtbaren Wirklichkeit wird im Bild selbst als seine Darstellungsform und sein Stil sichtbar. Deshalb setzt sich in zunehmenden Maße durch, den Stil eines Bildes nicht als eine Verzierung anzusehen, über die nur wenige Bilder der bildenden

Kunst verfügen, sondern vielmehr als einen transzendentalen Aspekt des Abbildens, der zu den Bedingungen der Möglichkeit des Abbildens gehört. Würde eine Nachahmung auf Stilisierung und Interpretation verzichten, so wäre das Ergebnis kein Bild, sondern eine Kopie, eine Imitation. Deshalb muß ein Bild das Abgebildete stilisieren und der Stil, welcher erst das Zeigen von etwas im Bild ermöglicht, ist selbst wiederum im Bild sichtbar. Bei einem Bild kann man von einer doppelten Sichtbarkeit sprechen: Sowohl das 'Was' der Darstellung als auch das 'Wie' der Darstellung sind sichtbar und können beide - zwar nicht in gleicher Weise, aber doch gleichermaßen - zum Inhalt des Bildes erhoben werden.
Besonders aus dem Umgang mit Kunstwerken ist bekannt, daß ein Betrachter bei einem Bild oft ausschließlich darauf achtet, wie das Bild zeigt, was es zeigt. Man hat es hier mit einem Beispiel zu tun, daß das Bild nicht mehr als ein Zeichen für einen Gegenstand verwendet wird, sondern als ein Zeichen für eine bestimmte Sichtweise oder Perspektive auf sichtbare Gegenstände. Das dargestellte Ding fungiert als austauschbares Objekt in einer Sichtweise, die sich wiederum einzig in der Formgebung des Bildes, in der Art und Weise, wie das Bild die Relationen zwischen den abgebildeten Dingen ausbildet, manifestiert. Gerade an der Art, wie in der Kunst Bilder als Zeichen verwendet werden, kann man sehen, daß die sichtbare Form eines Bildes unterschätzt würde, das heißt in einem schlechten Sinne formal mißverstanden wäre, wenn man sie nur als ein bloßes ornamentales Gestaltungselement deuten würde. Auch die Form eines Bildes bietet die Grundlage für spezifisch bildliche Symbolisierungsleistungen. Die Art, wie ein Gegenstand in einem Bild dargestellt ist, kann eine traurig pessimistische Sicht auf die Welt bildlich symbolisieren, wie ein anderer Stil alles durch eine 'rosa Brille' erscheinen läßt und somit auch eine andere Sichtweise ausdrückt. Es handelt sich hierbei um eine symbolische Verwendung des Bildes, die sich von der Denotation unterscheidet. Sie bezieht sich überhaupt nicht auf Gegenstände, sondern ist vielmehr - wie wiederum NELSON GOODMAN überzeugend hat darstellen können - eine Exemplifikation von Eigenschaften, die das Bild selbst besitzt. Es scheint daher in der Tat berechtigt zu sein, davon auszugehen, daß mit der Denotation und der Exemplifikation die beiden denkbaren Möglichkeiten der bildlichen Bezugnahme vollständig erfaßt wären.[1]

2. Das Bild als reine Sichtbarkeit

Die beiden Symbolisierungsarten des Bildes - Denotation und Exemplifikation - stehen in einer Wechselbeziehung zueinander. Betrachtet man ein Bild, um eine Sichtweise auf die Welt anschaulich exemplifiziert zu bekommen, so führt dies dazu, daß der denotierte Gegenstand automatisch in den Hintergrund der Aufmerksamkeit tritt. Der dargestellte Gegenstand kann banal sein, weil er nicht das Objekt ist, auf den sich das Zeichen primär richtet. Kaum jemand schaut sich die Äpfel von Cézanne an, weil er sich über Äpfel informieren möchte. Doch wenn dies so ist, dann ist die Frage sinnvoll: Kann man sich der in einem Bild exemplifizierten Sichtweise gegenüber nicht noch einmal so formal verhalten, wie man sich dem Gegenstand gegenüber verhält, wenn man beim Bild nur auf dessen symbolische Form achtet? Wenn die Form eines Bildes zum Inhalt werden kann, dann müßte man diesen eben in der symbolischen Form manifesten Inhalt wiederum formal behandeln können, das heißt, man müßte auch von der Bedeutung der Form absehen können. Aus der Be-

1 Siehe hierzu GOODMAN (1968, 1995).

schreibung der semiotischen Möglichkeiten von Bildern ergibt sich fast zwangsläufig die Idee einer Art 'zweiten Formalisierung', einer formalen Betrachtung der exemplifizierenden Form, das heißt die Idee eines Bildes, das sich von Denotation und Exemplifikation gleichermaßen emanzipiert, um nur noch das zu sein, was es sichtbarerweise ist.

Die Idee des asemantischen Bildes führt schlagartig zu einem Bestimmungsproblem: Wie unterscheidet man ein Bild, das kein Zeichen ist, von einem Gegenstand, der kein Bild ist? Die bis heute wegweisende Antwort auf diese Frage gab der sächsische Philosoph KONRAD FIEDLER in seiner Schrift *Über den Ursprung der künstlerischen Tätigkeit* von 1887. Seine genuin phänomenologische These lautet: Das Bild hebt sich durch seine Sichtbarkeit von Dingen und Zeichen ab.

Die Sichtbarkeit eines Bildes ist ein Phänomen *sui generis.* Sie ist im Gegensatz zur gewohnten Ansicht einer Sache nicht an die Präsenz der Sache gebunden. Schaut man in der Welt auf ein beliebiges Objekt, so verlangt dessen Sichtbarkeit stets seine Anwesenheit: Man kann nur sehen, was vorhanden ist. Doch auf der Bildoberfläche findet sich die Ausnahme von dieser Regel: Denn Bilder sind Isolationsvorgänge. In einem Bild wird die Sichtbarkeit von der Anwesenheit der Sache getrennt. Wenn man auf einem Foto Peter sieht, dann sieht man nicht Peter selbst, sondern einzig bestimmte Formen auf einem Stück Papier. Die Sichtbarkeit von Peter hat sich in seinem Bild von seinem Dasein losgelöst, weshalb der dargestellte Peter weder getastet noch gerochen, sondern eben einzig und allein gesehen werden kann. Diese Abspaltung der Sichtbarkeit ist für Bilder wesentlich: Jedes Bild muß, um ein Bild zu sein, auf seiner Oberfläche etwas zeigen, das an dieser Stelle selbst nicht vorhanden ist. Ein Bild besteht immer aus einem sichtbaren Widerstreit von Präsenz und Absenz. Nur auf der Bildoberfläche findet man die Sichtbarkeit von etwas ohne den Ballast einer anhängenden Substanz vor. Die Dinge im Bild sind in einer physikfreien Zone - oder frei nach WITTGENSTEIN: In einem gemalten Kochtopf kocht nichts. Dieser gleichermaßen triviale wie grundlegende Umstand tritt in den Mittelpunkt, wenn man sich von einem phänomenologischen Standpunkt der Eingangsfrage zuwendet, ob man Bilder notwendigerweise als Zeichen verwenden muß.

Natürlich, so könnte man behaupten, muß ein Bild nicht als Zeichen verwendet werden. Man kann ein Poster als Einpackpapier und ein Tafelbild als Tischplatte nutzen. Doch in diesen und ähnlichen Fällen verwendet man den Gegenstand, den wir Bild nennen, in einer Weise, die nichts mehr damit zu tun hat, warum wir diesen Gegenstand ein Bild nennen. Aber warum nennt man bestimmte Dinge "Bilder"? Aus phänomenologischer Sicht kann man sagen: Bilder sind die Dinge, bei denen sich die Sichtbarkeit verselbständigt. Bilder zeigen etwas, was sie selbst nicht sind - im Gegensatz zu einer Imitation, die etwas nachahmt und dieses Nachgeahmte auch sein will. Aber etwas, auf dem man etwas anderes als vorliegt sehen kann, ist nicht notwendigerweise ein Zeichen von diesem anderen. Es hat sichtbare Ähnlichkeit mit einem abwesenden Gegenstand - doch nicht alles, was mit etwas anderem sichtbare Ähnlichkeit hat, ist ein Zeichen von diesem anderen. Ein Ei ist ja auch nicht ein Zeichen eines anderen Eis. Zu einem Zeichen wird ein Gegenstand eben erst durch seine Verwendung - doch auch beim Bild kann man auf diese Verwendung verzichten, ohne daß man es damit zu einem Muster degradiert.

Wenn ein Bild ein Zeichen ist, dann ist dies das Produkt einer nachträglichen Nutzung der reinen Sichtbarkeit als Zeichen für das, womit das Bild visuelle Ähnlichkeit hat: Sei es mit einer Sache oder einer Sichtweise. In beiden Fällen macht erst die Verwendung ein Bild zum Zeichen. Beide Fälle sind gleichermaßen naheliegend - aber keineswegs zwingend, denn man kann Bilder herstellen, die nicht dazu dienen wollen noch sollten, gelesen zu werden; die nicht betrachtet werden, um etwas zu wissen, sondern weil man ausschließlich etwas sehen will. Der phänomenologische Standpunkt kommt zu dem Ergebnis: Man kann das Bild nutzen, weil es ein Ding ist, das die Sichtbarkeit von der Anwesenheit einer Sache isoliert und man kann auf das Lesen von Bildern bei der Betrachtung verzichten, weil die Sichtbarkeit bei Bildern grundlegender als ihre Lesbarkeit ist.[2] Womit nicht im geringsten gesagt wäre, daß es bei jedem Bild angemessen sei, auf das Lesen der Inhalte zu verzichten. Eine Nachrichtensendung ist nur dann sinnvoll betrachtet, wenn man die Bilder als Zeichen deutet. Es sind ganz eindeutig nur bestimmte Bilder, bei denen die mögliche Zeichendimension unwichtig ist ober überhaupt nicht mehr ausgemacht werden kann. Folglich gilt es zu fragen: An was für Bilder kann man dabei denken? Welche Bilder werden - wie FIEDLER formuliert - "nur um ihrer bloßen Sichtbarkeit willen hervorgebracht" (1991, 194)?

3. Bilder um ihrer bloßen Sichtbarkeit willen

Schaut man auf die Flut der Bilder und ihre zahlreichen Spielarten, so scheinen insbesondere in drei Bereichen Bildformen entwickelt worden zu sein, welche anschaulich die These vom Bild als reine Sichtbarkeit reflektieren: im Bereich der klassischen Avantgarde, der flüchtigen Bilder und der Neuen Medien.

Für eine Kunstform, der es weder um die Abbildung von Gegenständen noch um die Interpretation von Sichtweisen geht, ist die Collage der klassischen Avantgarde ein Musterbeispiel. Dies wird deutlich, wenn man sich an KURT SCHWITTERS hält. Seine Idee bestand darin, durch das Collagieren von Fundstücken ein Bild zu schaffen, welches jeglichen Sinn entformelt. Der Collage geht es schon um die Produktion eines Bildes und nicht eines Musters oder einer Verzierung. Doch den Bildcharakter erhält die Collage nicht durch gegenständliche Abbildung oder sonst einer symbolischen Leistung, sondern dadurch, daß auf ihr etwas sichtbar ist, was an der Stelle, wo sie sich befindet, nicht vorhanden ist. Die materielle Tatsache, daß eine Collage aus Abfällen und Schnipseln besteht, muß - so zumindest die Absicht von SCHWITTERS - durch die Formung zur Unsichtbarkeit gebracht werden; wie bei einem Ölbild die Tatsache unsichtbar werden muß, daß man Ölfarbe anschaut. Eine Collage ist ein Bild, weil sie dem Auge etwas zeigt, was sie gegenständlich betrachtet nicht ist. Doch dieses etwas, was man sehen kann, ist weder *Gegenstand* noch *Zustand*: - es ist nichts anderes als die reine Sichtbarkeit von Formen und Farben. Deshalb spricht SCHWITTERS beim Prinzip der Collage treffenderweise von "Entmaterialisierung". So wie ein gegenständliches Bild ein Ding zeigt, ohne daß dessen Material vorhanden ist, genauso entmaterialisiert die Collage die anwesenden Materialien um ihre Materialität und reduziert sie so auf ihre bloße Sichtbarkeit. Aus dieser Perspektive betrachtet, erscheint die Collage als eine der ersten Pionierarbeiten zur Entwicklung eines Bildtypes, der wegweisend für ein Bildverständnis ist, welches in großem Maße den Umgang mit Bildern in der Welt der Massenmedien prägt, wie man daran sehen kann, daß eine ge-

---

[2] Kaum ein anderer hat diese Ansicht so deutlich herausgearbeitet wie Jean-Paul SARTRE: „Der Maler will keine Zeichen auf seine Leinwand malen, er will ein Ding schaffe; und wenn er Rot, Gelb, Grün nebeneinander setzt, so gibt es keinerlei Grund, daß ihre Zusammenstellung eine definierbnare Bedeutung besitzt, das heißt namentlich auf einen anderen Gegenstand verweist [...] Aber wenn nun der Maler, werden Sie sagen, Häuser macht? Genau, er *macht* welche, das heißt, er schafft ein imaginäres Haus auf der Leinwand." (SARTRE 1981 1997, 14f) Siehe zur phänomenologischen Interpretation des Bildes ferner WIESING (1997).

wollte oder ungewollte Flüchtigkeit in der Betrachtung von Bildern zwar nicht in gleicher Weise, aber doch gleichermaßen ein Bild auf seine Sichtbarkeit reduziert.
Flüchtige Bilder sind Bilder, die verbeirauschen: Sei es beim Blättern in einer Zeitung, beim Zapping durch die Fernsehkanäle, beim Fahren durch eine Reklamewelt oder bei den bewußt für die flüchtige Betrachtung produzierten, extrem schnellen Bildsequenzen bestimmter Videoclips. Insbesondere in Clips findet man eine Art künstlerische Reflexion der Flüchtigkeit des Bildes, und zwar dann, wenn der Clip nach dem Prinzip einer sich extrem schnell bewegenden Collage produziert wird, deren Schnittsequenz den Informationen suchenden Betrachter gezielt überfordert. Derartige Clips nutzen die Schnelligkeit als vorherrschendes Mittel zum Entformeln von Sinn und führen so durch Bilder vor, wozu eine Überlastung des Betrachters durch eine Bilderflut führt. Die einzelnen Bilder blitzen im Clip nur noch auf. Die Kürze des Erscheinens verbietet und verhindert, das Bild als semantischen Informationsträger zu betrachten, da sie lediglich ein Sehen und nicht mehr ein Lesen des Sichtbaren erlaubt. Die romantische Dimension, welche die Collagen von SCHWITTERS haben, weil ihre Fundstücke Geschichten erzählen, entfällt im Clip. Wie man überhaupt feststellen kann, daß Flüchtigkeit den semiotischen Status eines jeden Bildes grundlegend verändert: Der Betrachter sieht nicht mehr Bilder, die wie Zeichen *für etwas stehen*, sondern nur noch Bilder, *die für etwas stehen könnten* - wenn sie denn stillstehen würden. Die Bilder werden zu reinen Formeln, die zwar eine Bedeutung haben können, aber keine haben. Man kennt Ähnliches aus der Mathematik: Auch hier wird die Bedeutung als eine bloße Möglichkeit vorgestellt und nicht mehr eingelöst. Die algebraische Formel 'a + b = c' bedeutet an sich nichts, sondern ist nur die Möglichkeit für eine Bedeutung, die die Formel annimmt, wenn man die Variablen durch sinnvolle Zeichen ersetzt.
In einer vergleichbar formelhaften Weise werden auch im Clip nicht mehr konkrete Zeichen, sondern nur noch potentielle Zeichen gezeigt. Die im Clip sichtbaren Gegenstände und Sichtweisen sind keine Inhalte, sondern designerische Gestaltungselemente. Die Menschen sind keine Charakterdarsteller, sondern austauschbare Modells. Denn auch für die Menschen gilt, was für jeden Teil des Clips und auch für den ganzen Clip gilt, daß er einzig um seiner Sichtbarkeit willen vorhanden ist. Man kann sagen, der Clip ist eine künstlerische Gestaltung, bei der die Sichtbarkeit des Bildes selbst als eine Art neuer Werkstoff für künstlerische Gestaltungen verwendet wird.
Dieser Vorgang, die reine Sichtbarkeit des Bildes nicht mehr als Trägermaterial eines Zeichens, sondern als ein Material ohne Materialität zu verstehen, scheint nun insgesamt charakteristisch für einen Umgang mit Bildern zu sein, wie er im 20. Jahrhundert innerhalb und außerhalb der Kunst neu entwickelt wird. Zumindest ist es ein Prinzip, welches auch in der digitalen Bildverarbeitung das Verständnis von Bildern leitet. Das digitale Bild nimmt unter den bekannten Bildformen eine Sonderstellung ein, da es dem Betrachter die Möglichkeit anbietet, einen dargestellten Gegenstand wie ein Material zu verwenden. Man kann ein Flugzeug auf einem Monitor in seine Einzelteile zerlegen und so bewegen, wie es sich bewegen würde, wenn es geflogen würde. Doch der Benutzer einer Computeranimation interpretiert das auf dem Bildschirm sichtbare Flugzeug - obwohl er es könnte - nicht als ein Zeichen für ein Flugzeug, sondern als einen Gegenstand, mit der einzigen und einzigartigen Eigenschaft, daß dieser Gegenstand nur noch ausschließlich sichtbar ist. Anders formuliert: Durch die digitale Bildverarbeitung ist das Instrument entwickelt worden, welches man braucht, um die bildliche Sichtbarkeit in ihrem isolierten Zustand bearbeiten und manipulieren zu können. Alles das, was man in der Phantasie mit einem Gegenstand machen kann, kann man im digitalen Bild auch mit einem dargestellten Gegenstand machen. Man kann Sichtbares verändern, oh-

ne daß man sichtbare Gegenstände verändert, weil das im Bild Sichtbare eben ausschließlich etwas Nursichtbares ist. Der Bildcomputer ist daher weniger eine Symbolverarbeitungsmaschine, als vielmehr eine Sichtbarkeitsverarbeitungsmaschine. Diese Maschine erlaubt nicht nur, sichtbare Phantasieprodukte zu zeigen, sondern auch ein Phantasieren im Sichtbaren selbst. Die Sichtbarkeit ist zu einem Werkstoff geworden, mit dem man konstruieren und spielen kann, wie insbesondere Videospiele vorführen. Das Bild erfüllt dann keine semiotische Aufgabe, sondern den Zweck, die Sichtbarkeit als eine neue stofflose Modelliermasse zu präsentieren. Dieser Vorgang hat mit Zeichen so wenig zu tun, wie das Modellieren eines Gegenstandes aus Ton. Selbst der Unterschied, daß die reine Sichtbarkeit im digitalen Bild widerstandslos und frei verfügbar und der Ton eine Modelliermasse mit Eigenschaften ist, kann im digitalen Bild aufgehoben werden. Ein Rechner erlaubt der isolierten Sichtbarkeit auch künstlich substantielle Eigenschaften anzuhängen. Dieser Schritt, daß man der im digitalen Bild gänzlich verselbständigten Sichtbarkeit wieder artifizielle Grenzen und Gesetze, Widerstände und Willen gibt, ist der Schritt, der aus der bloßen Sichtbarkeit die virtuelle Realität einer Simulation werden läßt. In der virtuellen Realität kann man mit bloßer Sichtbarkeit arbeiten, und trotzdem verhält sich das Nursichtbare so, als ob es nicht nur sichtbar wäre. Dies ist das Bemerkenswerte: Der Schein des Bildes potenziert sich, wenn man ihn scheinhaft als etwas Seiendes konstruiert, wenn man den bloßen Lichtgestalten scheinbare materielle Eigenschaften anhängt. Wobei die Physik der virtuellen Realitäten nicht die Physik sein muß, die man in der realen Welt kennt.

Die virtuelle Realität ist die Verabsolutierung einer bildlichen Leistung, die letztlich für jedes Bild wesentlich ist: Nur durch Bilder ist dem Menschen die Möglichkeit gegeben, etwas nicht real Anwesendes sehen zu können. Es gibt keinen anderen Gegenstand, der diese Leistung erbringen könnte, ohne selbst ein Bild zu sein. Die schon so oft thematisierte Unersetzbarkeit des Bildes ist daher weniger semiotischer, als vielmehr genuin phänomenologischer Natur. Man muß sich vor Augen halten: Wenn der Mensch keine Bilder hätte, würde er zweifelsohne weniger wissen und würde einen großen Verlust an Informationen erleiden. Doch prinzipiell ständen ihm noch andere Zeichensysteme zur Mitteilung und Aufbewahrung von Informationen zur Verfügung; in semiotischer Hinsicht ist das Bild kein unersetzbares Phänomen. Was allerdings für immer verloren wäre, wenn der Mensch keine Bilder mehr hätte, das wäre die Sichtbarkeit des Abwesenden.

Literatur

FIEDLER, K.: Über den Ursprung der künstlerischen Tätigkeit (1887). In: *Schriften zur Kunst 1.* Hrsg. von G. BOEHM. Wilhelm Fink Verlag: München ^{2}1991, 111-220.

GOODMAN, N.: *Sprachen der Kunst.* (1968) Übersetzt von Bernd Philippi, Frankfurt a.M.: Suhrkamp 1995.

SARTRE, J.-P.: *Was ist Literatur.* (1948) Übersetzt von Traugott König. Reinbek bei Hamburg: Rowohlt 1997

WIESING, L.: *Die Sichtbarkeit des Bildes.* Reinbek bei Hamburg: Rowohlt 1997.

II.

Bilder als Zeichensystem

OLIVER R. SCHOLZ

Was heißt es, ein Bild zu verstehen?

1. Die Fragestellung

Tag für Tag sehen wir Aberhunderte von Bildern. Ob man diese Bilderflut bejubelt oder beklagt, unbestreitbar ist das Phänomen selbst. In vielfältigen praktischen Zusammenhängen sind wir darauf angewiesen, Illustrationen, Piktogramme, Fotografien, Filmaufnahmen, Fernsehbilder und andere bildhafte Darstellungen zu verstehen. Ausdrücklich betont sei, daß meine Untersuchungen nicht auf ästhetische Bilder beschränkt sind. Wenn ich im folgenden von Bildern rede, so schließe ich nicht-künstlerische Bilder, Zeichnungen, Fotografien etc., kurz: alle Arten von bildhaften Darstellungen, ein. Die Leitfrage lautet nicht: Was heißt es, ein Werk der bildenden Kunst zu verstehen? Unsere Fragen lauten vielmehr: Was heißt es, ein gegebenes einzelnes Bild zu verstehen? Und: Was heißt es, Bilder zu verstehen, d.h.: was heißt es, überhaupt die Fähigkeit zu besitzen, mit Bildern verstehend umzugehen?

2. Bildkompetenz: Die Fertigkeit, Bilder zu verstehen

Bevor wir uns der Frage zuwenden, was es heißt, ein einzelnes Bild zu verstehen, müssen wir uns grundsätzlicher mit der Fähigkeit, Bilder zu verstehen, befassen. Während die Sprachkompetenz seit langem ein vieldiskutiertes Thema ist, findet man kaum Untersuchungen zu dem, was man „Bildkompetenz“ nennen kann.

Im Unterschied zu der Situation bei anderen Artefakten hat es bei Bildern einen guten Sinn, von „Bildsprachen“, oder weniger mißverständlich: von bildhaften Symbolsystemen, zu sprechen. Die Metapher „Bildsprache“ hat soweit eine Berechtigung, als sie den Systemcharakter von Bildern betont. Unter einem System ist hier etwas anderes als eine Menge zu verstehen. Mengen sind durch ihre Elemente bestimmt. Ein bildhaftes System ist dagegen nicht identisch mit der Menge der bereits existierenden Elemente dieses Systems. Viele Symbolsysteme, ja, man kann sagen: die typischen Symbolsysteme, erlauben die Bildung neuer Symbole. Sprachen wie das Englische erlauben die Bildung immer neuer komplexer Wendungen und Sätze, mit denen man immer neue Inhalte ausdrücken kann. Entsprechendes gilt auch für Bilder: Wir können immer neue Bilder produzieren. Bildsysteme sind ebenso wie natürliche Sprachen durch die Eigenschaften der Produktivität und Systematizität gekennzeichnet. Ein wichtige Aufgabe jeder Theorie der Bildkompetenz ist es zu erklären, wie wir neue Bilder verstehen können.

Irreführend kann die Rede von Bildsprachen sein, wenn sie zu viele Gemeinsamkeiten in der Struktur verbaler und bildhafter Systeme nahelegt. Tatsächlich unterscheiden sich verbale und piktoriale Systeme gerade in syntaktischer Hinsicht grundlegend. Auch in semantischen und pragmatischen Hinsichten sind Differenzen zu erwarten. Man bleibt aus diesem Grunde am besten bei dem neutraleren Terminus „bildhafte Symbolsysteme".[1]

Die Bildkompetenz ist eine komplexe Fertigkeit, in der sich eine Reihe von Teilkompetenzen unterscheiden lassen. Diese Differenzierung wäre ein erster Schritt, um angeborene und erworbene Komponenten der Bildkompetenz auseinanderzuhalten. Außer Frage stehen sollte, daß zu einem allseitigen Bildverstehen vielerlei gelernt werden muß (vgl. SCHOLZ 1991, 33ff.). Welche Fähigkeiten und Fertigkeiten im einzelnen erworben werden müssen, wird deutlicher werden, wenn wir uns den einzelnen Stufen des Verstehens von Bildern und den damit verbundenen kognitiven Leistungen zuwenden.

Es ist genauer zu untersuchen, welche Teilkompetenzen auf welche Weise gelernt werden. Dies ist zweifellos ein sinnvolles interdisziplinäres empirisches Projekt. Möglicherweise lassen sich so am Ende auch aufschlußreiche Besonderheiten in der Art und Weise finden, wie Bildsysteme gelernt werden. Einen weiterführenden Hinweis dazu hat JAMES Q. KNOWLTON (1966, 164) gegeben: „While a picture is not wholly arbitrary, it does involve a good deal of conventionalization in its production, and learning is involved in its interpretation. However, the learning that is involved is often rapid and 'instantly generalized'." Tatsächlich spielen beim Lernen von bildhaften Symbolsystemen Formen induktiven Lernens eine besonders große Rolle, wenngleich betont werden muß, daß solches Lernen auch bei anderen Zeichensystemen - selbst bei natürlichen Sprachen - vorkommt. Es geht um das Phänomen, daß nicht alles Stück für Stück gelernt werden muß, sondern daß vielmehr auf der Basis von relativ wenigen Beispielen auf viele andere Fälle hin „fortgesetzt" werden kann. Wenn Sie ein paar Bilder einer bestimmten Darstellungsweise erfolgreich interpretiert haben, dann versetzt Sie das in aller Regel in die Lage, viele verwandte Bilder zu verstehen. Aus hermeneutischer Sicht interessiert uns natürlich besonders das induktive *semantische* Lernen, bei dem die Kenntnis des Sachbezugs oder Inhalts einiger Zeichen uns in die Lage versetzt, den Bezug und den Inhalt vieler anderer Zeichen desselben Symbolsystems korrekt zu erschließen. Bei Bildern ist diese Möglichkeit, rasch und auf einen großen Bereich richtig zu „projizieren", in besonderem Maße gegeben. Selbst bei schwer lesbaren Bildern (z.B. kubistischen Gemälden) können, sobald eine kleine Menge von Beispielen korrekt verstanden wurde, schnell beträchtliche Teile des gesamten Systems beherrscht werden.

3. Was heißt es, ein Bild zu verstehen?

3.1 Die mannigfache Bedeutung der Rede vom Bildverstehen

„Ein Bild verstehen" kann mancherlei heißen, was auseinandergehalten zu werden verdient. Als

[1] Der syntaktische Teil eines Symbolsystems betrifft die Konstruktion der Zeichen. Dabei ist nicht nur an die Bildung komplexer aus einfacheren Zeichen zu denken. Die grundlegende Funktion der Syntax besteht vielmehr darin, festzulegen, wie die Symbole eines Systems individuiert und identifiziert werden, welche Gebilde Symbolvorkommnisse sind, und unter welchen Bedingungen mehrere solcher Gebilde Vorkommnisse desselben Zeichens sind. Vgl. dazu SCHOLZ (1991, 88-99).

Einstieg kann uns eine Bemerkung von LUDWIG WITTGENSTEIN dienen: „Was heißt es, ein Bild, eine Zeichnung, zu verstehen? Auch da gibt es Verstehen und Nichtverstehen. Und auch da können diese Ausdrücke verschiedenerlei bedeuten." (WITTGENSTEIN 1960, § 526. Vgl. auch WITTGENSTEIN 1969, 42, 77f., 166, 169f., 176) Zwei Punkte verdienen hervorgehoben zu werden: zum einen der Hinweis auf die mannigfache Bedeutung der Rede vom Bildverstehen; zum anderen die Beobachtung, daß es auch im Umgang mit Bildern den Unterschied zwischen Verstehen und Nichtverstehen, und das bedeutet: zwischen Richtigverstehen und Falschverstehen, gibt.

Die Begriffe „Verstehen" und „Bildverstehen" sind in ihrem episodischen wie in ihrem dispositionalen Sinne sog. Erfolgsausdrücke. Ohne besonderen Zusatz bedeutet „verstehen" eo ipso „richtig verstehen". Daß jemand etwas verstanden hat, heißt, daß er es richtig verstanden hat. Wer dagegen etwas falsch oder inkorrekt verstanden hat, von dem sagen wir auch, er habe es nicht verstanden. Erfolg oder Gelingen kann auf Glück oder Zufall beruhen. Nicht alle Erfolge sind Leistungen. Entsprechend sind nicht alle Erfolgswörter auch Leistungswörter. „Verstehen" ist in seiner Kernbedeutung ein Erfolgs- und ein Leistungsverb. Wer etwas verstanden hat, hat etwas richtig gemacht, etwas geleistet, bzw. er ist in der Lage etwas richtig zu machen. Wer Bilder verstanden hat oder versteht, hat im Umgang mit Bildern etwas richtig gemacht bzw. ist in der Lage, im Umgang mit Bildern gewisse Dinge richtig zu machen.

Um mehr Klarheit über das Bildverstehen zu gewinnen, müssen wir uns fragen, welche Teilleistungen für es konstitutiv sein mögen. In dem zitierten Paragraphen zählt WITTGENSTEIN beispielhaft Formen des Nichtverstehens auf, die bereits gegenüber ein und demselben Bild vorkommen könnten: „Das Bild ist etwa ein Stilleben; einen Teil davon aber verstehe ich nicht: ich bin nicht fähig, dort Körper zu sehen, sondern sehe nur Farbflecke auf der Leinwand. - Oder ich sehe alles körperlich, aber es sind Gegenstände, die ich nicht kenne (sie schauen aus wie Geräte, aber ich kenne ihren Gebrauch nicht). - Vielleicht aber kenne ich die Gegenstände, verstehe aber, in anderem Sinne - ihre Anordnung nicht." (WITTGENSTEIN 1960, § 526; vgl. WITTGENSTEIN 1969, 42) Für unser Thema kommt es primär auf den folgenden Punkt an: Da in bezug auf Bilder von „Verstehen" und „Nichtverstehen" in mancherlei Weise die Rede ist, wären Versuche verfehlt, den Sinn von Wendungen wie „S versteht das Bild b" durch eine einzige Bedeutungserklärung wiedergeben zu wollen. Andererseits scheint genausowenig wie bei der mannigfachen Rede vom Sprachverstehen eine zufällige Mehrdeutigkeit vorzuliegen. Zumindest für einen Kernbereich von Gebrauchsweisen scheint es möglich, eine gewisse Ordnung festzustellen. Der im folgenden entwickelte Vorschlag knüpft an einen alten Gedanken an, der sowohl in der traditionellen Texthermeneutik als auch in der Ikonologie anzutreffen war: Es ist die Idee einer Aufeinanderfolge von Stufen oder Ebenen des Verstehens.[2]

---

[2] Von Stufen des Verstehens von Bildern spricht auch ERNST H. GOMBRICH (vgl. GOMBRICH 1978, 263-277, bes. 264); er unternimmt jedoch keinen Versuch, solche Verstehensstufen zu systematisieren. Stufenmodelle des Bildverstehens hatten bereits ERWIN PANOFSKY, RUDOLF WITTKOWER u.a. vorgeschlagen; vgl. die bei KAEMMERLING (1984) gesammelten Arbeiten. Für das Sprachverstehen vgl. KÜNNE (1981) und darauf aufbauend SCHOLZ (1998, Teil III).

3.2 Zur Vorgehensweise

Wie soll man nun vorgehen, um die charakteristischen Stufen des Bildverstehens zu ermitteln? In einem ersten Schritt könnte man sammeln, in welchen Zusammenhängen wir sprachrichtig davon reden, daß jemand in der einen oder anderen Hinsicht ein Bild versteht. Als Datengrundlage kann hier der umgangssprachliche, aber auch der kunstkritische und kunsthistorische Sprachgebrauch dienen. Eine solche Übersicht vermag uns aber nicht zu sagen, welche Verwendungsweisen demselben Begriff des Bildverstehens zuzuordnen sind. Wir benötigen ein Verfahren, mit dessen Hilfe wir die zu unterscheidenden Begriffe des Bildverstehens ermitteln können. Im Rahmen meines Vorschlags kombiniere ich mehrere Strategien in der Hoffnung, daß sie in derselben Analyse des Bildverstehens resultieren.

Der beste Ansatzpunkt ist in der Frage nach den charakteristischen Formen des Nichtverstehens gegeben. Jedem abgrenzbaren Typus von Nicht- oder Mißverstehen, so der Leitgedanke, entspricht eine eigene Verstehensleistung. Zweitens fragen wir nach den Kriterien dafür, jemandem ein angemessenes Verständnis eines Bildes zuzuschreiben. Eine dritte Methode besteht darin, die Voraussetzungen und Bedingungen für gelingendes oder optimales Verstehen in einem Bereich zusammenzustellen. Im einzelnen sind in diesem Fall (a) die äußeren Rahmenbedingungen, (b) subjektbezogene oder individuelle Bedingungen und (c) soziale Bedingungen des Bildverstehens zu berücksichtigen.

3.3 Stufen des Bildverstehens

3.3.1 Perzeptives Verstehen

Um ein Bild zu verstehen, muß man es zunächst einmal unter geeigneten Bedingungen wahrnehmen. Der Versuch, ein Bild zu verstehen, kann dementsprechend schon an den widrigen Wahrnehmungsgegebenheiten scheitern. Am Anfang des Bildverstehens wie auch des Verstehens anderer Zeichen steht das perzeptive Erfassen. Obgleich manche Züge von Bildern auch ertastet werden können, steht im Normalfall der Gesichtssinn im Mittelpunkt (vgl. KENNEDY/ FOX 1977; dazu SCHOLZ 1991, 86f., 132). Zu den äußeren, physikalisch beschreibbaren, Bedingungen gehören so grundlegende Dinge wie die, daß geeignete Lichtverhältnisse vorliegen. Ebenso grundlegend ist ein geeigneter Abstand zwischen dem Betrachter und dem Bild. Offensichtlich spielen hier das Bildformat, dann aber auch die Malweise eine Rolle. Eine dritte äußere Bedingung ist der Winkel, aus dem das Bild am besten zu betrachten ist. Normalerweise steht der Bildbetrachter dann am besten, wenn er ungefähr senkrecht auf den Mittelpunkt des Bildes blickt. Wie jeder weiß, gibt es aber auch Ausnahmen, insbesondere die anamorphotischen Bilder.

Die subjektbezogenen Bedingungen für das perzeptive Verstehen von Bildern liegen weitgehend auf der Hand: Sicherlich gehören eine hinreichende Sehschärfe, farbenbezogene Diskriminationsfähigkeiten und dergleichen dazu. Die Hersteller von Bildern orientieren sich in der Regel am Normalsichtigen. Die einschlägigen Fähigkeiten lassen graduelle Abstufungen zu; und so gibt es auch Grade des wahrnehmenden Verstehens von Bildern. Man sollte, last not least, auch den Faktor Zeit nicht unerwähnt lassen. Entgegen einer verbreiteten Legende werden Bilder auch perzeptiv nicht auf einen Schlag erfaßt, sondern nach und nach von den wandernden und hin und her springenden Blicken des Betrachters abgetastet. Mit wahrnehmungspsychologischen Mitteln kann man die Augenbewegungen dabei verfolgen und aufzeichnen. Zwar kann durch ein Bild in sehr kurzer Zeit eine ungeheuer große Menge von Information übermittelt werden. Ein Bild ist tausend Worte wert; und bei vielen Verwendungen von Bildern macht man sich gerade diesen Vorzug zunutze. Unterschreitet die Zeit der Wahrnehmung jedoch eine bestimmte Schwelle, so ist ein vollständiges Verstehen, auch auf den noch folgenden Stufen, nicht mehr möglich.

3.3.2 Verstehen als Zeichen

Man kann einen „Bildkandidaten", einen mit Farben und Formen ausgestatteten, sichtbaren physischen Gegenstand, unter geeigneten Bedingungen wahrnehmen, ohne ihn als Zeichen oder Symbol, geschweige denn als bildhaftes Zeichen, aufzufassen. Die Relevanz der damit bezeichneten Verstehensstufe zeigt sich, wenn wir uns zwei Möglichkeiten des Nichtverstehens vergegenwärtigen, die auf dieser Ebene anzusiedeln sind. Etwas, das korrekterweise als Bild (als F-Bild oder Bild von F) aufzufassen wäre, kann auf zweierleiweise verkannt werden. („F" stehe für ein Prädikat beliebiger Komplexität.) Einerseits kann es für einen vollkommen gehalt- und bedeutungslosen, gar nicht zeichenhaften Gegenstand gehalten werden. Man sieht etwa nur eine farbige Fläche, die man aber nicht als Zeichen auffaßt. Man ordnet das farbige Objekt gar keinem Symbolsystem zu und schreibt ihm erst recht keine semantischen Eigenschaften zu. Auf der anderen Seite kann der Fall auftreten, daß ein F-Bild oder ein Bild von F für (ein) F selbst gehalten wird. So etwas kann vorkommen, wenngleich es viel seltener vorkommt, als weithin angenommen wurde.[3] Entscheidend ist, daß solche Vorfälle: Verwechseln von F-Bildern mit Fs, gleichgültig wie häufig oder selten sie tatsächlich vorkommen, klare Fälle des Nichtverstehens von Bildern sind.

3.3.3 Verstehen als bildhaftes Zeichen

Es kann deutlich sein, daß ein gegebenes Objekt ein Zeichen oder Symbol ist, ohne daß geklärt sein muß, zu welcher Art von Zeichensystem es gehört, d.h., was für ein Zeichen es ist. Auch diese Stufe kann leicht übersehen werden, da das Wahrnehmen eines Gegenstandes, das Auffassen als Zeichen und als Bild in vielen Fällen automatisch, in Bruchteilen von Sekunden und meist ohne bewußtes, als zeitliches Nacheinander strukturiertes Erleben von Verstehensschritten erfolgen. Daß hier gleichwohl eine eigene kognitive Leistung begrifflich zu unterscheiden ist, lehrt wiederum die Betrachtung möglicher Verstehensschwierigkeiten sowie von Möglichkeiten des Nichtverstehens. Frühgeschichtler stehen nicht selten vor der handfesten Frage, ob eine bestimmte Figur, Form oder

3 Immerhin berichtet JEAN-PAUL SARTRE in seinem Buch "L'imaginaire" von dem folgenden Widerfahrnis: "Im Museum von Rouen passierte es mir, als ich plötzlich in einen anderen Saal trat, daß ich die Figuren eines großen Gemäldes für lebende Menschen hielt." SARTRE (1971, 68). SARTRE macht selbst auf den Ausnahmecharakter aufmerksam. Die Illusion kam nur unter sehr speziellen Bedingungen zustande: SARTRE war plötzlich in einen anderen Raum getreten; die Figuren waren vermutlich annähernd lebensgroß; und die Illusion dauerte nur Bruchteile von Sekunden an.

Markierung (auf einem Stein etwa) ein sprachliches Symbol, ein Zahlzeichen, eine Karte, ein Bild oder etwas anderes ist. Und es kann entsprechend die Spielart des Nichtverstehens vorkommen, daß etwas für ein Bild gehalten wird, was in der Gruppe, welche das Symbol verwendet hat, eindeutig als Zeichen eines anderen Typs galt. Zu welchem Symbolsystem eine gegebene Zeichenmarke gehört, kann man einem einzelnen Gegenstand grundsätzlich nicht ansehen.

An dieser Stelle müssen wir auf die Frage zu sprechen kommen, wodurch sich Bilder von anderen Arten von Zeichen unterscheiden.[4] Um etwas als Bild zu verstehen, muß man es, kurz gesagt, als Element eines analogen, syntaktisch dichten, Zeichensystems mit hoher syntaktischer Fülle behandeln. Diese Charakteristika haben damit zu tun, welchen Unterschied Veränderungen entlang der verschiedenen Eigenschaftsdimensionen der Zeichenmarken für die Zeichenfunktion machen, und wieviele (und welche) Eigenschaften oder Aspekte der Gebilde für ihre Zeichenfunktion relevant sind.

Ein System ist syntaktisch dicht, wenn es unbegrenzt viele Zeichencharaktere zuläßt, die so geordnet werden können, daß zwischen zwei gegebenen immer noch ein weiteres liegt. Intuitiv gesprochen können die Zeichencharaktere überlappen und ineinander übergehen (vgl. GOODMAN 1968, 135-137, 226-228; ELGIN 1983, 99-101; SCHOLZ 1991, 96-98). In aller Regel sind bildhafte Symbolsysteme zugleich hinsichtlich vieler Dimensionen syntaktisch dicht, etwa hinsichtlich der Höhe, Breite, Länge, hinsichtlich mehrerer farblicher Eigenschaften et cetera.[5] Syntaktische Dichte in diesem Sinne, so lautet der Vorschlag, könnte eine notwendige Bedingung für bildhafte Symbole sein. Freilich sind nicht alle syntaktisch dichten Systeme auch Bildsysteme im landläufigen Sinne. Bei Karten, die zu dichten Systemen gehören, mag man noch darüber streiten, ob man sie von den Bildern abgrenzen oder aber als speziellen Fall von Bildern anerkennen will. Bei analogen Geräten, wie etwa Thermometern oder anderen Meßinstrumenten ohne Gradeinteilung, bei denen die Anzeige in einem syntaktisch dichten System geschehen kann, wird wohl kaum noch jemand bereit sein, von Bildern zu reden. Es entsteht so das Bedürfnis, Bilder im landläufigen Sinne von anderen Elementen syntaktisch dichter Systeme genauer abzugrenzen. Auch hierfür läßt sich ein systembezogenes, wiederum syntaktisches Kennzeichen angeben, das GOODMAN „relative syntactic repleteness" getauft hat. Während die Grenze zwischen Bildern und Nicht-Bildern scharf zu ziehen ist, handelt es sich bei der Abgrenzung von Vollbildern und anderen analogen Systemen um eine graduelle Angelegenheit. Die Grundidee läßt sich folgendermaßen formulieren: Ein Symbolsystem hat desto mehr syntaktische Fülle, je mehr Züge der Zeichenträger symbolische Funktionen besitzen.[6] Bei ei-

---

4 Mit dieser Frage habe ich mich eingehend in SCHOLZ (1991) beschäftigt.

5 GOODMAN (1968, 226). Zur Erläuterung wählte GOODMAN, dem wir diese Idee verdanken, zunächst eine Dimension, anhand deren sich das Merkmal der syntaktischen Dichte besonders gut veranschaulichen läßt: "Consider, for example, some pictures in the traditional Western system of representation: the first is of a man standing erect at a given distance; the second, to the same scale, is of a shorter man at the same distance. The second image will be shorter than the first. A third image in this series may be of intermediate height; a fourth, intermediate between the third and the second; and so on. According to the representational system, any difference in height among images constitutes a difference in height of man represented."

6 Vgl. GOODMAN (1968, 229f.); SCHOLZ (1991), 103f., 157-159). In "Languages of Art" wurde die relative Fülle an einer der zentralen Stellen nur für zwei Systeme definiert, von denen eines (in bezug auf die konstitutiven Züge) in

nem Diagramm etwa sind nur wenige Aspekte der Linie von Belang, im Grunde bloß der relative Abstand der Punkte von den Achsen des Koordinatensystems. Bei einer Linie in einem Bild, etwa einem Landschaftsgemälde, können dagegen alle Nuancen der Farbe, der Dicke und Textur, des Kontrastes zum Hintergrund usw. konstitutiv sein. Wenn jeder - oder fast jeder - Unterschied in puncto Farbe, Form, Textur etc. einen Unterschied für die Zeichenbewandtnis macht oder machen kann, dann spricht vieles dafür, die fraglichen Gebilde zu den Bildern zu rechnen.[7] Fazit: Wer mit bildhaften Symbolen konfrontiert ist, aber nach syntaktisch disjunkten und differenzierbaren Einheiten, intuitiv gesprochen: nach einem Alphabet und Vokabular wohlunterschiedener Zeichen sucht, versteht die Objekte nicht als Bilder.

3.3.4 Verstehen des Bildinhalts

Wir kommen jetzt zu den Ebenen, bei denen man von einem semantischen Verstehen von Bildern sprechen könnte. Insgesamt geht es dabei um das Erfassen des Bildinhalts und der verschiedenartigen Gegenstands- oder Sachbezüge eines Bildes. Das damit angesprochene Feld kann zweckmäßigerweise weiter unterteilt werden; grundlegend ist die Unterscheidung zwischen Bildinhalt und Sachbezug. Mit diesen Termini ließen sich noch recht verschiedenartige semantische Theorien des Bildes verbinden. Mir ist es um eine Unterscheidung zu tun, der wohl in jedem Ansatz in irgendeiner Form Rechnung getragen werden muß. Dabei bevorzuge ich eine minimalistische Vorgehensweise, bei welcher keine logischen und ontologischen Unklarheiten in Kauf genommen werden müssen.

Wenn ich vom Erfassen des Bildinhalts rede, dann beziehe ich mich auf ganz elementare Dinge, nämlich auf Umstände der Art, daß ein Bildbetrachter erfaßt, daß ein gegebenes Bild ein F-Bild oder ein G-Bild ist, z.B. ein Mann-Bild, ein Kreuzigungs-Bild etc. Wer diese Stufe des Verstehens erreicht hat, hat etwas darüber erfaßt, mit welcher Art von Bild er es zu tun hat; er beherrscht bestimmte Weisen, das Bild zu klassifizieren, und zwar solche, die nicht mit den physischen oder formalen Eigenschaften des Bildes allein zu tun haben. Beim Umgang mit Bildern lernen wir eine ganze Reihe unterschiedlicher Arten, diese zu klassifizieren: nach den verwendeten Materialien („Ölgemälde", „Kreidezeichnung" etc.), nach den Formaten („Großformat", „Hochformat", „Oval") nach den angewandten Techniken („Radierung", „Aquarell"), nach Stilrichtungen („ein impressionistisches Gemälde"), nach Epochen („ein Werk des Barock"), nach den Künstlern („ein Caravaggio", „ein Bacon") und nach vielen anderen Gesichtspunkten, insbesondere eben auch nach inhalts- oder sujetbestimmten. Je spezifischer das Prädikat „F-Bild" ist, mit dem der Interpret den Inhalt zutreffend charakterisieren kann, desto genauer hat er es (auf dieser Ebene!) verstanden. Es ist einge-

---

dem anderen enthalten ist: "[...] one dense scheme is more diagrammatic than a second if the character-constitutive aspects under the first are properly included among the character-constitutive aspects under the second." (GOODMAN 1968, 230) Aber man möchte natürlich auch Systeme miteinander vergleichen können, für welche diese Inklusionsbedingung nicht erfüllt ist. Später hat Goodman diesen Mangel der Explikation stillschweigend behoben: "A symbol is the more replete according as proportionately more of its features are functioning symbolically." (GOODMAN/ELGIN 1988, 123.)

7 Innerhalb des zeichensystemorientierten Ansatzes wurden noch weitere Kennzeichen des Piktorialen expliziert; vgl. besonders BACH (1970) und MCDONELL (1983); dazu SCHOLZ (1991, 102f., 105-110).

standenermaßen schwer, von dem zu reden, was auf dieser Stufe verstanden wird, ohne Wörter wie „Inhalt“, „Sujet“ zu benutzen. Dies soll auch gar nicht beanstandet werden. Es sollte aber deutlich geworden sein, daß diese Form des Inhaltsverstehens auf eine Fähigkeit zu besonderen Klassifikationsleistungen hinausläuft.

Klarer werden die diese Ebene betreffenden Zusammenhänge wiederum, wenn wir uns Möglichkeiten des Nicht- und Mißverstehens vor Augen führen. Man mag erfaßt haben, daß ein gegebener Gegenstand eine bildhafte Darstellung ist, ohne auszumachen zu können, was für eine inhaltlich bestimmte Art Bild (ein F-Bild, ein G-Bild, etc.) vorliegt. Hier lassen sich mehrere Fälle unterscheiden: (i) Es kann einfach so liegen, daß dem Betrachter das Sujet des Bildes vollkommen unvertraut ist. Beispielsweise wird es jemandem, der von dem Räderwerk einer mechanischen Uhr weder Wissen aus Bekanntschaft noch Wissen durch Beschreibung besitzt, schwerfallen, das Bild des Inneren einer solchen Uhr als solches zu verstehen. (ii) Das Nichtverstehen des Inhalts kann ferner daran liegen, daß der Betrachter mit den allgemeinen, d.h., mit den gegenstandsunspezifischen, Darstellungskonventionen nicht vertraut ist, nach denen das Bild gemalt wurde. Beispielsweise kennt er die besonderen Konventionen der perspektivischen Darstellung nicht, nach denen sich der Maler gerichtet hat. Oder ihm ist die besondere Art und Weise, Figur und Grund gegeneinander abzugrenzen, fremd. Et cetera. (iii) Drittens mag ein dem Betrachter durchaus vertrauter Gegenstand unter Zugrundelegung eines ihm fremden Schemas, d.h., einer ihm fremden gegenstandsspezifischen Darstellungskonvention, gemalt bzw. gezeichnet worden sein.[8]

Wir haben uns bislang auf Bilder konzentriert, die man als „semiotisch selbständig“ bezeichnen könnte. Zu ihrem Verständnis ist die Kenntnis besonderer anderer Zeichen nicht erforderlich. Bei zahlreichen Bildern hingegen ist die korrekte Bestimmung des Inhalts nur unter Rückgriff auf dem Bild zugrunde liegende vorgängige Text- oder Bildquellen möglich. Diese Werke bilden die Domäne der ikonologischen Forschungsrichtung. Nennen wir diese Fälle „semiotisch unselbständig“. Bei Bildern, die von einer literarischen (bzw. philosophischen, theologischen oder mythologischen) Vorlage oder auch von früheren Bildern abhängen, ergeben sich besondere Möglichkeiten des Nicht- und Mißverstehens. Dem Bildbetrachter mögen etwa die für das Verständnis nötigen Vorlagen unbekannt sein, so daß er auf einer „niedrigeren“ Stufe stehenbleibt. Oder aber er zieht den falschen Text als Interpretationsgrundlage heran. ERWIN PANOFSKY schildert als Beispiel den aufschlußreichen Fall, bei dem ein Judith-und-Holofernes-Bild längere Zeit als Salome-und-Johannes-Bild mißverstanden wurde (vgl. PANOFSKY 1932 1984, 194-196). Fehler können schließlich auch dadurch entstehen, daß man die für das Bild wirksam gewordene Interpretationstradition des Motivs nicht genügend kennt.[9]

3.3.5 Das Verstehen des denotativen Sachbezugs

Das Verstehen des Sujets schließt ein Erfassen des Sachbezugs noch nicht ein. Das hat mehrere Gründe. Als erstes ist festzuhalten, daß nicht jedes Bild, welches ein erkennbares Thema hat, auch

[8] Vgl. GOMBRICH (1960), passim; daran anknüpfend ROGERS (1965).
[9] Vgl. etwa die Beispiele bei WITTKOWER (1955), in: KAEMMERLING (1984).

einen Sachbezug haben muß, d.h., einen oder mehrere wirkliche Gegenstände, auf die man sich mit ihm denotativ bezieht. Es gibt zahlreiche fiktionale und andere im Sachbezug leere Bilder, die gleichwohl einen Inhalt haben und sich in bezug auf ihre Inhalte voneinander unterscheiden können. Reden wir umgangssprachlich davon, etwas sei ein Bild von einem Einhorn, dann kann das sinnvollerweise nichts anderes heißen als, daß es sich um ein Einhorn-Bild, d.h., eine besondere inhaltlich bestimmte Art von Bild, handelt. Die Redeweise darf hingegen nicht so verstanden werden, als gäbe es neben dem Bild (mit diesem Sujet) noch ein Einhorn und zwischen beiden Relata bestünde eine Urbild-Abbild-Beziehung.[10] Die bislang betrachteten Fälle belegen, daß nicht jedes F-Bild überhaupt einen Gegenstandsbezug zu haben braucht. Eo ipso belegen sie den Umstand, daß nicht bei jedem Bild die den Sachbezug betreffende Verstehensstufe überhaupt zum Tragen kommt. Das Erfassen des Sachbezugs ist in diesem Sinne eine fakultative Verstehensebene.

Unter den Bildern, die einen Bezug haben, lassen sich singulär denotierende von generell oder multipel denotierenden unterscheiden. Viele Bilder fungieren als Portraits, wenn man das Wort in einem erweiterten, nicht auf die Personendarstellung eingeschränkten Sinne gebraucht; d.h., mit ihnen wird auf eine bestimmte Person, einen bestimmten Gegenstand etc. bezuggenommen. Sie sind in dieser Hinsicht den Eigennamen und den übrigen singulären Termini in den natürlichen Sprachen vergleichbar.

Daneben kennen wir jedoch auch Bilder, deren Bezeichnungsfunktion eher der von generellen Termini gleicht, und die man infolgedessen „Allgemeinbilder" nennen kann. Mit ihnen bezieht man sich nicht auf ein bestimmtes, sondern auf jedes beliebige von vielen Dingen aus einer gewissen Klasse. Beispiele mögen verdeutlichen, daß es sich bei diesen Allgemeinbildern weder um seltene Ausnahmefälle, noch um eine neue Erscheinung handelt. Besonders einschlägig sind Fälle der folgenden Art: „Ein Bild des Pinus sylvestris in einem botanischen Werk ist eine Darstellung nicht dieses oder jenes individuellen Fichtenbaumes, sondern jedes beliebigen Exemplars dieser bestimmten Spezies." (JONAS 1961, 167f.) Abbildungen in Lehrbüchern, Wörterbüchern und Enzyklopädien werden auch sonst zurecht als Musterbeispiele für generelle Bildzeichen anerkannt (vgl. GOODMAN (1968, 21); GOODMAN (1984, 81); MCDONELL (1983, 85); SCHOLZ (1991, 70-73, 129f.). Gewisse Piktogramme können ebenfalls genannt werden.

Die Unterscheidung zwischen singulären und generellen Bildzeichen stößt uns zugleich auf eine weitere Möglichkeit, Bilder mißzuverstehen. Genaugenommen handelt es sich um eine doppelte: Ebenso wie es vorkommen kann, daß man ein Allgemeinbild für ein Portrait hält, so ist natürlich auch die umgekehrte Verwechslung möglich.

Wodurch wird nun der Sachbezug von Bildern festgelegt? Wertet man die Forschung zu dieser Frage aus, so trifft man auf eine Fülle konkurrierender Vorschläge zu ihrer Beantwortung. (Was den

---

10 Vgl. GOODMAN (1968, 21-26). Die einflußreichsten neueren Theorien der Fiktionalität werden dargestellt und diskutiert in SCHOLZ (1988). Zum Begriff des fiktionalen Bildes vgl. SCHOLZ (1991, 25-31). - In diesem Zusammenhang verdienen auch die sogenannten Genrebilder Erwähnung. Eine "Bauernhochzeit", d.h., ein Genrebild einer Bauernhochzeit, etwa verkörpert einen bestimmten inhaltlich festgelegten Bildtypus, ohne daß in dem Bild ein wirkliches Ereignis und bestimmte wirkliche Personen dargestellt sein müßten.

meisten dieser Theorien des Sachbezugs von Bildern bei allen sonstigen Unterschieden gemeinsam ist, ist die äußerst zweifelhafte Voraussetzung, es müsse genau einen Typ von Merkmal, sei es des Bildes, sei es der Bildumgebung, geben, der bei jedem Bild für die Festlegung des Sachbezugs ausschlaggebend wäre.) Die Vorschläge unterscheiden sich im Hinblick auf die Angabe des Merkmals, das sie für bezugsbestimmend halten. Wie ich bei anderer Gelegenheit ausführlich begründet habe, legen Ähnlichkeitsbeziehungen den Gegenstandsbezug von Bildern nicht fest (vgl. SCHOLZ 1991, Kapitel 2). Auch kausale Kriterien brauchen nicht in jedem Falle den Ausschlag zu geben (vgl. SCHOLZ 1991, Kapitel 3). Und die Absichten des Bildherstellers bestimmen aus eigener Kraft ebenfalls nicht, was das Bild darstellt (vgl. SCHOLZ 1991, 115-120).
Grundsätzlich ist die Festlegung des Sachbezugs von Bildern gebrauchs- und umgebungsabhängig. Für die entsprechenden Zuschreibungen können eine ganze Reihe von Faktoren eine Rolle spielen. Ich möchte an dieser Stelle nur die wichtigsten aufzählen: Neben den im engeren Sinne bildhaften Eigenschaften (grobgesprochen, welche farbigen Punkte und Flächen sich an welchen Stellen befinden), neben dem Typ des Bildes und gewissen kausalen Antezedenzien können weitere Merkmale der räumlichen, zeitlichen und semiotischen Umgebung des Bildes für die Bestimmung des Bezugs relevant werden.[11]

3.3.6 Verstehen nicht-denotativer Bezüge: Exemplifikation und Ausdruck

Eine weitverbreitete Art der Bezugnahme ist die Exemplifikation.[12] Während bei dem denotierenden Bezug, mit dem wir es bislang zu tun hatten, die Bezugnahme (in einem Schritt) vom Zeichen zum Gegenstand verläuft, ist bei der Exemplifikation die inverse Relation im Spiel. Ein Gegenstand fungiert als Muster („sample“) für ein Prädikat F, wenn er F nicht nur instantiiert oder erfüllt, sondern zudem auf F verweist. Exemplifikation ist eine sehr selektive Funktion: Aus den vielen Prädikaten, die ein Gegenstand instantiiert, werden einige wenige umgebungs- und interessenabhängig herausgehoben. Intuitiv gesprochen: Gewisse Züge besitzt das fragliche Ding nicht bloß; es zeigt sie auch.
Einmal auf diese Art des Bezugs aufmerksam geworden, stößt man auf Schritt und Tritt auf sie: in den Zusammenhängen des praktischen Lebens, in den Wissenschaften und in den Künsten. Beispielsweise exemplifiziert eine Tortenattrappe im Schaufenster einer Konditorei gewisse Prädikate, die ihr zukommen, andere hingegen nicht. Normalerweise wird die Attrappe in dem angedeuteten funktionalen Zusammenhang als Muster für ihre Größe, ihre Farbe, ihre Verzierungen u.ä. fungieren. Dagegen wird die Attrappe nicht als Muster für ihren Geschmack, ihre Nahrhaftigkeit oder ihre Haltbarkeit fungieren. Ein anderes alltägliches Beispiel bieten die Stoffproben eines Schneiders, welche aus ihren zahllosen Eigenschaften (in ihrer Standardverwendung) einige wenige exemplifizieren sollen: Material, Textur, Farbe, Musterung u.ä. Andere ihrer Züge exemplifizieren sie gerade nicht, etwa die Größe.

---

[11] Eine solche Mehrfaktoren-Theorie der Referenzfestlegung ist angedeutet bei SCHWARTZ (1985, 719, Anm. 10); vgl. auch SCHOLZ (1991, 134).
[12] Vgl. GOODMAN (1968, Kapitel II); weiterführend: ELGIN (1983, Kapitel V); sowie ELGIN (1993).

Auch hier gibt es Richtigverstehen und Falschverstehen. Wer in die Tortenattrappe beißt und sich anschließend beim Konditor beschwert, der hat etwas mißverstanden. Wer zu einem Schneider geht, um sich einen Anzug machen zu lassen, sich die Stoffmuster zeigen läßt und nun erwartet, der Anzug werde aus lauter kleinen gezackten Quadraten zusammengeflickt, hat grob mißverstanden, was die Proben exemplifizieren: Er glaubt irrtümlich, sie exemplifizierten auch ihre Größe und Gestalt, während sie doch tatsächlich nur auf die oben genannten Qualitäten verweisen.

Welche Prädikate ein Ding exemplifiziert, hängt von seiner Funktion ab, welche mit der Umgebung, den Interessen der Personen u.ä. variieren kann. Ein und dasselbe Objekt, ein Stein, sagen wir, mag in unterschiedlichen Umgebungen radikal verschiedene symbolische Funktionen haben: Solange er im Straßengraben lag, exemplifizierte er womöglich gar nicht. Im Schaukasten eines geologischen Museums kann er sein Alter, seine chemische Zusammensetzung oder seine spezifische Härte exemplifizieren. Als „objet trouvé" in einer Ausstellung moderner Kunst mag er bestimmte taktile und visuelle, z.B. gestalthafte, Qualitäten exemplifizieren.

Grundsätzlich gehören zum Verstehen exemplifizierender Symbole zwei Momente: Es muß erfaßt werden, ob der fragliche Gegenstand in der gegebenen Situation überhaupt etwas exemplifiziert. Zweitens muß beurteilt werden, welche Prädikate er im einzelnen exemplifiziert. Da bei dieser Eingrenzung gröbere und feinere Zuschreibungen möglich sind, läßt dieser Aspekt des Verstehens Grade zu.

Für eine Theorie des Verstehens von Bildern ist die Berücksichtigung der exemplifizierenden Bezugnahme nicht zuletzt darum von Belang, weil sie erklären hilft, was es heißt, ein abstraktes, ungegenständliches, Bild zu verstehen. Sowohl darstellende („gegenständliche") als auch nichtdarstellende („ungegenständliche", „abstrakte") Bilder können ferner etwas ausdrücken, ein Gefühl, eine Idee oder ähnliches. So mag ein abstraktes wie ein gegenständliches Bild Trauer oder Resignation ausdrücken. Ausdruck läßt sich semiotisch als eine Form metaphorischer Exemplifikation erläutern.[13]

3.3.7 Modales Verstehen: Erfassen der kommunikativen Rolle des Bildes

Man kann den Bildinhalt, die direkten und indirekten, die denotativen und nicht-denotativen Bezüge eines Bildes kennen, ohne zu verstehen, in welcher kommunikativen Rolle es verwendet worden ist. Wie mit sprachlichen Ausdrücken können mit bildhaften Darstellungen eine Vielzahl unterschiedlicher Handlungen vollzogen werden. Es ist ein Irrtum zu glauben, Bilder hätten einzig den Zweck, mit ihrer Hilfe zu zeigen, wie etwas bereits Vorhandenes und Gegebenes aussieht. Wie man sich leicht vergegenwärtigen kann, wird mit Bildern gewarnt, geworben, verboten und vieles andere mehr.

---

[13] Da die bislang erwähnten symbolischen Funktionen (wörtliche und metaphorische Denotation und Exemplifikation) auf mannigfache Weise kombiniert, insbesondere "parallel-" oder "hintereinandergeschaltet" werden können, sind eine Fülle von Formen indirekter und komplexer Bezugnahme möglich, denen besondere Formen des Verstehens und Nichtverstehens entsprechen. Auf dieser Ebene wären die zahlreichen Weisen, auf etwas anzuspielen, zu behandeln, was hier jedoch unterbleiben kann. Siehe dazu GOODMAN (1984, 65f.); ELGIN (1983, Kapitel VIII); GOODMAN/ ELGIN (1988, 42f., 70).

Offenkundig gibt es auch auf dieser Ebene Nichtverstehen und Mißverstehen. Sehe ich an einem Gartenzaun das Bild eines Hundes mit gebleckten Zähnen, fasse es jedoch schlicht als das Portrait eines Hundes auf, welches über das Aussehen des Tieres unterrichten oder ein ästhetisches Erleben in Gang setzen soll, dann habe ich den modalen Sinn des Bildes in dieser Situation nicht richtig verstanden. Entgegen meinem inkorrekten Umgang handelt es sich eindeutig um die Warnung vor einem bissigen Hund.

In einer ausgebauten Bildsemiotik wird weiter zu klären sein, welche Arten von Zeichenhandlungen, insbesondere von kommunikativen Handlungen, mit Bildern vollzogen werden können. Eine unvoreingenommene Geschichte des Bildes wird einmal darüber zu berichten haben, in welche Handlungsmuster, Zeichenspiele, Institutionen und Rituale Bilder zu verschiedenen Zeiten und in verschiedenen Kulturen und Gruppen eingebettet waren. Nicht zuletzt muß die Geschichte der künstlerischen Bilder, die nur einen kleinen Teil einer solchen Gesamtgeschichte ausmacht, diese Ebene des modalen Verstehens stärker beachten, als das bislang in der Regel geschieht. Auch künstlerische Bilder waren und sind in unterschiedliche Zeichenhandlungen oder Zeichenspiele eingebettet.[14]

3.3.8 Verstehen des indirekt Mitgeteilten

Nachdem jemand alle diese Stufen erklommen hat, kann schließlich dennoch unklar geblieben sein, welchen Witz das Bild bzw. seine besondere Verwendung haben sollte. Die Bildverwendung mag unpassend, überflüssig oder irrelevant erscheinen. Diese Art Nichtverstehen kann oft dadurch behoben werden, daß man die Zeichenhandlung als einen Fall von Ironie, Metapher, Übertreibung o.ä. zu verstehen versucht. Besonders häufig sind die verschiedenen Arten von Bildmetaphern. Neben den direkten Sachbezügen (wörtliche, direkte Denotation) kommen bei vielen Bildern indirekte, vor allem metaphorische, Bezugnahmen hinzu. Ein großer Teil solcher Bildmetaphern hat wiederum einen literarischen Hintergrund.

4. Folgerungen

Zum Abschluß möchte ich zwei Thesen aufstellen, die durch die vorausgegangenen Untersuchungen nahegelegt werden. Die erste betrifft den Begriff des Bildes, die zweite eine Konsequenz für die Annahme geistiger Bilder.

4.1 Zum Begriff des Bildes

Ein Gegenstand ist nur dann ein Bild, wenn mindestens die ersten drei Verstehensstufen - perzeptives Verstehen, Verstehen als Zeichen, Verstehen als bildhaftes Zeichen - für ihn angemessen sind. (Bei gegenständlichen Bildern kommt zumindest die Stufe 4, manchmal auch 5, hinzu.)

---

[14] Die Grundzüge einer Gebrauchstheorie des Bildes habe ich in SCHOLZ (1991, Kapitel 5) entwickelt, vgl. besonders 123-130.

4.2 Zu der Annahme geistiger Bilder

Aus begrifflichen Gründen können innere, private Einzeldinge oder Phänomene nicht (im wörtlichen Sinne) Bilder sein. - Die Begründung ist einfach: Die für Bilder charakteristischen Verstehensstufen kommen für innere, private Einzeldinge oder Phänomene nicht in Betracht. Das wird bereits an den ersten drei Ebenen überdeutlich. Da es kein inneres Sehen gibt, kann es auch kein inneres perzeptives Verstehen geben. Noch voraussetzungsreicher sind offenbar die weiteren Stufen.[15]

Literatur

BACH, K.: Part of What a Picture Is. *British Journal of Aesthetics* 10 (1970), 119-137

ELGIN, C.Z.: *With Reference to Reference.* Indianapolis 1983

GOMBRICH, E.H.: *Meditationen über ein Steckenpferd.* Frankfurt am Main: Suhrkamp 1978

GOODMAN, N.: *Languages of Art. An Approach to a Theory of Symbols.* Indianapolis 1968

GOODMAN, N.: *Ways of Worldmaking.* Hassocks 1978

GOODMAN, N.: *Of Mind and Other Matters.* Indianapolis 1984

GOODMAN, N./ELGIN, C.Z.: *Reconceptions in Philosophy and Other Arts and Sciences.* London 1988

JONAS, H.: Homo pictor und die Differentia des Menschen. *Zeitschrift für philosophische Forschung* 15 (1961), 161-176

KAEMMERLING, E. (Hrsg.): *Bildende Kunst als Zeichensystem, Band 1: Ikonographie und Ikonologie*, Köln 1984

KENNEDY, J.M./FOX, N.: Pictures to See and Pictures to Touch. In: LEONDAR, B./ PERKINS, D. (Hrsg.): *The Arts and Cognition.* Baltimore 1977, 118-135

KNOWLTON, J.Q.: On the Definition of Picture. *Audio-Visual Communication Review* 14 (1966), 157-183

KÜNNE, W.: Verstehen und Sinn. *Allgemeine Zeitschrift für Philosophie* 6 (1981), 1-16

LEONDAR, B./PERKINS, D. (Hrsg.): *The Arts and Cognition.* Baltimore 1977

MCDONELL, N.: Are Pictures Unavoidably Specific? *Synthese* 57 (1983), 83-98

PANOFSKY, E.: Zum Problem der Beschreibung und Inhaltsdeutung von Werken der bildenden Kunst. (1932) In: KAEMMERLING, E. (Hrsg.): *Bildende Kunst als Zeichensystem, Band 1: Ikonographie und Ikonologie*, Köln 1984

ROGERS, L.R.: Representation and Schemata. *British Journal of Aesthetics* 5 (1965), 159-178

SARTRE, J.P.: *Das Imaginäre.* Reinbek: Rowohlt 1971

SCHOLZ, O.R.: Zum Verstehen fiktionaler Repräsentationen. In: PETÖFI, J.S./OLIVI, T. (Hrsg.): *Von der verbalen Konstitution zur symbolischen Bedeutung.* Hamburg: Buske 1988, 1-27

SCHOLZ, O.R.: *Bild, Darstellung, Zeichen. Philosophische Theorien bildhafter Darstellung.* Freiburg/ München: Alber 1991

SCHOLZ, O.R.: When is a Picture? *Synthese* 95 (1993), 95-106

SCHOLZ, O.R.: Bilder im Geiste? – Das Standardmodell, sein Scheitern und ein Gegenvorschlag. In: SACHS-HOMBACH, K. (Hrsg.): *Bilder im Geiste.* Amsterdam/ Atlanta, GA 1995, 39-61

SCHOLZ, O.R.: *Verstehen und Rationalität. Eine historische und systematische Grundlegung der Hermeneutik.* Habilitationsschrift, Berlin 1996 Frankfurt am Main: Klostermann i. Ersch.

SCHWARTZ, R.: Representation and Resemblance. *The Philosophical Forum* 7 (1975), 499-512

SCHWARTZ, R.: Infinite Sets, Unbounded Competences and Models of the Mind. In: SAVAGE, C.W. (Hrsg.): *Minnesota Studies in the Philosophy of Science, Vol. IX: Perception and Cognition.* Minneapolis: University of Minnesota Press 1978, 183-200

SCHWARTZ, R.: The Power of Pictures. *The Journal of Philosophy* 82 (1985), 711-720

WITTGENSTEIN, L.: Philosophische Untersuchungen. In: *Schriften 1.* Frankfurt am Main: Suhrkamp 1960

WITTGENSTEIN, L.: *Philosophische Grammatik.* Frankfurt am Main: Suhrkamp 1969

---

[15] Zu diesen und weiteren Einwänden gegen das Standardmodell vgl. SCHOLZ (1995).

KLAUS SACHS-HOMBACH und KLAUS REHKÄMPER

Thesen zu einer Theorie bildhafter Darstellung

Einleitung

Die folgenden Äußerungen verstehen sich als programmatisch, sie verzichten also weitgehend auf die notwendigen Begründungen und Konkretionen. Sie sollen erstens skizzieren, was wir unter einer philosophischen Theorie bildhafter Darstellung verstehen, zweitens, welche Funktion eine solche besitzt, und drittens, wie ihre groben Rahmenvorgaben aussehen könnten. Viertens werden wir auf das Problem notwendiger und hinreichender Kriterien eingehen, und dies sowohl hinsichtlich des Begriffs der bildhaften Darstellung als auch hinsichtlich des Begriffs der Ähnlichkeit, fünftens und letztens schließlich das Problem der Anwendung sprachwissenschaftlicher Termini an einem ausgewählten Beispiel diskutieren.

1. Was ist eine philosophische Theorie bildhafter Darstellung?

Eine (vielleicht die) wesentliche Aufgabe der Philosophie liegt im Bemühen um Begriffsklärung. Philosophisch ist das Nachdenken über das Phänomen der bildhaften Darstellung folglich, wenn es die Frage behandelt, was wir überhaupt unter dem Begriff der bildhaften Darstellung verstehen wollen, d.h., wie wir diesen Begriff verwenden wollen und welche Gründe für eine solche Verwendung sprechen. Auf welche Eigenschaften, anders gefragt, sollten wir achten, um bildliche von nicht-bildlichen Darstellungen zu unterscheiden? Es liegt nahe, daß eine Antwort hierauf überaus allgemein bleibt. Sie handelt gleicherweise von computererzeugten Bildern und von abstrakten Gemälden, von technischen Zeichnungen und von Fotografien. Zugleich muß sie aber insofern auch spezifisch sein, als sie viele Bedeutungsnuancen der umgangssprachlichen Bildbegriffe ausklammert. Sicherlich wird die Rede vom Weltbild und auch die vom mentalen Bild, genauso wie die von Sprachbildern und natürlichen Bildern, eine Beziehung zu einem tragfähigen Begriff der bildlichen Darstellung haben. Eine Vorentscheidung zugunsten einer von Bildern im engeren Sinn bezeichneten Klasse von Phänomenen ist aber wohl unverzichtbar, um überhaupt einen Anfang machen zu können, der dann helfen mag, die Aufklärung komplexerer, vielleicht selbst die Probleme des menschlichen Selbst- und Weltverhältnisses betreffender Fragen zu leiten.

Das primäre Ziel der philosophischen Begriffsbestimmung liegt hierbei in dem angemessenen Verständnis der in der Regel nicht thematisierten Bedingungen einer oft als selbstverständlich geltenden Praxis. Besonders diejenigen Selbstverständlichkeiten haben sich immer wieder als philosophisch interessant erwiesen, die erst auf den zweiten Blick Erstaunen oder Verwirrung bereiteten. Hier berühren sich die Anstrengungen der Philosophie und der Kunst. Denn die Produktion bisher unbekannter Bildformen, wie sie besonders die moderne Kunst vorführt, geben dieser Verwirrung

gleichsam sichtbaren Ausdruck, indem sie sowohl die Grenze von Kunst und Nicht-Kunst als auch die von Bild und bloßem Gegenstand thematisieren.
Den damit beobachtbaren Verlust herkömmlicher Bildformen als destruktiven Prozeß zu deuten, der die explikativen Anspüche aller traditionellen Theorien zerstört, ist hierbei eine voreilige Entscheidung. Wie die Gesetze der Newtonschen Mechanik mit der Formulierung der Relativitätstheorie nicht falsch wurden, sondern nur in ihrem Geltungsbereich Einschränkungen erfuhren, so liegt die Herausforderung moderner Bildphänomene eher darin, bestimmte, bisher noch als zu selbstverständlich ausgeblendete Rahmenbedingungen der Bildverwendung zu klären, um so die Reichweite speziellerer Bildtheorien genauer zu bestimmen.

2. Welche Funktion hat eine philosophische Bildtheorie?

Eine gelungene Explikation des Begriffs der bildlichen Darstellung ermöglicht dem Gesagten zufolge sowohl eine sichere Klassifikation entsprechender Gegenstände als Bilder als auch ein angemessenes Verständnis unseres Umgangs mit ihnen. Es sollte hierbei bewußt bleiben, daß die Explikation des Bildbegriffs nicht schon Wissen über empirische Zusammenhänge, z.B. über geeignete Verfahren der Bildherstellung, bereitstellt. Die philosophische Kompetenz liegt allein auf methodologischer Ebene. Ihre Analysen können allerdings als Vorschläge verstanden werden, in welchem Rahmen sich die theoretischen Bemühungen um eine Beschreibung der empirischen Zusammenhänge bewegen sollten. Solche Vorschläge bedürfen entsprechender Begründungen, die sich nicht automatisch mit dem Phänomenbereich einstellen, sondern eine spezifische rationale Argumentation voraussetzen. Genau hierin liegt die besondere Stärke philosophischer Verfahren.
Über diese wissenschaftsregulative Funktion hinaus liegt es nahe, eine philosophische Bestimmung des Bildbegriffs auch bei konkreteren Fragen heranzuziehen, insofern es hierbei oft um die konstitutiven Eigenschaften der bildlichen Darstellung geht. Auf die Frage etwa, was ein 'gutes' Bild auszeichnet, hätte die traditionelle Theorie wahrscheinlich geantwortet: Daß es dem Abgebildeten im besonderen Maße ähnlich ist. Weil wir Bilder schätzen gelernt haben, die dem abgebildeten Gegenstand eher unähnlich sind (z.B. Bilder, die Pferde blau darstellen), bleibt diese Antwort heute unbefriedigend. Die Euphorie, die die Fotografie zur Zeit ihres Entstehens auslöste und die die 'photorealistische' Computergraphik zuweilen noch heute auslöst, läßt sich aber vor diesem Hintergrund verstehen.

3. Wie sollte eine philosophische Bildtheorie konkret aussehen?

Gehen wir davon aus, daß ein Bild ein Zeichen ist – also für etwas steht oder etwas bezeichnet –, dann läßt sich die Frage, wie wir den Begriff der bildliche Darstellung sinnvollerweise verwenden sollten, traditionell auf drei unterschiedlichen Bestimmungsebenen verhandeln: Syntax, Semantik und Pragmatik. Diese Ebenen betreffen das Zeichen selbst, die Bedeutung des Zeichens und die

Verwendung des Zeichens. Hieraus ließen sich jetzt drei Positionen formulieren, die, sehr vereinfacht, lauten könnten: Ein Gegenstand gilt als Bild entweder auf Grund seiner gegenstandsinternen Eigenschaften oder auf Grund seiner besonderen Beziehung zum Bezeichneten oder aber auf Grund seiner bestimmten Verwendung durch den Produzenten bzw. Rezipienten. Die These, die wir vertreten möchten, geht dahin, daß befriedigende Lösungen der begrifflichen Analyse nur von der Integration aller drei Ebenen zu erwarten sind, wobei nun nicht nur nach bildspezifischen Merkmalen für jede der einzelnen Ebenen, sondern ebenfalls nach den spezifischen Verhältnissen der einzelnen Ebenen zueinander gefragt werden muß.

Dies sollte ganz allgemein für alle Formen der bildhaften Darstellung gelten, nicht nur für Zeichen, die als Bilder im engeren Sinn allgemein anerkannt sind, etwa für Fotografien. Formen bildhafter Darstellung sind vielmehr bereits das Lay-Out oder die Kaligraphie. Hier werden oft in verblüffend einfacher Weise interne Ordnungen geschafffen, in denen der Rezipient z.B. verschiedene Einträge intuitiv als Einheit erkennt oder in bestimmter Weise einander zuordnet und entsprechend interpretiert, während eine sprachliche und logisch eindeutige Beschreibung überaus umständlich wäre. Was ist der Grund für diese mitunter erstaunliche Leistungsfähigkeit bildlicher Darstellung? Wir gehen davon aus, daß eine Antwort auf diese Frage ein angemessenes Verständnis des Bildbegriffs voraussetzt, und daß dieses Verständnis Elemente der verschiedenen Bestimmungsebenen umfassen muß. Nehmen wir das Beispiel des Lay-Out: Hier scheinen zunächst einmal graphische Gesetzmäßigkeiten wirksam zu sein, die sich vielleicht auf Gestaltgesetze der Wahrnehmung zurückführen lassen, die aber auf jeden Fall z.B. festlegen, was als zusammengehörig bzw. als getrennt gilt. Diese lassen sich der syntaktischen Ebene zuordnen. Sicherlich wirken ebenfalls pragmatische Vorgaben: der Verwendungskontext also, der für den entsprechenden kommunikativen Akt relevantes Hintergrundwissen bereitstellt. Darüber hinaus, so unsere These, gibt es auch bildspezifische Regeln für die Konstitution der Bedeutung selbst im Falle des Lay-Outs.

Eine integrale philosophische Theorie der bildlichen Darstellung sollte also (sowohl hinsichtlich der Produktion als auch hinsichtlich der Rezeption) die spezifischen Formen des Bildaufbaus, der Kontext- und Funktionsbestimmung und der Bedeutungsbildung analysieren. Die Sinnhaftigkeit einer Analyse der syntaktischen Ebene, in der es um eine Bildgrammatik geht, ist weder in Kunstwissenschaft noch in Psychologie kontrovers, wenn die konkrete Ausarbeitung einer Bildsyntax auch noch aussteht. Die pragmatische Ebene, in der die möglichen Funktionen bildlicher Darstellung und ihr Einsatz in verschiedenen Handlungskontexten behandelt werden, ist ebenfalls nicht strittig. Diskussionen gibt es zur Zeit vor allem um die Frage, ob bildhafte Darstellungen sich von sprachlichen Darstellungen auch auf der semantischen Ebene unterscheiden lassen. Hier vertrat die traditionelle Theorie die Ansicht, daß die bildliche Bedeutung durch eine Ähnlichkeitsbeziehung konstitutiert wird, während modernere Theorien nicht nur die Brauchbarkeit des Ähnlichkeitskriteriums, sondern oft eine bildspezifische Semantik generell in Frage stellen. Deshalb konzentriert sich unser integraler Ansatz zur Zeit auf diesen Aspekt einer begrenzten Rchabilitierung des Ähnlichkeitskriteriums und damit auch der „naiven“ Sicht auf die Bilder.

4. Vom Wert der Ähnlichkeit

Diese Rehabilitation macht von einer Kritik eines sehr üblichen Verfahrens Gebrauch. Zwei Probleme, die jedoch eng zusammenhängen, werden im folgenden im Zentrum der Aufmerksamkeit stehen, die die Diskussion über Bilder und bildhafte Darstellungen immer wieder unnötig erschwert haben. Oft wird die Berechtigung einer Explikation daran gemessen, ob es ihr gelungen ist, sowohl hinreichende als auch notwendige Kriterien zu benennen. Dies gilt es jedoch zu hinterfragen.
Die Philosophen haben von SOKRATES respektive seinem Schüler PLATON viel gelernt, aber leider auch manches, das sie mit der Zeit hätten überwinden sollen. So quälte SOKRATES seine Gesprächspartner immer wieder mit der Frage nach dem Wesen eines Gegenstandes. Was ist das Wesen der Tugend? Was ist das Wesen des Wissens? Er verlangte eine Wesensdefinition des zur Diskussion stehenden Begriffes. Oder, wie man es modern formulieren würde, er suchte nach notwendigen und hinreichenden Bedingungen.
Diese verhängnisvolle Suche findet sich auch in der Diskussion um Bilder und bildhafte Darstellungen wieder. Sie läßt sich kurz in drei Fragen (und Antworten) zusammenfassen:

Können wir notwendige und hinreichende Bedingungen angeben, wenn es um die Frage geht „Was ist ein Bild?“. Nein!
Können wir solche Bedingungen angeben, wenn es um die Frage geht „Wie stellt ein Bild einen Gegenstand dar?“ Nein!
Müssen wir solche Bedingungen angeben können? Nein!

Wir haben dafür argumentiert, daß die Frage der Bildhaftigkeit in Relation zu verschiedenen Ebenen der Analyse gesehen werden muß, den Ebenen der Syntax, der Semantik und der Pragmatik. Und spätestens seit Nelson GOODMAN wissen wir, daß syntaktische Eigenschaften schwerlich ausreichen, um Bilder von anderen Gegenständen zu unterscheiden. Wir haben gelernt, daß ein Gegenstand manchmal ein Bild ist und manchmal nicht, je nachdem zu welchem Symbolsystem er gehört. Aber auch syntaktische und semantische Eigenschaften zusammengenommen, können die Fragen nach der Bildhaftigkeit eines Gegenstandes und seiner Fähigkeit, etwas darzustellen, nicht vollständig beantworten. Aber hier hat GOODMAN, und mit ihm einige andere, in guter sokratischer Tradition das Kind mit dem Bade ausgeschüttet, indem er einen geeigneten Kandidaten, genauer gesagt eine Kandidatin, wegen eben dieses platonischen Absolutheitsanspruchs aus dem Rennen geworfen hat – die Ähnlichkeit. Es wurde schon erwähnt, daß die Idee, ein darstellendes Bild sei seinem Gegenstand ähnlich, lange Zeit die vorherrschende Meinung war. Sie ist wohl auch heute noch die Meinung des ‘kleinen Manns auf der Straße’. Aber spätestens seit den Arbeiten von GOODMAN und Max BLACK ist es in der wissenschaftlich-philosophischen Diskussion sehr schlecht um sie bestellt. Warum? Ganz einfach, Ähnlichkeit ist weder eine notwendige noch eine hinreichende Bedingung für bildhafte Darstellung. Zwei Gegenstände können einander ähneln, ohne daß der eine ein Bild des anderen ist. Und der Gegenstand B kann ein Bild von A sein, ohne daß B A ähnelt oder umgekehrt. Und damit ist die Ähnlichkeit als wirksames Kriterium disqualifiziert. Als ob sich alle wichtigen Begriffe in einem Philosophenleben in dieser Weise erfassen ließen!
Treten wir für einen Augenblick aus dem Elfenbeinturm heraus und schauen uns die einfachen Dinge des Lebens an:

Abbildung 1 zeigt eine Tasse und einen Becher wie sie häufig anzutreffen sind. Läßt man für einen kurzen Augenblick seine Phantasie spielen, kann man sich sehr viele (mehr als die vier hier gezeigten) Trinkgefäße dieser Form, aber unterschiedlicher Höhe vorstellen, so daß sich ein langsamer Übergang von der Tasse zum Becher ergibt (Abb. 2).

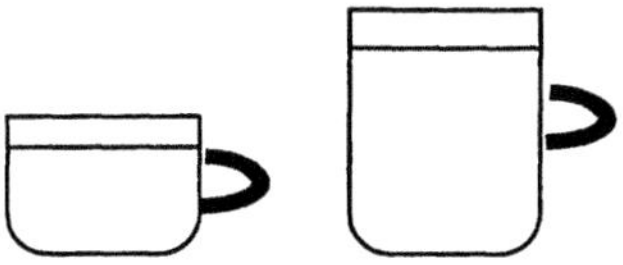

Abb. 1

Lassen sich nun notwendige *und* hinreichende Bedingungen angeben, wann ein solches Objekt noch eine Tasse und wann es ein Becher ist? Wir glauben nicht. Eine genau festgelegte Grenze gibt es nicht, denn es gibt keine Eigenschaft, die alle Becher aufweisen, Tassen aber nicht und vice versa. Es gibt wahrscheinlich noch nicht einmal eine Eigenschaft, die jede Tasse oder jeder Becher aufweisen muß. Man denke nur an Tassen in einem Puppenhaus, überdimensionale Tassen in einer Reklame, Papiertassen als Dekoration etc. Nichtsdestoweniger haben sie wesentliche oder typische Eigenschaften. Und typische Gegenstände einer Kategorie erkennen wir, andere messen wir an diesen Prototypen. Diese Ansicht geht auf Überlegungen Ludwig WITTGENSTEINS zurück, wie sie sich etwa in *Eine Philosophische Betrachtung* finden. Sie sind eng verbunden mit dem Begriff der Familienähnlichkeit, wie er in den *Philosophischen Untersuchungen* entwickelt wird.

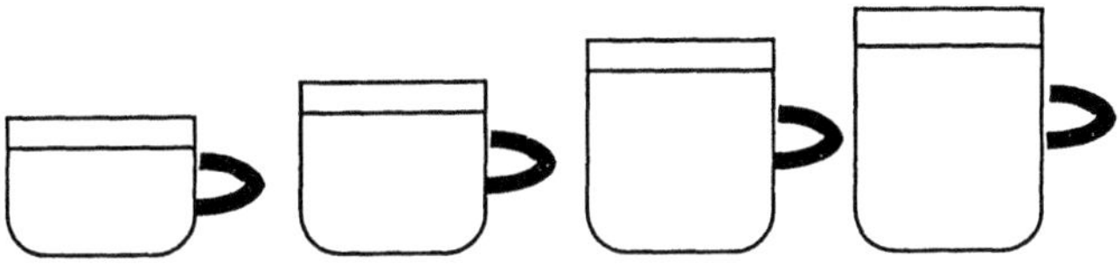

Abb. 2

> Würden wir also nach dem Wesen von Strafe gefragt, oder nach dem Wesen der Revolution, oder nach dem Wesen des Wissens, oder des kulturellen Verfalls, oder des Sinnes für Musik, – so würden wir nun nicht versuchen, ein Gemeinsames aller Fälle anzugeben, – das, was sie alle eigentlich sind, – also ein Ideal, das in ihnen allen *enthalten* ist; sondern statt dessen Beispiele, gleichsam Zentren der Variation. [...] So geht es uns mit vielen Begriffen – zum Beispiel dem des Bildes, der Abbildung –: denken wir über sie nach, so denken wir zuerst an den Teil ihrer Ausdehnung, in dem wir, man könnte sagen, *zu Hause* sind. Von dort zieht es uns in die Weite, und wir werden nicht mehr gewahr, daß sich alles nun *nach und nach* gänzlich geändert hat. Und zu sagen: im Grunde ist es ja immer dasselbe, – heißt jetzt vielleicht nur mehr: von *dort* komme ich her, auf diesen Zustand will ich alles beziehen. (WITTGENSTEIN 1969 1980, 190f)

Wir kennen typische Bilder. Sie sind unser Zentrum der Variation. Bei der Beantwortung der Frage, ob etwas eine bildhafte Darstellung ist und wie sie darstellt, spielt der Begriff der Ähnlichkeit genau in diesem Sinne eine zentrale Rolle. Sicherlich sind GOODMANS und BLACKS Argumente zutreffend, wenn sie nachweisen, daß Ähnlichkeit weder notwendig noch hinreichend ist, aber sie ist für das Verständnis der bildhaften Darstellung wesentlich. Natürlich erkennen wir abstrakte Bilder als Bilder, aber nur, weil wir schon vorher typischere Bilder gesehen haben. Und selbst das muß nicht der Fall sein. Aber dies zu erläutern, würde uns zu weit von unserem eigentlichen Thema abbringen. Bei unseren Einschätzungen stehen uns nicht nur syntaktische und semantische Kriterien zur Verfügung. Auch das Weltwissen wird ausgeschöpft. Wenn wir die Intentionen eines Malers kennen, oder wir wissen, welche Person für ein Portrait Modell gesessen hat, dann hilft uns dieses Wissen um die kausalen Umstände möglicherweise auch bei einem nicht so gelungenen – sprich: nicht unbedingt durch Ähnlichkeit bestechenden – Portrait, Bild und Person einander zuzuordnen. Auf der anderen Seite sind wir auch in der Lage, bei nicht-bildhaften Objekten bildhafte Elemente auszumachen. So läßt z.B. die räumliche Anordnung – von oben nach unten – der Autorennamen und Titel im Inhaltverzeichnis dieses Buches Rückschlüsse auf die Reihenfolge der Beiträge zu – von vorne nach hinten. Die Pragmatik kann semantische Mängel ausgleichen, Unklarheiten präzisieren; ein Phänomen, das aus der Sprachanalyse sehr wohl bekannt ist.

5. Bilder als singuläre Termini?

Das Stichwort "Sprachanalyse" leitet zu unserem letzten, angekündigten Punkt über. Häufig wird versucht, bildhafte Repräsentationen und sprachliche Repräsentationen miteinander in Beziehung zu setzen. „Ein Bild sagt mehr als tausend Worte." ist vielleicht der bekannteste Versuch. Aber normalerweise entziehen sich Bilder dem Versuch, sie in sprachphilosophische Kategorien zu pressen. Dennoch werden immer wieder solche Versuche unternommen. Auch hier möchten wir uns nur ein paar kurze Bemerkungen erlauben. Diese werden wir nutzen, um zu sagen, was Bilder *nicht* sind.
Es liegt der Verdacht nahe, einige Bilder, wie etwa Portraits oder Bilder von klar erkennbaren Gegenständen, wären so etwas wie singuläre Termini. Das Bild in einem Ausweis z.B. erfüllt diesselbe Funktion wie eine nur diese Person kennzeichnende Beschreibung. Nichts könnte falscher sein. Beschränken wir uns für den Augenblick auf perspektivische Bilder, wie Photographien u.ä. Schon HELMHOLTZ hat in seinem *Handbuch der Physiologischen Optik* darauf hingewiesen, daß immer eine unendliche Anzahl von Originalszenen zu ein und demselben perspektivischen Bild führen können. Da perspektivische Ansichten auch in unserer Wahrnehmung eine entscheidende Rolle spielen, gilt diese Erkenntnis auch für das menschliche Sehen. Wenn wir einen uns unbekannten Gegenstand isoliert sehen, ist es nicht immer klar, ob er groß und weit weg oder klein und nahe ist. Sind die Sterne groß und sehr weit entfernt oder klein und direkt über unseren Köpfen auf das Firmament gemalt? Diese Unsicherheit in der Einschätzung der Größe eines Gegenstandes kommt nicht sehr oft vor, denn meistens haben wir weitere Anhaltspunkte. Ist ein Mensch zu sehen, können wir die Größe der übrigen Gegenstände daran messen, denn wir wissen, daß Menschen normalerweise zwischen 1,60 m und 1,90 m groß sind. Meistens kennen wir auch die Entfernung zwischen uns und dem Gegenstand und können auf diese Weise die ungefähre Größe berechnen. In Bildern fehlen diese zusätzlichen Möglichkeiten manchmal. Und daher ist, wie GOODMAN bemerkte, nichts besser geeignet, aus einem Berg einen Maulwurfshügel zu machen, als eine Photographie. Nicht allein aufgrund semantischer Eigenschaften, sondern mit ihnen und mit Hilfe unseres Weltwissens gelingt es uns normalerweise, den auf einer Photographie gezeigten Gegenstand als den gemeinten zu erkennen, ihn aus der Menge der möglichen herauszusuchen. Bilder sind daher keine singulären Termini, die auf einen einzigen Gegenstand verweisen. Sie gleichen eher generellen Ausdrücken, wie etwa "der Direktor" oder "der Hausmeister", die erst durch den Kontext singulär werden.

Literatur

GOODMAN, N.: *Languages of Art – An Approach to a Theory of Symbols*. (1968) Idiana [2]1976

HELMHOLTZ, H. von: *Handbuch der Physiologischen Optik*. Hamburg, Leipzig [2]1896

WITTGENSTEIN, L.: *Das Blaue Buch. Eine Philosophische Betrachtung (Das Braune Buch)*. (1969) Frankfurt/M.: Suhrkamp 1980

JAKOB STEINBRENNER

Die Ähnlichkeit und die Bilder

Kürzlich, während einer Bahnfahrt, hatte ich das Vergnügen bei einem Gespräch zweier Herren zugegen zu sein, dessen Thema, wie ich meine, die Leser dieses Bandes interessieren könnte.
Die beiden Herren im Abteil hießen, wie sich später herausstellte, Herr Similar und Herr Gudmann und debattierten, als ich das Zugabteil betrat, heftig über die Frage, warum ein Foto in der Zeitung ein Bild von Helmut Kohl sei.
Herrn Similars erste und – wie mir schien – auch naheliegende Antwort lautete, weil das Foto ein Bild sei, das, wenn auch in einem weitläufigen Sinne, von Helmut Kohl kausal verursacht wäre.
Herr Gudmann widersprach vehement: „Herr Similar, Sie können doch nicht ernstlich annehmen, daß jeder kausal verursachte Gegenstand Bild seiner Ursache ist. Und zudem zeigt sich doch, daß viele Bilder nicht kausal durch den dargestellten Gegenstand verursacht wurden. Stellen Sie sich zum Beispiel vor, Sie fänden in einem Obstladen eine Birne, die Sie an Helmut Kohl erinnert. Die Birne kann als Skulptur beziehungsweise Bild von Helmut Kohl dienen, obwohl sie sicherlich in keinem interessanten Sinne von ihm kausal verursacht wurde."
HERR SIMILAR: „Nun Herr Gudmann, da mögen Sie recht haben, aber Sie werden doch zugeben, daß das Foto von Helmut Kohl ein Bild von Helmut Kohl ist, weil es ihm ähnlich sieht."
„Nein", wendete Herr Gudmann ein, „die meisten Dinge sehen sich doch wohl in irgendeinem Sinne ähnlich, ohne deshalb Bilder voneinander zu sein."
HERR S. – im folgenden kürze ich die Namen der beiden Herren ab – sprach: „Stellen Sie sich doch nicht dümmer als Sie sind, Herr Gudmann. Ich spreche nicht von irgendeiner weitläufigen Ähnlichkeit, sondern von einer Ähnlichkeit in einem interessanten Sinne."
HERR G.: „Diese Formulierung hilft uns doch auch nicht weiter. Stellen Sie sich zum Beispiel zwei Stilleben von Cézanne vor. Die beiden Bilder sind bestimmt in irgendeinem Sinne den Äpfeln, Krügen und anderen Gegenständen auf C_zannes Küchentisch ähnlich, aber in einem viel interessanteren Sinne sind sie sich untereinander ähnlich."
HERR S.: „Darüber ließe sich streiten, aber entscheidend ist doch wohl, daß in Fällen von Bildern, die Ähnlichkeit zwischen Bildern und Nicht-Bildern besteht."
HERR G.: „Diese Behauptung nützt uns leider auch nicht. Denken Sie doch nur an Bilder die Bilder darstellen, wie zum Beispiel Galeriebilder von Watteau oder in neuerer Zeit Bilder der Appropriation-art."
HERR S.: „In diesem Fall mögen Sie recht haben. Aber ich möchte im folgenden weder über Bilder sprechen, die andere Bilder darstellen, noch über gegenstandslose Bilder, die überhaupt nichts darstellen, noch über Einhorn- oder Satyrbilder, noch über Sprach- oder Leitbilder, sondern nur über solche Bilder, die reale Gegenstände oder Ereignisse darstellen. Bei allen anderen Bildern gestehe ich Ihnen gerne zu, daß der Begriff der Ähnlichkeit nur begrenzt von Interesse ist. Aber Sie werden mir doch wohl zugeben, daß wenn das Helmut-Kohl-Bild ein Bild von Kohl ist, es dann Kohl darstellt, genau dann, wenn sich das Bild Kohls und Kohl selbst deutlich ähnlich sind."
HERR G.: „Da setzten Sie doch schon das voraus, was wir klären wollten, nämlich daß das Bild ein Bild von Helmut Kohl ist. Ich glaube, es ist an dieser Stelle angebracht, zwischen zwei Fragen zu unterscheiden. Das eine Mal fragen wir danach, warum ein Gegenstand ein Bild ist – in unserem

Fall warum der Gegenstand in der Zeitung ein Bild von Helmut Kohl ist – und das andere Mal, was ein Bild von einer Beschreibung oder Eigennamen unterscheidet."

HERR S.: „Ich glaube, ich sehe Ihren Punkt, aber mit folgender Modifikation dürften Sie wohl zufrieden sein: Wenn ein Zeichen – in unserem Fall, das Helmut-Kohl-Foto – einen Gegenstand bezeichnet, dann ist das Zeichen ein Bild von dem Gegenstand genau dann, wenn das Zeichen dem Gegenstand deutlich ähnlich ist. Gleiches trifft jedoch für die Beschreibung 'Helmut Kohl im Bundestag' nicht zu. Im letzteren Fall besteht überhaupt keine Ähnlichkeit zwischen Zeichen und Bezeichneten."

HERR G.: „Ob ich mit Ihrer Modifikation zufrieden bin, dazu später: Halten wir jedoch fest, daß sich unsere Ausgangsfrage jetzt verschoben hat. Wir fragen jetzt nicht mehr danach, wie ein Zeichen, in unserem Fall das Foto von Helmut Kohl, zu einem Bild von Helmut Kohl wird, sondern, was eine bildnerische Darstellung von einer sprachlichen unterscheidet. Oder anders ausgedrückt: es geht jetzt nicht mehr um die Frage, Zeichen oder Nicht-Zeichen, sondern um die Frage, worin unterscheiden sich bildnerische Darstellungen von sprachlichen."

HERR S.: „So soll es sein."

HERR G.: „Mir ist, wenn ich ehrlich bin, unklar, was Sie damit genauer meinen, daß ein Abbild dem abgebildeten Gegenstand deutlich ähnlich sein muß? Klar ist doch wohl, daß das Abbild nicht so ähnlich sein darf, daß wir es mit dem dargestellten Gegenstand selbst verwechseln. In diesem Fall wüßten wir ja nicht, daß es sich um ein Bild und damit um ein Zeichen von dem dargestellten Gegenstand handelte. Und praktisch passiert uns dies ja auch so gut wie nie. Selbst die sogenannten virtuellen Realitäten erkennen wir auf den ersten Blick als virtuell und auch Trompe-lòeil Bilder oder superrealistische Skulpturen zum Beispiel eines Duane Hansons erkennen wir meist sehr schnell als Bilder und damit als Zeichen. Und derjenige – mir ist zwar keiner bekannt –, der sich von Bildern immer täuschen ließe und zur Unterscheidung von Bild und Gegenstand unfähig wäre, dem würden wir ja auch seine Bildkompetenz abstreiten."

HERR S.: „Ich glaube, Sie wollen mich nicht verstehen, Herr Gudmann. Sie müssen doch wohl zugeben, daß da ein gewaltiger Unterschied zwischen Bild- und Textdarstellungen besteht. Sie werden doch wohl nicht leugnen, daß zwischen dem Foto von Helmut Kohl und dem bloßen Wort 'Helmut Kohl' ein großer Unterschied ist. Das Foto ist auf eine interessante Weise mit Helmut Kohl ähnlich, während das Wort bestenfalls nur auf sehr seltsame Weise hinsichtlich seiner Ähnlichkeit mit dem realen Helmut Kohl verglichen werden kann."

HERR G.: „Sie sprechen die ganze Zeit von der Ähnlichkeit, aber was verstehen Sie eigentlich genauer darunter? Ich gebe ja gerne zu, daß wir Kinder auf Ähnlichkeiten hinweisen, die zwischen Bildern und den von ihnen dargestellten Gegenständen bestehen. Aber daraus folgt doch nicht im geringsten, daß wir vermittels des Begriffs der Ähnlichkeit auf interessante und aufschlußreiche Weise erklären können, was Bilder von Worten unterscheidet. Ich will damit andeuten, daß mir der Begriff der Ähnlichkeit erklärungsbedürftiger erscheint als der des Bildes. Anders ausgedrückt, ich neige eher zur Behauptung, daß wir anhand von Bildern den Begriff der Ähnlichkeit erklären und nicht umgekehrt."

HERR S.: „Aber Herr Gudmann, Sie müssen mir doch wohl zugeben, daß die Körperform von Herrn Kohl auf diesem Zeitungsfoto der realen Körperform sehr ähnlich ist. Und würde zum Beispiel die CDU-Fraktion ein Helmut-Kohl-Bild bei einem Maler bestellen, auf dem Helmut Kohl wie ein Strich in der Landschaft aussehen würde, könnten wir doch verstehen, daß die Fraktion das Bild aufgrund mangelnder Ähnlichkeit ablehnen würde. Die Auftraggeber wollten doch schließlich einen schwarzen Riesen und keinen schwarzen Strich."

HERR G.: „Nun, Ihr Beispiel, Herr Similar, scheint ja meine These zu stützen. Die Fraktion lehnt das Bild ja nicht deshalb ab, weil Sie in ihm kein Helmut-Kohl-Bild erkennen kann, sondern deshalb, weil es bei uns üblich ist, daß man dicke Menschen zumeist durch rundliche Formen darstellt. Hinzu kommt, daß die Fraktion, wie auch wir, ja ein Helmut-Kohl-Bild ungeachtet der Form erkennen kann. Dies ist doch gerade ein gutes Beispiel für folgende These: Wenn ein Bild einen Gegenstand darstellt, dann muß das Bild ein Zeichen sein, das auf den Gegenstand Bezug nimmt, und kein Grad der Ähnlichkeit ist hinreichend, um die Bezugnahme herzustellen beziehungsweise den Unterschied zwischen Beschreibung und Abbildung auf interessante und aufschlußreiche Weise zu erklären."

HERR S.: „Glauben Sie das im Ernst, Herr Gudmann? Wollen Sie tatsächlich behaupten, daß der Maler statt einem Menschenbild zum Beispiel ein monochromes schwarzes Quadrat auf weißen Grund hätte abliefern können? Solch einen Schmarren können Sie doch wohl nicht im Ernst behaupten."

HERR G.: „Bitte, bitte – immer mit der Ruhe und eins nach dem anderen. Erstens, meines Erachtens spricht nichts prinzipiell dagegen, daß wir uns eine Kultur vorstellen, in der schwarze Quadrate auf weißem Grund schwarze Riesen oder aktuelle Bundeskanzler darstellen. Zweitens, bei uns, da gebe ich Ihnen gerne recht, dürfte so etwas zur Zeit in einem gewissen Sinne nicht möglich sein. Warum? – Sie werden mir hoffentlich zustimmen, daß unter bestimmten Umständen Birnenbilder oder schwarze Quadrate den Bundeskanzler metaphorisch bezeichnen können. Denken Sie nur an zahlreiche politische Karikaturen, in denen Kohl als Birne dargestellt wird, warum nicht auch als schwarzes Quadrat. Beschränken wir uns aber der Diskussion zu liebe im folgenden auf Bilder, die Helmut Kohl als Helmut Kohl unmittelbar darstellen und nicht als Birnen oder anderes. Solche Bilder – und solche dürften Sie wahrscheinlich im Sinne haben – unterliegen natürlich gewissen Einschränkungen. So ist zum Beispiel Helmut Kohl ein Mensch und kein Pinguin, daher darf ein Helmut Kohl-Bild, daß ihn unmittelbar bezeichnet, kein Pinguin-Bild sein. Genau so wenig sollte es ein Frau-Bild oder – um Ihr Beispiel von oben aufzunehmen – ein Dünner-Mann-Bild sein. Dies deutet darauf hin, daß Abbilden eher eine Frage des Klassifizierens als des Nachahmens von Gegenständen ist. Oder anders gesagt: Unser Helmut-Kohl-Foto ist ein Bild von Helmut Kohl nicht deshalb, weil es ihm ähnlich ist, sondern weil es bestimmte Eigenschaften exemplifiziert, wie zum Beispiel die Eigenschaft „Mann-Bild". Eigenschaften von dieser Art erlauben es uns, das Foto als Helmut-Kohl-Bild zu klassifizieren."

HERR S.: „Lieber Herr Gudmann, Sie wollen also allen Ernstes behaupten, daß wenn ich zum Beispiel einem Kind ein Bild von einem Nashorn gebe und es auffordere, ein Tier von dieser Art in einem Zoo zu finden, das Kind das Nashorn nicht aufgrund der Ähnlichkeit mit dem Bild erkennt?"

HERR G.: „Nein, ich behaupte nur, daß uns der Begriff der Ähnlichkeit an dieser Stelle nicht weiterhilft. Wichtiger erscheint mir die Tatsache, daß das Kind zur Identifikation des Nashorns mit Hilfe des Bildes wissen muß, was Bilder sind. Das heißt zum Beispiel, daß das Kind mit Bildern umzugehen weiß. Es weiß ein Affenbild von einem Elefantenbild zu unterscheiden und ein Rotkäppchenbild von einem Nikolausbild. Es muß dazu weder je einen Affen, ein Rotkäppchen oder was auch immer im Original gesehen haben. Es mag sogar vorkommen, daß ein Kind, obwohl es zahlreiche Affenbilder gesehen hat, einen echten Affen nicht erkennt. Doch zurück zu Ihrem Nashornbeispiel. Wir können die Identifikation des Nashorns durch das Kind zum Beispiel dadurch erklären, daß das Kind erkennt, daß wir ihm ein Tierbild in die Hand gedrückt haben und nicht ein Rotkäppchenbild. Im weiteren mag das Kind erkennen, daß auf dem Bild ein Tier mit einer langen Nase zu sehen ist und es sich aber deshalb noch lange nicht um ein Elefantenbild handelt und so fort. Auffallend ist nun, daß von Ähnlichkeit hier gar nicht die Rede sein muß, dafür aber viel vom Umgang mit Zeichen und Bildern."

HERR S. war sichtlich über den abenteuerlichen Erklärungsversuch von Herr G. schockiert: „Herr Gudmann, Sie wollen also tatsächlich behaupten, daß das Kind das Nashorn nicht aufgrund der Ähnlichkeit mit dem Foto erkennt!"

HERR G.: „Lieber Herr Similar, in einem gewissen Sinne möchte ich gar nicht bestreiten, daß das Kind aufgrund der Ähnlichkeit mit dem Foto das Nashorn erkennt. Ich bin jedoch der Auffassung, daß diese Erklärung uns einer Lösung auf unsere Ausgangsfragen nicht weiter bringt. Der Begriff der Ähnlichkeit gibt uns weder interessanten Aufschluß darüber, warum das Helmut-Kohl-Foto ein Bild von Helmut Kohl ist, noch wie wir Abbildungen von Beschreibungen unterscheiden. Es mag vielleicht gar eine analytische Wahrheit sein, daß zum Erkennen von Abbildungen das Erkennen von Ähnlichkeiten notwendigerweise dazu gehört. Aber wie viele analytische Wahrheiten ist sie nicht besonderes aufschlußreich. Sie bringt uns einer Lösung unserer Fragen nicht näher."

HERR S.: „Aber Herr Gudmann, ignorieren Sie hier nicht auf fatale Weise sämtliche physiologischen Untersuchungen zum Bildverstehen, die ja gerade, ungeachtet ihrer unterschiedlichen Ansätze, davon ausgehen, daß die Ähnlichkeit der Schlüssel zum Bildverstehen ist?"

HERR G.: Ich bin da anderer Ansicht. Meiner Auffassung nach muß sich eine philosophische Analyse des Bildverstehens auf begriffliche – und das heißt auch zeichentheoretische Überlegungen – konzentrieren. Das heißt, wir sollten danach schauen, wie wir Begriffe und Zeichen verwenden. Ich will damit gar nicht leugnen, daß Untersuchungen zum physiologischen Sehvorgang von Interesse sein können. Untersuchungen dieser Art können jedoch meiner Auffassung zufolge nicht die prinzipielle Frage klären, weshalb ein materieller Gegenstand als Bild betrachtet wird. Kein Grad der Ähnlichkeit kann uns erklären, warum das Helmut Kohl-Foto ein Bild von Helmut Kohl ist."

HERR S.: „In diesem Punkt könnte ich Ihnen, wenn auch mit Magengrimmen, noch zustimmen. Aber ich sehe in Ihrer Argumentation kein schlüssiges Argument gegen die These, daß wir Abbildungen im Gegensatz zu Beschreibungen vermittels der Ähnlichkeit zwischen Zeichen und dargestelltem Gegenstand erkennen. Ich gebe Ihnen gerne zu, daß es schwierig ist, zu bestimmen, worin die Ähnlichkeit besteht. Aber ich denke mir, daß zum Beispiel Ansätze, die versuchen, die Ähnlichkeit vermittels der Form oder des Umrisses zu bestimmen, erfolgreich sein könnten. Denken Sie zum Beispiel an Schattenrisse. Wir können Schatten zumeist unproblematisch den Gegenständen zuordnen, durch die sie verursacht werden. Hierzu ist nicht einmal ein Bildbegriff nötig. Die Maus erkennt zum Beispiel den Schatten des Bussards und versucht, in ihr Loch zu fliehen."

HERR G.: „Ihr Beispiel ist für mich sehr fragwürdig. Meines Erachtens ist für die Maus der Schatten kein Bild, sondern ein natürliches Zeichen dafür, daß ein Bussard in der Nähe ist. Wir sollten, so meine Ansicht, versuchen, visuell wahrnehmbare natürliche Zeichen – wie zum Beispiel Schatten, Rauch und eventuell auch Spiegelbilder – von Bildern wie Portraits, Landschaftsbilder, gegenstandslose Bilder, Sprachbilder und so fort zu unterscheiden. Eine Form oder ein Umriß auf einem Bild kann vielem ähnlich sein – denken Sie zum Beispiel nur an Kippbilder wie den bekannten Hasen-Enten-Kopf. Doch kehren wir lieber zurück zu unserem Helmut Kohl-Foto. Ihrer Auffassung nach, soweit ich Sie verstehe, kann ich die Birnenform, die im Foto zu sehen ist, auf das Gesicht

Helmut Kohls projizieren und kann dadurch die Ähnlichkeit zwischen Foto und Gesicht erkennen. Dazu muß ich jedoch zuvor das Foto als Menschenbild, Männerbild etc. klassifizieren. Zu dieser Klassifikation bedarf ich jedoch nicht der Ähnlichkeit zwischen Bild und abgebildetem Gegenstand, sondern wenn überhaupt, der Ähnlichkeit zwischen Menschbildern, Rotkäppchenbildern und so fort. Das heißt, der entscheidende Punkt beim Bildverstehen oder Bilderkennen ist nicht das Sehen von Ähnlichkeiten zwischen Bild und dargestelltem Gegenstand, sondern das Klassifizieren des Ereignisses als Bild und des Bildes als multiple Exemplifikation. Ich muß zum Beispiel erkennen, ob es ein gegenstandsloses Bild ist oder ein Abbild, ob es ein Menschen- oder Tierbild ist und so fort. Die Ähnlichkeit ist, wenn überhaupt, höchstens nur insoweit von Interesse, wie sie uns zum Beispiel erlaubt, Rotkäppchenbilder von Elefantenbildern zu unterscheiden."

HERR S.: „Seien Sie mir bitte nicht böse Hr. G., aber meines Erachtens verkomplizieren sie die Sache vollkommen ungerechtfertigt. Ich erkenne doch auf dem Foto Helmut Kohl ganz einfach und muß dazu nicht im geringsten auf ihren seltsamen Begriff der Exemplifikation zurückgreifen."

HERR G.: „Ich möchte gar nicht bestreiten, daß sie relativ leicht erkennen, daß es sich bei dem Foto um ein Helmut-Kohl-Foto handelt. Ich versuche nur zu erklären, was solch einem Erkennen vorhergehen muß. Hierzu gehört meiner Auffassung nach, daß Sie zuerst einmal erkennen müssen, daß es sich bei diesem Stück Papier um ein Bild handelt. Denken Sie zum Beispiel nur an die berühmten Mauerflecken von Leonardo. Die Gestalt alleine macht aus den Mauerflecken noch gar nichts. Ich muß die Flecken erst einmal als Bilder von einem bestimmten Typ klassifizieren, damit die Flecken (oder gar die ganze Mauer) zu Bildern werden. Das heißt, ich muß die Flecken als Zeichen auffassen, die bestimmte Eigenschaften exemplifizieren. Dies ist der erste Schritt. In einem zweiten Schritt kann ich dann gegebenenfalls erkennen, ob die zu Bilder gewordenen Mauerflecken Abbilder von etwas sind.

HERR S.: „Weichen Sie aber an dieser Stelle nicht von ihrem fast Namensvetter Nelson Goodman ab, für den ja – soweit ich informiert bin – die Denotation der Exemplifikation immer voraus gehen muß?"

HERR G.: „Als Abweichung würde ich meine Auffassung nicht bezeichnen, sondern bestenfalls als Erweiterung. Meines Erachtens macht sich Goodman relativ wenig Gedanken darüber, wie Zeichen zu ihrer Bezugnahme kommen. Ein Adlerbild denotiert einen Adler oder auch viele. Damit es dies tut, muß es Zeichen in einem pikturalen System sein. Einhornbilder dagegen denotieren nichts, da es keine Einhörner gibt, die sie denotieren können. Daher bleibt nach Goodman für sie nur die Exemplifikation übrig. Mein Ziel in unserm Gespräch war es nun, Ihnen eine Erklärung dafür anzubieten, wie Abbilder funktionieren ohne den Begriff der Ähnlichkeit heranzuziehen. Hierzu habe ich den Begriff der Exemplifikation ins Gespräch gebracht. Soweit ich Nelson Goodmans Schriften kenne, findet sich nichts explizit Ähnliches bei ihm. Ungeachtet dessen beruht auch meine Erklärung auf dem Gedanken, daß gewissermaßen die Denotation der Exemplifikation voraus gehen muß. Denn damit ein Bild Helmut Kohl denotieren kann, muß ich das Bild – wie bereits erwähnt – als Mannbild klassifizieren. Klassifikation dieser Art schließt jedoch Denotation ein. Das heißt, wenn ich zum Beispiel einen Ball als Fußball klassifiziere, schließt diese Klassifikation ein, daß dieser Ball vom Etikett 'Fußball' denotiert wird. Gleiches trifft ebenso auf Mannbilder wie Einhornbilder zu."

Ich hätte noch gerne die Diskussion weiter verfolgt, aber leider hatte ich mein Ziel erreicht und mußte aussteigen.

Zufälligerweise bin ich einige Tage danach auf ein Zitat gestoßen, das, wie ich meine, gut in den Zusammenhang paßt und mit dem ich mein Bericht beende: „I conclude that if we do not understand pictures by noticing resemblances, then we notice resemblances as a result of understanding pictures.“ (Dominic LOPES: Understanding Pictures. Oxford 1996. S. 36.)

JOSEF HEINRICH MEYER-FUJARA und HANNES RIESER

Zur Semiotik von Repräsentationsrelationen. Eine Fallstudie[1]

1. Magrittes Problem und Foucaults Intuition

Magritte reflektierte in den Jahren 1927 bis 1935 Unterschiede zwischen Depiktionen (Bildern), Wörtern und Gegenständen. In diesem Zusammenhang entstand sein wohl bekanntestes Bild „Dies ist keine Pfeife", nachfolgend in einer Version von 1948 wiedergegeben.
Magrittes Intention ist, unter anderem, herauszustellen (so als hätte er GOODMAN (1968) gelesen), daß es sich um ein Pfeifen-Bild, aber nicht um eine Pfeife handle. Agenten in aufgabenorientierten Dialogen halten sich bei ihrer Sprachverwendung nicht an Magrittes Normen. Sie sprechen über Depiktionen so, als würde es sich um Gegenstände der Welt handeln. Diese Technik erweist sich in der Praxis als äußerst effizient.

Abb. 1: Magrittes „La Trahison des Images", 1948 – „Der Verrat der Bilder", genehmigte Reproduktion © VG Bild-Kunst, Bonn 1997

Damit man einen Eindruck davon bekommt, in welchen Kontexten Sprecher sich so verhalten, soll zunächst das experimentelle *setting* eingeführt werden, mit dessen Hilfe einschlägige Sprachdaten

1 Der nachfolgende Text entspricht dem Vortrag, den wir auf der interdisziplinären Tagung „Bild, Bildwahrnehmung, Bildverarbeitung", Otto-von-Guerike-Universität Magdeburg, 5.- 8. März 1997, gehalten haben. Eine erweiterte Version davon wird als Forschungsbericht des SFB 360, „Situierte künstliche Kommunikatoren", Universität Bielefeld, erscheinen.
Wir bedanken uns bei den Kollegen des Projekts CODY, Technische Fakultät der Universität Bielefeld, für die Bereitstellung der Graphiken zum Heck des Baufix-„Flugzeugs" (vgl. zu CODY WACHSMUTH und JUNG (1996)). Bei B. Knafla, Cl. Meier und M. Pomplun bedanken wir uns außerdem für Geduld und Hilfe im Zusammenhang mit der Bearbeitung der verwendeten Graphiken und Bilder.

erhoben wurden. Es besteht in einer Konstruktionsaufgabe, an der zwei Agenten, ein Instruktor und ein Konstruktor, beteiligt sind. Sie sind durch eine Sichtblende voneinander getrennt, können aber frei miteinander kommunizieren. Ihre Aufgabe besteht darin, ein Spielzeugflugzeug der Marke „Baufix" wie in Abb. 2 nachzubauen.

Abb. 2: Das „Baufix"-Flugzeug

Der Instruktor hat das Flugzeug, nach einem Plan aufgebaut, vor sich stehen. Der Konstruktor hat die zum Aufbau notwendigen „Baufix"-Teile vor sich liegen. Der Instruktor gibt die Anweisungen, der Konstruktor baut nach. Ein Versuchsleiter eröffnet und beendet die Sitzung und fungiert als Entscheidungsinstanz. Mit diesem *setting* wurden folgende empirische Daten erhoben: 27 Klassifikationsdialoge (Klassifikation der involvierten „Flugzeug"-Teile), 22 Konstruktionsdialoge, Sprachaufnahmen nach Instruktor und Konstruktor getrennt, Videos der Aktivitäten von Instruktor und Konstruktor (Körperbewegung, Kopfhaltung, Position des Flugzeugs bzw. der Flugzeugteile auf der Arbeitsfläche) und eine Augenbewegungsstudie, welche die Sequenz der fovealen Fixationen eines Instruktors während des Aufbaus des „Flugzeug"-Hecks erfaßt. Dieses Material liegt den folgenden Ausführungen zugrunde.

Nun ein Beispiel aus einem Konstruktionsdialog (SFB360, o.J.):

> *Instruktor*: Soso, der Mann, der muß jetzt also *dieses* <pause.> *Flugzeug hier* bauen. Und der hat jetzt genau die Teile, die ich vorher auch hatte?
> *Versuchsleiter*: Mhmmhm.

Der Instruktor will hier sicher sein, daß die Teile auf beiden Seiten der Sichtblende identisch sind. Er verwendet *Flugzeug*, obwohl kein Flugzeug vorliegt. Außerdem haben wir einen Fall von „verschobener" Referenz vorliegen, da der Konstruktor nur „sein" Flugzeug aufbauen kann, aber nicht *dieses Flugzeug hier*. Das Problem der „verschobenen" Referenz klammern wir hier aus.

Die Korpus-Daten zeigen, daß Agenten *ad-hoc*-Redeweisen dieser Art (später als Metonymien eingeführt) erfinden und systematisch verwenden. Eine ähnliche Beobachtung hatte bereits FOUCAULT in *Dies ist keine Pfeife* (1973, dt. 1997, 11) zu Magrittes Pfeifen-Bild gemacht: *Und doch sagt man gewöhnlich: Was ist das, dieses Bild? – Das ist ein Kalb, das ist ein Quadrat, das ist eine Blume. Diese alte Gewohnheit entbehrt nicht jeglicher Grundlage É* Interessanterweise bezieht Foucault sich auf den „gewöhnlichen" Sprachgebrauch.

2. Explikanda: Metonymien und Repräsentationsrelationen

Wie können Ausdrücke wie *Flugzeug*, *Flügel*, *Heck* etc., von Agenten verwendet für „Baufix"-Aggregate, klassifiziert werden? *Prima facie* liegt eine Form der nichtwörtlichen Sprachverwendung vor, die Verwendung einer „übertragenen" Bedeutung, die sich grob mit dem Gebrauch von Metaphern vergleichen läßt. In der rhetorischen Tradition nennt man solche Ausdrücke *Metonymien*. Die Zuordnung von natürlichsprachlichen Ausdrücken zu Metonymien erfolgt aufgrund von „Kontiguitäts-Eigenschaften", die verschiedener Natur sein können, z.B. Teil für Ganzes, Behälter für Inhalt, Besitzer für Besitz, cf. *Quadrat* für Würfel oder *Ich* für Auto in respektive *Nimm das Quadrat!* oder *Ich stehe draußen.*

Ein Problem beim Versuch, eine einheitliche Metonymie-Theorie zu entwickeln, besteht darin, daß Metonyme unterschiedliche Relationen ausbeuten können. Welche Relation liegt nun den „Flugzeug"-Metonymien zugrunde? Die Antwort darauf basiert auf der Überlegung, daß das „Baufix"-Objekt deshalb „Flugzeug" genannt wird, weil es sich auf Flugzeuge in der Welt beziehe und diese, wie und wie unvollständig auch immer, abbilde. Deshalb könne man sagen, daß den „Flugzeug"-Metonymien eine Repräsentations-Relation oder, genauer, eine Depiktions-Relation zugrundeliege, ähnlich wie den obigen Foucaultschen Redeweisen *Das ist ein Kalb, das ist ein Quadrat, das ist eine Blume* – in Bezug auf bestimmte Bilder gemacht – eine Depiktions-Relation zugrundeliege. Analoges könnte man für Stadtpläne, Statuen, Karten oder Fotos sagen, auch diese bilden ab. *Hast du Magdeburg?* könnte eine Frage nach einem geeigneten Stadtplan sein. Auch „vermischte" Sätze der Art *Ich habe Magdeburg, aber es ist sowieso eine einzige Baustelle.* sind durchaus denkbar.

Für Depiktionen haben sich zwei forschungsleitende Intuitionen herauskristallisiert, die sich folgendermaßen auf das „Baufix"-Flugzeug übertragen lassen: Die erste, schon angesprochene, besagt, daß die Depiktion „Baufix"-Flugzeug Flugzeuge abbilde oder Flugzeuge denotiere. Damit bewegt man sich in einer Tradition, die auf CASSIRER (vgl. dazu den Beitrag von PLÜMACHER „Sinn der Bilder" in diesem Band), GOODMAN (1968), oder, in jüngster Zeit, auf BARWISE und ETCHEMENDY (1995, 211-234) zurückzuführen ist. Die zweite läßt sich wie folgt charakterisieren: Die Depiktion „Baufix"-Flugzeug „bewahrt" dimensionale und konfigurationale/analoge Information. Die Hypothese der Informationsbewahrung wird z.B. von SLOMAN (1971, 209-225), PALMER (1978, 259-303), BIEDERMAN (1993, 314-328) oder HABEL u.a. (1995, 627-657) vertreten. In diesem Papier versuchen wir, eine Explikation eines „depiktionalen Denotationsbegriffs" anhand eines Beispiels zu geben, d.h. zu erklären, wie es dazu kommt, daß ein Objekt wie das „Baufix"-Aggregat etwas in der Welt abbildet. Die Erklärung basiert auf der Annahme, daß Depiktionen, Bilder, Diagramme, Modelle, Piktogramme und dgl. strukturierte semiotische und somit formal beschreibbare Objekte sind. Die involvierte Struktur mag in einem Fall leichter zu ermitteln sein, in einem anderen Fall schwerer, aber das ändert grundsätzlich nichts an der Strukturiertheit der Objekte.

3. Depiktionen als strukturierte semiotische Objekte

Nimmt man die Idee, daß Depiktionen strukturiert sind und so gebraucht werden, daß sie sich auf Gegenstände der Welt beziehen, ernst, dann faßt man sie als strukturierte semiotische Objekte auf.

Nach herkömmlicher Methodologie folgt daraus, daß sie durch ihre Syntax, Semantik und Pragmatik charakterisiert werden müssen, die dann anzugeben ist. Dabei wollen wir uns hier fast gänzlich auf Syntax und Semantik beschränken.

3.1 Syntaktische Intuitionen

Wie ist die Syntax des „Baufix"-Flugzeugs beschaffen? Es besteht letztlich aus Atomen: Lochleisten, Bolzen, Schrauben, Muttern und Lochwürfeln. Aus diesen werden Aggregate aufgebaut und komplexere Aggregate wiederum aus weniger komplexen. Aggregate müssen ihre Atome in bestimmten Konfigurationen enthalten, die Normen unterliegen, z.B. bezüglich ihres Typs, der Winkel, in denen sie zueinander stehen, oder bezüglich der Stellen, an denen sie verbunden sind. Wenn wir diesen Tatbestand in die Redeweise von Teilen und Ganzen übertragen, dann bedeutet dies, daß wir elementare Teile haben, Ganze, die daraus geformt sind, sowie komplexere Ganze aus Ganzen. Daß die Art und Weise des Verbundenseins von Atomen eine Rolle spielt, bedeutet syntaktisch, daß wir Wohlgeformtheitseigenschaften vorliegen haben: nur bestimmte, so-und-so-beschaffene Aggregate sind wohlgeformt. Dies sieht man aus der Abb. 3, die eine „Picasso"-Version des „Baufix"-Flugzeugs darstellt. In der Syntax werden als Zeichen für die wohlgeformte Verbindung „synkategorematisch" eingeführte Objekte verwendet. Ihre Interpretation erfolgt in einer semantischen Metasprache. Die Objekte bilden ab, daß das Zusammenfügen von „Baufix"-Objekten zu komplexeren Aggregaten Resultat einer bestimmten „Fügehandlung" ist.

Abb. 3: „Picasso"-Version des „Baufix"-Flugzeugs

Man kann natürlich stipulieren, daß es sich bei dem Gebilde in Abb. 3 um eine Flugzeug-Depiktion handle, aber diese kann sich nicht auf die oben angeführten Mechanismen der Informationsbewahrung stützen. Infolgedessen muß die Konvention, dieses „Baufix"-Aggregat *Flugzeug* zu nennen, für hinzukommende Mitglieder der Sprechergruppe immer von neuem etabliert und abgesichert werden. Dagegen ist das in Abb. 4 dargestellte Heck wohlgeformt. Das bisher Gesagte legt es nahe, die strukturellen Restriktionen des „Baufix"-Flugzeugs im Rahmen einer Syntax zu beschreiben, wobei wir folgende Dinge bei deren Aufbau zu beachten haben, die hier in fünf Thesen zusammengefaßt werden:

1. Es gibt elementare Teile, Atome, aus denen die Figur letztlich besteht.

2. Aggregate sind aus Atomen oder Aggregaten geringerer Komplexität aufgebaut.
3. Aggregate sind auf bestimmte Art und Weise verbunden. Es ist klar, welche wohlgeformt sind und welche nicht.
4. Kein Atom und kein Aggregat kann mehrfach verbaut werden. Die Gesamtfigur „schluckt" Atome oder Aggregate. Wir haben somit nicht unbeschränkt viele Objekte eines Typs zur Verfügung.
5. Es gibt sehr viele Weisen, das Flugzeug aufzubauen, ohne daß dadurch alternative Flugzeuge entstünden (spurious ambiguities).

Die Analogie zwischen dem „Baufix"-Flugzeug und einem Ausdruck aus einer natürlichen oder formalen Sprache ist nur oberflächlich. Das zeigen die Thesen 4 und 5. Die Analogie zwischen Sprache und Depiktion entsteht einzig und allein dadurch, daß Ausdrücke aus Sprachen auch als hierarchisch strukturiert gedacht werden. Die Tatsache, daß sich das „Baufix"-Flugzeug als syntaktisches Objekt beschreiben läßt, macht es nicht sprachähnlich, sie besagt nur etwas über die Brauchbarkeit von Syntaxen, um Strukturen zu kodieren.

Abb. 4: Wohlgeformtes Heck

Eine Syntax, die zur Beschreibung des „Baufix"-Flugzeugs verwendet werden kann, muß berücksichtigen, daß man mit den „Baufix"-Atomen beliebig viele komplexe Aggregate irgendwelcher Art aufbauen kann (siehe Abb. 3). Aus der Menge dieser Aggregate, die im übrigen auch den Restriktionen 1., 2., 4. und 5. unterliegen, müssen die wohlgeformten „Baufix"-Flugzeuge „ausgefiltert" werden. Diese Beobachtung legt es nahe, ein Syntaxformat zu verwenden, das aus einem allgemeinen „generativen" Apparat zur Spezifikation von Aggregaten und einem dazugehörigen restringierenden „Filter" besteht. Die Objekte im Filter heißen üblicherweise *constraints*, Zulässigkeitsbeschränkungen oder Wohlgeformtheitsbedingungen. Neuere Syntaxparadigmen wie *Generalized Phrase Structure Grammar*, *Head Driven Phrase Structure Grammar* oder unifikationsbasierte Systeme verfahren nach ähnlichen Prinzipien. Wir geben hier nur die Syntax für das „Flugzeug"-*Heck* an.

3.2 Syntax

- Die Syntax wird spezifiziert als eine verallgemeinerte Phrasenstrukturgrammatik mit Annotationen. Dies ist zunächst ein Quadrupel <NT, T, S, R> mit folgenden Eigenschaften:

- NT ist eine endliche Menge von Nichtterminalsymbolen (die jeweils Kategorien entsprechen),
- T ist eine endliche Menge von Terminalsymbolen (sie entsprechen konkreten Baufix-Atomen und den synkategorematischen Zeichen für eine wohlgeformte Verbindung),
- S ist ein spezielles Nichtterminalsymbol, das sogenannte Startsymbol (es steht für wohlgeformte Ganze),
- R ist eine endliche Menge von Bildungsregeln der Form G $\leftarrow$ a, wobei G ein Nichtterminalsymbol und a eine Folge von Symbolen ist, in der Nichtterminal- und Terminalsymbole auftauchen dürfen. Die Regeln drücken aus, in welcher Weise und aus welchen Komponenten Aggregate zusammengefügt werden dürfen.

Der Tatsache, daß Atome und Aggregate nicht mehrfach verbaut werden können, wird dadurch Rechnung getragen, daß von den Bildungsregeln nur solche verwendet werden dürfen, die bestimmten Constraints (Bedingungen) genügen. Dazu werden den Nichtterminalsymbolen Parameter, d.h. besondere Annotationen zugeordnet; die Constraints werden durch Gleichungen zwischen den Parametern beschrieben. Die Parameter haben als zulässige Werte Mengen von Terminalsymbolen und verwalten, aus welchen „Baufix"-Atomen ein Aggregat zusammengesetzt ist.

Das Ganze, das wir betrachten, ist der Heckaufbau des „Baufix"-Flugzeuges; ihm entspricht demgemäß unser Startsymbol S. (Die Syntax läßt sich selbstverständlich für das Gesamt-Baufixflugzeug erweitern; wir beschränken uns auf den Heckaufbau wegen des geringeren Platzbedarfs).

Die zur Konstruktion verfügbaren Atome sind vier Dreilochleisten, genannt $3ll_1$, $3ll_2$, $3ll_3$, $3ll_4$, zwei Fünflochleisten: $5ll_1$, $5ll_2$, ein roter Lochwürfel: lwr_1, eine rote Schlitzschraube: ssr_1 und zwei rote Sechskantschrauben: skr_1, skr_2.

Das Aggregat, das durch Hindurchstecken der roten Sechskantschraube skr_1 durch ein äußeres Loch der Dreilochleiste $3ll_1$ entsteht, bezeichnen wir mit $[_{X1} f_1, 3ll_1, skr_1]$. Dabei ist f_1 ein synkategorematisches Terminalsymbol, das die spezielle Anordnung beschreibt. Die allgemeine Bildbarkeit von Aggregaten dieser Form aus einer Dreilochleiste und einer roten Sechskantschraube ist durch die Regel $X_1 \leftarrow f_1$, 3LL, SKR gegeben. X_1 entspricht der Kategorie der Aggregate dieser Form.

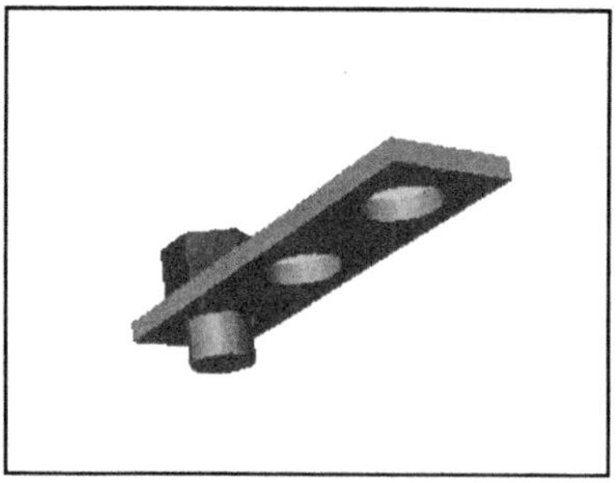

Abb. 5: Aggregat aus roter Sechskantschraube und Dreilochleiste

Um die Atome, aus denen X_1 aufgebaut ist, verwalten zu können, ergänzen wir die Schreibweise zu $X_1(M_1) \leftarrow f_1$, $3LL(M_2)$, $SKR(M_3)$, wobei M_1, M_2 und M_3 Parameter sind, die als Werte Mengen von Baufixatomen annehmen können. (Zur Benutzung von Parametern vgl. WIRTH (1996)). Die Bildung

des konkreten Aggregats aus skr_1 und $3ll_1$ wird entsprechend beschrieben durch $X_1(\{skr_1, 3ll_1\}) \leftarrow f_1, 3LL(\{3ll_1\}), SKR(\{skr_1\})$.
Die Tatsache, daß zur Kategorie der Dreilochleisten die konkreten Objekte $3ll_1$, $3ll_2$, $3ll_3$ und $3ll_4$ gehören, wird durch $3LL(\{3ll_1\}) \leftarrow 3ll_1$, $3LL(\{3ll_2\}) \leftarrow 3ll_2$, $3LL(\{3ll_3\}) \leftarrow 3ll_3$ und $3LL(\{3ll_4\}) \leftarrow 3ll_4$ notiert.
Die Bildung des Aggregats, das entsteht, indem ein Aggregat der Struktur X_1 mit einem roten Lochwürfel verschraubt wird, wird durch $X_2(M_1) \leftarrow f_2, X_1(M_2), LWR(M_3)$ beschrieben; X_2 steht also für die Kategorie der Aggregate dieser Struktur.

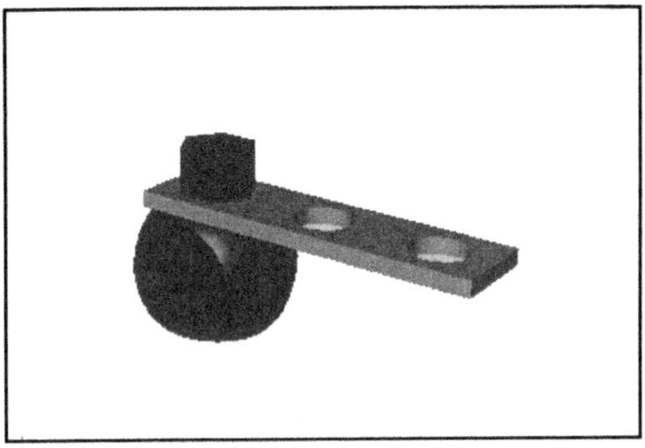

Abb. 6: Aggregat aus rotem Lochwürfel und einem Aggregat aus roter Sechskantschraube und Dreilochleiste

Weiter beschreibt $X_3(M_1) \leftarrow f_3, SSR(M_2), 5LL(M_3)$ die Bildung des Aggregats aus einer Fünflochleiste und einer durch deren mittleres Loch gesteckten roten Schlitzschraube.

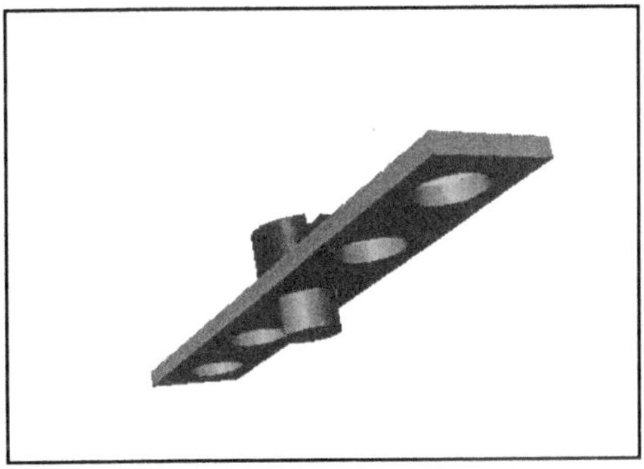

Abb. 7: Aggregat aus Fünflochleiste und roter Schlitzschraube

Schließlich beschreibt $S(M_1) \leftarrow f_4, X_3(M_2), X_2(M_3)$ die Bildung des Aggregats, das entsteht, wenn die Schlitzschraube des Aggregats X_3 in dasjenige Loch des roten Lochwürfels geschraubt wird, das der roten Sechskantschraube des Aggregats X_2 gegenüberliegt – so, daß die Fünfloch- und die Dreilochleiste einen rechten Winkel zueinander bilden (s. Abb. 4). Dieses Aggregat wird von den Probanden häufig als „Flugzeugheck" bezeichnet.

Zusammengefaßt lauten die Regeln der Grammatik:

[R1.] $X_1(M_1) \leftarrow f_1, 3LL(M_2), SKR(M_3)$

[R2.] $X_2(M_1) \leftarrow f_2, X_1(M_2), LWR(M_3)$

[R3.] $X_3(M_1) \leftarrow f_3, 5LL(M_2), SSR(M_3)$

[R4.] $S(M_1) \leftarrow f_4, X_2(M_2), X_3(M_3)$

[R5.] $5LL(\{5ll_1\}) \leftarrow 5ll_1$

[R6.] $5LL(\{5ll_2\}) \leftarrow 5ll_2$

[R7.] $SSR(\{ssr_1\}) \leftarrow ssr_1$

[R8.] $3LL(\{3ll_1\}) \leftarrow 3ll_1$

[R9.] $3LL(\{3ll_2\}) \leftarrow 3ll_2$

[R10.] $3LL(\{3ll_3\}) \leftarrow 3ll_3$

[R11.] $3LL(\{3ll_4\}) \leftarrow 3ll_4$

[R12.] $SKR(\{skr_1\}) \leftarrow skr_1$

[R13.] $SKR(\{skr_2\}) \leftarrow skr_2$

[R14.] $LWR(\{lwr_1\}) \leftarrow lwr_1$

Die Menge der Nichtterminalsymbole ist $NT = \{ X_1, X_2, X_3, S \}$; die Menge der Terminalsymbole ist $T = \{ lwr_1, skr_2, skr_1, 3ll_4, 3ll_3, 3ll_2, 3ll_1, ssr_1, 5ll_2, 5ll_1 \}$; das Startsymbol ist S. Die ersten vier Regeln unterliegen dem Constraint $M_1 = M_2 \cup M_3$, $M_2 \cap M_3 = \varnothing$.

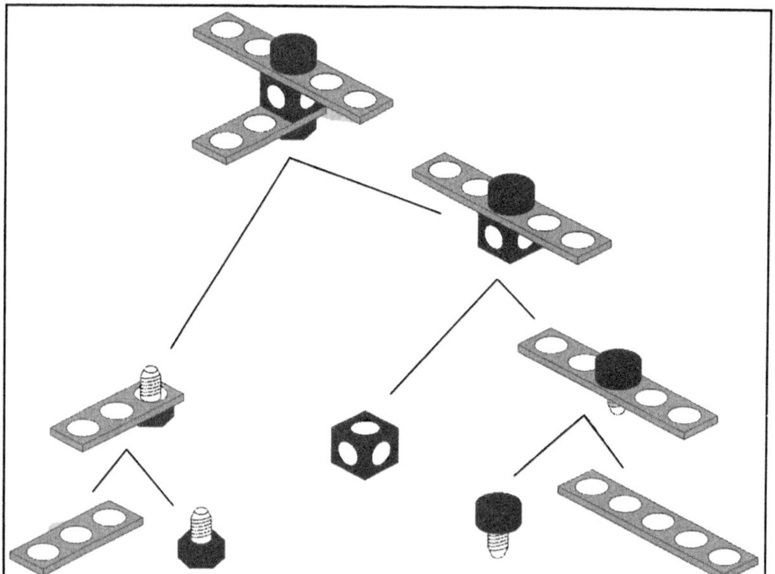

Abb. 8: Aggregat, das Flugzeughecks depiktioniert

Eine in dieser Grammatik zulässige Ableitung lautet etwa

$3LL(\{3ll_1\}) \leftarrow 3ll_1$ *Dreilochleiste*

$SKR(\{skr_1\}) \leftarrow skr_1$ *rote Sechskantschraube*

$X_1(\{3ll_1, skr_1\}) \leftarrow f_1, 3LL(\{3ll_1\}), SKR(\{skr_1\})$ *Dreilochleiste u. rote Sechskantschraube*

$LWR(\{lwr_1\}) \leftarrow lwr_1$ *roter Lochwürfel*

$X_2(\{3ll_1, skr_1, lwr_1\}) \leftarrow f_2, X_1(\{3ll_1, skr_1\}), LWR(\{lwr_1\})$ *X1 und roter Lochwürfel*

$5LL(\{5ll_1\}) \leftarrow 5ll_1$ *Fünflochleiste*

$SSR(\{ssr_1\}) \leftarrow ssr_1$ *rote Schlitzschraube*

$X_3(\{5ll_1, ssr_1\}) \leftarrow f_3, 5LL(\{5ll_1\}), SSR(\{ssr_1\})$ *Fünflochleiste und rote Schlitzschraube*

$S(\{3ll_1, skr_1, lwr_1, 5ll_1, ssr_1\}) \leftarrow$

$f_4, X_2(\{3ll_1, skr_1, lwr_1\}), X_3(\{5ll_1, ssr_1\})$ *X_2 und X_3: das Flugzeugheck*

3.3 Semantik

Wie schon in Bezug auf die Syntax, lassen sich auch für die Semantik Leithypothesen angeben:

1. Die Semantik folgt der Syntax.
2. „Baufix"-Atome denotieren „Baufix"-Atome.
3. Aggregate denotieren Aggregate oder Flugzeugteile bzw. Flugzeuge.
4. Die Interpretation der funktionalen syntaktischen Objekte, der „f"s, funktioniert als Filter. Sie entscheidet über das Denotat der aufgebauten Konfiguration aus „Baufix"-Teilen.

Aus 1. folgt, daß die Syntax das Kompositionalitätsprinzip für die Semantik beisteuert.

2. besagt, daß unsere Depiktionen eine autosemantische Komponente haben. Betroffen sind die atomaren Teile, die nichts depiktionieren. Diese autosemantische Komponente wird durch diejenigen unter den 27 Klassifikationsdialoge nahegelegt, in denen keine Flugzeugmetonymien vorkommen. Über Hypothese 4 werden z.B. diejenigen Aggregate ausgefiltert, deren Teile nicht den geforderten Winkeln entsprechen oder die nicht an den erforderlichen Stellen (Löchern) verknüpft sind. Die Umsetzung dieser Intuitionen kann durch eine Erweiterung des klassischen Modellbegriffs erfolgen. Wir lassen Modelle mit einem gesorteten Individuenbereich zu. Die benötigten Sorten sind „Baufix"-Atome, „Baufix"-Aggregate, Flugzeugteile und Flugzeuge. Die Sorte „Baufix"-Atome umfaßt die „Baufix"-Teile eines „Baufix"-Flugzeugs, die Sorte „Baufix"-Aggregate umfaßt die möglichen baubaren Objekte, seien sie nun flugzeugähnlich oder nicht. Die Sorte Flugzeugteile umfaßt tatsächliche Flugzeugteile und die Sorte Flugzeuge die einmotorigen Hochdecker. Der zweite Punkt, an dem die klassische Vorstellung eines Modells verändert wird, ist die Bewertungsfunktion für Konstante: Wir lassen spezielle Bewertungsfunktionen zu, genauer ein Paar von Bewertungsfunktionen, aus mnemotechnischen Gründen notiert als $<V_{Baufix}, V_{Flugzeug}>$, die jedem Objekt *x* einen Wert zuordnen, derart daß[2]

$$<V_{Baufix}, V_{Flugzeug}>(x) = \begin{cases} V_{Baufix}(x), & \text{falls } x \notin \mathrm{Dom}(V_{Flugzeug}) \\ V_{Flugzeug}(x), & \text{falls } x \notin \mathrm{Dom}(V_{Baufix}) \\ <V_{Baufix}(x), V_{Flugzeug}(x)>, & \text{falls } x \in \mathrm{Dom}(V_{Flugzeug}) \text{ und } x \in \mathrm{Dom}(V_{Baufix}). \end{cases}$$

Die semantische Interpretation für das Objekt „Flugzeug"-Heck sieht dann insgesamt so aus:
Das zugrundegelegte Modell ist $M = <U, <V_{Baufix}, V_{Flugzeug}>>$.
U ist das Diskursuniversum und $<V_{Baufix}, V_{Flugzeug}>$ die oben eingeführte komplexe Bewertungsfunktion. Die Bedeutung eines Objekts x relativ zu M notieren wir als $[\![[x]]\!]^M$. U ist gesortet, wobei BaufAto die Sorte der „Baufix"-Atome ist, BaufAgg die Sorte der möglichen „Baufix"-Aggregate,

2 Wir weichen hier von der Standarddefinition von $<\varphi_1, \varphi_2>$ ab, die für zwei Funktionen φ_1, φ_2 bedeuten würde: $<\varphi_1, \varphi_2>(x) = <\varphi_1(x), \varphi_2(x)>$.

FlT die Sorte der elementaren und nichtelementaren Flugzeugteile von einmotorigen Hochdeckern mit Propeller, BaufAggFl* das ausgezeichnete Aggregat „Baufix"-Flugzeug und Fl die Sorte der einmotorigen Hochdecker mit Propeller.

BaufAto ist die Menge { lwr_1, skr_2, skr_1, $3ll_4$, $3ll_3$, $3ll_2$, $3ll_1$, ssr_1, $5ll_2$, $5ll_1$ }. Somit besteht BaufAto aus einem roten Lochwürfel, zwei roten Sechskantschrauben, vier Dreilochleisten, einer roten Schlitzschraube und zwei Fünflochleisten. BaufAto ist überdies nach gleichartigen Objekten gesortet: 5LL bezeichnet die Sorte der Fünflochleisten, 3LL jene der Dreilochleisten, SSR die Sorte der roten Schlitzschrauben, SKR die Sorte der roten Sechskantschrauben und LWR die Sorte der roten Lochwürfel. Zur Sorte BaufAgg gehören u.a. X_1, X_2, X_3, S und das „Picasso"-Objekt. X_1 ist ein Aggregat, bestehend aus einer Dreilochleiste und einer roten Sechskantschraube, wobei die Sechskantschraube in einem Endloch der Dreilochleiste steckt. X_2 ist X_1 mit einem daran geschraubten roten Lochwürfel. X_3 ist ein selbständiges Aggregat: eine Fünflochleiste, in deren mittleres Loch eine rote Schlitzschraube gesteckt ist. S ist ein Aggregat, das durch Verschraubung der Aggregate X_2 und X_3 entsteht, wenn die rote Schlitzschraube in das der roten Sechskantschraube gegenüberliegende Loch des Lochwürfels geschraubt wird. Das „Picasso"-Objekt ist in Abb. 3 abgebildet. Dazu können noch alle möglichen verschiedenen, aus „Baufix"-Atomen aufbaubaren Aggregate kommen.

Wir spezifizieren zunächst die Semantik der „Baufix"-Atome und hernach die Semantik der Aggregate. Wir verwenden x, y, z ... als Variablen über „Baufix"-Atome und -Aggregate.

Zunächst zu den „Baufix"-Atomen.

(1) Für alle $x \in$ BaufAto gilt $[\![[x]]\!]^M = \langle V_{Baufix}, V_{Flugzeug}\rangle(x) = V_{Baufix}(x) = \{ x \}$.

Wenn etwas ein „Baufix"-Atom ist, dann bezeichnet es sich selbst. Es bezeichnet nichts außerhalb seiner selbst Liegendes. Es depiktioniert nicht.[3]

Nun zu den synkategorematischen Ausdrücken f_1, f_2, f_3 und f_4.

(2)(i) $[\![[f_1]]\!]^M = \langle V_{Baufix}, V_{Flugzeug}\rangle(f_1) = V_{Baufix}(f_1) = \{ \langle x, y\rangle \mid x$ steckt in einem Endloch von $y \}$.

f_1 erhält als Semantik diejenigen Paare, deren zweites Element in einem Endloch des ersten steckt. Damit erfaßt f_1 viele solcher Paare, u.a. auch die Dreilochleiste mit der darin steckenden Schraube.

(2)(ii) $[\![[f_2]]\!]^M = \langle V_{Baufix}, V_{Flugzeug}\rangle(f_2) = V_{Baufix}(f_2) =$

$\{ \langle x, y\rangle \mid y$ ist auf eine Schraube von x geschraubt $\}$.

f_2 erfaßt alle verschraubten Paare, u.a. auch den mit der Dreilochleiste verschraubten Lochwürfel.

(2)(iii) $[\![[f_3]]\!]^M = \langle V_{Baufix}, V_{Flugzeug}\rangle(f_3) = V_{Baufix}(f_3) = \{ \langle x, y\rangle \mid y$ steckt im mittleren Loch von $x \}$.

f_2 und f_3 sind voneinander unterschieden. f_3 erfaßt „Zusammensteckungen" von zwei Gegenständen, wobei einer davon ein mittleres Loch haben muß.

(2)(iv) $[\![[f_4]]\!]^M = \langle V_{Baufix}, V_{Flugzeug}\rangle(f_4) = V_{Baufix}(f_4) =$

$\{ \langle z, v\rangle \mid$

$z = \langle z_1, z_2\rangle$,

$z_1 = \langle z_{11}, z_{12}\rangle$,

$\exists f_i \langle z_1, z_2\rangle \in f_i$,

$\exists f_j \langle z_{11}, z_{12}\rangle \in f_j$,

$v = \langle v_1, v_2\rangle$,

$\exists f_k \langle v_1, v_2\rangle \in f_k$,

v_1 steht orthogonal zu z_{11} $\}$.

---

3 Jedenfalls nicht, solange es nicht in ein größeres, depiktionierendes Aggregat eingebaut ist.

f_4 spezifiziert die Menge aller Paare von Aggregaten, die miteinander verschraubt sind, wobei zwei Teile der Aggregate orthogonal zueinander stehen. Beim Heck des "Baufix"-Flugzeugs ist $f_i = f_2$, $f_j = f_1$, $f_k = f_3$, z_1 ein Aggregat aus einer Dreilochleiste z_{11} und einer roten Sechskantschraube z_{12}, z_2 ein roter Lochwürfel, v_1 eine Fünflochleiste und v_2 eine rote Schlitzschraube. Fünfloch- und Dreilochleiste stehen zueinander orthogonal.

Wie bereits die „Baufix"-Atome, denotieren auch f_1 bis f_4 nichts Externes. Es handelt sich bei ihnen nicht um Relationen, die depiktionieren.

$<V_{Baufix}, V_{Flugzeug}>(f_1)$ bis $<V_{Baufix}, V_{Flugzeug}>(f_4)$ sind unterspezifiziert. Die jeweiligen spezielleren Bedeutungen ergeben sich erst dann, wenn an die Stelle der Variablen x, y etc. konkrete semiotische Objekte gesetzt werden.

Im rekursiven Teil der Semantik muß sichergestellt sein, daß jeder syntaktischen Regel eine semantische Regel entspricht. Dies liefert uns das benötigte kompositorische Prinzip (siehe dazu Hypothese 1). Wir schlagen dabei zwei Verfahren ein. Das erste geht von der Idealisierung aus, daß unsere Syntax keine Parameter enthält, d.h. ein Ausdruck wie $3LL(M_2)$ wird so aufgefaßt, als handelte es sich um eine Kategorie ohne interne Struktur. Dies ist weiter nicht bedenklich, da die Syntax die Parameter setzt und vererbt und die Semantik nur das Resultat zu interpretieren hat. Das zweite Verfahren interpretiert Kategorien und die mit ihnen assoziierten Parameter.[4]

3.4 Leistungsfähigkeit des Apparats

Was kann man nun mit dem vorgeschlagenen Apparat erfassen? Man kann damit erfassen, daß nur bestimmte Aggregate metonymisch benannt werden sowie daß nichtmetonymische „Baufix"-Redeweisen und metonymische Redeweisen alternieren. Außerdem wird erfaßt, daß Depiktionen Information bewahren. Dies wird erreicht über das Konzept der syntaktischen Wohlgeformtheit zusammen mit dem Paar der Bewertungsfunktionen $<V_{Baufix}, V_{Flugzeug}>$, wobei der Interpretation der „f"s eine entscheidende Rolle zukommt. Es stellt sich heraus, daß Magrittes Satz *modulo* Repräsentations-Metonymie falsch ist, also bei einer Interpretation, die der oben skizzierten Semantik entspricht und bei der das Pfeifenbild eine Pfeife denotierte (bei gleichzeitiger „deferred reference" für *dies*). Darauf hatte Foucault bereits hingewiesen.

4. Ausblick

Mit den angeführten Mechanismen kann nur ein kleiner Teil der angesprochenen Probleme gelöst werden. Als allererstes fehlt eine Rückbindung an die Metonymie-Diskussion. In erster Annäherung können wir die neue Klasse der „Repräsentationsmetonymien" auffassen als Paar aus einem sprachlichen Ausdruck und einer geeigneten Repräsentationsrelation. In diesem Zusammenhang stellt sich die Frage, ob die neue Bewertungsfunktion $<V_{Baufix}, V_{Flugzeug}>$ bereits als Explikans einer Repräsentationsrelation aufgefaßt werden kann oder ob sie nur in eine solche eingehen muß. In diesem Zusammenhang erweist sich vor allem eine genauere Bestimmung von $x \notin Dom(V_{Flugzeug})$ und $x \notin Dom(V_{Baufix})$ als notwendig. Als besonders schwierig erweist sich die Behandlung folgender Intuition: Selbst wenn die Flugzeug-Depiktion kein Flugzeug denotierte, die Bewertungsfunktion für das gesamte Aggregat also nicht erfüllbar wäre, ist die Verwendung einer Metonymie an-

4 Die beiden Verfahren werden in dem in Fußnote 1 erwähnten Bericht ausführlich dargestellt.

gemessen. Hier haben wir einen Fall von *distribuierender Referenz* vorliegen: Die Teile können „klaglos" denotieren, das Ganze aber nicht. Eine Diskussion, die darauf Bezug nimmt, muß im Zusammenhang mit den Bedingungen für das Vorliegen einer Repräsentationsrelation geführt werden. Des weiteren ist eine Untersuchung der Pragmatik von Repräsentationsmetonymien vonnöten. Sie sollte die Einführung, den interaktiven Nutzen und die „Definitionsgewalt" über solche Metonyme erfassen. Wichtig für den interaktiven Erfolg von Repräsentationsmetonymien scheint weiter zu sein, daß sie auf verschiedenen Granularitätsstufen in Aktion treten. Ist eine Metonymie auf einer „mittleren" Detaillierungsstufe eingeführt, dann kann sie nach unten „gedrückt" werden, es entsteht die Einführungsrichtung vom Heck zum Höhen- oder Seitenruder, aber nicht umgekehrt.

Wie läßt sich der beschriebene Ansatz insgesamt verallgemeinern? Was man zunächst anpeilen kann, ist eine Semiotik für beliebige „dekomponierbare" Flugzeugmodelle. Unsere weiterführende Intuition zum Verallgemeinerungsproblem ist, daß Repräsentationsrelationen mit bestimmten Modellen verbunden sind, daß man also intuitiv für verschiedene Bilder, Modelle u.dgl. verschiedene semiotische Theorien angeben muß.

Literatur

BARWISE, J./ETCHEMENDY, J.: Heterogeneous Logic. In: GLASGOW, J./NARAYANAN, H./ CHANDRASEKARAN, B. (Eds.): *Diagrammatic Reasoning: Cognitive and Computational Perspectives.* Cambridge, Ma: MIT Press 1995

BIEDERMAN, I.: Geon theory as an account of shape recognition in mind and brain. *The Irish Journal of Psychology* 14 (1993), 1-4, 314-328

FOUCAULT, M.: *Dies ist keine Pfeife*. München: Hanser (1973), dt. [2]1997

GOODMAN, N.: *Languages of Art. An Approach to a Theory of Symbols.* Indianapolis, New York: The Bobbs-Merrill Company 1968

HABEL, C./PRIBBENOW, S./SIMMONS, G.: Partonomies and depictions: A hybrid approach. In: GLASGOW, J./ NARAYANAN, H./ CHANDRASEKARAN, B. (Hrsg.): *Diagrammatic Reasoning: Cognitive and Computational Perspectives.* Cambridge, Ma: MIT Press 1995

PALMER, S.E.: Fundamental Aspects of Cognitive Representation. In: ROSCH, E./LLOYD, B.B. (Hrsg.): *Cognition and Categorization.* Hillsdale, N.J.: Lawrence Erlbaum 1978

SFB 360, „SITUIERTE KUENSTLICHE KOMMUNIKATOREN" (Hrsg.): *„Dies ist ein runder Gegenstand ... ". Sprachliche Objektspezifikationen. Arbeitsmaterialien [zur] Interaktion sprachlicher und visueller Informationsverarbeitung.* Bielefeld: Universität Bielefeld, o.J.

SLOMAN, A.: Interactions Between Philosophy and Artificial Intelligence: The Role of Intuition and Non-Logical Reasoning in Intelligence. *Artificial Intelligence* 2 (1971), 209-225

WACHSMUTH, I./JUNG, B. Dynamic Conceptualization in a Mechanical-Object Assembly Environment. *Artificial Intelligence Review* 10 (1996), 3-4, 345-368

WIRTH, N.: *Grundlagen und Techniken des Compilerbaus*, Bonn: Addison-Wesley 1996

MICHAEL BISCHOFF

Nahdistanzkonstruktion und Bildwahrnehmung

1. Einleitung

Der zweite Teil des Rosenromans, der von JEAN DE MEUN wohl um 1270 vollendet wurde, enthält die folgenden Verse:

> „Auch verschiedene Entfernungen erzeugen
> [...] große Täuschungen: [...]
> Selbst einen so kleinen Mann,
> den jeder einen Zwerg nennt,
> lassen sie dem Auge des Betrachters so erscheinen,
> wie wenn er größer als zehn Riesen wäre,
> und er scheint über die Wälder hinwegzugehen,
> ohne einen Zweig zu biegen und zu zerbrechen,
> so daß alle aus Furcht davor zittern;
> und die Riesen erscheinen da wiederum als Zwerge
> in den Augen, die sie so deformieren,
> wenn sie sie auf so verschiedene Weise betrachten.[1]

Obwohl der Autor den Prozeß des Sehens und nicht den des Abbildens zu beschreiben sucht, zeugen seine Zeilen von der Beobachtung eines mitunter irritierenden Phänomens optischer Perspektive, das auch für meine Überlegungen von Belang ist. Ich möchte ein Problem perspektivischer Projektion untersuchen, das sich für Malerei und Fotografie aus der Nahdistanz ergibt, d.h. aus einem Abstand des bildimmanenten Betrachters zum Dargestellten, der im Verhältnis zur Ausdehnung des Bildraums gering ist.

Mit dem Begriff des bildimmanenten Betrachters berühre ich ein wesentliches Merkmal mathematischer Zentralperspektive, deren theoretische Grundlegung im wesentlichen auf das 15. Jahrhundert zurückgeht: Als Ausdruck der Beziehung zwischen sehendem Subjekt und gesehenem Objekt vollzieht sich im perspektivischen Bild die Systematisierung der Erscheinungen der Dinge in bezug auf einen Betrachter. Die Projektion einer räumlichen Situation auf die Bildfläche entspricht dabei einem ebenen Schnitt durch den Sehkegel, dessen Spitze sich im Auge des Künstlers befindet und dessen Grundfläche auf den Bildgegenstand gerichtet ist. Jedem sichtbaren Punkt des Objekts wird ein Punkt auf der Bildfläche genau dort zugeordnet, wo die gedachte Linie zwischen Objektpunkt und Auge die Bildfläche durchstößt. Der sogenannte Hauptfluchtpunkt befindet sich am Fußpunkt des Lots vom Auge auf die Bildfläche.

Von einer Nahdistanzkonstruktion möchte ich sprechen, wenn mindestens eine der beiden folgenden Bedingungen erfüllt ist:

- Der Winkel des Sehkegels ist größer als 36°.
- Der Abstand vom Augenpunkt, d.h. von der Spitze des Sehkegels zur Bildfläche ist kleiner als die Tiefenerstreckung des Bildraums.

Mit der Festlegung eines Sehwinkels von 36° als Mindestwert berufe ich mich auf eine Definition von JANTZEN (1911, 120), die sich an den physiologischen Gegebenheiten des menschlichen Auges

---

[1] OTT (1979, 977 Vers 18209-30).

orientiert: Alle Gegenstände außerhalb dieses Winkels können bei unbewegtem Auge nicht mehr deutlich wahrgenommen werden. Anhand einfacher trigonometrischer Überlegung ergibt sich für Sehwinkel, die größer als 36° sind, ein Abstand des Augenpunkts von der Bildfläche, der nicht mehr als das Anderthalbfache der Bilddiagonale beträgt. Bei exzentrisch gelegenem Hauptfluchtpunkt entspricht dem Maß der Bilddiagonale der Durchmesser eines durch die äußerste Ecke des Bildfelds geschlagenen Kreises, dessen Mitte sich im Fluchtpunkt befindet. Als Konsequenz einer solchen Erweiterung des Sehkegels kommt die perspektivische Projektion der Vereinigung verschiedener Blickrichtungen im Bild gleich, die simultan und ohne Augenbewegung nicht zu erfassen sind.

Meine zweite Festlegung mag zunächst etwas willkürlich erscheinen. Sie wird jedoch dann sinnvoll, wenn sowohl die vorderste Schicht als auch die Tiefe des Bildraums mit „meßbaren" Objekten besetzt ist, d.h. mit Gegenständen, die in der Vorstellung des Betrachters mit einer bestimmten Größe verbunden sind. Dies ist in erster Linie bei menschlichen Figuren und exakt definierten architektonischen Räumen der Fall. Als Resultat einer relativ zur Raumtiefe kleinen Distanz erfolgt im Bild die Vereinigung von Nähe und Ferne. Landschaftsansichten, deren Betrachterabstand im Verhältnis zur Tiefenerstreckung zumeist ebenfalls klein ist, sind in diesem Zusammenhang von nur untergeordneter Bedeutung: Unbekannte Objektgrößen, etwa von Bergen, oder das Hinzutreten von Luftperspektive und Unschärfebereichen mildern die zu diskutierenden Phänomene mathematischer Perspektive ab.

Mein Interesse richtet sich zunächst auf diese Phänomene, die – je nach Grad der Differenz zur Wahrnehmungserwartung des Betrachters – mehr oder weniger stark irritieren. Die verschiedenen Formen solcher Irritationen lassen sich entsprechend der Zweiteilung meiner Definition entweder auf zu große Sehwinkel oder auf eine extreme Tiefe des Bildraums zurückführen. Obgleich es sich auch beim Nahdistanzbild um eine exakte Projektion handelt, die nicht gegen den Regelkanon mathematischer Perspektive verstößt, scheint es die Welt nicht so abzubilden, wie wir sie tatsächlich wahrnehmen. Es soll deshalb in einem weiteren Schritt gefragt werden, ob diese Differenz zum Wahrnehmungsvorgang als Argument für eine relativistische Interpretation der Zentralperspektive herangezogen werden kann.[2]

2. Irritationen und ihre Ursachen

Zuerst wende ich mich den Konsequenzen großer Sehwinkel zu. Die Mitteltafel des Abendmahlsaltars, der von Dieric Bouts in den 60er Jahren des 15. Jahrhunderts für die Löwener Peterskirche angefertigt wurde, zeigt einen Innenraum. Seine orthogonalen Tiefenlinien steuern exakt einen Fluchtpunkt an. Anhand eines von DOEHLEMANN (1911, 414) erstellten perspektivischen Schemas läßt sich der Sehwinkel ermitteln *(Abb. 1)*.[3] Er beträgt ca. 80°. Mit der Vereinigung verschiedener Blickrichtungen ist es zu erklären, daß der Fußboden, die Zimmerdecke und relativ viel von den

[2] Die Anfänge der von GOMBRICH (1994, 93) als „moderner Bilderstreit" bezeichneten Diskussion gehen vor allem auf das Erscheinen des Aufsatzes „Die Perspektive als 'symbolische Form'" von PANOFSKY im Jahre 1927 zurück.

[3] Aus Betrachterabstand und Durchmesser des um den Fluchtpunkt, durch die äußerste Ecke des Bildfelds geschlagenen Kreises kann der Sehwinkel bestimmt werden. Das Maß der Tiefenverkürzung, das durch die Fußbodenfliesen im Vordergrund recht genau vorgegeben wird, ermöglicht die Rekonstruktion des Betrachterabstands: Er ergibt sich aus dem Schnittpunkt der verlängerten Diagonalen der Fliesen mit der Horizontlinie.

Abb. 1: Dieric Bouts, Abendmahl (Perspektivisches Schema von DOEHLEMANN)

Seitenwänden sichtbar ist. Dem Betrachter einer vergleichbaren räumlichen Anordnung wäre es nicht möglich, diese Ansichten gleichzeitig zu erfassen. Aufgrund des recht hoch liegenden Fluchtpunkts und der geringen Distanz des bis dicht an den Betrachter herangerückten Bildraums bietet der Fußboden eine starke Aufsicht: Er scheint mit zunehmender Raumtiefe anzusteigen.

Der wohl etwas später entstandene Monforte-Altar von Hugo van der Goes ist in diesem Zusammenhang bemerkenswert, da sein Mittelbild, die Anbetung der Könige in Berlin (Gemäldegalerie), die konsequente Anwendung der Nahdistanz auf eine menschliche Figur vorführt. Obgleich die perspektivische Konstruktion einige Mängel aufweist, ist wegen des großen sichtbaren Anteils der rechtwinklig zur Bildfläche angeordneten Mauerflucht von einem geringen Betrachterabstand auszugehen.[4] Am augenfälligsten unterliegt diesem Abstand der rechts im Bild erkennbare Mohrenkönig. Er nimmt fast die gesamte Bildhöhe ein und wird, mit FIENSCH (1961, 23) gesprochen, „[...] von den Bedingnissen der Nahsicht fast zerbrochen. Man sieht ihm auf den Fuß und unter das Kinn; eine Figur von dieser Erstreckung kann aus diesem Abstand nicht mehr mit einem Blick aufgenommen werden."

In Leonardo da Vincis Manuskripten taucht an verschiedenen Stellen eine Skizze auf, die den Grundriß einer parallel zur Bildfläche stehenden Säulenreihe zeigt *(Abb. 2)*.[5] Sie macht auf einen weiteren scheinbar paradoxen Effekt mathematischer Zentralperspektive aufmerksam: Insbesondere unter einem großen Sehwinkel nimmt die Dicke der Säulen zum Bildrand hin zu. Diese Tatsache ist um so irritierender, als man von den Randsäulen eher erwarten würde, daß sie aufgrund ihrer größeren Entfernung zum Betrachter dünner abgebildet werden müßten. Obwohl an der geometrischen Richtigkeit der Projektion nicht zu zweifeln ist, scheint hier ein Widerspruch zwi-

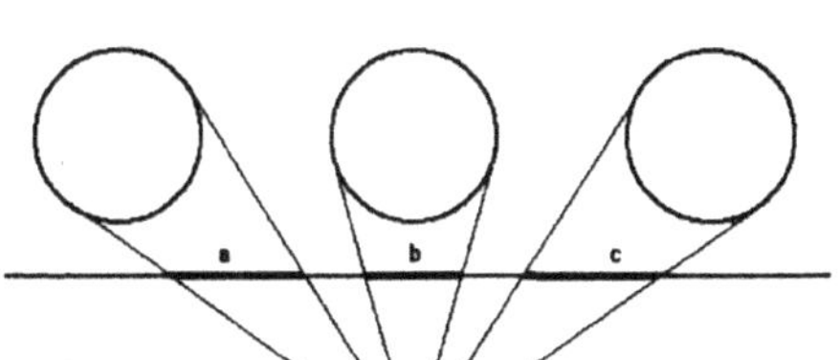

Abb. 2: Zentralperspektivische Konstruktion einer Säulenreihe (nach Leonardo da Vinci)

[4] Während Bouts' Abendmahlstafel zumindest hinsichtlich des Innenraums perspektivisch recht genau konstruiert ist, zeigt Hugos Königsanbetung verschiedene Ungenauigkeiten. Dennoch kann sie das Nahdistanzproblem illustrieren, da sich der Maler der Auswirkungen der nahsichtigen Raumvorgabe auf das Bildpersonal offensichtlich bewußt war.

[5] RICHTER (1883, 1970, 159 Nr. 107 f.; 327 Nr. 544). Das Problem der perspektivischen Projektion einer bildparallelen Säulenreihe wurde bereits von Piero della Francesca bemerkt, der, im Gegensatz zu Leonardo, noch keine befriedigende Erklärung des Phänomens geben konnte. Vgl. PANOFSKY (1927 1974, 128, Anm. 8; WHITE 1957 1987, 209 f. und Anm. 24).

schen Wahrnehmungserfahrung und perspektivischem Bild vorzuliegen. Die Ursache dieses Widerspruchs besteht darin, daß sich eine Säule nicht nur bildparallel, sondern zugleich auch in die Tiefe entwickelt: Das Auge ist nicht imstande, Breiten- und Tiefenaspekte ihrer gerundeten Oberfläche voneinander zu trennen, wobei der projizierte Tiefenanteil zum Rand hin zunimmt (GOMBRICH 1982 1984, 207).

Die Auswirkungen einer im Vergleich zur Distanz großen Tiefe des Bildraums beschränken sich nicht nur auf Irritationen im Randbereich. Eine um 1460 zu datierende Tafel von Piero della Francesca in Urbino (Galleria Nazionale delle Marche) zeigt innerhalb einer offenen Halle, weit in den Hintergrund gerückt und in starker perspektivischer Verkleinerung, die Geißelung Christi. In unmittelbarer Nähe der Bildfläche besetzt eine Gruppe von drei Personen den rechten Vordergrund. Einer Rekonstruktion der räumlichen Anordnung[6] von WITTKOWER und CARTER (1953) sind Grund- und Aufrißproportionen zu entnehmen: Nicht der Sehwinkel, der mit ca. 43° den Grenzwert von 36° nur wenig überschreitet, sondern die Bildtiefe bewirkt den Größenunterschied zwischen Vorder- und Hintergrundfiguren. Sie beträgt im Bereich der Halle fast das Dreifache des Betrachterabstands. Obgleich die Verkleinerung der Personen dem durch die Architektur vorgegebenen Perspektivsystem exakt folgt, geht von der Monumentalität der Dreiergruppe eine irritierende Wirkung aus. Sie ist im Verhältnis zur Christusgestalt mehr als doppelt so groß. Dieser Widerspruch zur Seherwartung ist auf ein Konstanzphänomen menschlicher Wahrnehmung zurückzuführen. Es besteht darin, daß, im Gegensatz zur perspektivischen Projektion, wahrgenommene Größen gleich großer oder bewegter Objekte dahin tendieren, auch bei unterschiedlichem Abstand als konstant empfunden zu werden.[7] Ein Passant wird, nachdem er seinen Betrachterabstand halbiert hat, nicht etwa als nunmehr doppelt so groß wahrgenommen, wie es geometrische Überlegungen zunächst vermuten lassen. Besonders im unmittelbaren Nebeneinander von sehr nahen und entfernten Objekten gleicher Größe kommt diese Differenz zwischen „Bild-" und „Sehgröße" zum Tragen.[8]

Abb. 3: Boris Ignatowitsch, An der Ermitage

[6] Es sei bemerkt, daß sicher das Thema und die vom Künstler danach festgelegte Flächendisposition der Tafel die Konstruktion des Bildraums bedingte und nicht umgekehrt (JANHSEN 1990, 40). Immerhin kommen innerhalb der in einem weiteren Schritt exakt konstruierten Architekturkulisse die hier zu diskutierenden perspektivischen Phänomene zum Tragen.

[7] Als Erklärung der Größenkonstanz gibt VERNON (1970 1974, 158-166) an, daß die Verkleinerung des Sehwinkels [hier: der Winkel, unter dem ein Objekt gesehen wird] von entfernten Objekten anscheinend mit Hilfe der wahrgenommenen Distanz kompensiert werde. Sie vertritt ferner die Ansicht, die Kenntnis der objektiven Gegenstandsgröße beeinflusse die Konstanzwahrnehmung. Dagegen weist HOCHBERG (1964 1977, 66 f.) darauf hin, daß sich Größenkonstanz auch bei völlig unbekannten Objekten einstellt.

[8] GOMBRICH (1984, 18; 1994, 96 f.) Bereits JAENSCH (1911, 157) führt auf die Differenz zwischen „Bild-" und „Sehgröße" zurück, daß „[...] ein perspektivisch richtig gezeichnetes Bild, auf welchem gleichzeitig Fernes und Nahes dargestellt ist, verzeichnet erscheinen [wird]."

Die Tatsache, daß die Fotografie im Hinblick auf die Geometrie der Raumdarstellung zum gleichen Ergebnis wie die zentralperspektivischen Konstruktionsmethoden der Maler gelangt, erlaubt es, auch dieses Medium in meine Überlegungen einzubeziehen. Eine Arbeit von Boris Ignatowitsch aus dem Jahr 1930 (Moskau, Puschkin-Museum), die eine Ansicht der St. Petersburger Ermitage bietet, thematisiert bewußt den aus kleiner Distanz und großer Raumtiefe resultierenden Effekt *(Abb. 3)*. Der Fuß einer Skulptur im Vordergrund beansprucht ca. ein Drittel der gesamten Bildfläche. Er erscheint überdimensional groß gegenüber den Menschen, die links daneben in einem Ausblick auf den Vorplatz erkennbar sind. Während die Größe der Personen in Pieros „Geißelung" immerhin noch anhand des durch die Architektur vorgegebenen Koordinatensystems nachprüfbar war und der Blick an den konvergierenden Tiefenlinien entlang in den Bildraum geführt wurde, ist hier die Vermittlung zwischen Vorder- und Mittelgrund aufgelöst. Dem mit den örtlichen Gegebenheiten nicht vertrauten Betrachter ist es unmöglich, die genauen Größenverhältnisse des Fußes zu rekonstruieren, zumal es sich um ein Teil einer Skulptur unbekannten Ausmaßes handelt.

3. Kompensation

Die vorgeführten Auswirkungen der Nahdistanz auf das perspektivische Bild wurden bereits von verschiedenen Renaissance-Theoretikern bemerkt. Ich möchte mich auf die Diskussion entsprechender Äußerungen in Leonardos „Traktat von der Malerei" und seinen Notizbüchern beschränken, da sie überzeugend die Bedingungen erläutern, unter denen einige der Phänomene nicht auftreten.

Beim Festhalten an einer geringen Augendistanz gäbe es zwei Möglichkeiten, den Eindruck der Randverzerrung zu vermeiden, den Leonardo am Beispiel der bildparallelen Säulenreihe illustriert *(Abb. 2)*. Die erste Möglichkeit wäre die Fixierung des Betrachterauges nach dem Guckkastenprinzip im Konstruktionszentrum, d.h. im Augenpunkt. Die Bewegung des Auges selbst ist dabei zulässig; es kann also seine Blickrichtung ändern. In diesem Fall erfolgt der Ausgleich zwischen sogenannter „künstlicher" und „natürlicher Perspektive", die Leonardo gegeneinander abgrenzt.[9] Die „künstliche Perspektive" (prospettiva accidentale) ist aufgrund des ebenen Schnitts durch den Sehkegel für die Verbreiterung der Randsäulen in der Projektion verantwortlich. Indessen bezeichnet die „natürliche Perspektive" (prospettiva naturale) die auf die geometrische Optik bezogene Tatsache, daß die Objektgröße proportional zur Entfernung abnimmt. In der beschriebenen Guckkastensituation wird die Bildfläche selbst zum Objekt, das der „natürlichen Perspektive" unterliegt. Entsprechend werden vom Auge entfernt gelegene Partien dieser Fläche verkleinert wahrgenommen. Die perspektivische Verkleinerung der Randzonen erfolgt in exakt dem Maße, in welchem die Objekte unter dem Einfluß der „künstlichen Perspektive" im Randbereich vergrößert abgebildet werden. Es kommt zum Ausgleich dieser beiden gegenläufigen Prinzipien im Auge des Betrachters. Darüber hinaus können die im Nahbild vereinigten verschiedenen Blickrichtungen im Guckkasten nicht gleichzeitig, sondern nur durch Augenbewegung, d.h. nacheinander wahrgenommen werden.

Ist die einäugige Betrachtung vom Augenpunkt aus nicht praktikabel, etwa bei mehreren Betrachtern zur gleichen Zeit, erwägt Leonardo als zweite Möglichkeit ein Vorgehen, das beiden Prinzipien Rechnung trägt. Bei der bildparallelen Säulenreihe wären, entgegen der zentralperspektivischen

[9] RICHTER (1883, 1970, 158-161 (Nr. 107-109); 326 (Nr. 544)).

Projektion, die Säulen im Randbereich auf die Dicke derjenigen im Zentrum umzuzeichnen.[10] Leonardo räumt ein, daß diese Methode ein Kompromiß sei. Sie wäre jedoch gegenüber den Randverzerrungen, die bei nicht fixiertem Betrachterauge wahrnehmbar sind, das kleinere Übel.

Die Irritationen, die aus der Differenz zwischen „Bild-" und „Sehgröße" resultieren, sind Leonardo offenbar bewußt. Sein Unbehagen gegenüber diesem Sachverhalt äußert sich, indem er an den Leser die von ihm selbst nicht beantwortete Frage richtet, weshalb entfernte, perspektivisch exakt konstruierte Figuren kleiner, dagegen unter geringem Abstand gemalte Objekte größer als in Wirklichkeit erscheinen.[11] Zwar spielen Konstanzphänomene, für die Leonardo keine Erklärung geben konnte, auch bei der Bildwahrnehmung eine Rolle (GOMBRICH 1982 1984, 19 f. und Abb. 6). Dennoch ist der regulierende psychologische Mechanismus der Größenkonstanz offenbar nicht in der Lage, die starken Größenunterschiede der Objekte zu korrigieren, die insbesondere bei Nahdistanzbildern auftreten.

Um die aus großen Sehwinkeln resultierenden Randverzerrungen sowie die extreme perspektivische Verkleinerung, etwa von menschlichen Figuren, zu vermeiden, legt Leonardo generell eher das Fernbild nahe. Er empfiehlt, der Nahdistanz einen Betrachterabstand von zehn- bzw. zwanzigfacher Objektgröße vorzuziehen.[12] Tatsächlich sind Randverzerrungen bei perspektivischen Konstruktionen unter großer Augendistanz kaum feststellbar; es kommt nicht zur Vereinigung verschiedener Blickrichtungen im Bild. Darüber hinaus werden allzu starke Größenunterschiede der Objekte in den verschiedenen Raumschichten abgemildert, da nicht gleichzeitig Nähe und Ferne, sondern lediglich Entferntes und weniger Entferntes abgebildet werden.

Neben Leonardo warnen andere Renaissance-Autoren wie Serlio, Vignola oder Lomazzo ebenfalls vor den Randverzerrungen des Nahbilds und geben untere Grenzen für die Wahl des Betrachterabstands an.[13] Noch zu Beginn des 20. Jahrhunderts rät CORNELIUS, Nahdistanzkonstruktionen unbedingt zu umgehen. Er beschreibt die Vereinigung verschiedener Blickrichtungen im Nahdistanzbild als generellen ästhetischen Mangel und beruft sich hierfür auf die Differenz zum Wahrnehmungsvorgang. Da er so weit geht, dem Nahbild den Kunstwert an sich abzusprechen, gibt er die Emp-

---

[10] RICHTER (1883, 1970, 327 Nr. 544; WHITE (1957 1987, 210). PIRENNE (1970, 121 f.) gibt als Beispiel einer solchen Vorgehensweise Raffaels „Schule von Athen" in der vatikanischen Stanza della Segnatura. Dort sind zwei Kugeln, die sich im Randbereich des Freskos befinden, als Kreise und nicht, wie es zentralperspektivisch korrekt wäre, als Ellipsen wiedergegeben.

[11] „You are asked, O Painter! why the figures you draw on a small scale according to the laws of perspective do not appear - notwithstanding the demonstration of distance - as large as real ones [...] And why [painted] objects seen at a small distance appear larger than the real ones." RICHTER (1883, 1970, 324 Nr. 539). WHITE (1957 1987, 209) glaubt, eine vergleichbare Passage [„Why things seen from afar appear large to the eye, and the test made in the intersection shows them to be small." Paris, Institut de France, Ms. A, fol. 8 a] damit erklären zu können, daß Leonardo im zweiten Teilsatz eine gewölbte Projektionsfläche meint, auf der entfernte [hier: zum Rand hin verschobene] Objekte tatsächlich kleiner abgebildet werden als auf einer ebenen Bildfläche. Der erste Teilsatz bezieht sich jedoch nicht auf eine ebene Bildfläche, sondern explizit auf den Seheindruck. MACKAVEY (1980, 218 f.) gibt einige kunstgeschichtliche Beispiele, die im Interesse der Abmilderung starker Größenunterschiede gegen perspektivische Regeln verstoßen.

[12] RICHTER (1883, 1970, 326 Nr. 544, 543). An anderer Stelle (327 Nr. 545)) rät er sogar zur zwanzigfachen Bildhöhe bzw. -breite als Betrachterabstand. Eine Passage im „Traktat von der Malerei" (HERZFELD 1909, 221) bezieht sich explizit auf die extremen Größenunterschiede zwischen den Raumschichten, die man durch Vergrößerung des Betrachterabstands vermeiden könne.

[13] Serlio: anderthalbfache Bilddiagonale; Vignola: anderthalbfache Bilddiagonale bzw. Durchmesser des Kreises um den Fluchtpunkt, durch die entfernteste Bildecke; Lomazzo: dreifache Figurengröße. Vgl. JANTZEN (1911, 119); PANOFSKY (1927 1974, 163, Anm. 69).

fehlung, Interieurdarstellungen, die oft einen großen Sehwinkel erfordern, auf einen entfernteren Distanzpunkt umzuzeichnen.[14]

4. Wirkungsästhetische Möglichkeiten des Nahdistanzbilds

Es wäre sicher falsch, das Darstellungsanliegen meiner Beispiele, die die vorgeführten, mehr oder weniger irritierenden Effekte in Kauf nehmen, allein auf Irritationsabsichten reduzieren zu wollen. Noch bei Piero della Francesca ist das Vertrauen in die Richtigkeit der zentralperspektivischen Konstruktionsmethode ungetrübt. Obgleich ihm die Abweichung vom Wahrnehmungsvorgang bewußt ist, erklärt er in seinen Schriften die Tatsache der Randverzerrungen im Nahdistanzbild mit dem zu Erklärenden selbst: Anhand eines geometrischen Beweises, dessen Voraussetzung – der ebene Schnitt durch den Sehkegel – ja gerade die Verzerrungen bedingt, führt Piero vor, daß es so sein müsse (PANOFSKY 1927 1974, 128 Anm. 8). Das Nahbild stellt für ihn folglich noch kein Problem dar.

Die beiden altniederländischen Beispiele machen einen Vorteil der extremen Nahsicht deutlich: Abgesehen von der Steigerung der Raumwirkung,[15] bietet der große sichtbare Anteil orthogonaler Flächen, etwa der Fußböden, eine bessere Möglichkeit der Tiefenstaffelung *(Abb. 1)*. Die Objekte der verschiedenen Raumschichten treten unter dem Einfluß der Perspektive auseinander.

Dagegen muß Ignatowitsch mit seinem Ermitage-Foto eine Irritationsabsicht unterstellt werden *(Abb. 3)*. Er erzeugt bei maximaler Schärfentiefe starke Größenunterschiede zwischen den Raumschichten im Sinne eines Nahdistanzbilds. Dabei verzichtet er auf eine nachvollziehbare Verknüpfung von Vorder- und Mittelgrund und läßt den Betrachter somit über die tatsächlichen Größenverhältnisse im unklaren. Er kann damit rechnen, daß die Größe des Fußes überschätzt wird. Ist diese Unsicherheit auf die Mehrdeutigkeit der vorderen Raumschicht bezüglich Mittel- und Hintergrund zurückzuführen, kommt die im eingangs zitierten Rosenroman beschriebene Täuschung aus ähnlichem Grund zustande. Dort sind Nähe und Ferne vollständig von ihren Tiefenkoordinaten befreit; sie besetzen bereits beim Sehen scheinbar dieselbe Raumschicht: Der Zwerg vermag über Wälder hinwegzugehen!

5. Schluß: Zentralperspektive – eine Konvention?

Welche Schlußfolgerungen können in bezug auf die Frage gezogen werden, ob die Zentralperspektive die Form der bildhaften Darstellung ist, die den Seheindruck am genauesten beschreibt? Zunächst sei daran erinnert, daß das Nahdistanzbild trotz seiner irritierenden Effekte innerhalb der perspektivischen Regeln korrekt ist. Aus der extremen Differenz des Nahbilds zum Seherlebnis kann

[14] „Die Frage nach der künstlerischen Wirkung ist daher in jedem Falle von vornherein nur mit Bezug auf solche Ansichten eines Gegenstandes bezw. einer Mehrheit von Gegenständen zu stellen, welche aus hinreichender Ferne und daher auf einen Blick gesehen werden. [...] Alle künstlerische Gestaltung hat nur soweit Sinn, als sie ein derartiges Fernbild gestaltet. [...] So vortrefflich die Einzelheiten an einer Darstellung dieser Art [Nahbild] ausgeführt sein mögen, so vermindert doch dieser prinzipielle Fehler [der Vereinigung verschiedener Ansichten in einem Bilde] von vornherein ihren Kunstwert, falls er ihn nicht völlig vernichtet." CORNELIUS (1908, 23-25).

[15] JANTZEN (1911, 121) charakterisiert die Nahdistanzkonstruktion treffend als „das einfachste, wirksamste Mittel zur Intensivierung der Raumwirkung".

jedoch nicht geschlossen werden, daß die Zentralperspektive an sich lediglich eine willkürliche Vereinbarung darstellt, die durch andere Projektionssysteme ersetzt werden könnte.

Die Quelle eines solchen Mißverständnisses liegt offenbar in der Forderung, das Bild müsse die Welt so wiedergeben, wie wir sie wahrnehmen. Einen solchen Anspruch können selbst perspektivisch exakte Bilder nicht einlösen, da sich geometrische Optik, auf die sich die Zentralperspektive beruft, grundlegend von der visuellen Wahrnehmung unterscheidet. Zwei Augen und ein während des Sehvorgangs zumeist bewegter Kopf mögen als Stichworte genügen. Zur Frage, was das perspektivische Bild leisten kann, bemerkt GOMBRICH (1982 1984, 207): „Alles, was die Theorie behauptet, und mit Recht behauptet, ist, daß es [das projizierte Bild] die vieldeutigen Informationen festhält, die sich einem einzelnen, an der Spitze einer entsprechenden 'Sehpyramide' befindlichen Auge darböte[n].“ Wie bereits Leonardo wußte, werden genau unter diesen Guckkastenbedingungen die Randverzerrungen des Nahdistanzbilds im Auge korrigiert; verschiedene Blickrichtungen sind nicht gleichzeitig wahrnehmbar.

Während die Randverzerrungen innerhalb physikalischer Optik erklär- und kompensierbar sind, berühren die von den extremen Größenunterschieden ausgehenden Irritationen im Nahbild die psychologische Seite menschlicher Wahrnehmungsleistung. Selbst bei Betrachtung vom Augenpunkt aus können Konstanzmechanismen die starken perspektivischen Verkleinerungen zwischen den Raumschichten nicht vollständig ausgleichen. Dennoch wäre es falsch, dieser Differenz zwischen Bild und Wahrnehmung bei der Projektion Rechnung tragen zu wollen. Eine Verkleinerung der Vorder- bzw. Vergrößerung der Hintergrundfiguren würde die Krümmung sämtlicher Tiefenlinien erfordern, während der Größenkonstanz nicht alle Objekte unterschiedslos unterliegen.

Das zentralperspektivisch konstruierte Bild beschreibt korrekt den geometrisch-optischen Aspekt des Wahrnehmungsvorgangs, auf dessen Grundlage ein Betrachter den natürlichen Seheindruck am genauesten zu rekonstruieren vermag. Andere denkbare Perspektivsysteme, die gelegentlich von Kritikern der Zentralperspektive gefordert werden und die bestrebt sind, den Seheindruck abzubilden, sind ebenfalls an eine Betrachtung vom Konstruktionszentrum gebunden. Eine Abweichung von diesem Punkt hätte ähnliche Folgen wie beim Nahdistanzbild. Ohnehin kann es – wie PIRENNE (1953) oder REHKÄMPER (1995) gezeigt haben – im perspektivischen Bild nicht darum gehen, den subjektiven Seheindruck wiederzugeben. Es sei auf eine Theorie hingewiesen, die El Greco unterstellt, er habe aufgrund eines Linsenfehlers seiner Augen die Bildfiguren unwirklich in die Länge gezogen gemalt.[16] Träfe diese Vermutung zu, hätte er, da auch das Bild ein Wahrnehmungsobjekt ist, seine Figuren ja gerade in normalen Proportionen malen müssen, um sie ebenso verzerrt wie ihre Vorbilder wahrzunehmen.

Die Betrachtung eines Fernbilds unter normalen Bedingungen, also auch bei Abweichung vom Konstruktionszentrum, liefert aufgrund von Konstanzstrategien einen wirklichkeitsnahen Eindruck.[17] Dagegen ist die Nahdistanzkonstruktion, um einen ähnlichen Eindruck zu erzeugen, an die

[16] Der Wahrnehmungspsychologe J. J. Gibson spricht vom „Greco-Trugschluß“. Vgl. GOMBRICH (1982 1984, 179).

[17] Die Tatsache, daß auch ein von der Seite aus betrachtetes Bild in gewissen Grenzen als Rechteck wahrgenommen wird und Verzerrungen, die auf Abweichung vom Augenpunkt zurückzuführen sind, korrigiert werden, läßt sich nach PIRENNE (1970, 96-100) und GOMBRICH (1994, 118-120) mit Konstanzstrategien erklären. Albert Einstein weist in einem Brief an PIRENNE (1970, 99 f.) darauf hin, daß diese Kompensation der Abweichung vom Augenpunkt nur beim Fernbild erfolge. Dagegen versage die Kompensation bei großen Sehwinkeln; Einstein gibt 90° als Beispiel. Nicht vom Augenpunkt aus betrachtet, wirke das Bild verzerrt.

Guckkastensituation gebunden. Hierin steht sie anderen extremen Formen von Bildern mit fixiertem Betrachterort nahe, z.B. dem illusionistischen Deckengemälde des Barock oder der Anamorphose.

Literatur

CORNELIUS, H.: *Elementargesetze der bildenden Kunst. Grundlagen einer praktischen Ästhetik.* Leipzig, Berlin: Teubner 1908

DOEHLEMANN, K.: Die Entwicklung der Perspektive in der Altniederländischen Kunst. In: *Repertorium für Kunstwissenschaft* 34 (1911), 392-422, 500-535

FIENSCH, G.: *Form und Gegenstand. Studien zur niederländischen Malerei des 15. Jahrhunderts.* Köln, Graz: Böhlau 1961

GOMBRICH, E. H.: *Bild und Auge. Neue Studien zur Psychologie der bildlichen Darstellung.* (1982) Stuttgart: Klett-Cotta 1984

GOMBRICH, E. H.: *Das forschende Auge. Kunstbetrachtung und Naturwahrnehmung.* Frankfurt a. M., New York: Campus Verlag 1994

HERZFELD, M. (Hrsg.): *Leonardo da Vinci: Traktat von der Malerei.* Jena: Eugen Diederichs 1909

HOCHBERG, J. E.: *Wahrnehmung.* (1964) Wiesbaden: Akademische Verlagsgesellschaft 1977

JAENSCH, E. R.: *Über die Wahrnehmung des Raumes. Eine experimentell-psychologische Untersuchung nebst Anwendung auf Ästhetik und Erkenntnislehre.* Leipzig: Barth 1911

JANHSEN, A.: *Perspektivregeln und Bildgestaltung bei Piero della Francesca.* München: Fink 1990

JANTZEN, H.: Die Raumdarstellung bei kleiner Augendistanz. *Zeitschrift für Ästhetik und allgemeine Kunstwissenschaft* 6 (1911), 119-123

MACKAVEY, W. R.: Exceptional Cases of Pictorial Perspective. In: HAGEN, M. A. (Hrsg.): *The Perception of Pictures, Bd. 1.* New York, London, Toronto, Sydney, San Francisco: Academic Press 1980, 213-223

OTT, K. A. (Hrsg.): *Guillaume de Lorris, Jean de Meun: Der Rosenroman, Bd. 3.* München: Fink 1979

PANOFSKY, E.: Die Perspektive als 'symbolische Form'. In: OBERER, H./VERHEYEN, E. (Hrsg.): *Erwin Panofsky: Aufsätze zu Grundfragen der Kunstwissenschaft.* (1964) Berlin: Hessling ²1974, 99-167 [erstmals veröffentlicht in: Vorträge der Bibliothek Warburg 1924/25 (1927), 258-330]

PIRENNE, M. H.: The Scientific Basis of Leonardo da Vinci's Theory of Perspective. *British Journal for the Philosophy of Science* 3 (1953), 169-185

PIRENNE, M. H.: *Optics, Painting and Photography.* Cambridge: University Press 1970

REHKÄMPER, K.: „Perspektive ist des Malers beste Kunst" – Einige Bemerkungen zur Theorie der Perspektive kritisch betrachtet. *Logos (N.F.)* 2 (1995), 122-146

RICHTER, J. P. (Hrsg.): *The Literary Works of Leonardo da Vinci compiled and edited from the Original Manuscripts, Bd. 1.* (1883) New York: Phaidon 1970

VERNON, M. D.: *Wahrnehmung und Erfahrung.* (1970) Köln: Kiepenheuer & Witsch 1974

WHITE, J.: *The Birth and Rebirth of Pictorial Space.* (1957) London, Boston: Faber and Faber ³1987

WITTKOWER, R./ CARTER, B. A. R.: The Perspective of Piero della Francesca's „Flagellation". *Journal of the Warburg and Courtauld Institutes* 16 (1953), 292-302

CHRISTINE PETERMANN

Die perspektivische Zeichnung – Möglichkeiten und Grenzen eines Zeichensystems

1. Einleitung

Ein Zeichner beabsichtigt, einen räumlichen Gegenstand auf einer zweidimensionalen Fläche so abzubilden, daß ein Betrachter diesen Gegenstand wiedererkennt. Um diese seine Absicht zu realisieren, kann der Zeichner Abbildungsvorschriften der perspektivischen Geometrie anwenden. Wenn es dem Betrachter einer solchen Zeichnung gelingt, den Gegenstand zu identifizieren, scheint das perspektivisch gezeichnete Bild Zeichen aufzuweisen, die mit Rückbezug auf den jeweiligen Referenten dekodiert werden. In diesem Beitrag soll durch Erläuterung zeichentheoretischer Zusammenhänge zunächst einmal aufgezeigt werden, daß eine Ähnlichkeitsbeziehung als Begründung für die unmittelbare Erkennbarkeit des gezeichneten Gegenstands nicht ausreichend sein kann. Des weiteren können die verwendeten Zeichen ebensowenig auf willkürlich festgelegte Konventionen der Abbildung reduziert betrachtet werden. Ein im Menschen verankertes Orientierungssystem ist nicht nur für die räumliche Wahrnehmung der dreidimensionalen Welt relevant, es beeinflußt offensichtlich auch die visuelle Wahrnehmung perspektivischer Abbildungen. Die Fähigkeit, einen Gegenstand zu erkennen, hängt vermutlich mit den Verhaltensmöglichkeiten zusammen, die dieses Objekt anbietet: Artefakten kann man ansehen, wozu sie taugen. Diese Zweckbestimmtheit unserer Wahrnehmung soll auf der Basis theoretischer Konstrukte der *Ökologischen Optik* (GIBSON 1979) konkretisiert werden. Dabei soll in einem Experiment der Frage nachgegangen werden, ob die Wahrnehmung eines perspektivisch gezeichneten Gegenstands auch zweckbestimmt erfolgt.

2. Semiotische Aspekte zur perspektivischen Zeichnung

2.1 Die Bildfunktion der perspektivischen Zeichnung

Das Bild einer perspektivischen Zeichnung kann einerseits auf seinen Bildinhalt angesehen werden – andererseits läßt sich das Bild auch bezüglich seiner Bildhaftigkeit betrachten. In diesem Zusammenhang differenziert SONESSON (1993, 127 ff.) zwischen der piktoralen und der plastischen Bildschicht.

2.1.1 Die piktorale Bildschicht

Der Perspektive – und damit ist hier die gezeichnete Linearperspektive[1] gemeint – wird im allgemeinen die Funktion zugeschrieben, dreidimensionale optische Gegebenheiten der wirklichen Welt zweidimensional abzubilden. Auf der piktoralen Bildschicht steht im Vordergrund, daß ein Be-

[1] Neben der Linearperspektive stehen dem Zeichner weitere Tiefenkriterien für die Darstellung zur Verfügung, die geeignet zu sein scheinen, dem Betrachter eines Bildes Räumlichkeit zu suggerieren. Zu diesen Kriterien zählen u.a. die Überschneidung von Bildgegenständen, die Texturgradienten, die Luftperspektive, die Interposition und der Hell-Dunkelkontrast. In diesem Rahmen sollen die eben aufgeführten Tiefenkriterien nur ansatzweise (z.B. spielt die Überschneidung eine Rolle, Schatten werden hingegen ausgelassen) berücksichtigt werden.

trachter den *Bildgegenstand identifiziert* und – in der Regel – dieses gezeichnete Motiv als eine *räumliche* Erscheinung wahrnimmt. Die Linien und Striche, zumeist handelt es sich um Konturenzeichnungen, dienen als Teile eines Ganzen nur dazu, das Motiv zu umreißen und sollen lediglich die Merkmale abbilden, die den Betrachter den dargestellten räumlichen Gegenstand erkennen lassen.

2.1.2 Die plastische Bildschicht

Die plastische Bildschicht einer perspektivischen Zeichnung wird zwar nicht in dem Ausmaß beachtet, wie die piktoralen Bildinhalte, dennoch ist sich der Betrachter bewußt, daß er es mit einem „Bildding“ zu tun hat. Die Umrißlinie besteht beispielsweise aus schwarzen Pigmenten, die sich linear angeordnet auf einem Papier befinden. Der Prototyp eines Blatt Papiers ist eine viereckige Fläche mit rechten Winkeln und besitzt eine glatte, weiße Oberfläche. Dieses weiße Rechteck ist eine nicht-gemeinte Fläche, ist aber als leeres Feld um die schwarzen Linien nicht unbedeutend (s. Abschnitt 2.3). Es trennt das Bildding von den Oberflächen anderer Gegenstände der realen Welt. Gleichzeitig existiert das Weiß des Blattes als „transparenter Bildraum“, wenn man sich die piktorale Schicht wieder vor Augen führt (Figur-Grund-Prinzip).

2.1.3 Das Zusammenwirken der Bildschichten

Es ist davon auszugehen, daß das Registrieren der Zeichnung als Bildding auf die Auslegung des Abgebildeten einen Einfluß hat. Für das Modell des Netzhautbildes hat die Koexistenz der Bildschichten zur Folge, daß das perspektivisch verzerrte, weiße Rechteck – ein Blatt Papier als plastische Bildschicht – genauso in das Auge des Betrachters projiziert wird, wie das gezeichnete Motiv. Im Prozeß des Zeichnens sind die Bildschichten ebenfalls von Bedeutung: Beim Plazieren der Pigmente auf dem Blatt Papier wird bei sogenannten naturgetreuen Darstellungen darauf zu achten sein, daß die materielle Präsenz nicht dominanter erscheint als das gegenständlich Abzubildende. Die Dominanz der plastischen Schicht wird um so größer, desto geringer der Augenabstand zum Bild ist.

2.2 Die perspektivische Zeichnung als visueller Kode

Nach POSNER (1992, 8f.) sind Semiosen Prozesse, in denen Zeichen auftreten: Existiert eine Standardverbindung zwischen dem Bezeichnenden (*Signifikant*) und dem Bezeichneten (*Signifikat*), handelt es sich um einen *Kode*. Die verwendeten Zeichen sind bei Vorhandensein eines Kodes *signifikative* Zeichen und der Prozeß wird als *Signifikation* vollzogen. Signifikationen der perspektivischen Zeichnung stehen u.a. im Zusammenhang mit der Wahrnehmung des Raumes. Räumliche Wahrnehmung[2] basiert nach THÜRLEMANN (1990, 139) auf „topologischer Kompetenz“, die mehr umfaßt als nur visuelle Wahrnehmung. Mit diesem Begriff bezeichnet er ein im menschlichen Körper verankertes Orientierungssystem, das für die Erfassung natürlicher und künstlicher Räume geeignet ist. Räume faßt THÜRLEMANN als bedeutungstragende *Texte* auf. „Die topologische Kom-

---

[2] Räumliche Orientierung und visuelle Raumwahrnehmung werden in der wirklichen Welt im Zusammenhang mit verschieden determinierten Wandlungen der Sehdinge ermöglicht. Die Wandlungen basieren auf einer Hierarchie von Teilsystemen des visuellen Systems (Mikrosakkaden der Netzhäute, Sakkaden der Augen, Koordination der Augenbewegungen, Querdisparation, Konvergenz, Akkomodation) und des Körpers (Kopfbewegungen, Körperdrehung, Fortbewegung). Die Perspektive basiert hingegen auf dem Modell des stationären Auges, verlangt also ein anderes Konzept der Erklärung räumlicher Wahrnehmung.

petenz ermöglicht die Projektion von drei Kategorien auf den umgebenden Raum: der Horizontalität (links-rechts), der Vertikalität (oben-unten) und der Raumtiefe (vorn-hinten)" (THÜRLEMANN, a.a.O.). Die gezeichnete Perspektive bildet wirkliche Räume durch Darstellung von Texten künstlicher Räumlichkeit ab. Auf der Ebene *signifikativer* Zeichen läßt sich demgemäß der Signifikant „waagerechte Linie" dem Signifikat „Horizontalität" zuordnen, der Signifikant „senkrechte Linie" mit dem Signifikat „Vertikalität" verbinden. Zwei schräge, konvergierende Linien (Signifikant), die beispielsweise zwei parallele Kanten eines rechteckigen Bretts zeichnerisch darstellen sollen, können zunehmende Entfernung (Signifikat) vom Betrachterstandort mitteilen. In der dreidimensionalen Wirklichkeit gibt es keine Umrißlinien, trotzdem sind zeichnerische Elemente geeignet, körperhafte Gegenstände durch Linien und Striche erkennbar wiederzugeben. Die Kontur wird als Grenze (Signifikat) zwischen Figur (umschlossene Fläche) und Grund (die Papierfläche bzw. der transparente „Bildraum") aufgefaßt. Der schwarze Strich auf weißem Papier ist bezüglich der plastischen Bildschicht willkürlich, auf der Ebene der piktoralen Bildschicht jedoch bis zu einem bestimmten Grad motiviert: Wo es möglich ist, folgt er Kanten, Ecken und Grenzen von Oberflächen des Bezugsgegenstandes. „Die Dinge in unserer Umwelt sind tatsächlich von ihrem Hintergrund abgehoben, oder – genauer – sie heben sich ab, sobald wir uns bewegen. Die Kontur ist das Äquivalent dieser Erfahrungstatsache" (GOMBRICH 1982 1984, 279).

2.3 Kodelose Zeichenprozesse

Eine Semiose kann als *Indikation* ohne einen Kode stattfinden, die sie betreffenden Zeichen werden dann als *indikativ* bezeichnet (POSNER 1992, 8ff.). Ein Beispiel ist das indikative Zeichen des „transparenten Bildraums" (unbehandelte Papierfläche; s. Abschnitt 2.1.2), dem auf der piktoralen Bildschicht Bedeutung zugeschrieben werden kann. Weitere indikative Zeichen, die in einer perspektivischen Zeichnung auftreten, sind Verbindungslinien und Striche, die Hilfsfunktionen für das zeichnerische Konstruieren besitzen, mit der zweidimensionalen Abbildung von Merkmalen des Referenten aber nicht in direktem Zusammenhang stehen. Für das zeichnerische Erfassen von Dingen, deren Formen keine sichtbaren Funktionen haben, liegen keine signifikativen Zeichen vor, sie müssen mittels indikativer Zeichen abgebildet oder vom Betrachter indirekt über signifikative Zeichen erschlossen werden.

2.4 Zeichenrelationen der perspektivischen Zeichnung

Das Problem, ob die Zuordnung von Signifikant und Signifikat auf Konventionalität[3] oder einer wirklichen Ähnlichkeitsbeziehung basiert, ist aus semiotischer Sicht kein zentrales Thema mehr:

---

[3] PANOFSKY („Die Perspektive als symbolische Form", 1927; zitiert nach GOMBRICH 1994, 84f.) stellt die These auf, der Mensch würde Geraden gekrümmt sehen, die Linearperspektive sei aufgrund dessen reine Konvention. Unter der Berücksichtigung geometrischer Optik ist festzustellen, daß die Augenlinse die Sehstrahlen auf eine gekrümmte Fläche projiziert – das Auge ist eine Hohlkugel. Die Konsequenz für perspektivische Zeichnungen, die diesem *retinalen Bild* entsprechen sollen („Netzhautbildtheorie"), wäre, die Zeichnung auf einer Kugel anzubringen oder eine kurvenlineare Perspektive zu zeichnen (s.a. FLOCON & BARRÉ 1968). Diese Modelle unterliegen jedoch dem Phänomen, das als „El-Greco-Trugschluß" bezeichnet wird (ROCK 1984 1985, 89). Bei dem manieristischen Maler El Greco gingen Kunstwissenschaftler lange Zeit davon aus, er habe die Personen auf seinen Gemälden deshalb mit extrem verlängerten Körpern gemalt, weil er unter einem Astagmatismus gelitten habe. Der Versuch, die manieristische Malweise physiologisch zu erklären, ignoriert die Intentionalität des Künstlers bezüglich seiner Ausdruckselemente und führt sich zugleich selbst ad absurdum (deshalb „El-Greco-Trugschluß"), denn wären die verzerrten Körper auf den Bildern aufgrund des Augenproblems entstanden, hätte der Maler die Personen nicht verlängert, sondern in naturgetreuer Entsprechung ihrer tatsächlichen Länge darstellen müssen, wenn sich für ihn beim Betrachten der gemalten Figuren ein vergleichbares Seherlebnis hätte einstellen sollen, wie beim Betrachten der

„(...) man nimmt an, daß dem Ikon konventionelle Züge anhaften, während umgekehrt das Symbol nicht frei ist von bildlichen Aspekten“ (WALDENFELS in: BOEHM 1994 1995, 245). Widersprüchlichkeiten in der Anwendung der geometrischen Gesetze, die belegen, daß die Bildperspektive auch mit optischen Gesetzmäßigkeiten nicht gänzlich in Einklang zu bringen ist, zeigt GOODMAN (1976) auf. Der Zeichnung einer perspektivischen Projektion eines Kubus kann kein eineindeutiger Referent zugeordnet werden, ein Gegenstand kann demzufolge nach perspektivischen Gesetzen in unendlichen Variationen abgebildet werden. Die konstruierten Bilder können zwar gewissen Ähnlichkeitskriterien (z.B. gleiche Streckenverhältnisse bei der Abbildung eines Quaders) genügen, sind aber keineswegs als kongruent mit dem Bezugsobjekt zu bezeichnen. GOODMAN ist der Ansicht,

> „ (...), daß man zwischen dem, was Konvention ist und was nicht, keine strenge Grenze ziehen kann. (...) Auch leugne ich nicht, daß der Realismus in der Darstellung etwas mit Ähnlichkeit zu tun hat, sondern ich betone nur, daß sie sich gegenseitig beeinflussen und daß es weder für den Realismus noch für die Ähnlichkeit eindeutige oder absolute Kriterien gibt“ (GOODMAN 1978 in: GOMBRICH 1982 1984, 280).

In der Bildsemiotik wird dem *indexikalischen* Zeichen, das Kriterien der Ähnlichkeit oder der Konventionalität nicht genügen muß, eine bedeutende Rolle zugewiesen. Nach SONESSON (1993, 152) sind in einem gewissen Sinn „(...) alle Bilder indexikalisch (...), weil sie einen Teil einer Szene isolieren, die in der wirklichen Welt der Wahrnehmung vollständig vorkommt“. Bei dem „isolierten Teil“ könnte es sich im Fall einer perspektivischen Zeichnung, die ein räumliches Objekt abbilden soll, um Indizes handeln, die unter anderem auf die Räumlichkeit des Referenten verweisen.

2.5 Wahrnehmung und Handlungsorientiertheit

Invarianten – einer der zentralen Begriffe der *Ökologischen Optik* GIBSONS (1979) – resultieren aus verschiedenen Ansichten eines Gegenstands, d.h. aus einer Abfolge von optischen Transformationen. GIBSON postuliert, daß ein Betrachter nicht irgendwelche individuellen Aspekte eines Gegenstands, beispielsweise einer Sitzbank, wahrnimmt, sondern lediglich die unveränderlichen Komponenten (*Invarianten*), die diesen Gegenstand ausmachen[4]. Eine wirkliche Bank liefert dem sich bewegenden Betrachter eine Art *Informationsablauf*: Eine zeitliche Folge unterschiedlicher Projektionen, die aufgrund vorhandener Invarianten auf eine einzige Form zurückzuführen sind, lassen den Betrachter die Bank als räumliches Sitzobjekt identifizieren. Dieser Informationsablauf ist dem Betrachter eines statischen Bildes nicht zugänglich: Die perspektivische Zeichnung ist im Idealfall eine *Momentaufnahme* aus dem Informationsablauf. Wenn der Betrachter der zweidimensionalen Zeichnung ein „räumliches Ding“ bzw. ein Bank-Bild entnehmen kann, so scheinen die dargestellten Zeichen indexikalisch auf die Invarianten der Räumlichkeit des Referenten „Bank“ zu verweisen. Das Erkennen einer „Bank“ steht im Zusammenhang mit der Zweckbestimmtheit oder der Tauglichkeit des Gegenstands. GIBSON (1979 1982, 137 ff.) führt aus, daß der Mensch Gegenstände auf ihre „Handlungsangebote“ hin betrachtet, und beschreibt diese Tauglichkeit der Dinge

---

wirklichen Personen.

4 Zu den Wandlungen der Sehdinge, s.a. Fußnote 2; SCHAPIRO beschreibt das Wiedererkennen von gezeichneten Dingen am Beispiel von Gesichtern: „Das Bild wird unabhängig vom Stil, dem Medium oder der Technik immer als Bild dieses Gesichts erkennbar sein, wenn die Darstellung die minimalen Merkzeichen bietet, anhand derer wir das bezeichnete Gesicht trotz aller Veränderungen seiner Lage oder Beleuchtung im wirklichen Leben wiedererkennen“ (SCHAPIRO in: BOEHM 1994 1995, 271). – Um Mißverständnissen aus dem Weg zu gehen, sei hier ausdrücklich erwähnt, daß in diesem Rahmen die Theorien von GIBSON *nicht vollständig übernommen* werden: GIBSONS Postulate – insbesondere die Thesen zur sogenannten „direkten Wahrnehmung“ – sind mit gegenwärtigen Forschungsergebnissen nicht mehr zu vereinbaren.. Aus Platzgründen wird das Konstrukt der „direkten Wahrnehmung“ hier nicht weiter problematisiert werden können.

mit dem Begriff *„Affordanz"*. Nach GIBSON (1979 1982, 138) ist eine Bank ein „abgesondertes Objekt" mit bestimmten Flächenanordnungen, das sich aufgrund seiner Eigenschaften zum Sitzen *anbietet.* Auf die Frage, ob sich die „Affordanz" auch an dem gezeichneten Bild eines Gegenstands wahrnehmen läßt, geht GIBSON nicht ein. Mit der im folgenden beschriebenen Kurzfassung eines Experiments soll dargestellt werden, *ob und inwieweit die perspektivische Zeichnung geeignet sein könnte, die Tauglichkeit eines dargestellten Gegenstands abzubilden.* Steht die Identifikation einer bestimmten Bankabbildung mit eventuell vorhandenen Affordanzen – von Sitzangeboten, die der Betrachter des Bildes antizipieren kann, indem er sich gedanklich in eine Handlungssituation mit dem entsprechenden realen Ding begibt – im Zusammenhang?

3. Arbeitshypothesen

Der hier beschrittene Weg geht weniger dahin, statistisch bedeutsame Ergebnisse zu ermitteln, sondern dahin, weitere Informationen und Anhaltspunkte ausfindig zu machen, die mit den im folgenden genannten Arbeitshypothesen übereinstimmen bzw. von diesen abweichen. Zeichnet sich daraufhin ab, daß der Weg in Richtung der vorläufigen Annahmen führt, kann der hier skizzierte Gedankengang weiter verfolgt werden:

- Perspektivische Zeichnungen sind geeignet, Invarianten eines dreidimensionalen Körpers zweidimensional abzubilden.
- Invarianten sind nicht mit den Linien einer Zeichnung gleichzusetzen, sondern in der optischen Anordnung der Verbindungen (Kanten, Ecken) von Linien festgehalten, die gegenüber der wechselnden Perspektive der Oberflächen invariant bleiben.
- Sowohl reale, dreidimensionale Gegenstände als auch deren zweidimensionale Abbildungen werden danach betrachtet, wozu diese Gegenstände taugen bzw. welche Handlungsangebote *(Affordanzen)* sie uns machen.

4. Ein heuristisches Experiment

4.1 Zum Versuchsmaterial und -verlauf (Kurzfassung)

Das verwendete Bildmaterial besteht aus perspektivischen Konturenzeichnungen von Bänken. Es handelt sich um digital kodierte Abbildungen, die mit einem CAD-Programm (MiniCAD™) erzeugt worden sind[5]. Die eingegebenen Daten (Zentimeterangaben) entsprechen Messungen, die an einer Vielzahl von Parkbänken in der Berliner Innenstadt vorgenommen worden sind. Länge, Höhe, Breite der gezeichneten Bank entspricht dem ermittelten Durchschnittswert. Die Versuchspersonen (Vpn)[6] erhalten acht Bilder der 25-fachen Verkleinerung der errechneten „Durchschnittsbank" und einen Fragebogen. Die Vpn sollen sich entscheiden, welche Zeichnung sie für eine „typische Bankabbildung" halten; sie sollen angeben, wieviele Personen maximal auf der Bank sitzen könnten; sie

[5] Eine ausführliche Beschreibung des Experiments wird in PETERMANN (1997) gegeben.

[6] Bei den 30 Versuchspersonen (Vpn) handelt es sich um Studierende des Fachbereichs *Architektur* an der Technischen Universität Berlin. Alle Vpn haben bereits einen Einblick in die Theorie und Praxis perspektivischer Zeichnung bekommen.

sollen die Länge der Rückenlehne einschätzen. Sie erhalten die Information, daß die Länge des Vierkantbeins der abgebildeten Bank bei einer realen Bank der Kniehöhe eines durchschnittlich großen, erwachsenen Menschen entsprechen würde. Der Fragebogen enthält eine festgelegte Fragenreihenfolge und Antwortformulierungen, die schriftlich (Ankreuzen) zu bearbeiten sind.

Abb. 2: Acht Bilder einer Bank, Konturenzeichnungen, jeweils vierfache Verkleinerung der im Versuch eingesetzten Einzelabbildungen

Die Antworten sollen kurz resümiert werden, indem einige Befunde sowie vorliegende Auffälligkeiten beschrieben werden:

> Ein Fünftel der Vpn erkennt, daß den Zeichnungen ein einziges Bankmodell zugrunde liegt. Bild 7 wird von den meisten Vpn für die Zeichnung eines Stuhls gehalten. Bild 1 und Bild 5 werden als typische Bankabbildungen bezeichnet; Bild 6 und Bild 7 werden in keinem Fall für eine typische Bankabbildung gehalten; für die restlichen Abbildungen entscheiden sich einige wenige Vpn. Die Bankabbildungen 1, 4 und 6 werden bezüglich ihres Platzangebotes richtig eingeschätzt. Allen anderen Abbildungen wird ein zu geringes Platzangebot zugeschrieben. Bild 3 und Bild 8 fallen aus dem Rahmen: Ein Großteil der Vpn gibt an, die Bank böte Platz für nur zwei Personen an. Für Bild 3 und Bild 8 werden Längen von 1 Meter bis 1, 5 Meter angegeben; hier liegen also nur falsche Antworten vor. Bei den Bildern 1, 4 und 6 werden die Längen richtig eingeschätzt, die restlichen Bilder werden bezüglich der abgebildeten Längen vielfach auch für zu kurz gehalten.

4.2 Auslegung einiger Resultate

Es gibt perspektivische Zeichnungen einer Bank, die geeignet sind, entscheidende Merkmale, beispielsweise Räumlichkeit, abzubilden, die anderen Zeichnungen gegenübergestellt werden können, die keine oder wenige Merkmale aufzuweisen scheinen, denen der Betrachter einen räumlichen Gegenstand korrekt entnehmen kann. Bestimmte Abweichungen von der „Lage im Raum" (Bild 8) scheinen Fehleinschätzungen genauso hervorzubringen, wie extreme Verzerrungen (Bild 3). Die wirkliche Bank ist ein symmetrischer Gegenstand, dessen Regelmäßigkeit eine bestimmte Absicht bezüglich der Formgebung transparent macht. Die Symmetrie von Gegenständen wirkt sich bei einem sich bewegenden Betrachter steuernd auf dessen Motorik aus. Die extrem verzerrte Zeichnung einer Bank läßt den Betrachter keine Symmetrie mehr zuordnen, Merkmale, die die Proportionen ablesbar machen könnten, sind nicht aufzufinden. Vielleicht gelingt es dem Betrachter von Bild 3 auch nicht, die gezeichnete Bank in Beziehung zu sich selbst und seinem fiktiven Standort zu setzen. Viele der Vpn vollziehen in auffälliger Weise Hin- und Herbewegungen ihres Kopfes, während sie Bild 3 betrachten. Die Art der Tauglichkeit (Affordanz) zum Sitzen, die eine Bank der wirklichen Welt aufweist, ist dieser Zeichnung nicht zu entnehmen. Die Zeichnung tendiert aufgrund der Verzerrung dazu, eine Flächenanordnung darzustellen, die eher zum Sehen als zum Sitzen auffordert („Seh-Affordanz"). Dem Blickwinkel, unter dem die Bank in Bild 8 dargestellt ist, entspräche in der wirklichen Welt ebenfalls ein ungewohnter Anblick. Sie scheint ebenfalls nicht in ausreichendem Maß Invarianten aufzuweisen, die solchen Oberflächen entsprechen, die zum Sitzen auffordern. Für eine „typische" Bankabbildung (Bild 1 und 5) scheinen in diesem Kontext folgende Kriterien maßgebend zu sein: Sitzfläche und Rückenlehne sind in nur leichter Verzerrung abzubilden; die hinteren Beine müssen nicht unbedingt sichtbar sein (Bild 5); die perspektivische Streckenverkürzung und Winkelgrößenveränderung darf nicht fehlen (Parallelperspektive, s. Bild 2); die rechtwinkelige Fläche als Abbildung der Draufsicht einer Bank (Bild 6) oder einer frontalen Seitenansicht (Bild 7) werden ebenfalls nicht als „typisches" Bankbild gesehen. Die Bilder 1, 4 und 6 eignen sich anscheinend, die vorhandenen Räumlichkeiten erkennen zu lassen, dabei zeichnet sich kein Unterschied ab, wenn die Länge der abgebildeten Lehne geschätzt werden soll bzw. angegeben werden soll, wieviele Personen maximal Platz nehmen könnten. Die Draufsicht (Bild 6) bildet keines der Vierkantbeine ab, die Einschätzung der Längen von Sitzfläche und Rückenlehne kann ohne einen Hinweis auf einen Maßstab (die Beinlänge, s.o.) aber nicht erfolgen. Auf den ersten Blick handelt es sich bei Bild 4, 6 und 7 um Ansichten von Zweiflächnern; Bild 7 ist jedoch die einzige Abbildung ohne dritte Dimension. Die Vpn interpretieren die abgebildeten Gegenstände trotzdem als räumliche Objekte und geben die Längen der abgebildeten Rückenlehne auch von Bild 6 an, obwohl die Zeichnung, würde sie isoliert betrachtet, gar keinen Anhaltspunkt dafür gibt. Dieser Sachverhalt kann auf der einen Seite als Beantwortungsfehler gedeutet werden. Auf der anderen Seite scheint er ein prototypisches Handlungsmuster bei der Interpretation von *Texten* transparent zu machen: Der Betrachter (Empfänger) unterstellt dem Produzenten (Sender) der kodifizierten Zeichen eine mehr oder minder ernsthafte Absicht, die der Semiose zugrunde liegen muß, da die Kommunikation ohne diese Intention und den Glauben daran sinnwidrig erscheint. Der Betrachter *glaubt*, daß es sich aufgrund von Ernsthaftigkeits- oder Aufrichtigkeitsbedingungen auch hier um räumliche Darstellungen handeln *muß*. Im Kontext der anderen Bankabbildungen und der Fragestellungen wäre das Bild eines ungegenständlichen Strichmusters absurd - es sei denn, die Zeichenkonstellation spräche dafür, daß der Sender dieses Absurde hätte bewirken wollen, was aber hier nicht der Fall ist.

Auf die gezeichnete Bank von Bild 1 entfallen die meisten richtigen Antworten. Die Zeichnung scheint mehr vom „Wesen" einer Bank zu besitzen als die anderen Bilder, sie ist eine optische Anordnung, die mit der Oberflächenanordnung einer wirklichen Bank zu korrelieren scheint. Diese Zeichnung scheint jenen Invarianten äquivalent zu sein, die das visuelle System auch von einer Bank der wirklichen Welt extrahieren würde, da sie die entsprechende handlungsrelevante Information wahrnehmen läßt. Die Projektion einer Sitzhandlung spielt für das Lesen eines Textes, der eine Bank signifizieren soll, eine zentrale Rolle.

5. Schlußfolgerungen

Die im Rahmen der Theorie der *Ökologischen Optik* definierten Konstrukte der Invarianten und Affordanzen lassen sich mit den dargelegten Resultaten nicht widerlegen. Ob die Ergebnisse der Befragung mit dem tatsächlichen Sachverhalt übereinstimmen, sollte in weiteren Untersuchungen geklärt werden, da der Nachweis der Validierung so nicht vollständig erbracht werden kann. Die Operationalisierung entsprechend modifizierter Untersuchungsvariablen ließe sich auf der Basis des vorgestellten Experiments durchführen. Eine präzise Formulierung dessen, was als Affordanz charakterisiert werden kann, ist aus mehreren Gründen mit Problemen behaftet. Eine annähernde Übereinstimmung zwischen der Affordanz einer wirklichen Bank und ihrer perspektivischen Zeichnung kann gegeben sein, ohne daß sich diese über eine schriftliche Befragung nachprüfen ließe. Die gleiche methodologische Schwierigkeit ergibt sich für das Phänomen der Invarianten. Ein sprachliches Abbild des Phänomens, das mit dem Begriff der Invarianten synonym verwendet werden kann bzw. den Inhalt des Begriffs impliziert, würde jedoch erst die Formulierung adäquater Fragestellungen ermöglichen. Es ist denkbar, daß das Spezifische der räumlichen Wahrnehmung, das der Begriff der Invarianten umschreiben soll, sich der sprachlichen Formulierung entzieht – oder daß Abbildungsvorschriften der Sprache für die Umschreibung weniger gut geeignet sind als Abbildungsvorschriften des Bildes bzw. der perspektivischen Zeichnung. Um die essentiellen Invarianten eines Körpers von den unwesentlichen Varianten trennen zu können, wäre im Rahmen von *Kontrollversuchen* denkbar, die perspektivische Zeichnung einer Bank

- bezüglich ihrer Striche zu reduzieren: Verbindungslinien müssen nicht vollständig durchgezogen werden, wenn diese zwei Ecken eines quaderförmigen Details verbinden;
- bezüglich ihrer Verbindungspunkte bzw. den Ecken einzelner Quader schrittweise zu reduzieren;
- einer fehlerhaften perspektivischen Zeichnung, einer nicht-perspektivischen Konturenzeichnung oder einer linearen Karikaturzeichnung desselben Bankmodells, gegenüberzustellen;
- mit perspektivischen Zeichnungen eines anderen Gegenstands zu vergleichen, wobei jener Gegenstand – im Gegensatz zum Artefakt „Bank“ – keinen Standardzweck haben sollte.

Literatur

BOEHM, G. (Hrsg.): *Was ist ein Bild?* (1994) München: Fink, ²1995

FLOCON, A./ BARRÉ A.: *Die kurvenlineare Perspektive. Vom gesehenen Raum zum konstruierten Bild.* (1968) Berlin, Wien: Medusa, 1983

GIBSON, J. J.: *Wahrnehmung und Umwelt. Der ökologische Ansatz in der visuellen Wahrnehmung* (1979) München: Urban & Schwarzenberg, 1982

GOODMAN, N.: *Sprachen der Kunst: Entwurf einer Symboltheorie.* (1976) Frankfurt a. M.: Suhrkamp, 1995

GOMBRICH, E. H. / HOCHBERG, J. / BLACK, M.: *Kunst, Wahrnehmung, Wirklichkeit.* (1972) Frankfurt a. M.: Suhrkamp, 1977

GOMBRICH, E. H.: *Bild und Auge. Neue Studien zur Psychologie der bildlichen Darstellung.* (1982) Stuttgart: Klett-Cotta, 1984

GOMBRICH, E. H.: *Das forschende Auge. Kunstbetrachtung und Naturwahrnehmung.* Frankfurt a. M.: Campus, 1994

PETERMANN, C.: *Die perspektivische Zeichnung – zeichentheoretische Untersuchungen zur Wahrnehmung von gezeichneten Artefakten am Beispiel einer Sitzbank.* Lehr- und Forschungsbericht aus dem Institut für Darstellung & Gestaltung. In Bearb. (Technische Universität Berlin) Berlin, 1997

POSNER, R. (1992): Was ist Kultur? Zur semiotischen Explikation anthropologischer Grundbegriffe. In: LANDSCH, M. / KARNOWSKI, H. / BYSTRINA, I. (Hrsg.): *Kulturevolution: Fallstudien und Synthese*. Frankfurt a.M.: Lang, 1992, 1 - 65

ROCK, I.: *Wahrnehmung. Vom visuellen Reiz zum Sehen und Erkennen.* (1984) Heidelberg: Spektrum der Wissenschaft, 1985

SONESSON, G.: Die Semiotik des Bildes. Zum Forschungsstand am Anfang der 90er Jahre. Zeitschrift für Semiotik. 15, (1993), 1/2, 127-160

THÜRLEMANN, F.: *Vom Bild zum Raum. Beiträge zu einer semiotischen Kunstwissenschaft.* Köln: Du Mont, 1990

HANS DIETER HUBER

Die Autopoiesis der Kunsterfahrung. Erste Ansätze zu einer konstruktivistischen Ästhetik

„Jede Beobachtung muß sich von dem vertrauten Entzifferungskode, den sie bei sich hat, trennen, muß sich treiben lassen inmitten von allem, was sie nicht versteht, um eine Mündung erreichen zu können, wo sie sich verloren fühlen wird. Als ein natürlicher Hang, der uns mitzieht wie ein Sog, bringt uns jede intensive Beobachtung der Außenwelt vielleicht unsrem Tod näher; anders gesagt: sie verringert den Riß, der uns von uns selbst trennt." GIANNI CELATI

1.

Das Gehirn wird in der Neurobiologie, insbesondere von ROTH und MATURANA, als ein operational geschlossenes System verstanden, das in seiner Funktionsweise weitgehend autonom und auf sich selbst bezogen operiert. Früher ging man davon aus, daß das Gehirn entweder ein Abbild der Wirklichkeit repräsentiere, Sinnesdaten in sich aufnehme oder Informationseinheiten verarbeite. Die neueren Gehirnforschungen zeigen jedoch zweierlei: Erstens, daß der sensorische Input im Vergleich zur internen Dyamik der Gehirnoperationen relativ gering ist. Für das Sehen läßt sich das Verhältnis so charakterisieren, daß einer einzigen Reizung einer Retinaganglienzelle etwa 100.000 Entladungen zentraler Neuronen gegenüberstehen. Für das Hören ist dieses Verhältnis noch dramatischer. Einer einzigen Reizung der inneren Haarzellen stehen etwa 16 Millionen Entladungen zentraler Neurone zur Auswertung auditorischer Perturbationen gegenüber. Dieses enorme Ungleichgewicht hat Forscher wie ROTH und MATURANA zur Konzeption des Gehirns als eines operational geschlossenen Systems geführt.
Hinzu kommt zweitens das Prinzip der indifferenten Codierung bzw. der unspezifischen Perturbation. Aus der Sicht der konstruktivistischen Neurobiologie ist das Gehirn nicht in der Lage, zwischen visuellen, auditorischen, gustatorischen, somatosensorischen oder olfaktorischen Reizen zu unterscheiden, sondern nur zwischen verschiedenen Entladungsfrequenzen und ihren zeitlichen Aktivitätsmustern. Der Code des Gehirns ist für alle Sinnesbahnen und -systeme der gleiche. (v. FOERSTER 1992, 58) Er ist modalitäts- und qualitätsneutral. Qualitäten wie Formen, Farben oder Bedeutungen sind Konstruktionen des Gehirns aus den Entladungsfrequenzen der Neuronen, ihren zeitlichen Aktivitätsmustern und den spezifischen Verarbeitungsorten in der Topologie des Gehirns. Für das Sehen können wir also festhalten, daß wir an der Retina keine Formen, Farben oder Bedeutungen beobachten können, sondern nur indifferent codierte Entladungsfrequenzen und ihre zeitlichen Unterschiede. Gerade durch die strikte Abkopplung seiner Operationen gegenüber der Umwelt und nicht deren Offenheit funktioniert das Gehirn so, wie es funktioniert.

2.

Man hat daher das selbstreferentielle Operieren des Gehirns mit dem Begriff der Autopoiesis bezeichnet. Autopoiesis meint Selbstherstellung bzw. Selbstreproduktion. Der Begriff stammt von MATURANA und VARELA und wurde erstmals 1972 zur Charakterisierung der spezifischen Fähig-

keit lebender Systeme, sich selbst zu reproduzieren, gebraucht. (MATURANA 1972, 302) Ein geschlossenes System wie eine Zelle, ein Gehirn oder ein soziales System erzeugt die eigenen Zustände aus seinen eigenen Zuständen und aus sonst nichts anderem. Bedingung dafür ist die operative Geschlossenheit der Systemoperationen. Nur unter dieser Bedingung ist die Selbstreproduktion der eigenen Zustände möglich.
Für das Gehirn bzw. das kognitive System bedeutet dies, daß das kognitive System ein operational geschlossenes System in einem lebenden Organismus ist, das nur einen sehr selekiven Kontakt zur Außenwelt besitzt. Es produziert seine Eigenzustände als seine Eigenzustände zu einem großen Teil nur unter Bezugnahme auf vorhergehende Eigenzustände. In der kontinuierlichen, autopoietischen Produktion und Reproduktion von kognitiven Eigenzuständen bilden sich bestimmte, regelmäßig wiederkehrende Interaktionsmuster oder sog. Konnektivitäten aus, die wir als Beobachter in einer phänomenalen Beschreibung als Gewohnheiten, kognitive Stile, Verhaltensweisen, Einstellungen, Werthaltungen, Überzeugungen, etc. bezeichnen können.

3.

Was heißt es, unter der Bedingung kognitiver Autopoiesis, Bilder zu beobachten? Der Begriff der Beobachtung wird hier differenztheoretisch als das Handhaben von Unterscheidungen eingeführt. (BAECKER 1990, 15f.; BAECKER 1993a; BAECKER 1993b, 21-23; ESPOSITO 1993; LUHMANN 1990, 10ff.; LUHMANN 1993a, 49-53; LUHMANN 1993b; LUHMANN 1993c, 350; LUHMANN 1995a, 48ff.; LUHMANN 1997, 44-59; SIMON 1993a, 44ff.; SIMON 1993b, 57-78) Beobachten ist eine Operation des Unterscheidens und Bezeichnens. Unterscheidungen sind stets Zwei-Seiten-Formen, von denen eine Seite als Innenseite der Form, als sog. *marked space*, als ein markierter Raum oder ein markiertes Feld, vom Beobachter akzentuiert und bezeichnet wird. (SPENCER BROWN 1979, 4 u. 69; LUHMANN 1995a, 51ff.) Ein einfaches Beispiel bildet die Linie auf einer Tafel oder einem Blatt Papier, die ein Feld in zwei Teile teilt. Sie setzt eine Unterscheidung und spaltet das Universum in zwei Teile, einen bezeichneten Teil, den *marked space*, der als Bezeichnung die andere, unbezeichnete Seite, den *unmarked space*, verdeckt und invisibilisiert. Einfaches Beispiel ist das Prädikat 'weiss'. In dem Moment, in dem es aufgerufen wird, spaltet es das Universum in zwei Bestandteile, einen weissen und einen nicht-weissen Teil. Weiss als sprachliches Prädikat operiert als eine Zwei-Seiten-Form mit einer Innen- und einer Aussenseite. Der Aufmerksamkeit zugänglich ist jedoch nur die bezeichnete Innenseite, also alles Weisse. Die zweite, unbezeichnete Seite der Form läuft als blinder Fleck in der Unterscheidung mit durch und kann nur durch eine neue Unterscheidung revisibilisiert werden.

4.

Beobachtung ist insgesamt durch eine sehr spezifische Form von Selektivität gekennzeichnet, die sich aus der autopoietischen Handhabung der Unterscheidungsoperationen eines Beobachters ergibt. (HUBER 1995) Nehmen wir als Beispiel eine Arbeit von J. BEUYS: *Szene aus der Hirschjagd*, in den Jahren 1961-64 entstanden. Der Schrank enthält mehr als 700 identifizierbare Gegenstände.

Ein beliebiger Beobachter, der vor diese Installation tritt, wird mit Hilfe seiner eigenen, von ihm selbst hervorgebrachten Unterscheidungen, bestimmte Selektionen treffen. Er wird verschiedene Unterschiede und Zusammenhänge dieser Installation beobachten. Andere Komponenten, die nicht von ihm beobachtet wurden, werden als blinder Fleck oder als unbezeichnete Aussenseite seiner Beobachtung latent durchlaufen. Jede Erfahrung von Bildern steht daher sowohl in einem Verhältnis zu demjenigen, was durch sie sichtbar gemacht und hervorgebracht wurde, indem es beobachtet und unterschieden wurde; als auch zu dem, was nicht sichtbar gemacht und nicht hervorgebracht wurde, dem blinden Fleck aller ästhetischen Erfahrung. Kunst macht also nicht nur sichtbar, wie KLEE 1920 in *Schöpferische Konfession* schrieb, sondern sie läßt im selben Maße Welt verschwinden. Kunst macht auch unsichtbar (LUHMANN 1990, 14f., 20).

Dabei ist zweierlei festzuhalten: Erstens. Die Selektion, die ein beliebiger Beobachter angesichts der Vielfalt der ihn umgebenden Beobachtungssituation vornimmt, ist *zunächst* von dem selbstreferentiellen, autopoietischen Operieren seines kognitiven Gesamtsystems abhängig. Das kognitive Gleichgewicht eines beliebigen Beobachters ist bei jedem Menschen zu jedem Zeitpunkt ein anderes. Denn jeder Beobachter besitzt eine andere Lerngeschichte, andere Erfahrungsgewohnheiten, andere kognitive Stile und andere psychophysische und emotionale Zustände. Daraus folgt, daß aus der Organisation des Werkes nicht vorhergesagt werden kann, auf welche Art und Weise dieses Werk auf einen bestimmten Beobachter einwirken wird. Nur durch eine Beobachtung des Beobachters, also durch eine Beobachtung 2. Ordnung, kann auf mögliche Wirkungen geschlossen werden. (LUHMANN 1995, 97ff.)

Zweitens stellt das Werk selbst, in seiner Organisation und in seiner Form, eine Selektion des Künstlers dar. Der Künstler als Produzent seines Werkes setzt spezielle Unterscheidungen und Bezeichnungen ein, die zu einer spezifischen Selektivität der strukturellen Organisation seines Werkes führen. Nun wäre es aber falsch, zu vermuten, daß ein beliebiger Beobachter nur aus diesen bereits vorselegierten Elementen seine Selektionen treffen könnte. Denn das würde bedeuten, daß diese erneute Selektion, die der Beobachter durch seine Unterscheidungen und Bezeichnungen vornimmt, automatisch zu einer geringeren Komplexität führen würde. Dies ist aber nicht der Fall. Denn jeder beliebige Beobachter kann die von ihm unterschiedenen Differenzen und Zusammenhänge auf unkontrollierbare und unvorhersagbare Art und Weise durch seine eigenen Vorstellungsbildungen ergänzen. (INGARDEN 1962, §11; INGARDEN 1968, §11; INGARDEN 1972, §38, §62) Ein Beobachter kann also jederzeit durch das autonome, selbstreferentielle Operieren seines kognitiven Systems über die auslösenden Irritationen hinausgehen. Er kann die Selektivität seiner Unterscheidungen und Bezeichnungen durch eigene Vorstellungen ergänzen, die ihn, von seiten des Kunstwerks, auf unkontrollierbare und unvorhersagbare Weise über das von ihm Beobachtete hinausführen.

Wenn man die Ergebnisse des Konstruktivismus und der Gehirnforschung ernst nimmt, dann sieht man sich mit zweierlei möglichen Konsequenzen konfrontiert:

Erstens. Das Bild ist kein apriori Gegebenes, sondern entsteht erst im Prozeß der Beobachtung. Denn unabhängig von jeglicher Unterscheidung, Beobachtung oder Beschreibung gibt es nichts, was wir auf irgendeine Weise unterscheiden, beobachten oder beschreiben könnten. Die ästhetische Erfahrung selbst erzeugt das Phänomen, das sie zu erklären oder zu verstehen beansprucht. Sie stellt dieses selbsterzeugte Phänomen aus bestimmten Gründen als objektiv gegeben hin, obwohl es eindeutig vom kognitiven System hervorgebracht ist. Die Konstruktionen des kognitiven Systems werden nach außen projiziert und als objektiv gegeben gekennzeichnet. Sie werden naturalisiert.

Das erscheint paradox, da wir immer gewohnt sind, mit der Unterscheidung zwischen Subjekt und Objekt oder Subjektivem und Objektivem zu operieren. In einer konstruktivistischen Erkenntnistheorie wird jedoch nicht mehr von einer dualistischen Ontologie von objektiv Gegebenem und lediglich subjektiv Aufgenommenem ausgegangen, sondern mit einer zirkulären Paradoxie operiert, in der der Vorgang der Unterscheidung und Bezeichnung das Phänomen hervorbringt, das erklärt werden soll. (MATURANA/VARELA 1987, 34f.; MATURANA 1990, 51f.)
Zweitens betrifft dies auch das traditionelle Verhältnis zwischen Bild und Betrachter. Während dieses Verhältnis in einer klassischen Epistemologie als ein unabhängiges Gegenüber von Objekt und Subjekt aufgefasst wurde, in der das Werk als mehr oder weniger 'gegeben' vorausgesetzt wird und "Vorgaben" gibt, die vom Betrachter aufgenommen und ergänzt werden sollen, können oder müssen, haben wir in einer konstruktivistischen Ästhetik eine zirkuläre und zugleich interaktive Situation vorliegen. Denn das Bild entsteht erst im tatsächlichen Vorgang der Beobachtung. Die Selektivität und Konstruktivität der Beobachtungsoperationen erzeugt einen kognitiven Zustand, der sowohl aus bezeichneten Innenformen wie aus blinden Flecken besteht. Dieser kognitive Gesamtzustand beeinflußt in einem zweiten Beobachtungskreislauf die Revision der ersten Unterscheidungen und Bezeichnungen. Er bewirkt also eine Re-Konstruktion von neuen Formen, Farben, Interaktionen und Bedeutungen. Diese Re-Konstruktion verändert den Zustand des zu verstehenden oder zu erklärenden Gegenstandes, indem es ihn auf kontingente Weise neu hervorbringt.
Die Zirkularität der Erkenntnis besteht also nicht zwischen Subjekt und Objekt, zwischen Innen und Außen, sondern zwischen verschiedenen, selbstreferentiellen Operationen oder Teilzuständen des Gehirns und ihren spezifischen gehirnzeitlichen und gehirnräumlichen Dynamiken. Es interagieren also nicht das 'gegebene' 'Objekt' und der Beobachter, sondern verschiedene kognitive Konstruktionen ein und desselben operational geschlossenen, psychischen Systems.

5.

Dem "Gegenstand" in klassischer Epistemologie kann also nur noch der Status oder die Funktion eines Auslösers von kognitiven Zustandsveränderungen zugesprochen werden. Die umgebende Beobachtungssituation als auslösendes Aktivitätsmuster versetzt zunächst das kognitive Gleichgewicht in Unruhe oder erhöhte Aktivität. Die auslösenden Perturbationen irritieren zunächst auf eine *unspezifische* Weise den kognitiven Gesamtzustand eines beliebigen Beobachters. D.h. sie provozieren, irritieren oder regen die kognitive Aktivität bestimmter Areale der cortikalen Hemisphäre an. In welche Richtung diese sensorischen Irritationen laufen und welche kognitiven Aktivitäten sie im kognitiven System eines Beobachters tatsächlich auslösen werden, kann aufgrund der unspezifischen Reizperturbation nicht von den Eigenschaften des Auslösers vorhergesagt werden, sondern nur aufgrund einer retrospektiven Beobachtung 2. Ordnung, einer Beobachtung des Beobachters. Da der kognitive Gesamtzustand von Beobachter zu Beobachter aufgrund einer unterschiedlichen Biographie und Lerngeschichte stets differiert, treffen unspezifische Perturbationen auf ein immer anderes und unterschiedlich organisiertes Gleichgewicht, das sich dadurch auf eine unvorhersagbare Art und Weise kognitiv verändern kann. Dies ist der Grundgedanke einer konstruktivistischen Ästhetik, die Qualitäten nicht im gegebenen Objekt, sondern in der autopoietischen Funktionsweise des Gehirns sucht. Aber man kann jetzt schon einschränkend sagen, daß ein beliebiger Beobachter nur dasjenige an möglichen Irritationen, Perturbationen und Anregungen verarbeiten kann, was aufgrund der inneren Organisationsstruktur seines kognitiven Systems zum gegenwärtigen Zeitpunkt möglich ist. Damit wird die mögliche Komplexität solcher Auslösesituationen auf ein, vom jeweiligen Beobachter gerade noch verstehbares Maß, reduziert.

Dies ist der Grundgedanke konstruktivistischer Ästhetik. Sie sucht die Qualität und das Urteil nicht in einem "gegebenen" Kunstobjekt, sondern in der autopoietischen Funktionsweise des Gehirns. Aber man kann jetzt schon einschränkend sagen, daß ein beliebiger Beobachter nur dasjenige an möglichen Irritationen, Perturbationen und Anregungen verarbeiten kann, was aufgrund der inneren Organisationsstruktur seines kognitiven Systems zum gegebenen Zeitpunkt möglich ist. Damit wird die mögliche Komplexität solcher Auslösesituationen auf ein, vom jeweiligen Beobachter gerade noch verstehbares Maß, reduziert. Kunsterfahrung in konstruktivistischer Sicht ist also in einen Horizont von Möglichkeiten eingebettet, aus dem die tatsächliche Beobachtung eines Beobachters als eine Operation des Unterscheidens und Bezeichnens eine bestimmte Möglichkeit als tatsächlichen Zustand realisiert. Dabei ist zu bedenken, daß diese Konstruktion stets anders ausfallen könnte, d.h. kontingent ist. Kunsterfahrung ist sogar doppelt kontingent, als sie sowohl in der Selektion des Künstlers wie des Beobachters immer auch anders möglich sein könnte. Der Erfahrung und Veränderung sind also durch den jeweiligen Eigenzustand des kognitiven Systems Grenzen gesetzt. Was ein bestimmtes kognitives System zu einem gegebenen Zeit nicht verarbeiten kann, kann es auch nicht verstehen. Das auslösende Moment eines selektiv gegebenen Werkzusammenhanges trifft also in der inneren Modellierung des kognitiven Systems auf eine Projektionsoberfläche, in der nur dasjenige adaptiert und assimiliert werden kann, was aufgrund der internen strukturellen Organisation der kognitven Teilzustände möglich ist. Der Rest an Perturbation, Provokation oder Irritation läuft leer am System vorbei.

In diesem Zusammenhang muss zusätzlich ein wichtiger kognitiver Mechanismus Erwähnung finden. Wie einige Neurobiologen (ROTH 1996a, 207) vermuten, selegieren der sog. locus coeruleus, die Raphe-Kerne und das basale Vorderhirn auf einer relativ frühen, prä-attentiven Stufe die eintreffenden Perturbationen in wichtig/unwichtig und bekannt/unbekannt. Wenn diese Hypothese zutreffen sollte, erfüllen diese Regionen die Funktion einer binären Codierung oder einer regulativen Idee, die als Urteilsinstanz eine wichtige Vorselektion vornimmt. Von entscheidender Bedeutung für die Erfahrung von Kunst ist nun die Tatsache, daß offensichtlich nur dasjenige an Perturbationen bewußt erlebt und beobachtet werden kann, was als neu und wichtig eingestuft wurde. Der Rest läuft in einem präattentiven, automatischen Abarbeiten der bekannten Features durch. Das meiste unserer Alltagswahrnehmung ist neu und unwichtig oder bekannt und unwichtig. Es dringt deshalb gar nicht oder nur schwach in unser Bewußtsein. Wenn etwas als dagegen bekannt und wichtig eingestuft wurde, werden in unserem Gehirn Verhaltensprogramme aktiviert, ohne daß wir hierfür besondere Aufmersamkeit benötigen. Wir haben höchstens ein begleitendes, diffuses Bewußtsein. Das allermeiste wird also auf subliminaler und präattentiver Ebene in automatischen, oftmals eingeübten Routinen abgearbeitet, die unserem Bewußtsein gar nicht zugänglich werden.

Dies ist für die Kunsterfahrung von höchster Bedeutung. Denn in der Kunst haben wir es mit Artefakten zu tun, die oftmals in jeder Hinsicht, das heißt, in jedem kleinsten Detail von bekannten Alltagssituationen abweichen und von daher unsere ganze Aufmerkamkeit beanspruchen. Wir müssen also den Prozeß der Kunsterfahrung in zwei parallele Verarbeitungsstufen unterscheiden: automatisches, subliminales Abarbeiten bekannter und als bekannt, wichtig oder unwichtig bewerteter Details und aufmerksames, anstrengendes, sukzessives, müheseliges Konstruieren von neuen Verknüpfungsmustern, in der die Enge unseres Aufmerksamkeitsbewußtsein klar und deutlich hervortritt. Bei der Bewältigung neuer und vom Gehirn als wichtig angesehener Aufgaben wird die funktionelle Effizienz bestehender Verbindungen zwischen Nervenzellen verändert. (ROTH 1996b, 38) Bestehende Verbindungen werden funktional neu bewertet. Es entstehen funktionale Assoziationen in denjenigen Hirnarealen, die für die spezifischen Aufgaben zuständig sind. Vor allem als neu und wichtig eingestufte Irritationen führen zum Aufbau neuer, funktionaler Verknüpfungen im Gehirn in Form neuer Netzwerkeigenschaften, die zu Anfang noch unsere gesamte Aufmerksamkeit benötigen und bei zunehmender Konsolidierung immer weniger Bewußtsein erfordern. Auf die Erfahrung von Kunst rückübertragen, heißt das, daß gerade neue, ungewohnte und als wichtig eingestufte Formunterschiede den Aufbau neuer kognitiver Netzwerkeigenschaften ermöglichen und verstärken. Damit initieren solche Formdifferenzen Lernen und eine beständige Anpassung des beobachtenden Organismus an die strukturelle Drift seiner Umwelt.

6.

Wir können also, vom Kunstwerk aus gesehen, zunächst überhaupt nicht vorhersagen, erstens wer das Werk sehen wird; zweitens, was an diesem Werk beobachtet werden wird und was übersehen werden wird; drittens zu welchen möglichen Zustandsveränderungen im kognitiven Gleichgewicht eines Beobachters die jeweilige Erfahrung führen wird. Dies ist eine stark vereinfachte Darstellung der Grundlagen einer konstruktivistischen Theorie der Kunsterfahrung, die nun differenziert werden muß. Denn wenn Kunstwerke wirklich nur völlig unspezifische Irritationen hervorrufen könnten, dann wäre es völlig gleichgültig, was diese Auslösung bewirken würde. Ein Kitschgemälde aus dem Kaufhaus könnte unter Umständen dieselben Bewußtseinsveränderungen auslösen wie ein Hauptwerk TIZIANS.

Um dieser Ungenügendheit Rechnung zu tragen, muß der bisherige Ansatz um ein Verständnis der Sozialität solcher kognitiver Konstruktionsleistungen erweitert werden. Und dies ist genau der Punkt, an dem das Modell des Konstruktivsmus und der Neurobiologie durch die Theorie sozialer Systeme eine sinnvolle Ergänzung und Erweiterung finden kann. Zugleich deutet sich aber auch eine Kritik an den Positionen des Radikalen Konstruktivismus und der Gehirnforschung an. Sie lautet, daß sie ausschließlich auf individualpsychologischem Niveau argumentieren und sämtliche sozialen Einflüße und Bedingungen dieser Konstruktionsprozesse ausblenden. Man muß also das bisherige, individualpsychologische Modell von Kognition und Erfahrung in den Bereich der sozialen Bedingungen und gesellschaftlichen Möglichkeiten solcher Konstruktionsleistungen verschieben oder verlagern.

Während man mit einem rein individualpsychologischen Ansatz keine zufriedenstellende Erklärung dafür geben kann, wie es zu einer spezifischen Reizauslösung und zu spezifischen kognitiven Veränderung kommen kann, läßt sich diese Frage auf der Ebene des Funktionierens sozialer Systeme dagegen durchaus auf zufriedenstellende Weise erklären. Die meisten von uns wissen aus der Erfahrung ganz genau, was sie tun oder unterlassen müssen, um einen anderen Menschen auf die Palme zu bringen. Aber das setzt voraus, daß wir ihn gut kennen und wissen, mit was wir ihn reizen können. Am besten können wir das bei unserem Lebenspartner oder unseren Arbeitskollegen, deren verwundbare Stellen wir meistens gut kennen. Diese einfachen Beobachtungen sprechen dafür, daß

es innerhalb einer wechselseitigen strukturellen Kopplung von Voreinstellungen durchaus möglich ist, spezifische kognitive Aktivitäten im Anderen hervorzurufen. Dieser Mechanismus funktioniert auch in der Kunst. Er hat hier eine besondere Funktion.
Er funktioniert jedoch nur innerhalb einer strukturellen Kopplung zwischen den Strukturen eines Bildsystems und den Strukturen des kognitiven Systems eines Beobachters. (MATURANA 1982, 143FF.,150ff.; MATURANA 1990, 64; HUBER 1991, 122; MINGERS 1995, 34ff.; HUBER 1995, 112; LUHMANN 1996, 16, 31f.; HUBER 1997; LUHMANN 1997, 100ff.) Diese wechselseitige Form der Strukturenkopplung kann als ein konsensueller Bereich beschrieben werden. Eine gezielte Perturbation des kognitiven Systems ist also nur in Fällen einer ausreichend stabilen, gemeinsamen strukturellen Kopplung möglich. In einem konsensuellen Bereich kognitiver Ko-Orientierungen von Produktion, Präsentation, Distribution und Rezeption von Kunst lassen sich spezifische Perturbationen beobachten.

7.

Die strukturelle Kopplung von auslösendem Bildsystem und perturbiertem, kognitivem System unterliegt den Mechanismen der Evolution und den Dynamiken sozialen Wandels. In dem Maße, in dem sich die Strukturen der auslösenden Beobachtungssituation wandeln oder sich die strukturelle Organisation der beteiligten kognitiven Systeme verändert, wandelt sich zwangsläufig auch die Form der strukturellen Kopplung und damit der betroffene Bereich kognitiver Ko-Orientierungen. (MATURANA/VARELA 1987, 110ff.; 210, MATURANA 1990, 72)
Die Aufgabe eines wissenschaftlichen Beobachters könnte daher sein, mit Hilfe einer Beobachtung 3. Ordnung, in der die Beobachtungen 2. Ordnung kritisch miteinander verglichen würden, den historischen Wandel und die sozialen Dynamiken solcher Strukturkopplungen genauer zu untersuchen. Es könnte gezeigt werden, wie ein sozialer Wandel in der strukturellen Organisation visueller Bildsysteme zu einer parallelen Veränderung, Verschiebung oder Verlagerung der spezifischen Form struktureller Kopplung von Bildsystem, Beobachter und Sozialsystem führen kann und in historischen Fällen geführt hat.
Strukturelle Veränderungen in der Organisation von Bildsystemen führen aufgrund der Notwendigkeit, konsensuelle Bereiche zu entwickeln, zu erhalten und auszubauen, zu einer beständigen Re-Adaptation und Re-Assimilation des kognitiven Gleichgewichts eines Beobachters in Richtung auf die jeweils als neu und wichtig beurteilten Strukturen. Man kann mit Hilfe dieses Modells die historischen Verschiebungen, Brüche, Sprünge und Schwellen beobachten und beschreiben, die zu einer ständigen, rekursiven Re-Adaptation der strukturellen Kopplungen führen. Konsensuelle Bereiche ästhetischer Übereinstimmung müssen in einem historischen Prozess stets aufs Neue rekonstituiert werden.

8.

Was heißt es, unter diesen Bedingungen eine ästhetische Erfahrung von Bildern zu haben? Eine ästhetische Erfahrung ist keine normale Erfahrung, sondern eine besondere, die durch das Adjektiv "ästhetisch" gekennzeichnet ist. Es muß also, logisch gesehen, mindestens eine Eigenschaft dieser Erfahrungsform geben, mit deren Hilfe man normale Erfahrungen, die nicht ästhetisch sind, von ästhetischen unterscheiden kann. Ein solches Prädikat, wie immer es auch lauten wird, ist stets Bestandteil einer bestimmten Ideologie. (EAGLETON 1993, 7-40; EAGLETON 1994, 99) Ästhetische Erfahrungen sind Instanzen bestimmter Ideologien des Ästhetischen und sie haben nur Bedeutung im Rahmen dieser Ideologien. Ästhetische Ideologien sind Glaubenssysteme. Sie sind Systeme der Überzeugung, die in der konkreten ästhetischen Erfahrung diejenigen (ästhetischen) Eigenschaften des Bildes hervorbringen, die sie als 'gegeben' zu beobachten, zu verstehen oder zu erklären glauben. Wenn man also von ästhetischer Erfahrung spricht, muß man den Begriff immer wieder auf die jeweilige ästhetische Ideologie zurückführen oder mit ihr in Verbindung bringen, von der diese Erfahrung eine Instanz ist.

Wenn wir diesen Gedanken nun an die Sozialität von Kunsterfahrung zurückbinden, dann wird deutlich, daß in einer Situation der strukturellen Kopplung von Bild, Beobachter und Kontext stets eine oder mehrere solcher Ideologien als gemeinsame Kalibrierungsformen konsensueller Bereiche wirksam sind. Eine gezielte Perturbation des kognitiven Systems findet im Bereich einer bestimmten Ideologie des Ästhetischen statt, eine unspezifische Perturbation dagegen als eine cross over platform zwischen verschiedenen Ideologien des Ästhetischen. Unspezifische Perturbation ist wild, unkontrollierbar und unvorhersagbar. Spezifische Perturbation im Rahmen einer bestimmten Ideologie des Ästhetischen und im Rahmen einer bestimmten Strukturenkopplung, führt zu ästhetischer Übereinstimmung und ästhetischem Konsens.

Literatur:

BAECKER, D.: Die Kunst der Unterscheidungen. In: ARS ELECTRONICA (Hrsg.): *Im Netz der Systeme*, Berlin: Merve 1990, S.7 - 39

BAECKER, D. (Hrsg.): *Kalkül der Form*. Frankfurt/M.: Suhrkamp 1993a

BAECKER, D. (Hrsg.): *Probleme der Form*. Frankfurt/M.: Suhrkamp 1993b

CELATI, G.: *Landauswärts*. Frankfurt/M.: Suhrkamp Verlag 1993

EAGLETON, T.: *Ideologie. Eine Einführung*. Stuttgart, Weimar: Metzler 1993

EAGLETON, T.: *Ästhetik. Die Geschichte ihrer Ideologie*. Stuttgart, Weimar: Metzler 1994

ESPOSITO, E.: Zwei-Seiten-Formen in der Sprache. In: BAECKER, D. (Hrsg.): *Probleme der Form*. Frankfurt/M.: Suhrkamp 1993, S. 88-119

FOERSTER, H. von: Entdecken oder Erfinden. Wie läßt sich Verstehen verstehen? In: GUMIN, H./ MOHLER,A. (Hrsg.); *Einführung in den Konstruktivismus* (1988), München: Piper 1992, S. 41-88

HUBER, H.D.: Die Mediatisierung der Kunsterfahrung. in: ZAHLTEN, J. (Hrsg.): *125 Jahre Institut für Kunstgeschichte Universität Stuttgart. Herwarth Röttgen zum 60. Geburtstag*. (=Reden und Aufsätze 41, Universitätsbibliothek Stuttgart), 1991, S. 108-130

HUBER, H.D.: Erlernte Hilflosigkeit. Rauminstallationen von Bruce Nauman. In: BIRKHOLZ, H. u.a. (Hrsg.): *Zeitgenössische Kunst und Kunstwissenschaft. Zur Aktualisierung ihres Verhältnisses*. Weimar: VDA 1995, S.104-125

HUBER, H.D.: Joseph Beuys' »Szene aus der Hirschjagd«. Ein selektives und subjektives Inventar. In: ARBEITSKREIS BLOCK BEUYS DARMSTADT (Hrsg.): *Vorträge zum Werk von Joseph Beuys* Darmstadt: Häusser 1995, S. 72 - 84

HUBER, H.D.: Oberfläche, Materialität und Medium der Farbe. In: SCHAWELKA, K/HOORMANN, A. (Hrsg.): *Who is afraid of Red, Yellow and Blue? Über den gegenwärtigen Stand der Farbforschung*. Weimar: Bauhaus-Universität 1997 (im Druck)

INGARDEN, R.: *Das literarische Kunstwerk*. Tübingen: Niemeyer ^{4}1972

INGARDEN, R.: *Untersuchungen zur Ontologie der Kunst. Musikwerk-Bild-Architektur-Film*. Tübingen: Niemeyer 1962

INGARDEN, R.: *Vom Erkennen des literarischen Kunstwerkes*, Tübingen: Niemeyer 1968
KLEE, P.: Schöpferische Konfession. (1920); In: GEELHAAR, C. (Hrsg.): *Paul Klee. Schriften. Rezensionen und Aufsätze*, Köln: Dumont 1976, S.118-122
LUHMANN, N.: Weltkunst. In: LUHMANN, N./ BUNSEN, F. D./ BAECKER, D.: *Unbeobachtbare Welt. Über Kunst und Architektur*. Bielefeld: Cordula Haux 1990, S.7- 45
LUHMANN, N.: Zeichen als Form. In: BAECKER, D. (Hrsg.): *Probleme der Form*. Frankfurt/M.: Suhrkamp 1993a, S. 45-69
LUHMANN, N.: Die Paradoxie der Form. In: BAECKER, D. (Hrsg.): *Kalkül der Form*. Frankfurt/M.: Suhrkamp 1993b, S. 197-212
LUHMANN, N.: Die Form der Schrift. In: GUMBRECHT, H.U./PFEIFFER, K.L. (Hrsg.): *Schrift*. München: Fink 1993c, S.349-366
LUHMANN, N.: *Soziologische Aufklärung 6: Die Soziologie und der Mensch*, Opladen: Westdeutscher Verlag 1995b
LUHMANN, N.: *Die Kunst der Gesellschaft*. Frankfurt/M.: Suhrkamp 1995a
LUHMANN, N.: *Die Gesellschaft der Gesellschaft*. Frankfurt/M.: Suhrkamp, 2 Bde. 1997
MATURANA, H. M./VARELA, F.: *Der Baum der Erkenntnis. Die biologischen Wurzeln des menschlichen Erkennens*. Bern, München: Scherz 1987
MATURANA, H. M.: *Erkennen: Die Organisation und Verkörperung von Wirklichkeit.* (1982) Braunschweig, Wiesbaden: Vieweg & Sohn [2]1985
MATURANA, H. M.: Kognitive Strategien. (1972) In: MATURANA, H. M.: *Erkennen: Die Organisation und Verkörperung von Wirklichkeit*. (1982) Braunschweig, Wiesbaden: Vieweg & Sohn [2]1985, S. 297-318
MATURANA, H.M.: The Biological Foundations of Self Consciousness and the Physical Domain of Existence. In: LUHMANN, N./MATURANA, H. /NAMIKI, M./ REDDER, V./ VARELA, F.: *Beobachter. Konvergenz der Erkenntnistheorien?* München: Fink 1990, S.47 - 117
MINGERS, J.: *Self-Producing Systems. Implications and Applications of Autopoiesis*. New York/London: Plenum Press 1995
ROTH, G.: *Das Gehirn und seine Wirklichkeit*. Frankfurt/M.: Suhrkamp 1996a
ROTH, G.: *Schnittstelle Gehirn. Interface Brain*. Bern: Benteli 1996b
SIMON, F.B.: Mathematik und Erkenntnis: Eine Möglichkeit, die "Laws of Form" zu lesen. In: BAECKER, D. (Hrsg.): *Kalkül der Form*. Frankfurt/M.: Suhrkamp 1993a, S.38-57
SIMON, F.B.: *Unterschiede, die Unterschiede machen. Klinische Epistemologie: Grundlage einer systemischen Psychatrie und Psychosomatik*. (1988) Frankfurt/M.: Suhrkamp 1993b
SPENCER BROWN, G.: *Laws of Form*. (1969) New York: Dutton 1979

AXEL MÜLLER

Albertis Fenster. Gestaltwandel einer ikonischen Metapher

Jedes Kunstwerk ist wie ein Fenster, das auf die Schöpfung hinaus geöffnet ist.

E. Zola

Sie haben wirklich die schöne Illusion, daß der Bildschirm Ihres Empfängers so eine Art Fenster, ein zusätzliches Fenster in Ihrer Wohnung ist – ein Fenster, das Ihnen den Blick in die Welt öffnet.[1]

Fernseh-Fibel (Fünfziger Jahre)

Abb.1 M.Caravaggio: Stilleben mit Früchten

Abb.2 R.Magritte: Der gesunde Menschenverstand

Radikal und unübersehbar wandelte sich seit dem Beginn der Moderne in einem historisch höchst ereignisreichen Prozeß das Erscheinungsbild der Kunst sowie die Form ihrer Werke. Mit ihm wandelte sich zugleich die Rolle des künstlerischen Sehens und – nicht zuletzt bedingt durch technische Erfindungen – die der bildnerischen Mittel. Im wahrnehmungstechnischen Labor der Künstler, zu dem das Atelier zeitweise mutierte, wurde die Kunst in ihre Elemente zerlegt, wurden die Rahmenbedingungen des Bildes und seine Darstellungsregeln analysiert, wurden neue Inhalte und Strategien gezielt erprobt, entworfen und wieder verworfen. Die Frage nach dem Bild, nach neuen, tragfähigen Formen von Bildlichkeit insgesamt, bestimmte den Anfang des Jahrhunderts und sie bestimmt, wie wir sehen, auch sein Ende. Das vordem begrenzte, seit jahrhunderten etablierte und regelgerecht komponierte Tafelbild – das also, was wir landläufig ein "Gemälde" nennen – löste sich auf und vagabundiert seitdem scheinbar ziellos als krudes Objekt, als audio-visuelle Installation, als

1 Zit. nach BRUGGEMANN (1989, 300).

simples Readymade oder multiple Wiederholung, als ideelles Konzept oder als High-end-Performance zwischen den einzelnen Gattungen.
Beim gezielten Umgang mit Bildern heute muß man deshalb eine Antwort auf die alte Frage mitbringen oder sie zumindest neu stellen: Was ist ein Bild bzw. was sind Bilder? (vgl. BOEHM 1994) Die frühe platonische Antwort darauf, *idea* und *eidos* allein zeigten den wahren Anblick der Dinge, die Bilder der Maler dagegen sind Abbilder zweiten Grades und deshalb Trugbilder, reicht nicht mehr aus. Zwar sind mimetische Aspekte bis heute im Spiel wenn es um Bilder geht, diese aber orientieren sich längst nicht mehr an der unverbrüchlichen Ordnung des Sichtbaren, an vorgegebenen Referenten, sondern brechen gerade diese auf vielfältige Weise und lassen so eine Ordnung im Bild entstehen, die sich dort und nur dort zeigt und nirgends sonst. Endgültig obsolet ist der Versuch, den Polymorphismus der sichtbaren Welt in eine Zwangsperspektive zu überführen, die individuelle Wahrnehmung an ein starres geometrisches System anzugleichen. So macht schon ein kurzer, vergleichender Blick auf die beiden Bilder von CARAVAGGIO (Abb.1) und MAGRITTE (Abb.2) mehr als nur eine kompositionelle Akzentverschiebung deutlich. Die Differenz dieser Bilder ist nicht nur eine historische oder stilgeschichtliche, sie ist im Ganzen eine ihres höchst unterschiedlichen ikonischen Status. Die allgemeine Frage nach dem Bild (und das schließt die kunstgeschichtliche Fragestellung mit ein) erhält ihre spezifische Brisanz vor allem aus einem Traditionsbruch, einer vielfältigen Erprobung neuer Darstellungs- und Sehweisen (vgl. WALDENFELS 1994, 244), insgesamt einer radikalen Rückwendung der Bilder auf sich selbst, darin auf die ikonischen (d.h. auf die ästhetischen wie logischen) Bedingungen ihres Seins bzw. Wahrgenommenseins.

Abb.3 P.Saenredam St.Bavo

Abb.4 R.Delaunay: St.Severin

Abb.5 R.Delaunay: Eiffelturm

Anders gesagt: Was sich kunst- und kulturgeschichtlich als Bild bewährt und durch die Jahrhunderte hindurch fest etabliert hatte, bestimmt durch Begriffe wie Harmonie, Komposition, Symmetrie, Proportion, Ordnung und Anschaulichkeit (Abb.3), fiel plötzlich aus dem Rahmen (Abb.4), entgrenzte sich, verzeitlichte sich, dissoziierte und löste sich schließlich auf. Neue Formen des Bildes entstanden (vgl. KULTERMANN 1969). Das einst so stabile Tafelbild unterlag einer dramatisch verlaufenden Metamorphose. Es serialisierte und prozessualisierte sich, erprobte und eroberte die dritte Dimension, gewann skulpturale und digitale Eigenschaften oder zerfiel in nichttotalisierbare ikonische Bruchstücke. (Abb.5) Es wurde chaotisch und instabil, mitunter zum luziden und flüchtigen Phänomen an der Grenze zum Unsichtbaren.

Allgemeiner formuliert kann man sagen: Es war so etwas wie ein ikonisches Erdbeben mit vielen Zentren und Epizentren. Eines davon lag, wie wir wissen, in den südfranzösischen Bergen der Montagne Sainte-Victoire. Seitdem wandern die Meridiane der Kunst, verschieben sich ihre ikonischen Grenzen, mitunter weit hinein ins alltägliche Leben oder aber ins ikonoklastische Niemandsland. Oder war es vielleicht doch ein ikonisches Seebeben, angesichts der sprunghaft steigenden Bilderflut? Sei's drum, die alte Topographie der Künste verschwand und mit ihr, wenn auch nur zum Teil, die Maßstäbe ihrer wissenschaftlichen Kartographie. Unter dem freien Himmel der Kunst fuhren die Künstler hinaus auf die stürmischen Meere des visuell Möglichen und je erfolgreicher ihre ikonischen Fischzüge verliefen – und damit meine ich natürlich nicht ihren finanziellen Erfolg – desto erfolgloser wurden mitunter die wissenschaftlichen. Die einst prall gefüllten ikonographischen Treibnetze der Kunstgeschichte leerten sich langsam und versprachen nur noch dürftigen Fang.

Abb.6 Alberti´s Fenster

Globale Sehkonventionen innerhalb der bildenden Kunst, seit Jahrhunderten etablierte und kollektiv funktionierende Schemata, verloren drastisch an Bedeutung – ich erinnere ans Ende der wissenschaftlichen Perspektive – büßten so auf dramatische Weise ihren einstigen Rang und ihre Reichweite ein. Der aber wurde früh durch eine epochale Metapher begründet. Es waren vor allem die historischen und bildsystematischen Überlegungen des im genuesischen Exil geborenen Architekten Leon Battista ALBERTI (1404-1472), der in seinem Traktat *Über die Malerei* (*De pittura*, 1435) erstmals jenes typische, quasi zeitlose Schema einer statischen Sehpyramide etablierte, jene *costruzione legittima* entwickelte, die nicht nur für die Malerei der Renaissance entscheidend, sondern auch für die Kunst der folgenden Jahrhunderte vorbildhaft wurde.[2] Der starre Augpunkt, abstrakt-geometrisches Kürzel für das künstlich stillgestellte Auge des idealen Betrachters und konstruktives Zeichen für das distanziert-beobachtende, rationalistischen Wahrnehmungsbedürfnissen unterworfenen Ich, blickt in optisch homogene, sich grundsätzlich perspektivisch entfaltende – wenn auch geometrisch nicht immer bis ins Detail exakt durchkonstruierte – Außen- und Innenräume. Er blickt dabei stets in einen vom betrachtenden Subjekt mathematisch vorentworfenen und somit über ihn verfügenden, in sich dann beziehungsreich ausgestalteten Gegenstandsraum, der dreidimensional und unbegrenzt ist, im jeweiligen Bildhorizont immer wieder jedoch sein formales und farbliches Ende findet. Auf diesen vorgängig konzipierten, von der Vorherrschaft des kalkulierenden Verstandes geometrisch fundierten und damit einer statischen Abbildungsgrammatik dienlichen Bildraum öffnet sich *ALBERTIS Fenster*. (Abb.6)

Abb.7 A. da Messina: Hl. Hieronymus im Gehäuse

Die schöne und leicht verständliche Metapher des Fensters be-

[2] Ausdruck dafür ist nicht zuletzt die damals weitverbreitete Technik des Guckkastens sowie die der Camera obscura.

schreibt dabei – im Sinne des Naturalismus und Illusionismus – ALBERTIS Vorstellung, derzufolge man das Bild an der Wand als ein gerahmtes und geöffnetes Fenster (*aperta finestra*) betrachten soll (Abb.8), durch das wir hinausblicken in einen Ausschnitt der sichtbaren Welt.[3] Die universelle Fenstermetapher ist in diesem Zusammenhang eines der selbstverständlichsten bildnerischen Ordnungselemente und bis heute eines der wirksamsten historischen Organisationsmodelle ikonischer Wahrnehmung und Darstellung (vgl. SCHMOLL 1970). Sie kennzeichnet zum einen die Grenze zwischen Innen und Außen, zwischen der Intimität eines bewohnten Raums und der offenen Weite einer Landschaft, zwischen Diesseitigem und Jenseitigem, markiert die Grenze zwischen „dem Gehäuse des Individuellen und Privaten und dem Offenen der Natur wie dem Öffentlichen des gesellschaftlichen Lebens" (BRÜGGEMANN 1989) (Abb.7). Darüber hinaus hat sie teil am überlieferten Zauber der Schwelle. Sie systematisiert und stabilisiert, regelt und gliedert zum anderen die optische Erscheinungswelt des Bildes und verbindet diese zugleich mit der des Betrachters. Sie garantiert damit eine bestimmte Raumordnung (auch dort, wo diese mit psychischen Dispositionen verbunden ist[4]), an der Alle teilhaben und Alles teilhat. Jahrhunderte schulten und orientierten sich deshalb an dieser 'durchsichtigen' Metapher, die man konstruktiv anwendete und durch die man, trotz geschärften Blicks, immer *hindurchschaute*, deren begrenzte Gültigkeit aber lange nicht wirklich *durchschaut* wurde.

Abb.8 A. da Messina: Hl. Hieronymus (Detail)

Abb.9 G. Savoldo: Verkündigung

Doch schon die holländischen Maler des 17.Jahrhunderts begannen mit der Fenstermetapher ironisch zu spielen. Sie lösten den Reiz der Grenze auf ins plötzlich Ungesicherte. Sie hoben Trennungen auf, überspielten Grenzen (gerade die von Innenwelt und Außenwelt), begannen insgesamt die Konstellation von Intimität und Offenheit zu verkehren. Mit einem ebenso simplen wie wirkungsvollen Kunstgriff (ver-)wechselten sie die Wahrnehmungsseiten, vertauschten ikonisches Sein und ikonischen Schein und damit Eindeutigkeit und Rationalität des Bildes und verrätselten so das Beziehungsgefüge der gewohnten Perspektive. Der kunsthistorischen Implikationen ihrer Arbeit bewußt, folgten sie ALBERTIS Anweisung und nahmen sie wörtlich. Samuel van HOOGSTRATEN (Abb.10) visualisierte die Metapher, kehrte aber zugleich die Blickrichtung und da-

---

3 ALBERTI ist wahrscheinlich der erste, der konsequent darauf aufmerksam gemacht hat, daß „sich die Gegenstandsbezirke der profanen Tafelmalerei... je nach der Blickrichtung, die sie vortragen, als Einblicke oder Ausblicke begreifen lassen" und so „in beiden Fällen der Bilderrahmen mit einem imaginären Fensterrahmen identisch ist, welch letzterer ein Stück Welt – sei es mit der Wendung nach innen oder nach außen – ins Blickfeld des Betrachters rückt." (HOFMANN 1979, 95f)

4 Erst die Moderne, dort wo sie die Raumerfahrung psychisch auflädt, die einstmals perspektivische Raumkonstruktion in die psychische Wahrnehmung einschreibt bzw. im Bild explizit mit psychischen Dispositionen oder Intimwerten verbindet (z.B. Surrealismus, Expressionismus), kommt zu Formulierungen des ikonischen Raums, die nicht mehr dem vereinheitlichenden perspektivisch gerichteten Blick unterworfen sind. Vgl. M. BECKMANN, E. L. KIRCHNER, H. MATISSE etc.

durch ihren Gehalt um. Täuschend echt gemalt wurde die Bildwelt zur realen Welt und diese zu jener, gelang für einen Augenblick die paradoxe Vertauschung beider Welten. Doch die Irritation solcher Bilder blieb begrenzt. Noch war das perspektivische Schema der Renaissance grundsätzlich in Kraft und dominierte – trotz einer durchaus differenzierten und kritischen Auseinandersetzung der Künstler mit den theoretischen und vor allem praktischen Problemen der Perspektive – den ikonischen Kosmos.

Abb.10 Hoogstraten: Mann am Fenster

Abb.11 G. Dou: Selbstporträt

Der bildgeschichtlich folgenreiche Aspekt dieser Dominanz war dabei, kurz gesagt, folgender: Durch das System, d.h. durch das ganze Gesetzes- und Regelwerk der geometrischen Perspektivkonstruktion – als Instrument einer mathematischen Versicherung von Welterkenntnis (vgl. BUSCH-STALMANN 1986, 191 u. 203) – wurde eine Notation der Bildwelt erreicht, die im Grunde (im Grundriß) für alles Dargestellte gleichermaßen galt. Was sich dieser Geltung entzog, was davon divergierte, blieb ikonisch im Abseits. Zwar kannten die Künstler aus praktischer Arbeit die Probleme geometrisch richtiger Darstellung und variierten deshalb das perspektivische Schema aus optischen und geschehenslogischen Gründen, dennoch läßt sich zusammenfassend sagen: Mit der Formierung der Natur zum *Objekt*, insgesamt mit der Nivellierung der Bildwelt, ihrer Unterwerfung unter exklusive perspektivische Regeln, stehen wir am Beginn eines *mathematischen* Zugriffs auf die Welt, sehen wir die Selbsterhebung des Menschen zum Erkenntnis*subjekt*, stehen wir zugleich am Anfang jenes folgenreichen Dualismus von Augpunkt und Fluchtpunkt, von *res cogitans* (Ich) und *res extensa* (Nicht-Ich), der die neuzeitliche Welt- und Selbsterfahrung seit damals fundiert und theoretisch begleitet. Dabei wurde – aus welchen Gründen auch immer – ikonisch nicht hinreichend reflektiert: daß *wir* es sind, die sehen, nicht allein das Auge[5]; daß das Auge immer schon sehendes *gewesen* sein muß, um überhaupt als sehendes wissenschaftlich erklärt werden zu können. Im bildnerischen Prozeß der Moderne steht deshalb nicht mehr allein das Auge als Körperorgan, sondern mit ihm zugleich das Subjekt des Anschauens, nicht mehr das Sehen als physiologisch-physikalischer und damit geometrisch interpretierbarer Projektionsprozeß, sondern als eine Weise sinnhaften (oder sinnlosen) Weltverhaltens zur Debatte (vgl. MERLEAU-PONTY 1984).

Seit dem 19.Jahrhundert nimmt deshalb die bestimmende Kraft des zentralperspektivischen Darstellungssystems – und mit ihm die bildbestimmende Kraft von Aug- und Fluchtpunkt – deutlich

[5] Vgl. NIETZSCHE (1969, 33 u. 27 [77]) „Nicht das Auge sieht, sondern wir sehen, nicht das Gehirn denkt, sondern wir denken."

sichtbar ab. Es reift die Erkenntnis seitens der Künstler, daß es keine einheitlichen, d.h. keine berechenbaren Sichtweisen der Welt, insgesamt keine vereinheitlichenden Perspektiven mehr auf sie wie auf die Dinge gibt. Durch die schrittweise Verlagerung der Gewichte innerhalb des künstlerischen Gestaltungsprozesses, sowohl durch die Lockerung der semantischen Bezüge zur abgebildeten Gegenstandswelt, als auch durch die Variation der syntaktischen Struktur der Bildoberfläche, nicht zuletzt durch die permanente Erfindung neuer Darstellungsformen und künstlerischer Verfahren, büßte die klassische Zentralperspektive als vorausliegender Ordnungszustand der Bilder ihre exklusive Geltung ein. Nicht so die Fenstermetapher! Obwohl seit Alberti auf's engste mit den perspektivischen Bildvorstellungen verbunden, gelang es der Kunst der Moderne, das Fenstermotiv – Bildzeichen der Spannung zwischen Innen- und Außenraum – aus seiner Bindung ans geometrische Kalkül zu befreien, insgesamt mit der Metapher neue Bildwelten zu eröffnen.

Abb.12 R. Delaunay: Simultan-Fenster

Abb.13 M. Duchamp: FreshWidow

So war es das alte Motiv des Fensters, mit Hilfe dessen der französische Maler Robert DELAUNAY (Abb.12) zu Beginn des Jahrhunderts sein neues Bildkonzept entwickelte. Als gelungene Synthese der koloristischen Tradition der jüngsten französischen Malerei (Impressionismus) und dem Kubismus formulierte er – jenseits des Ideals einer wissenschaftlichen Sicht der Welt –, gewissermaßen im Sinne einer Neukonstitution der Gegenstandswelt aus an sich gegenstandslosen Farbformen und jenseits von Augpunkt und Fluchtpunkt eine neue Sicht der Welt. Vordergrund, Mittelgrund und Hintergrund, die klassische Raumstaffel der Perspektive, blendete er ineinander, zeigte in fortwährend springendem Wechsel eine Art Vexierbild, in dem meßbare Abstände sowie Gegenständlichkeit des Motivs schwinden, Realitätsebenen sich durchdringen und optisch untrennbar miteinander verschmelzen. In simultaner Sicht sieht der Betrachter abstandslos das Außen im Innen und umgekehrt.[6] Es ist der besondere Reiz dieser Bilder, an bildgeschichtlich entscheidender Stelle die

[6] Die Architekturgeschichte zu Beginn des 20.Jahrhunderts kennt Entsprechendes. Über die Beziehung und Durchdringung von Lebensräumen und Dingen in einem bewegten Raum-Ensemble, über die architektonische Aufhebung der Grenze zwischen Innen und Außen (Rolle der Glasfenster!), über „schwebende Transparenz" bzw. die „Bevorzugung schwebend-durchsichtiger Dinge, deren Konturen ineinander übergehen", über die „Entmaterialisation des Festumgrenzten" vgl. GIEDION (1929, 85) und GIEDION (1928, 7ff) Vgl. auch: BENJAMIN (1987 Bd. III, 196f) und – im Hinblick auf U. BOCCIONIS Bild: *Der Lärm der Straße dringt in das Haus* (1911) – BENJAMINS Bemerkung zur „rauschhaften Durchdringung von Straße und Wohnung", BENJAMIN (1987 Bd. V.I, 534).

Metapher des Fensters erneut produktiv lesbar zu machen. Und die Neuformulierung trug in der Folge Früchte.

Da ist zum einen Marcel DUCHAMPS *Fresh Widow* (Abb.13) von 1920, eine Art Balkonfenster, das sich auf nichts öffnet, nichts zeigt als sich selbst und dessen Scheiben bespannt sind mit dunklem, gewachstem Leder. Oder MATISSE' *Blaues Fenster* (Abb.14) von 1942, ein großformatiges Ölbild und nur ein Beispiel aus einer ganzen Reihe von Fensterbildern des Malers, die auf unterschiedliche Weise an eine berühmte Bemerkung des Künstler erinnern: 'Ein Bild ist ein Fenster, hinter dem ein Mensch steht.

Zwei weitere Bilder, Paul KLEES *Durch ein Fenster* (Abb.15) und René MAGRITTES *Lob der Dialektik* (Abb.16), formulieren in z.T paradoxer Form erneut die Fenstermetapher. Besonders Magrittes Bild widerspricht realen Verhältnissen unmittelbar, irritiert höchst nachhaltig den Betrachter und bezeugt gerade darin seine surreale Herkunft. Vor allem der Belgier hat die Fenstermetapher bildreflexiv weiter entwickelt. In zahlreichen Variationen erforschte er die Metapher, prüfte ihre Tragfähigkeit hinsichtlich neuer Bildgedanken. Dabei trieb er sie an die ihr eigene, ikonoklastische Grenze. Es gehört zentral zur Doppelreflexion Magrittscher Kunst, die ebenso alte wie kunstgeschichtlich komplexe Gleichung zwischen Bild und Fenster ad absurdum zu führen, dies aber nur, um sie dann erneut produktiv lesbar zu machen. Ein radikales Beispiel dafür ist MAGRITTES Fenster Bild *Das Fernglas* (Abb.18). Sein Bild stellt kein Fenster mehr dar, das – offen und transparent – die

Abb.14 H. Matisse: Das blaue Fenster

Abb.15 P. Klee: Durch ein Fenster

dritte Dimension perspektivisch erschließt. Die Fiktionsleistung der traditionellen Perspektive, endet hier abrupt auf der Bildfläche, noch bevor sie sich überzeugend entfalten kann. Der Übergang von Innen nach Außen, den das Fenster-Bild thematisiert, wird durch einen jähen Umschlag markiert, der den weiteren Wahrnehmungsprozeß des Bildes bestimmt. ALBERTIS Fenster öffnet sich einen Spalt breit und bleibt dennoch fest geschlossen. Anders gesagt: Es öffnet sich *zwiespältig*. Es öffnet sich nicht mehr auf eine subjektiv verfügbare Objektwelt in meßbarer Distanz, in einen fiktiven, sich perspektivisch verengenden Bild- bzw. Stellraum. Folgerichtig zeigt es keinen perspektivischen Ein- und Durchblick mehr, dessen geometrisch-stabilen Eigenschaften dem Betrachter die Orientierung ermöglichen. Es destruiert vielmehr die kompakte Stabilität der räumlichen Verhältnisse, annulliert alles Meßbare zwischen Innen und Außen und erhebt die Differenz[7] zwischen Innen und Außen zum Bauprinzip des Bildganzen.

René MAGRITTE führt ALBERTIS Fenster an jene *ikonische* Grenze, wo es sich (bildintern) auf sein *ikonoklastisches* Jenseits öffnet und ineins damit eine epochal neue Bildlichkeit eröffnet. Anders gesagt: Der Raum, auf den sich das Fenster-Bild öffnet, eröffnet keine jener altbekannten Außen- und Innenwelten, von denen nicht zuletzt auch der Surrealismus zehrte, sondern ikonische und ikonoklastische Aspekte. Das Fenster-Bild öffnet und eröffnet den ikonischen Schnitt- und Treffpunkt zwischen den Welten (Innenwelt und Außenwelt). In diesem offenen Zwischen eröffnet es eine Grenzdialektik zwischen Innen und Außen, zwischen Bild und Bildlosigkeit. Es gilt deshalb: ALBERTIS Fenster ist von nun an nicht mehr länger ohne kunstgeschichtliche Alternative.

Abb.16 Magritte: Das Lob der Dialektik

Abb.17 Magritte: Der Abend fällt herein

Abb.18 Magritte: Das Fernglas

Betrachten wir abschließend eine ganz neue, in ihren bildtheoretischen aber auch gesellschaftlichen, insgesamt lebenspraktischen Konsequenzen vorerst nur teilweise sich abzeichnende Transformation der Fenstermetapher. Wir stoßen auf sie in direktem Zusammenhang mit *dem* bildgebenden und schon heute immer mehr bildbestimmenden Medium der Moderne, dem Computer. Dessen Monitor, externer Bestandteil der Hardware des Rechners, dabei zentrales Ausgabemedium und ikonische Schnittstelle zum Betrachter, mutierte vom Bildschirm zum globalen (Schau-)Fenster durch die entsprechende Software: WINDOWS[8] (Abb.19). Unübersehbar ist dabei der Gestaltwandel, den die Metapher durchläuft. Analog dem *einen* Fenster Alberti's steht diesem nun eine (theoretisch unbegrenzte) *Vielzahl* von Fenstern gegenüber, die sich ebenso in virtuelle wie reale, insgesamt in digitale Welten öffnen. Dabei ist es von untergeordnetem Interesse, ob den Entwicklern bei *Microsoft* die kunsthistorische Metaphorik, die zwillingshafte Verschwisterung von Bild und Fenster, insgesamt die eminent geschichtliche Dimension ihres Produktnamens bewußt war oder nicht – anzunehmen ist wahrscheinlich Letzteres –, entscheidend und für uns von Interesse ist vielmehr die enorme Wandlungsfähigkeit der Fenstermetapher, die den *iconic turn* der Moderne begleitet und erneut an zentraler Stelle bestimmt.

---

[7] Zur bildgeschichtlichen wie bildbestimmenden Bedeutung dieser Differenz vgl. MULLER (1997).

[8] Windows ist eingetragenes Warenzeichen der Microsoft Corporation.

Dem Plural der Fenster (Abb.20, 23, 24, 25) entspricht ein Plural an neuen Sichtweisen, die vor allem die Kunst der Moderne in vielfältiger Weise etablierte, skandalträchtig praktizierte und aspektreich gestaltete. (Ein ebenso schönes wie komplexes Beispiel für die moderne Wandlungsfähigkeit und irreduzible Vielfalt der Fenstermetapher bietet A. HITCHCOCKS Film *Rear Window* (Abb.21, 22) – dt. Das Fenster zum Hof.[9]) In Differenz zur Einansichtigkeit des zentralperspektivischen Entwurfs formulierte und formuliert die Kunst der Moderne simultane, dezentrale, polyperspektivische Bild-

Abb.19 Windows

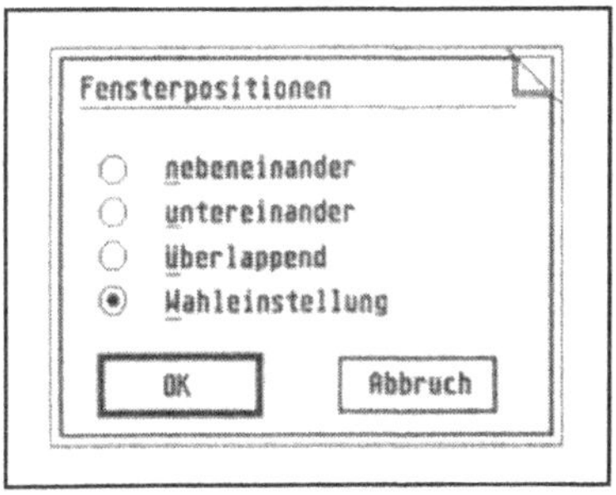

Abb.20 Fensterpositionen

welten und entwirft damit zugleich *multiple*, irreduzible Standpunkte, die sich nicht mehr zurückführen, vereinigen bzw. aufheben lassen in dem *einen* tradierten Blick- und Fluchtpunkt. ALBERTIS Fenster, geschichtliches Modell vieler Bildtafeln, wurde geschlossen auf Grund eines fundamentalen Blickwechsels (vgl. MÜLLER 1998); es wurde geschlossen, weil die geometrische Systematisierung des Bildes und ineins damit die Domestizierung des betrachtenden Blicks, seine Unterwerfung

Abb.21 Das Fenster zum Hof

Abb.22 Das Fenster zum Hof

[9] Vgl. TRUFFAUT (1997,.210-217). Das Fenstermotiv des Films (hier im Sinne einer Guckkastenbühne) ist übrigens alt. Wir finden es schon – in dieser spezifischen Form – bei Johann Christian Ludwig HAKEN, *Blicke aus meines Onkels Dachfenster in's Menschenherz. Ein Beytrag zur Pathognomik. Vom Verfasser der grauen Mappe.*, S.11f. „Eine nicht gar zu breite Quergasse trennte uns; ließ mir aber den freyen Überblick in sechs große klare Fenster seines zweyten und dritten Stocks, wo meine Späheraugen – an sich zwar nicht die ferntragendsten, aber hier und zu diesem Zweck mit einem Taschen-Dollond (Opernglas, Anm.d.Verf.) bewaffnet – durch die Spalte der Musselin-Vorhänge unaufgehalten bis in den Hintergrund der geschmackvoll aufgeputzten Zimmer drangen.“

unter den einen Aug- und Fluchtpunkt, moderner Seh- und Welterfahrung grundlegend widersprach.

So radikal verschieden aber die Fenster sind und das, worauf sie sich öffnen (bzw. was sie eröffnen), es gibt trotz aller bleibenden Differenzen auch eine zentrale, noch kaum bedachte Entsprechung der Fenster untereinander. Auf je unterschiedliche Weise haben beide Fenster Teil an einem gemeinsamen Fundament, einer gemeinsamen Dimension, die beide gleichursprünglich maßgebend durchherrscht: gemeint ist der beide bestimmende Grundzug des Mathematischen. ALBERTIS einstige *Geometrisierung* des Bildes, sein über die Bildwelt gleichsam hinwegspringender mathematischer (axiomatischer) Entwurf einer zentralen Perspektivierung, korrespondiert (ist analog) mit der technischen *Digitalisierung* des Bildes, einer algorithmischen Generierung multipler Bildwelten aus seriellen Bildpunkten (sog.Pixel), die keinen gemeinsamen Fluchtpunkt mehr kennen und keinem mehr dienen.

Abb.23 Bildverarbeitung

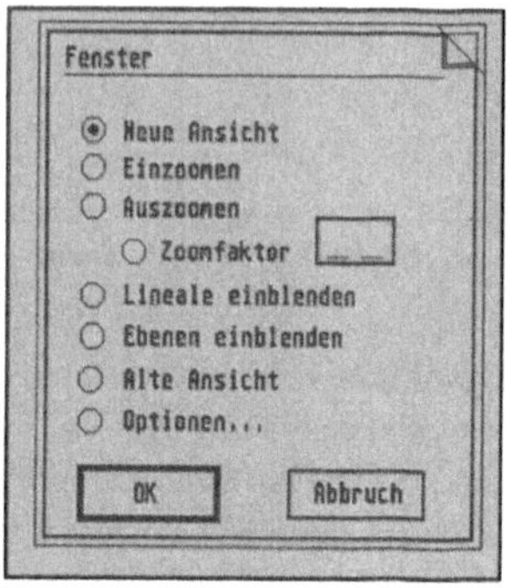

Abb.24 Fenster

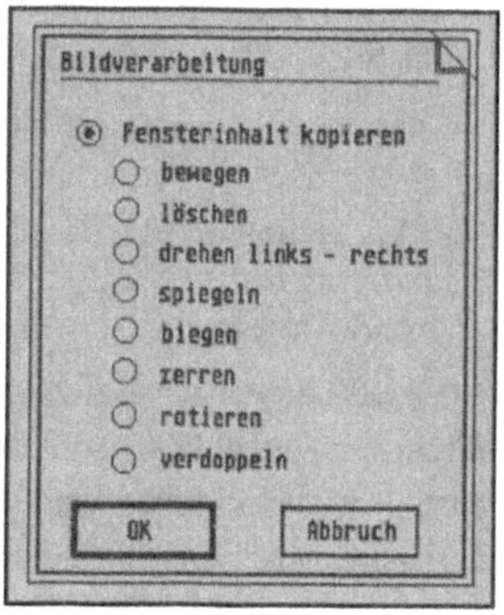

Abb.25 Bildverarbeitung

Der Fluchtpunkt, einst bildbeherrschende, quasi bildtranszendente, metaphysische Größe, ausgezeichnet vor allen anderen Punkten der Bildwelt, zerspringt damit kaleidoskopartig in eine, rechnerisch beliebig modellier- und veränderbare, bildimmanente Punktmannigfaltigkeit gleicher Stellen und Stellenordnungen. Ineins damit verändert auch der korrespondierende Augpunkt seine Funktion. Er spaltet sich auf in multiple Blick- und Standpunkte, deren Mannigfaltigkeit zahllos und irreduzibel ist (vgl. Kubismus). Diesem Vorgang tragen die digitalen Fenster auf ihre Weise Rechnung. Sie machen nur Sinn im Plural. Betrachten wir den ganzen ikonischen Transformationsprozeß der Moderne – soweit wir ihn überhaupt schon überblicken können –, dann bedeutet der geschilderte Vorgang allerdings nicht, die bildende Kunst – oder verallgemeinern wir und sagen: die bildgebenden und bildverarbeitenden Medien von heute – hören von nun an ganz damit auf, perspektivisch zu verfahren – im Gegenteil; es heißt nur, daß sich der betrachtende Blick keiner Achsenkonvergenz mehr naiv anvertraut, die ihn geradlinig, zuverlässig und treffsicher in einen wohlgeordneten Bildraum einführt.

Ich komme zum Schluß: *ALBERTIS Fenster*, geschichtliches Modell vieler Bildtafeln, wurde geschlossen, doch der Blickwechsel der Moderne bringt eine neue und wahrscheinlich ebenso folgenreiche Gestalt der ikonischen Metapher hervor und bestätigt damit deren Aktualität und schöpferische Kraft. Welche Konsequenzen insgesamt aus diesem epochalen Gestaltwandel der Metapher für das Bild und dessen Wahrnehmung entstehen, welche sichtbaren Veränderungen es durchläuft und in Zukunft noch durchlaufen wird, das ist völlig offen.

Abb.26 Meta-Fenster

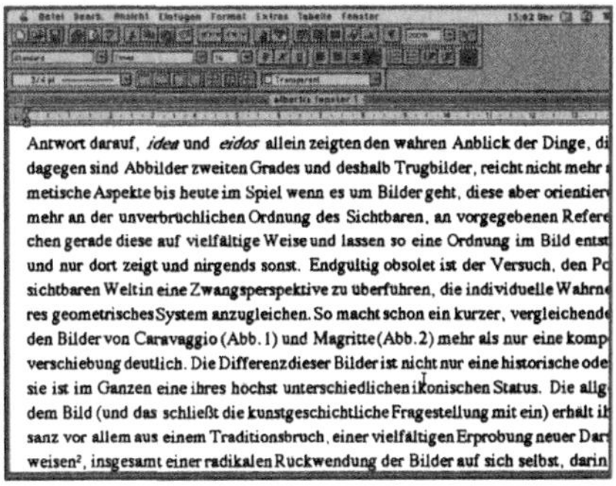

Abb.27 Textfenster

Literatur

ALBERTI, L.B.: *Kleinere Kunsttheoretische Schriften*. Hrsg. von H. JANITSCHEK. Osnabrück 1970

BENJAMIN, W.: *Gesammelte Schriften.* Frankfurt 1987

BRÜGGEMANN, H.: *Das andere Fenster. Einblicke in Häuser und Menschen. Zur Literaturgeschichte einer urbanen Wahrnehmungsform*. Frankfurt a. M. 1989

BOEHM, G. (Hrsg.): *Was ist ein Bild?* München 1994

BUSCH-STALMANN, B. M.: *Die Legitimität des künstlichen Blicks*. Diss. Hannover 1986

GIEDION, S.: *Befreites Wohnen*. Eingeleitet von SIGFRIED GIEDION, Zürich/Leipzig 1929

GIEDION, S.: *Bauen in Frankreich – Bauen in Eisen – Bauen in Eisenbeton*. Leipzig, Berlin 1928

HOFMANN, W.: Zu einem Bild von Robert Delaunay. In: *Bruchlinien. Aufsätze zur Kunst des 19. Jahrhunderts*. München 1979

KULTERMANN, U.: *Neue Formen des Bildes*. Tübingen 1969

MERLEAU-PONTY, M.: *Das Auge und der Geist*. Hamburg 1984

MÜLLER, A.: *Die ikonische Differenz. Das Kunstwerk als Augenblick*. München 1997

MÜLLER, A.: Blickwechsel. Überlegungen zum 'iconic turn' in der Modeme. In: BORSCHE, T./KREUZER, J./ STRUB, Ch. (Hrsg.): *Blick und Bild*. Schriftenreihe der Academie du Midi, Bd. 3. München 1998

NIETZSCHE, F.: *Die nachgelassenen Fragmente*. Hrsg. von G. WOHLFAHRT Stuttgart 1969

SCHMOLL, J. A. GEN. EISENWERTH: Fensterbilder. Motivketten in der europäischen Malerei. In: *Studien zur Kunst des neunzehnten Jahrhunderts*, Band 6. München 1970

TRUFFAUT, F.: *Mr.Hitchcock, wie haben Sie das gemacht?* München 1997

WALDENFELS, B.: Ordnungen des Sichtbaren. In: BOEHM, G. (Hrsg.): *Was ist ein Bild?* München 1994

III.

Zur Philosophie mentaler Bilder

FERDINAND FELLMANN

Von den Bildern der Wirklichkeit zur Wirklichkeit der Bilder

Der Aufstieg der Bilder in den Medien wird kognitionswissenschaftlich als „visuelle Wende" gedeutet. Diese hat zur Ausbildung einer neuen Disziplin, der „Visualistik" geführt. Wie ernst die Entwicklung im akademischen Betrieb genommen wird, belegt die Einrichtung von Studieng_ngen „Computervisualistik" in Analogie zur Computerlinguistik.[1] Die visuelle Wende wird in der Regel darin gesehen, daß Bilder sich in vielen Bereichen besser als Worte dazu eignen, Wissen zu repräsentieren. „Ein Bild sagt mehr als tausend Worte", lautet die sprichwörtliche Formulierung dieses Sachverhaltes.

Zweifellos hat die bildhafte Repräsentation Vorteile für die Wissensvermittlung. Insbesondere in der Morphologie sowie im funktionalen Bereich werden Verständnisprozesse durch Bilder erleichtert. Wie ein Tier oder eine Landschaft aussehen, läßt sich durch Bilder besser vermitteln als durch Beschreibungen. Wie eine Maschine funktioniert oder wie ein Gerät zusammengesetzt wird, machen Bilder schneller klar als umständliche Instruktionstexte.

Die Pädagogik hat sich die neuen Bildtechniken längst zunutze gemacht, aber man sollte die hier liegenden Möglichkeiten auch nicht überschätzen. Abgesehen davon, daß die Unterhaltungs- und Erlebniskomponenten sich schnell abnutzen, kann die bildhafte Darstellung analytische Kompetenzen, die sich über Wort und Zahl erwerben lassen, nur teilweise ersetzen. Ein Bild sagt zwar mehr als tausend Worte, aber gerade deshalb sagt es oft zu viel. Es lenkt vom Wesentlichen ab und schränkt die Fähigkeit zur Abstraktion ein, auf die wir in den Wissenschaften angewiesen sind. Daher sind Zweifel angebracht, ob man auf dieser Grundlage schon von „visueller Wende" sprechen kann.

Nun habe ich selbst im Rahmen bewußtseinstheoretischer Überlegungen von „imagic turn" gesprochen, wobei ich durch die Neubildung „imagic" andeuten will, daß „imago" und „magia" zusammengehören (FELLMANN 1995). Ich gehöre also zu den Verfechtern der „visuellen Wende", halte es aber für unbedingt erforderlich, die Koordinaten genau anzugeben, innerhalb derer sich die Bewegung vollzieht. Von einer wirklichen Wende zum Visuellen kann erst die Rede sein, wenn sich herausstellt, daß in unserer elementaren Form der Weltaneignung, in der Wahrnehmung, Bildlichkeit eine zentrale Rolle spielt. Es geht also nicht mehr um die herkömmliche Opposition von Anschauung und Denken, von Sinnlichkeit und Verstand. Die Verschiebung findet vielmehr auf der Ebene der Anschaulichkeit selbst statt. Erst wenn Bildlichkeit eine Stelle in der konkreten Wahrnehmung einnimmt, dann hat sich eine „visuelle Wende" im philosophischen Sinn des Wortes vollzogen.

Die Funktion der Bildlichkeit in der Wahrnehmung setzt einen differenzierten Bildbegriff voraus, welcher von den Bildern der Wirklichkeit zur Wirklichkeit der Bilder führt. Die Wirklichkeit der Bilder liegt zum einen in den subjektiven Wirkungen, die von Bildern auf den Betrachter ausgehen. Sie liegt zum anderen aber in den idealen Bedeutungen, welche das Bild vor der leibhaftigen Wahrnehmung auszeichnen. Darauf beruht die Breitenwirkung der neuen Bildmedien, insbesondere des Fernsehens, dessen Faszination auf die Dauer sich niemand entziehen kann. Das liegt sicherlich nicht an der Qualität der Bildinhalte, die mehr als zu wünschen übrig läßt. Ausschlaggebend ist

[1] Literatur zur „visuellen Wende", zur „Visualistik" und zur „Computervisualistik": SCHIRRA/SACHS-HOMBACH (1998)

vielmehr die bildhafte Struktur der Repräsentationen, die aus den abgebildeten Wirklichkeiten virtuelle Realität macht.
Aus diesen programmatischen Vorüberlegungen ergibt sich für meine Ausführungen folgender Aufbau: Zunächst skizziere ich einen semiotischen Bildbegriff, wobei ich mich bemühe, einen Weg zwischen der Skylla des Abbildrealismus und der Charybdis des extremen Konventionalismus zu finden. (1.) Sodann wende ich mich der Wahrnehmung zu, um zu zeigen, daß menschliches Sehen Bildlichkeit voraussetzt. (2.) Schließlich ziehe ich kulturphilosophische Folgerungen, die sich aus dem semiotischen Bildbegriff und seiner Funktion in der Wahrnehmungstheorie für die „visuelle Wende" ergeben. (3.)

1. Eine semiotische Theorie des Bildes

Der Bildbegriff läßt verschiedene Darstellungen zu, die ich, der historischen Entwicklung folgend, nacheinander durchgehen werde: die ontologische, die phänomenologische und die semiologische. Letztere halte ich für die fruchtbarste, ohne damit den beiden anderen wesentliche Einsichten in die Struktur der bildlichen Darstellung absprechen zu wollen.
Der *ontologische* Bildbegriff dominiert in der Antike und im Mittelalter. Ihm zufolge ist das Bild primär ein Ding, allerdings kein für sich seiendes, sondern ein solches, in dem sich andere Dinge körperlicher oder geistiger Natur Ausdruck verschaffen. Hinter dieser Auffassung stehen metaphysische und theologische Voraussetzungen, die hier nicht weiter erörtert werden sollen (vgl. PÖLTNER 1991). Nachklänge des ontologischen Bildverständnisses finden sich noch in der Moderne, beispielsweise bei Jean-Paul Sartre, der das Bild als reales Ding bezeichnet, welches von Zeit zu Zeit „von einem Irrealen heimgesucht wird" (SARTRE 1971). In dieser Formulierung meldet sich die in frühen Gesellschaften dominierende magische Form des Umgangs mit Bildern, die über die „laterna magica" der letzten Jahrhundertwende bis in die „magischen Kanäle" der kommenden Jahrtausendwende weiterlebt.
Mag die magische Dimension auch mehr von der Faszination erfassen, die zu allen Zeiten von Bildern ausgeht, so ist doch nicht zu verkennen, daß der Umgang mit Bildern in der Moderne eher für die Befreiung des Menschen aus der Abhängigkeit von den im Sein waltenden Mächten steht. In dieser Form nehmen die Bilder an der „Überwindung des Ontologismus" teil, durch die Jürgen Habermas die Moderne definiert (vgl. FELLMANN 1989). Zeichentheoretisch heißt das: Der ontologische Bildbegriff rückt das Bild zu sehr in die Nähe der Spur und verfehlt somit die pragmatische Dimension, in der sich die Freiheit des Zeichenhandelns manifestiert.
Die ontologische Bindung, die das Bild primär von seinem Ursprung her definiert, hat im 19. Jahrhundert einem *phänomenologischen* Bildbegriff Platz gemacht, der die Rezeption in den Vordergrund stellt. Der Phänomenologe Edmund HUSSERL hat das Bild in Analogie zur Sprache als Bewußtsein aufgefaßt, als intentionale Beziehung zwischen Betrachter und Bildträger, bei der das Bewußtsein in gewissem Sinn das Sein bestimmt. Folglich ist für die Phänomenologen Bildlichkeit keine Eigenschaft, sondern eine reine Auffassungsweise. Das „bildkonstituierende Bewußtsein", wie es bei HUSSERL heißt, verleiht einem gegebenen Objekt durch Akte der Synthesis allererst den Status eines Bildes (vgl. HAARDT 1995).

So sehr der phänomenologische Bildbegriff dem Autonomieanspruch des modernen Geistes entgegenkommt, so wenig wird er der Erfahrung mit Bildern gerecht. Zwar ist HUSSERL nicht entgangen, daß Bildbewußtsein sich vom Schöpfungsakt dadurch unterscheidet, daß zwei Formungstendenzen einander widerstreiten: Affirmation des Soseins und Negation des Daseins. Dadurch wird das Bildbewußtsein zur Paradoxie, die im phänomenologischen Bildbegriff die Stelle der Magie einnimmt. Aber damit ist das Problem des bildkonstituierenden Bewußtseins nicht gelöst. Denn ob ich etwas als Bild sehe, liegt nicht im meinem Belieben. Vielmehr schreibt mir das vorliegende Bild vor, ob es ein Bild ist und was es darstellt. Diese doppelte Unfreiheit läßt sich nicht auf Konvention zurückführen und unterscheidet das Bildbewußtsein vom Umgang mit sprachlichen Zeichen. In semiotischer Hinsicht kann man sagen, daß die Phänomenologie das Bild zu nahe an das Wort heranrückt.

Um die Schwächen der beiden genannten Bildbegriffe zu vermeiden, zugleich aber ihre Stärken zu bewahren, plädiere ich für einen semiologischen oder *semiotischen* Bildbegriff. Er besagt, daß Bilder gegenüber der Spur einerseits und dem Wort andererseits eine besondere Klasse von Zeichen bilden. Ich nenne sie Wahrzeichen. „Wahrzeichen" in dem Sinn, wie beispielsweise der Eiffelturm das Wahrzeichen von Paris ist. Er ist es nämlich nicht als realer Gegenstand, sondern als Anblick, gleichsam als „Logo", das wir vor Augen haben, wenn wir an Paris denken. Die Wahrheit des Wahrzeichens hat einen doppelten Sinn: Richtigkeit der Darstellung sowie Bedeutsamkeit des Anblicks. Ein gelungenes Foto vereinigt in der Regel beide Seiten der Wahrheit. Es bildet eine reale Szene ab und vermittelt zugleich die in ihr liegende Idee.

Eine semiotische Theorie des Bildes will erklären, warum wir Bilder als Abbildungen wirklicher oder inszenierter Szenen und nicht als bloße Farbmuster sehen. Das liegt an der Syntax der farbig strukturierten Oberfläche des Bildträgers. Meine *These* lautet, *daß beim Bild die Syntax den Primat gegenüber der pragmatischen Dimension des Zeichenprozesses hat*. Denn die syntaktischen Regeln, durch die ein Bild sichtbar wird, sind nicht wie in der Sprache solche der Verwendung von Bildern, sondern solche der Betrachtung.[2] Bevor wir mit Bildern umgehen, müssen wir sie als Bilder sehen. Zwar hängt es bei der Bildbetrachtung von unseren Fähigkeiten ab, was wir wirklich sehen; aber was auf einem Bild zu sehen möglich ist, wird durch die Syntax vorgegeben. Denn auf einem Bild sind die Relationen mit den Relata gleichursprünglich. Anders ausgedrückt: Die Syntax des Bildes wird nicht wie in der Sprache zu dem Wahrgenommenen hinzugedacht, sondern liegt im Bild selbst. Darin gleicht die Bildlichkeit der Wahrnehmung, und deshalb gibt es für Abbilder eine optimale Syntax, die dem „Augenzeugenprinzip" entspricht, das in den Regeln der Zentralperspektive seinen geometrischen Ausdruck findet (vgl. GOMBRICH 1984).

Mein semiotischer Realismus hat mit dem Einwand zu rechnen, daß zu verschiedenen Zeiten und in verschiedenen Kulturen verschiedene Arten von Bildern hergestellt und auf verschiedene Weise gesehen werden. Dieser Einwand bezieht sich auf die nicht zu leugnende Vielfalt in den *Stilen* der Darstellung, die aber keineswegs auf Verschiedenheiten in der Art und Weise, die Welt zu sehen oder gar zu erzeugen, schließen läßt. Ich halte das für einen gefährlichen Irrtum, der unserem idealistischen Subjektverständnis schmeichelt, der uns aber von der Wirklichkeit, in der wir leben, abschnürt. Was als verschiedene „Weisen der Welterzeugung" (Nelson GOODMAN) erscheint, resultiert in Wahrheit aus den unterschiedlichen Zwecken, zu denen Bilder erzeugt werden. Natürlich akzentuiere ich andere Dinge, je nach dem, ob ich ein Bild zur religiösen Erbauung, zur Belehrung oder zur Wiedererkennung herstelle. Die Verschiedenheit der Zwecke und der daraus resultierenden Stile

---

2 Wie weit man mit der Gebrauchstheorie der Bedeutung bei Bildern kommt, hat SCHOLZ (1991) ausgelotet.

ändert aber nichts an der fundamentalen Einheit der Bildsyntax, die alle Bildarten verbindet und von anderen Zeichensystemen unterscheidet. Eine Bestätigung dafür liefert der heutige Pluralismus der Zwecke und Stile der Bilderzeugung, der die angeblich inkommensurablen Weisen der Welterzeugung auf den trivialen Sachverhalt reduziert, daß dem einen in der Welt etwas anderes wichtiger erscheint als dem anderen.

Der Primat der Syntax, die aus einer buntgemalten Fläche ein Bild macht, erlaubt eine zweistufige Beschreibung der Bildlichkeit. Den beiden Stufen entsprechen die beiden oben genannten Dimensionen der Bildwahrheit, nämlich Richtigkeit und Bedeutsamkeit. Die erste Stufe verbindet das Bild mit der visuellen Wahrnehmung, die zweite trennt es von ihr.

Mit der Wahrnehmung stimmt das Bild darin überein, daß es eine Ansicht von etwas bietet. Darauf beruht die Ähnlichkeitstheorie des Bildes, die allerdings häufig Anlaß zu falschen Interpretationen gegeben hat. Denn genau genommen sieht ein Bild nicht einem Gegenstand ähnlich, sondern der Ansicht eines solchen. Dazu genügt es, daß es sich um die Ansicht von „etwas überhaupt" handelt. Das trifft auch für abstrakte Bilder zu. Insofern kann man sagen, die Ansicht von etwas ist das allen Bildern gemeinsame Sujet. Alle Bilder sind Ansichten. Das ermöglicht eine Überprüfung von Abbildern auf ihre Richtigkeit.

Wenn alle Bilder Ansichten sind, so sind aber nicht alle Ansichten Bilder. Um die spezifische Differenz zur Wahrnehmung herauszufinden, muß man sich zunächst darüber im klaren werden, was eine Ansicht ist. Eine Ansicht entspricht unserem visuellen Erleben, unserem optischen Eindruck, den wir in einer bestimmten Situation von unserer Umwelt haben. Aber eine Ansicht ist nicht nur subjektiv, sondern hat auch eine objektive Seite. Sie läßt uns einen Gegenstand sehen, wie er von einem bestimmten Standpunkt aus erscheint. Ansicht und Gegenstand gehören in der Wahrnehmung zusammen. Man kann die Ansicht als Grenze zwischen Gegenstand und Betrachter bezeichnen. Die Ansicht verbindet Subjekt und Objekt der Wahrnehmung.

Von der Wahrnehmung unterscheidet sich das Bild darin, daß die Ansicht vom Objekt getrennt auftritt. Zwar ist auch beim Bild die Ansicht eine Grenze, aber eine geschlossene, gleichsam ein eiserner Vorhang, der die Realität des Bildträgers verdeckt. Dadurch ist es möglich, daß auf dem Bild Gegenstände erscheinen, die abwesend sind oder die es gar nicht gibt. Anders gesagt: Eine Ansicht wird zum Bild, wenn sie von der raum-zeitlichen Wirklichkeit isoliert ist. Dadurch erreicht das Bild die zweite Stufe der Wahrheit, die Bedeutsamkeit, die sich einstellt, wo die Ansicht bei sich selbst bleibt.

Die durch Bilder vermittelten Ansichten sind fiktive Ansichten, wobei „fiktiv" nicht Täuschung bedeutet. Sicherlich kann es bei Bildern zu Täuschungen kommen. Aber diese lassen sich in der Regel leicht dadurch aufklären, daß sich der Betrachter vor dem Bild bewegt. Dann wird er schnell bemerken, daß die auf dem Bild dargestellte Ansicht nicht zu den Ansichten der Umgebung paßt, in der sich das Bild befindet. Es scheint so zu sein, daß Tiere zu diesem Test nicht in der Lage sind. Entweder sie lassen sich durch das Bild täuschen (darauf beruht das Phänomen der Mimikry) oder sie nehmen ein Bild nicht als Bild wahr. Die Unfähigkeit der Tiere, zwischen Bildträger und Bild zu unterscheiden, beruht biologisch darauf, daß Tiere ihre visuellen Erlebnisse immer direkt auf ihre gegenwärtigen Bedürfnisse beziehen. Daher kann ich mit meinem Hund keine Urlaubsfotos ansehen. Er beschnuppert die Fotos, und wenn sie nicht nach Wurst riechen, verliert er schnell das Interesse daran. Ihm fehlt eben der Sinn für das Höhere.

Wie immer es mit dem Bildbewußtsein der Tiere im einzelnen auch stehen mag, aus der Unterscheidung zwischen Bild und Ansicht ergibt sich für die semiotische Theorie des Bildes folgendes: Bildlichkeit läßt sich weder ausschließlich vom abgebildeten Gegenstand noch rein vom Betrachter her definieren. Als Wahrzeichen muß das Bild aus sich selbst heraus verstanden werden. Das ergibt sich aus dem Primat der syntaktischen Form. Bedeutung ist im Bild allerdings nicht wie Wasser im Eimer, sondern so, daß das syntaktisch dichte System der Bildoberfläche den Betrachter zwingt, es als Ansicht von etwas zu sehen, das sich vom Bildträger unterscheidet. Der Betrachter schafft also keinen Sinn, sondern vollzieht ihn nur. Insofern stellt das Bild bewußtseinstheoretisch einen Kompromiß zwischen Rezeptivität und Spontaneität dar. Damit ist in meinen Augen der heute favorisierte Idealismus bildlicher Welterzeugung widerlegt und damit dem Relativismus inkommensurabler Sichtweisen der Boden entzogen.

2. Vom Primat der Bildlichkeit in der Wahrnehmung

Die semiotische Theorie des Bildes liefert einen Schlüssel zum Verständnis der komplizierten Beziehung zwischen Wahrnehmung und Bild. Nicht von ungefähr hat die antike Atomistik den Wahrnehmungsvorgang so gedeutet, daß von den Dingen abgelöste Bildchen, die Eidola, ins Auge des Betrachters eindringen. Wir belächeln heute die Naivität dieser Theorie. Aber was bisher über die Ansicht gesagt worden ist, legt doch die Vermutung nahe, daß Wahrnehmung durchaus etwas mit Bildlichkeit zu tun haben könnte. Sicherlich kommt man nicht weiter, wenn man davon ausgeht, wir hätten es in der Wahrnehmung schlicht mit Abbildern zu tun. Dieses Modell scheitert am Problem des unendlichen Regresses, da die Betrachtung des Abbildes ein neues Abbild voraussetzen würde. Zu dem Fehlschluß ist die Wahrnehmungstheorie durch die optischen Verhältnisse verleitet worden, nämlich durch das Netzhautbild. Mit der Optik allein läßt sich der Prozeß der Wahrnehmung aber bewußtseinstheoretisch nicht erklären. Das eigentliche Problem beginnt dort, wo es um die Verarbeitung der visuellen Reize geht. Das ist die Domäne der Neurophysiologie. Auf diesem Feld herrscht nach übereinstimmendem Eingeständnis der führenden Forscher alles andere als Klarheit (vgl. Zeki 1993). Schuld daran ist aber nicht nur die Unzugänglichkeit des Untersuchungsfeldes, sondern auch der Mangel an verläßlichen philosophischen Begriffen, die nur eine Phänomenologie der Wahrnehmung liefern kann. Dieser möchte ich mich nun zuwenden.

Es gibt phänomenologisch einen guten Sinn, wenn man sagt, Gegenstände der äußeren Wahrnehmung seien in Bildern gegeben. Unter Bild ist hier die Ansicht eines Gegenstandes von einem bestimmten Standpunkt zu verstehen. Die Wahrnehmung ist dabei auf den identischen Gegenstand gerichtet, von dem es so viele Ansichten gibt wie Standpunkte, die der Betrachter ihm gegenüber einnehmen kann. Ansichten stehen zum Gegenstand nicht im Verhältnis der Ähnlichkeit, sondern der Vertretung. So steht z. B. glänzend für naß und eine bestimmte Farbabschattung für die Rundung. Kurz gesagt: Farbunterschiede in der Ansicht stehen für verschiedene Eigenschaften der Dinge, wobei allerdings zwischen anhaftender Farbe und Beleuchtungsfarbe zu unterscheiden ist. All das läßt sich nachprüfen, indem der Betrachter sich um die Dinge bewegt, sie betastet usw.

Welche Eigenschaften ein Lebewesen wahrnehmen kann, hängt, abgesehen von der Ausstattung seiner Sinnesorgane, davon ab, zu welchen Interaktionen es mit seiner Umwelt fähig ist. Daß ich glänzende Farbe als Nässe sehe, ergibt sich nicht aufgrund einer Assoziation, aber ebensowenig aus einem Kausalverhältnis. Ausschlaggebend ist vielmehr die genannte Interaktion mit der Umwelt. Mensch und Tier können die Nässe, die sie als Glanz sehen, fühlen, wenn sie sich näher an das glänzende Objekt heranbegeben. Sie können sich von der Realität des Wahrgenommenen durch die anderen Sinne und durch geeignete Verhaltensweisen jederzeit überzeugen. Je mehr Sinne ein Lebewesen besitzt und zu je mehr Interaktionen mit seiner Umgebung es fähig ist, desto mehr sieht es. Weil der Mensch gegenüber dem Tier unspezialisiert ist, sieht er mehr als die Tiere. Ein Tier kann zwar bestimmte Eigenschaften seiner Umwelt schärfer sehen, aber sein Gesichtskreis ist qualitativ eingeschränkt. Ein Mensch z. B., der mit Hilfe von Werkzeugen Materialien bearbeiten kann, sieht mehr als Tiere oder andere Menschen, die davon keine Ahnung haben.

Mit der Feststellung, daß wir die identische raum-zeitliche Wirklichkeit durch Bilder im Sinn von Ansichten wahrnehmen, ist es noch nicht getan. Die weitere Frage lautet, ob das, was ein Bild von der Ansicht unterscheidet, nämlich die Darstellung von etwas Abwesendem oder Irrealem, in die Wahrnehmung der Wirklichkeit eingeht. Anders gefragt: Spielt die über die Richtigkeit der Ansicht hinausgehende Bedeutsamkeit, die das Bild zum Wahrzeichen macht, in der Wahrnehmung der raum-zeitlichen Wirklichkeit eine fundamentale Rolle? Meine Antwort lautet: Ja. Damit spreche ich der Bildlichkeit den Primat gegenüber der Wahrnehmung zu. Die Gründe für diese These möchte ich kurz erläutern.

Das philosophische Problem der Wahrnehmung besteht darin, wie das Bewußtsein durch einen unaufhörlichen Fluß bewegter Ansichten hindurch identische Objekte sieht. Das ist insofern rätselhaft, weil Objekte als solche gar nicht wahrgenommen werden können. Objekt ist ein Inbegriff einer indefiniten Menge von Eigenschaften, die niemals in ihrer Gesamtheit vollständig erfaßt werden können. Die philosophische Psychologie behandelt dieses Problem unter dem Stichwort „Sehen als".[3] Das „als" steht für Konstanten, die über logische Relationen hinaus die Festlegung gegenständlicher Bedeutungen ermöglichen. Der Platonismus hat zur Lösung dieses Problems „Ideen" eingeführt, auf die idealistische Theorien der Wahrnehmung immer wieder zurückgreifen. So auch die transzendentale Phänomenologie, für die empirische Wahrnehmung nur durch sogenannte „Wesensschau" möglich ist.

Im Unterschied zur transzendentalen Phänomenologie vertrete ich die These, daß die Identifikation und Unterscheidung von Gegenständen in der Wahrnehmung ohne überzeitliche Wesenheiten oder Ideen auskommt. An ihrer Stelle fungieren Bilder, die als Wahrzeichen den kontinuierlichen Fluß der Eindrücke gliedern. Diese Funktion können Bilder deshalb ausüben, weil sie durch ihr syntaktisch dichtes System von den konkreten Gegebenheiten abgelöst sind. Anders gesagt: Bilder als fiktive Ansichten extrahieren die für die Wahrnehmung erforderlichen Invarianten.[4] Als solche bilden die Bilder kein sogenanntes drittes Reich über der physischen und psychischen Wirklichkeit, sondern fallen mit dem Wahrnehmungssystem selbst zusammen.

Wenn Bilder als Invarianten konstitutiv für die Wahrnehmung sind und wenn es ferner zutrifft, daß Tiere nicht oder nur sehr eingeschränkt in der Lage sind, Bilder wahrzunehmen, so folgt daraus, daß Tiere anders sehen als Menschen. Der Unterschied kann dann nicht nur quantitativ, sondern muß qualitativ sein. Das besagt, daß Tiere keine Gegenstände im eigentlichen Sinn sehen. Was sie wahrnehmen, sind nur Triebziele, die sie lediglich in bestimmter Hinsicht zu einem Gesamtbild zusammenfügen können. Menschen dagegen ordnen das, was sie sehen, in einen virtuellen Kontext ein.

---

[3] Lange vor Wittgenstein findet sich das Thema bei SCHAPP (1910)

[4] In dieser Beschreibung des Wahrnehmungsvorgangs orientiere ich mich an GIBSON (1982)

Sie sehen Berge und Seen als Landschaft, die nichts mit ihrer bedürfnisorientierten Interaktion zu tun haben braucht.

Der qualitative Unterschied im menschlichen und tierischen Sehen kann einen Hinweis darauf geben, wie es genetisch zum Primat der Sichtbarkeit des Bildes in der menschlichen Wahrnehmung gekommen ist. Ich vermute, daß es mit dem aufrechten Gang zu tun hat, der den Menschen anders als dem Tier die freie Ansicht des Himmels ermöglicht. Die Ansicht des Himmels als einer dem menschlichen Zugriff entzogenen Ferne mag das Original aller Bilder gewesen sein, das fortan das menschliche Sehen über den tierischen Blick hinausgeführt hat. Damit bewege ich mich im gefährlichen Bereich anthropologischer Spekulation, den ich schnell verlassen möchte, um mich der Frage zuzuwenden, welche Direktiven die Phänomenologie der Bildlichkeit des menschlichen Sehens für die neuronale Theorie der Wahrnehmung bietet.

Die moderne Gehirnforschung lehrt uns, daß für die physiologische Beschreibung der visuellen Wahrnehmung die Optik nicht genügt. Hinzukommen muß die Analyse der neuronalen Informationsverarbeitung, für deren Verständnis die Informatik unverzichtbare Dienste leistet (vgl. NANNINI 1996). Ohne auf Einzelheiten einzugehen, läßt sich das zu lösende Problem folgendermaßen formulieren: Das Gehirn kann sich nicht damit begnügen, momentane Netzhautbilder zu analysieren, sondern muß durch komplizierte Arbeitsteilung die Masse der sich dauernd verändernden visuellen Informationen so integrieren, daß im Bewußtsein die identische raum-zeitliche Wirklichkeit entsteht, in der sich der Körper des Wahrnehmenden befindet. Ob und inwieweit die Bilder in der Interaktion mit der Umwelt dem Organismus zur Orientierung dienen, entscheidet darüber, ob sie als Wahrnehmungen der Wirklichkeit akzeptiert werden.

Die Interaktion mit der Umwelt ist auf Konstanten angewiesen. Die Konstantenbildung bildet das Kernproblem der Wahrnehmungstheorie, ein Problem, mit dem übrigens auch die Logik zu kämpfen hat. Zur Lösung dieses Problems reicht der erkenntnistheoretische Dualismus von Rezeptivität und Spontaneität nicht aus. Denn die Orientierungsschemata, nach denen eine Welt konstanter Gegenstände konstruiert werden kann, müssen den visuellen Informationen selbst entstammen. Eine Lösung scheinen mir die Bewußtseinszustände zu liefern, in denen der Fluß der Informationen zum Stehen kommt. Bewußtseinszustände sind die erste, vorgegenständliche Form der Identität, ohne die begriffliches Denken keine Anhaltspunkte hätte (vgl. FELLMANN 1996). Als syntaktisch dichte Systeme von Informationen, die in neuronalen Netzen von selbst entstehen (emergieren), lassen sich neuronale Zustände semiotisch als Bilder interpretieren, die Wirklichkeit nicht abbilden, aber doch an ihr ein Identisches sichtbar machen.

Die neuronalen Zustände sind sicherlich nicht identisch mit den Netzhautbildern, zwischen beiden scheint mir jedoch ein Verhältnis der Äquivalenz zu bestehen. Die neuronalen Zustände entsprechen nämlich den Netzhautbildern mindestens insoweit, als beide ganz aus Relationen bestehen. Zum Sehen gehört Übersehen, aber wir können nur das übersehen, was wir vorher gesehen haben. Darüber aber gibt uns das Netzhautbild Auskunft, das alle am Sehvorgang beteiligten Informationen optisch zusammenfaßt. Die Optik allein aber genügt, wie gesagt, nicht, um den Sehvorgang zu erklären. Zu dem durch das Netzhautbild dokumentierte „blinde Sehen" kommt beim Menschen das Bewußtsein hinzu, das als emergenter Zustand des menschlichen Gehirns von der Komplexität der neuronalen Netze abhängt. Wie das im einzelnen funktioniert, brauche ich Gott sei Dank nicht zu erklären, da selbst die Fachleute auf diesem Gebiet noch weitgehend im Dunkeln tappen. Ich kann mich daher mit gutem Gewissen den kulturphilosophischen Folgerungen zuwenden, die sich aus der semiotischen Bildtheorie für die Kultur der Bilder ergeben.

3. Kulturphilosophische Konsequenzen

Wenn es richtig ist, daß Bilder eine wesentliche Rolle in der Wahrnehmung spielen, so liegt darin vielleicht eine Erklärung für das erstaunliche Phänomen der Medialisierung unserer Lebenswelt. Der von den Kritikern der neuen Medien und insbesondere des Fernsehens immer wieder beklagte Verlust der Erfahrungswirklichkeit hindert offenbar niemanden daran, sein Weltverhältnis immer mehr durch Bilder zu gestalten. Die Macht der Bilder ist so stark, daß die direkte Wahrnehmung nicht gegen sie ankommt. In traditionellen Kulturen haben Bilder magischen Charakter, der niemals ganz aus der bildlichen Repräsentation verschwindet. Das gilt auch für die Fotografie, welche die Bilder aus dem öffentlichen Raum in die Intimität persönlicher Erinnerungen führt. Fotos gehören seither zum unverzichtbaren Medium personaler Identität.

Mit der technischen Reproduzierbarkeit von Bildern in den Printmedien und mit ihrer Animation in Film und Fernsehen wird ein weiterer Schritt in Richtung auf die Integration der Bilder in die Alltagskultur getan. Die Grenze zwischen Bildern der hohen Kunst und Gebrauchsbildern verschwimmt. In Illustrierten und im Fernsehen laufen Information, Unterhaltung, Bedürfniserzeugung usw. zusammen. Man kann das Fernsehen geradezu als großen „melting pot" bezeichnen, in dem alle Gattungen und Funktionen des Bildermachens und Bilderrezipierens gemischt und verschmolzen werden. In dieser integralen Form treten die Bilder in Konkurrenz zur Wahrnehmung. Diesen Sachverhalt gilt es im Auge zu behalten, um den kulturphilosophischen Gehalt der visuellen Wende zu erkennen.

Die kulturphilosophische Konsequenz liegt darin, daß wir nur noch das als wirklich betrachten, was wir durch Bilder erfahren. Die Bilder werden selbst zur Wirklichkeit.[5] Das aber nicht mehr in der bedenklichen Form, daß Bilder die 'wahre' Wirklichkeit verdecken. Von dieser Befürchtung hat sich die kulturkritische Einstellung gegenüber dem Medium Fernsehen lange Zeit leiten lassen. Dabei ist zunächst übersehen worden, daß Bilder, so schlecht ihre Inhalte auch sein mögen, immer auch etwas sichtbar machen, was der normalen Wahrnehmung verborgen bleibt. Sie machen Sinnzusammenhänge sichtbar, die in der Wahrnehmung liegen, durch die reale Präsenz der wahrgenommenen Gegenstände aber verdeckt bleiben. Das läßt sich am Beispiel des Porträtfotos verdeutlichen. Wenn ich einem Menschen real begegne, bleibe ich an seine Individualität und die Zufälligkeiten seines Zustands gebunden. Das gute Foto hingegen läßt im besonderen Anblick ein Allgemeines aufscheinen, das über die empirische Wirklichkeit hinaus visuelle Bedeutsamkeit erlangt. Nicht der Abbildcharakter, sondern die der bildhaften Repräsentation eigene Sinndimension ist der tiefere Grund dafür, daß es dem Fernsehen gelingt, tagtäglich eine vieldimensionale Bilderwelt zu montieren, die zum festen Bestandteil unserer Lebenswelt geworden ist. Ich halte es daher nicht für übertrieben, wenn man die neuen Bildmedien und insbesondere das Fernsehen als säkularisierte Form der Idee des Gesamtkunstwerks betrachtet.

Die Frage, wie die Bilder es fertigbringen, selbst zur Wirklichkeit zu werden, kann man im Rahmen der semiotischen Bildtheorie etwa so beantworten: Weil Bilder den Charakter von Wahrzeichen ha-

[5] Zur soziologischen Beschreibung dieses Sachverhalts aus systemtheoretischer Sicht vgl. LUHMANN (1996)

ben. Als solche bilden Bilder nicht nur ab, was ist, sondern liefern dem Betrachter eine Deutung, durch die das, was ist, verständlich wird. In diesem Sinn lassen sich Bilder als Medium auffassen, das als eine virtuelle, von Bewußtsein und Gegenstand verschiedene Wirklichkeit betrachtet werden muß. Diese zwischen Betrachter und abgebildetem Gegenstand liegende Wirklichkeit macht die Sichtbarkeit der Bilder aus, die neuerdings wieder ins Zentrum der bildästhetischen Theorie gerückt ist (vgl. WIESING 1997). Für das Verständnis dieses schon von dem französischen Phänomenologen M. MERLEAU-PONTY eingeführten Begriffs ist entscheidend, daß er nicht mit „Sichtweise" zusammenfällt. Sichtweisen sind perspektivisch bedingt und daher subjektiv, die den Bildern eigene Sichtbarkeit hingegen ist objektiv. Ihre Objektivität ist allerdings nicht gegenständlich, sondern liegt in den Bildern selbst, genauer: in ihrer Bedeutung, die sie unabhängig von der Existenz der abgebildeten Gegenstände zu Wahrzeichen macht.

Diese Überlegung führt mich zur abschließenden Vermutung, daß die neue Wissenschaft der Visualistik nicht nur eine Wissenschaft, sondern auch eine Kunst ist. Die Bildermacher, auch wenn sie nicht mehr mit Farbe und Pinsel, sondern mit Kamera und Computer arbeiten, brauchen sicherlich theoretisches Wissen. Aber ebenso wichtig scheint mir eine Ästhetik der Sichtbarkeit zu sein, die man nur im Umgang mit Bildern selbst erlernt. Hier meldet sich an unerwarteter Stelle wieder die Magie der Bilder, die mich veranlaßt, auch im Hinblick auf die elektronische Bilderzeugung an meiner Kennzeichnung der visuellen Wende als „imagic turn" festzuhalten.

Literatur

FELLMANN, F.: Der Mensch und die Bilder. In: *Carolo-Wilhelmina. Mitteilungen der TU Braunschweig* XXIV, 2, 1989, 31-34.

FELLMANN, F.: Innere Bilder im Licht des imagic turn. In: K. Sachs-Hombach (Hrsg.), *Bilder im Geiste*, Amsterdam-Atlanta, GA 1995, 21-38.

FELLMANN, F.: Intentionalität und zuständliches Bewußtsein. In: KRÄMER, S. (Hrsg.): *Bewußtsein. Philosophische Beiträge*. Frankfurt a. Main 1996, 213-226.

GIBSON, J. J. : *Wahrnehmung und Umwelt. Der ökologische Ansatz in der visuellen Wahrnehmung*. München, Wien, Baltimore 1982.

GOMBRICH, E. H.: Bild und Code: Die Rolle der Konvention in der bildlichen Darstellung. In: ders.: *Bild und Auge*. Stuttgart 1984, 274-293.

HAARDT, A.: Bildbewußtsein und ästhetische Erfahrung bei Edmund Husserl. In: KÄMPF, H./ SCHOTT, R. (Hrsg.): *Der Mensch als homo pictor?* Bonn 1995, 105-113.

LUHMANN, N.: *Die Realität der Massenmedien*, Opladen ^{2}1996.

NANNINI, S.: Symbol, Künstliche Intelligenz und Philosophie des Geistes. *Logos. Zeitschrift für systematische Philosophie*, Neue Folge Bd. 3, 1996, 75-96.

PÖLTNER, G.: Der Begriff des Bildes bei Thomas von Aquin. In: HEINRICH, R./ VETTER, H. (Hrsg.): *Bilder der Philosophie*. Wien/München 1991, 176-199.

SARTRE, J.-P.: *Das Imaginäre. Phänomenologische Psychologie der Einbildungskraft*. Deutsch von H. Schöneberg, Reinbek bei Hamburg 1971.

SCHAPP, L.: *Beiträge zur Phänomenologie der Wahrnehmung*, Göttingen 1910.

SCHIRRA, J. R. J./ SACHS-HOMBACH, K.: Von Bildern und Ingenieuren. Computervisualistik als Studienfach. In: REINHARD, U./SCHMID, U. (Hrsg.): *Who is who in multimedia bildung*, hg. von, Heidelberg 1998.

SCHOLZ, O.: *Bild, Darstellung, Zeichen*, Freiburg/München 1991.

WIESING, L.: *Die Sichtbarkeit des Bildes. Geschichte und Perspektiven der formalen Ästhetik*, Reinbek bei Hamburg 1997.

ZEKI, S. M.: Das geistige Abbild der Welt. *Spektrum der Wissenschaft Spezial: Gehirn und Geist*, Heidelberg 1993, 26-35.

Ralph Schumacher

Welche Anforderungen muß eine funktionalistische Theorie mentaler Bilder erfüllen ?

1. Einleitung

Die Fähigkeit, sich etwas bildlich vorzustellen, wird von uns als etwas Selbstverständliches in Anspruch genommen. Wenn zum Beispiel jemand nach der Anzahl der Fenster gefragt wird, die sich an der Frontseite seines Wohnhauses befinden, dann kann die betreffende Person diese Frage beantworten, indem sie sich die Frontseite bildlich vorstellt und die Anzahl der Fenster durch Abzählen vom Vorstellungsbild ermittelt. Die Redeweise, daß jemand ein Vorstellungsbild von etwas hat, ist unkontrovers, solange sie ontologisch uninterpretiert bleibt und nicht mehr bedeutet, als daß sich eine Person eine Sache bildlich vorstellt. Kontroversen über die Möglichkeit und die Natur mentaler Bilder setzen erst an dem Punkt ein, an dem die Rede von Vorstellungsbildern wörtlich genommen und so verstanden wird, daß im Geist der vorstellenden Person bildhafte Repräsentationen existieren.

Funktionalistische Theorien des Geistes sind sicherlich nicht mehr - um mit Jerry Fodor zu sprechen - „the only game in town", denn diese Theorien sind mit einer Reihe ernstzunehmender Probleme belastet und müssen sich mittlerweile sowohl gegenüber konnektionistischen Ansätzen als auch gegenüber Konzeptionen behaupten, die grundsätzlich die Annahme mentaler Repräsentationen in Zweifel ziehen.[1] Aber ebenso, wie es unzutreffend ist, das funktionalistische Computer-Modell des Geistes als die einzig mögliche theoretische Option darzustellen, wäre es unangemessen zu behaupten, daß dieses Modell des Geistes durch die genannten konkurrierenden Ansätze endgültig widerlegt ist. Denn erstens sind auch die konnektionistischen Ansätze nicht ohne theoretische Schwierigkeiten, wobei hinzukommt, daß bislang ungeklärt ist, ob es sich bei ihnen überhaupt um eine wirkliche Alternative zu funktionalistischen Konzeptionen handelt, da die von Seiten der Konnektionisten zugrunde gelegte Annahme der prinzipiellen Verschiedenheit funktionalistischer bzw. allgemeiner: symbolverarbeitender Theorien von konnektionistischen Modellen strittig ist (siehe Fodor u. Pylyshyn (1988). Zweitens sind die Ansätze, die sich generell gegen repräsentationalistische Theorien des Geistes wenden, vielfach deshalb unbefriedigend, weil sie selten über die Kritik an der Annahme mentaler Repräsentationen hinausgehen und damit weitgehend offen lassen, auf welche Weise bestimmte kognitive Leistungen ohne diese Annahme im einzelnen erklärt werden können.[2] Da es aus diesen Gründen gerechtfertigt ist, den Funktionalismus weiterhin als eine in der Philosophie des Geistes vertretbare Position anzusehen, und weil außerdem eine Reihe von empirischen Befunden die Annahme der Existenz bildhafter mentaler Repräsentationen stützt, soll im folgenden untersucht werden, welche theoretischen Anforderungen von funktionalistischen Theorien mentaler Bilder erfüllt werden müssen.[3]

---

1 Zur Kritik des Funktionalismus siehe z.B. Searle (1992, insbes. 197 - 226); zur Kritik repräsentationalistischer Positionen siehe z.B. Kemmerling (1997).

2 Siehe z.B. den vor allem an Ryles Konzeption orientierten Ansatz bildlichen Vorstellens von Scholz (1995).

3 Übersichten über Standardexperimente finden sich z.B. bei Block (1984) und bei Kosslyn (1994, 1 - 21).

2. Eine grundsätzliche Anforderung an jede Theorie mentaler Bilder

An jede Theorie mentaler Bilder stellt sich grundsätzlich die Anforderung, einen sowohl plausiblen als auch erklärungskräftigen Begriff des mentalen Bildes aufzustellen. Erstens darf ein solcher Begriff nicht in dem Sinne unplausibel sein, daß dadurch mentalen Bildern Eigenschaften zugeschrieben werden, die mit deren Status *als mentaler Entitäten* unverträglich sind. Beispielsweise ist es unplausibel, das Bestehen solcher Ähnlichkeitsrelationen zwischen mentalen Bildern und deren Objekten zu behaupten, wonach mentale Bilder nur Eigenschaften repräsentieren können, die sie selber besitzen. Denn diese Behauptung zieht die absurde Konsequenz nach sich, daß ein mentales Bild zum Beispiel etwas Grünes und Achteckiges nur dann repräsentieren kann, wenn es selber grün und achteckig ist. Zweitens ist es erforderlich, den Begriff des mentalen Bildes genügend reichhaltig zu bestimmen, damit zum einen mentale Bilder sich hinreichend von anderen Typen mentaler Repräsentationen – wie beispielsweise Propositionen – unterscheiden, und damit zum anderen die Annahme der Existenz mentaler Bilder genügend Erklärungskraft besitzt.
Dieser zweite Punkt läßt sich mit Bezug auf Überlegungen von STEPHEN KOSSLYN (1978) veranschaulichen, von dem unter anderem das folgende Experiment stammt: Versuchspersonen wurde eine Karte gezeigt, die sich diese einprägen mußten, bis sie die Karte aus dem Gedächtnis korrekt zeichnen konnten. Die Versuchspersonen wurden danach aufgefordert, sich auf ein bestimmtes Objekt auf der Karte zu konzentrieren und es sich bildlich vorzustellen. Anschließend wurden sie instruiert, sich ein anderes auf der Karte befindliches Objekt vorzustellen. Es zeigte sich, daß ein linearer Zusammenhang zwischen der Reaktionszeit und der Entfernung der Objekte auf der Karte besteht: Je größer diese Entfernung ist, desto länger benötigten die Versuchspersonen, um sich das zweite Objekt auf der Karte bildlich vorzustellen. KOSSLYN zufolge stützt dieses Ergebnis die Behauptung, daß mentale Bilder – ebenso wie beispielsweise Fotografien und Zeichnungen – die relativen räumlichen Entfernungen zwischen den abgebildeten Objekten konservieren. Zur Erklärung dieses Phänomens nimmt KOSSLYN also einen Begriff des mentalen Bildes in Anspruch, der in dem Sinne anspruchsvoll ist, daß den mentalen Bildern, die an Prozessen der Informationsverarbeitung beteiligt sind, Strukturen zugeschrieben werden, die den räumlichen Relationen außergeistiger Bilder entsprechen sollen. In diesem Zusammenhang wird deutlich, daß die Forderung nach einem sowohl plausiblen als auch erklärungskräftigen Begriff des mentalen Bildes zwei gegenläufige Momente enthält. Denn mit Bezug auf den von KOSSLYN zugrunde gelegten Begriff stellt sich jetzt die Frage, ob die Zuschreibung von räumlichen Strukturen zu mentalen Bildern auf plausible Weise explizierbar ist. Auf diese Frage wird weiter unten noch einmal eingegangen. An dieser Stelle kann die folgende Anforderung festgehalten werden:

(I) Jede Theorie, mit der die Annahme der Existenz mentaler Bilder *als bildhafter mentaler Repräsentationen* vertreten wird, muß den Begriff des mentalen Bildes in einer Weise bestimmen, die erstens mit dem Status dieser Repräsentationen als mentaler Entitäten verträglich ist. Zweitens müssen mentalen Bildern genügend wesentliche Merkmale bildhafter Repräsentationen zugeschrieben werden, damit die Annahme ihrer Existenz ausreichende Erklärungskraft besitzt.

Aus dieser Anforderung resultiert die Aufgabe, zuerst wesentliche Merkmale bildhafter Repräsentationen zu identifizieren und anschließend zu untersuchen, welche dieser Merkmale auch *mentalen* Entitäten zukommen können und die Rede von mentalen *Bildern* rechtfertigen.

Ein geeigneter Vorschlag zur Bestimmung wesentlicher Merkmale bildhafter Repräsentationen, der zudem mit KOSSLYNS Beschreibung mentaler Bilder übereinstimmt, stammt von NED BLOCK (1984, 513). Danach zeichnen sich Bilder durch die beiden folgenden Eigenschaften aus:

- Wenn ein Bild B ein Objekt O repräsentiert, dann repräsentiert mindestens ein Teil von B einen Teil von O.
- Einige räumliche Relationen zwischen den Teilen von B repräsentieren räumliche Relationen zwischen den Teilen von O, und einige räumliche Relationen zwischen B und Teilen von B repräsentieren räumliche Relationen zwischen O und dessen Teilen.

BLOCK beansprucht damit nicht, eine vollständige Liste aller wesentlichen Merkmale bildhafter Repräsentationen aufzustellen. Vielmehr handelt es sich dabei lediglich um zwei notwendige Bedingungen für bildhafte Repräsentation. Die Anschlußfrage, ob und auf welche Weise diese Merkmale auch *mentalen* Entitäten zukommen können, betrifft zwei grundsätzlich verschiedene Typen mentaler Bilder, die deutlich voneinander unterschieden werden müssen:

- Diejenigen Bilder, die wir im Geist haben, wenn wir uns etwas bildlich vorstellen, und die uns durch Introspektion epistemisch zugänglich sind, werden im folgenden als *„Vorstellungsbilder"* bezeichnet. Sofern mit der Aussage, daß wir solche Vorstellungsbilder haben können, nicht mehr behauptet wird, als daß wir dazu in der Lage sind, uns etwas bildlich vorzustellen, kann diese Aussage nicht sinnvoll bestritten werden. Hingegen kann die Behauptung, daß Vorstellungsbilder *als bildhafte mentale Repräsentationen* im Geist existieren, prinzipiell nicht durch Introspektion, sondern allein durch theoretische Überlegungen gestützt werden.
- Solche bildhaften mentalen Repräsentationen, deren Existenz im Rahmen psychologischer und/oder philosophischer Theorien angenommen wird, um damit kognitive Leistungen zu erklären, und die außerdem prinzipiell unbewußt sind, werden *„subpersonale mentale Bilder"* genannt. Sie sind ebenso wie die propositionalen mentalen Repräsentationen von JERRY FODORS *„Language of Thought" theoretische Entitäten*, bei denen die Annahme ihrer Existenz ausschließlich von deren Erklärungswert abhängt (siehe FODOR 1975, 1987).

3. Eine Anforderung an jede funktionalistische Theorie mentaler Bilder

Funktionalistische Theorien mentaler Bilder müssen zusätzlich zu der dargestellten allgemeinen Anforderung (I) noch eine weitere Anforderung erfüllen, die im Unterschied zur ersten allein subpersonale mentale Bilder betrifft.[4] Da es sich bei diesen um theoretische Entitäten handelt, ist die

4 Funktionalistische Theorien erklären kognitive Leistungen wie zum Beispiel das bildliche Vorstellen unter Bezugnahme auf Prozesse der Informationsverarbeitung, an denen subpersonale mentale Repräsentationen wesentlich beteiligt sind. Daher ist man in diesen Theorien auf die Annahme der Existenz solcher subpersonaler mentaler Repräsentationen verpflichtet. Aber es ist in funktionalistischen Theorien weder erforderlich noch sinnvoll darüber hinaus die Existenz solcher mentaler Entitäten *als mentaler Repräsentationen* anzunehmen, die wie beispielsweise Vorstellungsbilder Personen im Rahmen der Alltagspsychologie zugeschrieben werden. Denn mit der alltagspsychologischen Redeweise *„Person x hat ein Vorstellungsbild von y"*, die mit der Beschreibung *„Person x stellt sich y bildlich vor"* äquivalent ist, wird eine kognitive Leistung beschrieben, deren Erklärung das Ziel funktionalistischer Theorien ist. Mit anderen Worten, da diese Redeweisen kein Explanans, sondern ein Explanandum funktionalistischer Theorien beschreiben, ist man im Rahmen dieser Theorien nicht auf die Annahme der Existenz von Vorstellungsbildern *als mentaler Repräsentationen* verpflichtet.

Annahme der Existenz subpersonaler mentaler Bilder in funktionalistischen Ansätzen nur unter der Bedingung gerechtfertigt, daß diese Annahme Erklärungswert besitzt und damit für das Verständnis von Prozessen der Informationsverarbeitung erforderlich ist, die kognitiven Leistungen beim bildlichen Vorstellen zugrunde liegen. Es stellt sich also die Frage, welche Bedingungen mentale Repräsentationen erfüllen müssen, damit die Annahme ihrer Existenz in funktionalistischen Theorien zur Erklärung kognitiver Leistungen Verwendung finden kann.

Diese Frage läßt sich exemplarisch im Zuge der Beschreibung der Grundzüge von FODORS Computer-Modell des Geistes beantworten. Intentionale Zustände werden von FODOR auf folgende Weise gekennzeichnet, wobei er sich vorwiegend auf propositionale Einstellungen bezieht[5]:

- Sie sind semantisch bewertbar: Beispielsweise können Überzeugungen wahr oder falsch und Wünsche erfüllt oder unerfüllt sein.
- Sie sind kausal wirksam: Zum Beispiel kann das Auftreten einer Überzeugung das Auftreten einer Handlung verursachen.
- Sie sind relational: Bei propositionalen Einstellungen steht ein Organismus x in einer intentionalen Relation (z.B. des Glaubens oder Wissens) zu einer propositionalen mentalen Repräsentation. Propositionale Einstellungen lassen sich daher nach dem folgenden allgemeinen Schema beschreiben: x glaubt (oder weiß, etc.), daß p.
- Sie sind syntaktisch strukturiert: Intentionale Zustände besitzen eine syntaktische Struktur, die durch die syntaktische (bzw. logische) Struktur der betreffenden mentalen Repräsentation festgelegt wird.
- Typen intentionaler Zustände werden durch ihre funktionale (bzw. kausale) Rolle individuiert, die in den charakteristischen Ursachen und Wirkungen von intentionalen Zuständen eines bestimmten Typs besteht.
- Die funktionale Rolle intentionaler Zustände wird ausschließlich durch die syntaktische Struktur der dazugehörigen mentalen Repräsentation bestimmt.

Funktionalistische Theorien erklären kognitive Prozesse als Abfolgen funktional bzw. kausal verknüpfter intentionaler Zustände, indem sie dazu auf deren funktionale Rollen Bezug nehmen. Jede funktionalistische Erklärung setzt deshalb voraus, daß es zu den betreffenden intentionalen Zuständen entsprechende mentale Repräsentationen gibt, deren syntaktische Struktur die funktionale Rolle des jeweiligen intentionalen Zustandes festlegt.

Da auch die übrigen Vertreter funktionalistischer Positionen wie zum Beispiel ZENON PYLYSHYN (1981), KIM STERELNY (1990) und STEPHEN STICH (1983) mit FODORS Theorie hinsichtlich der Abhängigkeitsbeziehung zwischen der syntaktischen Struktur mentaler Repräsentationen und der funktionalen Rolle der dazugehörigen intentionalen Zustände übereinstimmen, ergibt sich also für diese Ansätze die folgende theoretische Anforderung:

(II) Eine notwendige Bedingung dafür, daß die Annahme der Existenz subpersonaler mentaler Repräsentationen in funktionalistischen Theorien zur Erklärung kognitiver Prozesse Verwendung finden kann, besteht darin, daß die betreffenden Repräsentationen eine syntaktische Struktur besitzen.

Während FODOR unter der syntaktischen Struktur propositionaler mentaler Repräsentationen deren logische Form – also sowohl die prädikaten- und quantorenlogische Struktur einzelner Aussagen als

5 Eine informative Darstellung der zentralen Thesen und Probleme von FODORS Position findet sich bei KEMMERLING (1991).

auch die logischen Folgebeziehungen zwischen Aussagen – versteht (siehe FODOR 1987, 137 f.), ist es bei anderen Vertretern des Funktionalismus nicht immer eindeutig, ob sie FODORS Auffassung teilen, oder ob sie statt dessen unter der Syntax die grammatische Struktur von Aussagen verstehen. Allerdings ist diese Uneindeutigkeit für die Verwendbarkeit propositionaler mentaler Repräsentationen in funktionalistischen Erklärungen ohne Folgen, da Repräsentationen dieses Typs sowohl eine logische als auch eine grammatische Form besitzen.

Es stellt sich damit die Frage, ob bildhaften Repräsentationen eine syntaktische Struktur in dem einen oder anderen Sinne zugeschrieben werden kann. Da Bilder weder mit den Mitteln der Quantoren- und Prädikatenlogik analysierbar sind, und weil außerdem zwischen einzelnen Bildern keine logischen Folgerungsbeziehungen bestehen können, besitzen sie keine syntaktische Struktur im Sinne einer logischen Form. Darüber hinaus sprechen einige Gründe dafür, daß sie auch keine grammatische Syntax haben. Zwar mag es allgemeine Prinzipien für die Konstruktion von Bildern geben, und es kann in diesem Zusammenhang daher auch in einem eingeschränkten Sinne angemessen sein, davon zu sprechen, daß Bilder gemäß solcher Prinzipien aus Teilen zusammengesetzt werden. Aber weder diese Prinzipien noch die Bestandteile von Bildern sind hinreichend eindeutig bestimmt, um von einer grammatischen Struktur sprechen zu können.

Syntaktische Regeln im Sinne einer grammatischen Syntax legen fest, wie die Symbole eines Zeichensystems individuiert werden, und sie regeln außerdem die Konstruktion von Zeichen. Syntaktisch geordnete Zeichensysteme besitzen zum einen Alphabete bzw. Listen mit wohldefinierten Zeichencharakteren. Zum anderen verfügen sie über Konstruktionsregeln und damit über eindeutige Kriterien zur Unterscheidung einfacher und zusammengesetzter Symbole. Zeichensysteme, die diese Bedingungen erfüllen, werden in Orientierung an NELSON GOODMAN (1972) als syntaktisch differenziert bezeichnet (siehe dazu auch SCHOLZ 1991, 88, 92 - 99).

Bildliche Zeichensysteme sind hingegen nicht syntaktisch differenziert, denn für Bilder gibt es erstens keine Alphabete bzw. Listen wohldefinierter Zeichencharaktere. Daraus folgt, daß bei Bildern auch keine feste Aufteilung in konstitutive und kontingente Züge existiert, so daß prinzipiell jeder noch so feine Unterschied für die bildliche Darstellung von Bedeutung sein kann. Zweitens gibt es für Bilder keine eindeutigen und verbindlichen Konstruktionsregeln. Dies hat zur Folge, daß es bei Bildern keine klare syntaktische Aufteilung in einfache und zusammengesetzte Symbole gibt. Außerdem ergibt sich daraus, daß in bildlichen Zeichensystemen nicht eindeutig festgelegt ist, wann ein Bild *nicht* syntaktisch wohlgeformt ist. Da also für Bilder weder ein Alphabet noch verbindliche Konstruktionsregeln existieren, kann ihnen folglich keine grammatische Syntax im strengen Sinne zugeschrieben werden.

Im Unterschied zu propositionalen Repräsentationen erfüllen daher bildhafte Repräsentationen die Anforderung (II) nicht, da sie weder eine logisch noch eine grammatisch strukturierte Syntax besitzen. Daraus folgt, daß subpersonale mentale Bilder im Unterschied zu subpersonalen mentalen Propositionen in funktionalistischen Theorien nicht zur Erklärung kognitiver Leistungen verwendet werden können, weil sie nicht die dazu erforderliche syntaktische Struktur aufweisen.

Auf dieses Ergebnis kann man in verschiedener Weise reagieren. Unter der Voraussetzung, daß an Anforderung (II) festgehalten werden soll, ergeben sich die beiden folgenden Alternativen:

– Entweder man akzeptiert dieses Ergebnis und schließt sich der Auffassung der meisten Funktionalisten an, daß alle kognitiven Leistungen, die für das bildliche Vorstellen relevant sind, unter ausschließlicher Bezugnahme auf propositionale mentale Repräsentationen erklärt werden können. Damit entscheidet man sich für eine *deskriptionalistische Position*, wie sie beispielsweise von DANIEL DENNETT (1981), STEPHEN PALMER (1975), ZENON PYLYSHYN (1981) und KIM STERELNY (1986) vertreten wird.

- Oder man kritisiert die bisher dargestellten Überlegungen und versucht statt dessen zu zeigen, daß entweder alle oder zumindest einige bildhafte Repräsentationen die erforderlichen syntaktischen Strukturen aufweisen und damit in funktionalistische Erklärungen einbezogen werden können. Man könnte sich dazu auf bestimmte Typen von Bildern konzentrieren und dafür argumentieren, daß zum Beispiel Bildschirmbilder, die aus Anordnungen von Lichtpunkten auf einer Bildschirmmatrix bestehen, erstens syntaktisch strukturiert und zweitens für die Bildung von Modellen mentaler Bilder besonders geeignet sind.

Allerdings ist keine dieser beiden Optionen sonderlich attraktiv, denn beide Alternativen sind mit ernstzunehmenden theoretischen Schwierigkeiten belastet.

Gegen die erste Alternative spricht, daß von Seiten der Vertreter der deskriptionalistischen Position in der überwiegenden Zahl der Fälle nur ad-hoc-Erklärungen für Phänomene nachgeliefert werden, die unter Voraussetzung der Annahme subpersonaler mentaler Bilder bereits eine plausible Erklärung gefunden haben. Dies läßt sich besonders deutlich am Verlauf der Diskussion über das im zweiten Abschnitt dargestellte Experiment von KOSSLYN zum *„geistigen Scannen"* mentaler Karten veranschaulichen (siehe dazu KOSSLYN 1994, 6 - 9). Zum Beispiel argumentieren ANDERSON und BOWER dafür, daß die gemessenen Reaktionszeiten nicht die Zeiten beschreiben, die benötigt werden, um in der Vorstellung von einem Ausschnitt des mentalen Bildes zu einem anderen Bildausschnitt zu gelangen, sondern sie sollen die Zeiten sein, die von Personen gebraucht werden, um mentale Listen von Propositionen abzuarbeiten. Dieser Argumentation liegen zwei Voraussetzungen zugrunde. Erstens wird vorausgesetzt, daß Personen mentale Listen von miteinander verbundenen Propositionen erstellen, wenn sie Bilder im Gedächtnis speichern. Zweitens wird angenommen, daß solche Propositionen, die weiter voneinander entfernte Bildausschnitte repräsentieren, ebenfalls auf den mentalen Listen weiter voneinander entfernt sind als solche Propositionen, die näher beieinanderliegende Bildausschnitte beschreiben. Als Grund für die zweite Annahme wird von ANDERSON und BOWER angeführt, daß zwischen denjenigen Propositionen, die weit voneinander entfernte Bildausschnitte beschreiben, eben alle diejenigen Propositionen liegen, welche die Objekte repräsentieren, die sich zwischen diesen Bildausschnitten befinden. KOSSLYN (1978) und seine Mitarbeiter konnten allerdings in zusätzlichen Experimenten zeigen, daß die zweite Annahme der deskriptionalistischen Position falsch ist. Unabhängig davon, wieviele Objekte sich zwischen zwei Bildausschnitten befinden, brauchen Personen mehr Zeit, um in der Vorstellung von einem Bildausschnitt zu einem entfernteren Bildausschnitt zu gelangen, als benötigt wird, wenn beide Bildausschnitte näher beieinander liegen. Als Reaktion auf diese Untersuchung wurde von Seiten der Deskriptionalisten die Zusatzannahme eingeführt, daß es in den mentalen Listen in den Fällen, in denen zwischen weit entfernten Bildausschnitten keine Objekte liegen, leere Propositionen bzw. sogenannte *„dummies"* gibt. Da die Personen, die in der Vorstellung von einem Bildausschnitt zu einem anderen übergehen, mentale Listen mit solchen leeren Propositionen abarbeiten müssen, benötigen sie beim Übergehen von einem Bildausschnitt zu einem weiter entfernten Bildausschnitt mehr Zeit, als wenn sich beide Bildausschnitte in unmittelbarer Nachbarschaft zueinander befinden. Der Verlauf dieser Argumentationen zeigt deutlich, daß es sich bei dem deskriptionalistischen Ansatz um ein degenerierendes Forschungsprojekt handelt, in dem nur noch ad-hoc-Erklärungen aufgestellt wer-

den. Denn die Vertreter der deskriptionalistischen Position müssen im Laufe der Diskussion beständig Zusatzannahmen einführen, um die jeweils neu aufgewiesenen Phänomene erklären zu können, die hingegen unter Voraussetzung der Annahme subpersonaler mentaler Bilder ohne weitere Annahmen erklärt werden können.
Die zweite Alternative wird überzeugend von CATHERINE Z. ELGIN (1992, 115 - 116) kritisiert. ELGIN befaßt sich mit der Frage, ob bildhafte Repräsentationen wie beispielsweise Bildschirmbilder und Mosaike als Belege dafür angeführt werden können, daß bestimmte Typen bildhafter Repräsentationen eine syntaktische Struktur besitzen. Diese Typen von Bildern werden von verschiedenen Autoren insbesondere deshalb für geeignete Beispiele für syntaktisch strukturierte bildhafte Repräsentationen gehalten, weil sie aus Grundelementen wie zum Beispiel beleuchteten Punkten auf der Bildschirmmatrix oder Mosaiksteinen bestehen, die gemäß bestimmter Prinzipien zu Bildern zusammengesetzt werden. Entgegen dieser Auffassung kann ELGIN aber zeigen, daß Bildschirmbilder und Mosaike die These von der Existenz syntaktisch strukturierter Bilder nicht belegen. Denn bei den aufgeführten Grundelementen handelt es sich um Teile, die lediglich *unter einer geeigneten physikalischen Beschreibung* als einfache Bestandteile solcher Objekte angesehen werden, die im Zusammenhang bestimmter Zeichensysteme als Bilder verwendet werden. ELGIN weist zu Recht darauf hin, daß das Vorliegen dieses Umstandes nicht hinreichend dafür ist, daß jene Grundelemente auch syntaktisch einfache Bildelemente sind, wie sie durch ein Alphabet bzw. durch eine wohldefinierte Liste einfacher Grundsymbole im Rahmen eines Symbolsystems festgelegt werden. Die These von der syntaktischen Strukturiertheit von Bildern läßt sich folglich nicht unter Verweis auf deren Strukturiertheit unter einer geeigneten physikalischen Beschreibung stützen. Da für diese These auch keine weiteren Gründe sprechen, muß sie also zurückgewiesen werden.
Angesichts des Umstandes, daß die beiden theoretischen Optionen, die man unter Voraussetzung von Anforderung (II) hinsichtlich der Einbeziehung der Annahme der Existenz subpersonaler mentaler Bilder in funktionalistische Erklärungen hat, gleichermaßen unbefriedigend sind, stellt sich die Frage, ob diese Anforderung nicht möglicherweise zu stark ist. Im folgenden soll daher untersucht werden, in welcher Weise Anforderung (II) modifiziert werden muß, um die Integration der genannten Annahme in funktionalistische Theorien auf plausible Weise bewerkstelligen zu können. Dazu wird in den beiden nächsten Abschnitten zuerst auf einen Vorschlag von JÖRG SCHIRRA und anschließend auf STEPHEN KOSSLYNS und MICHAEL TYES Konzeption funktionaler Bilder eingegangen.

4. Der Ansatz von JÖRG SCHIRRA: Die verschiedenen theoretischen Funktionen mentaler Bilder und mentaler Propositionen

SCHIRRA geht der Frage nach, welche theoretische Funktion die Annahme der Existenz mentaler Bilder im Rahmen von Theorien der Kognition haben kann. Während die Befürworter dieser Annahme überwiegend dafür argumentieren, daß bildhafte Repräsentationen als subpersonale mentale Bilder an Prozessen der Informationsverarbeitung beteiligt sind und daß die Annahme ihrer Existenz damit die theoretische Funktion besitzt, kognitive Leistungen zu erklären, bemüht sich SCHIRRA darum zu zeigen, daß mentale Bilder nicht selber in Prozesse der Informationsverarbeitung involviert sind und daß die theoretische Funktion der Annahme ihrer Existenz nicht in der *Erklärung* kognitiver Leistungen, sondern in der *Begründung* solcher Erklärungen liegt.

SCHIRRA zufolge reicht es zwar für die Erklärung bildlicher Vorstellungsleistungen vollständig aus, die Existenz subpersonaler mentaler Propositionen anzunehmen, aber die Annahme der Existenz subpersonaler mentaler Bilder soll aufgrund ihrer Begründungsfunktion trotzdem unentbehrlich sein. Diese These stützt er auf die Unterscheidung zwischen der *Spezifikation* und der *Implementation* von Begriffen. Bei der Spezifikation wird die Bedeutung von Begriffen durch Definition festgelegt. Diese Weise der Bedeutungsfestlegung wird von SCHIRRA auch als intralexikalisch bezeichnet, um damit hervorzuheben, daß dazu ausschließlich auf andere Begriffe Bezug genommen wird. Hingegen werden bei der Implementation bzw. referentiellen Festlegung Bedeutungspostulate gerechtfertigt. Dabei ist es erforderlich, auf die Referenten der betreffenden Begriffe Bezug zu nehmen, um die Verwendungsweise der Begriffe zu begründen. Wenn es zum Beispiel darum geht zu rechtfertigen, daß der Ausdruck *„links von"* so verwendet werden soll, daß von den beiden Aussagen *„x ist links von y"* und *„y ist links von x"* nur eine Aussage wahr sein kann, dann muß dazu auf räumliche Relationen Bezug genommen und gezeigt werden, daß *„links von"* eine asymetrische Relation ist. Dies ist der Punkt, an dem SCHIRRA zufolge die Annahme der Existenz mentaler Bilder für Theorien der Kognition relevant wird: Mentale Bilder sind danach zwar nicht selber an Prozessen der Informationsverarbeitung beteiligt, aber sie werden benötigt, wenn es um die referentielle Festlegung der Bedeutung derjenigen Ausdrücke geht, die die Bestandteile solcher mentaler Propositionen sind, die an Prozessen der Informationsverarbeitung beteiligt sein sollen. Obwohl danach die Annahme der Existenz subpersonaler mentaler Bilder eine andere theoretische Funktion besitzt als die Annahme der Existenz subpersonaler mentaler Propositionen, sollen dennoch beide Annahmen für Theorien des bildlichen Vorstellens unentbehrlich sein. Denn nach dieser Konzeption muß es in solchen kognitiven Systemen, die mit Propositionen operieren, die räumliche Begriffe enthalten, ebenfalls bildhafte Repräsentationen geben.

Mit SCHIRRAS Ansatz umgeht man also die oben dargestellten Schwierigkeiten, die sich aus Anforderung (II) ergeben. Aus seinen Überlegungen folgt, daß diese Anforderung zu eng ist, weil sie allein die Erklärungsfunktion, aber nicht die Begründungsfunktion der Annahme der Existenz von mentalen Repräsentationen berücksichtigt. Deshalb muß Anforderung (II) durch die folgende Anforderung ersetzt werden:

(III) Die Annahme der Existenz subpersonaler mentaler Repräsentationen kann in funktionalistischen Theorien unterschiedliche theoretische Funktionen besitzen und ist daher an verschiedene Bedingungen gebunden: (1) Wenn die Funktion dieser Annahme in der Erklärung kognitiver Leistungen besteht, dann müssen die betreffenden mentalen Repräsentationen eine syntaktische Struktur aufweisen. (2) Besteht die Funktion dieser Annahme hingegen in der Begründung solcher Erklärungen, dann ist es nicht erforderlich, daß die betreffenden mentalen Repräsentationen syntaktisch strukturiert sind.

Die Annahme der Existenz syntaktisch nicht strukturierter subpersonaler mentaler Bilder kann danach in funktionalistische Theorien nur unter der Bedingung Eingang finden, daß diese Annahme der Begründung einer Erklärung kognitiver Leistungen dient.

Allerdings ergibt sich aus SCHIRRAS Ansatz die problematische Behauptung, daß ausschließlich die Annahme der Existenz propositionaler Repräsentationen zur Erklärung kognitiver Leistungen geeignet ist, weil Bilder keine syntaktische Struktur besitzen. Damit akzeptiert man aber mit dieser Konzeption die deskriptionalistische Position, bezüglich derer im vorhergehenden Abschnitt gezeigt wurde, daß sie hinsichtlich der Erklärung bildlicher Vorstellungsleistungen ein degenerierendes Forschungsprogramm darstellt. Da diesem degenerierenden Forschungsprogramm eine ganze Reihe vielversprechender Ansätze wie zum Beispiel die Theorien von SHEPARD (1970) und vor allem von KOSSLYN und TYE als Konkurrenten gegenüberstehen, in denen die Annahme der Existenz subpersonaler mentaler Bilder die theoretische Funktion besitzt, kognitive Leistungen zu erklären, muß der Vorschlag von SCHIRRA als ungeeignet zurückgewiesen werden.[6]

5. Der Ansatz von STEPHEN KOSSLYN und MICHAEL TYE: Mentale Bilder als funktionale Bilder

Ein weiterer Ansatz, der einen Mittelweg zwischen den im dritten Abschnitt dargestellten Alternativen anbietet, stammt vor allem von STEPHEN KOSSLYN (1980, 1994) und wird ebenfalls von MICHAEL TYE (1988, 1991) verteidigt. Er ist aus dem Grund interessant, weil sich beide Autoren um den Nachweis der Verträglichkeit von zwei Positionen bemühen, die nach den bisherigen Überlegungen als miteinander unvereinbar angesehen werden müssen. Ihr Ziel ist es einerseits, zu zeigen, daß es im Geist subpersonale mentale Bilder gibt, die von propositionalen mentalen Repräsentationen verschieden sind. Zur Unterscheidung beider Repräsentationstypen beziehen sie sich im wesentlichen auf die eingangs genannten Kriterien von NED BLOCK, wonach erstens Teile von Bildern sichtbare Teile ihrer Objekte repräsentieren und zweitens die räumlichen Beziehungen zwischen den Teilen von Bildern den räumlichen Beziehungen zwischen den Teilen der abgebildeten Objekte entsprechen. Andererseits argumentieren KOSSLYN und TYE dafür, daß die Annahme der Existenz subpersonaler mentaler Bilder in funktionalistischen Theorien Verwendung finden kann, *obwohl* sie mentalen Bildern syntaktische Strukturen absprechen.

Mentale Bilder müssen nach KOSSLYN und TYE als *funktionale Bilder* aufgefaßt werden. Ihr Ausgangsmodell ist ein auf einem Bildschirm erscheinendes, computererzeugtes Bild. Das Medium eines solchen räumlichen Bildes ist der Bildschirm, dessen Oberfläche sich mit einer Matrix in eine Anzahl von Bildpunkten gliedern läßt. Je nachdem, welche dieser Punkte beleuchtet sind, zeigen sich auf dem Bildschirm verschiedene Bilder. *Als funktionales Bild bezeichnen KOSSLYN und TYE diejenige im Computer enthaltene Information über die Zustände der Punkte auf der Bildschirmmatrix, die zur Erzeugung eines bestimmten Bildes erforderlich ist.* Das Medium eines solchen funktionalen Bildes sollen diejenigen repräsentierenden Einheiten im Computer sein, in denen die betreffende Information enthalten ist. Nach Auffassung beider Autoren fehlen funktionalen Bildern zwar die räumlichen Eigenschaften außergeistiger Bilder, aber funktionale Bilder sollen aufgrund der spezifischen Weise der Informationsverarbeitung im Computer so funktionieren, *als ob* sie solche Eigenschaften hätten.[7] Beispielsweise soll sich das Merkmal bildhafter Repräsentationen, daß

6 SHEPARD und seine Mitarbeiter haben in Experimenten zur Rotation geometrischer Figuren in der Vorstellung das folgende Phänomen beschrieben: Versuchspersonen sollten beurteilen, ob geometrische Figuren, die ihnen paarweise präsentiert wurden, kongruent sind. Die Versuche ergaben, daß ein linearer Zusammenhang zwischen der Antwortzeit und der Größe des Rotationswinkels zwischen den präsentierten Figuren besteht: Je größer der Rotationswinkel ist, desto länger ist die benötigte Antwortzeit. Nach SHEPARD zeigt dies, daß geometrische Figuren im Geist anhand mentaler Bilder repräsentiert werden, die beim Vorstellen gedreht werden, und die beim Rotieren alle zwischen der Anfangs- und Endposition befindlichen Zwischenstellungen durchlaufen müssen.

7 KOSSLYN (1994, 5) erläutert dies folgendermaßen: „The space in which the points appear need not be physical, such as this page, but can be like an array in a computer, which specifies spatial relations purely functionally. That is, the

Teile des Bildes Teile des abgebildeten Objektes repräsentieren, auch bei funktionalen Bildern finden, weil alle Teile eines funktionalen Bildes – worunter in diesem Fall die einzelnen Informationen über den Zustand der Bildpunkte verstanden werden – gleichfalls Informationen über sichtbare Teile des Bildobjektes enthalten. Danach ist zum Beispiel in der Information, daß ein bestimmter Abschnitt des Bildschirmbildes aus blauen Bildpunkten zusammengesetzt ist, ebenfalls Information über den entsprechenden Teil des Bildobjektes enthalten.

Im Rahmen dieser Konzeption ist es wichtig, zwischen der *Information* über die Zustände von Punkten auf der Bildschirmmatrix und der *Beschreibung dieser Information* mit Hilfe von Aussagen der allgemeinen Form *„Punkt (n,k) befindet sich im Zustand x"* zu unterscheiden. Während das zuletzt genannte Merkmal bildhafter Repräsentation auf die obige Information zutreffen soll, trifft es auf deren Beschreibung nicht zu. Denn einzelne Teile solcher Beschreibungen (wie z.B. „Punkt" oder „befindet") repräsentieren nicht Teile des Bildobjektes. Mit diesem Ansatz werden also die beiden folgenden Behauptungen aufgestellt:

- Funktionale Bilder sind nicht identisch mit Konjunktionen von Aussagen über Zustände von Bildpunkten auf einer Matrix. KOSSLYN und TYE vertreten damit den Anspruch, daß bildhafte mentale Repräsentationen als funktionale Bilder nicht auf propositionale mentale Repräsentationen reduzierbar sind.
- Die Annahme der Existenz subpersonaler mentaler Bilder als funktionaler Bilder läßt sich in funktionalistische Erklärungen einbeziehen, weil funktionale Bilder vermittels der syntaktischen Struktur derjenigen Propositionen, durch die sie beschrieben werden, die funktionalen Rollen intentionaler Zustände indirekt bestimmen können.

Die Konzeption von KOSSLYN und TYE stimmt mit der deskriptionalistischen Position also darin überein, daß nur propositionale mentale Repräsentationen aufgrund ihrer syntaktischen Eigenschaften an Prozessen der Informationsverarbeitung direkt beteiligt sein können. Im Unterschied zu dieser Position vertreten sie aber die Auffassung, daß Anforderung (II) zu eng ist und daß es nicht angemessen ist zu fordern, daß allein die Annahme solcher mentaler Repräsentationen in funktionalistischen Erklärungen Verwendung finden kann, die eine syntaktische Struktur besitzen. Statt dessen argumentieren KOSSLYN und TYE dafür, daß die Annahme der Existenz subpersonaler mentaler Bilder in funktionalistische Erklärungen integrierbar ist, *weil mentale Bilder als funktionale Bilder indirekt durch die syntaktischen Eigenschaften der sie beschreibenden Propositionen die funktionalen Rollen intentionaler Zustände festlegen können.* Angesichts der im dritten Abschnitt dargestellten Schwierigkeiten, die das degenerierende deskriptionalistische Forschungsprogramm mit der Erklärung bildlicher Vorstellungsleistungen hat, stellt das Angebot von KOSSLYN und TYE eine für den Funktionalismus attraktive Ergänzung dar. Denn auf diese Weise kann das funktionalistische Computer-Modell des Geistes beibehalten und die Annahme mentaler Bilder in dieses Modell integriert werden, ohne daß dazu bildhaften Repräsentationen fälschlicherweise syntaktische Strukturen zugeschrieben werden müßten.

Anforderung (II) muß also in folgender Weise verändert werden:

(IV) Eine notwendige Bedingung dafür, daß die Annahme der Existenz subpersonaler mentaler Repräsentationen in funktionalistischen Erklärungen Verwendung finden kann, besteht darin,

---

physical locations in the computer of each point in an array are not themselves arranged into an array; it is only by virtue of how this information is „read" and processed that it comes to function as if it were arranged into an array (...)."

daß die betreffenden Repräsentationen entweder (1) selber eine syntaktische Struktur besitzen oder (2) durch endliche Konjunktionen propositionaler Repräsentationen beschreibbar sind, vermittels deren syntaktischer Eigenschaften sie die funktionalen Rollen intentionaler Zustände festlegen können.

Diese modifizierte Anforderung erlaubt es, auch nicht-propositionale Repräsentationen wie mentale Bilder und mentale Modelle in funktionalistische Theorien einzubeziehen. Dabei muß allerdings erstens berücksichtigt werden, daß die nicht-propositionalen Repräsentationen auf einer anderen theoretischen Ebene angesiedelt werden als die an Prozessen der Informationsverarbeitung *direkt* beteiligten propositionalen Repräsentationen. Zweitens muß eingeräumt werden, daß die Plausibilität der Annahme nicht-propositionaler mentaler Repräsentationen vor allem davon abhängt, ob sich eindeutige Identitätskriterien für sie finden lassen. In diesem Punkt ist es sicherlich erforderlich, den Vorschlag von KOSSLYN und TYE weiter auszuarbeiten und die Unterscheidung zwischen derjenigen Information, die zur Erzeugung eines Computerbildes erforderlich ist, und der dazu nicht benötigten Information präziser zu bestimmen. Aber dies ist kein Problem der Philosophie, sondern der Informatik.

Unabhängig davon, für wie überzeugend man den Ansatz von KOSSLYN und TYE im Einzelnen hält, scheint es angesichts des Umstandes, daß viele Theorien der Kognitionswissenschaft nicht nur auf mentale Bilder, sondern beispielsweise zur Erklärung von Sprachverstehen und Problemlöseverhalten auch auf nicht-propositionale Repräsentationen wie mentale Modelle Bezug nehmen, ratsam zu sein, funktionalistische Theorien in der dargestellten Hinsicht zu erweitern.[8] Die Beantwortung der Frage, welche Typen nicht-propositionaler mentaler Repräsentationen letztlich angenommen werden sollen, muß allerdings den empirischen Wissenschaften überlassen werden. Sie wartet also noch auf ihre Antwort. Aber – um mit CHARLES BRONSON zu schließen – irgend jemand wartet immer.

Literatur

ANDERSON, J.R./ BOWER, G.H.: *Human associative Memory*. New York: Winston 1973

BLOCK, N.: Mental Pictures and Cognitive Science. *Philosophical Review* 93 (1984), 499- 541

DENNETT, D.: The Nature of Images and the Introspective Trap. In: N. BLOCK (Hrsg.): *Imagery*. Cambridge/Mass., London: MIT Press 1981, 51 - 61

ELGIN, C. Z.: Depiction. In: D. COOPER (Hrsg.): *A Companion to Aesthetics*. Oxford, Cambridge/Mass.: Basil Blackwell 1992, 113 - 116

FODOR, J.: *The Language of Thought*. New York: Thomas Y. Crowell, Co.1975

FODOR, J.: *Psychosemantics*. Cambridge/Mass., London: MIT Press 1987

FODOR, J./ PYLYSHYN, Z.: Connectionism and cognitive architecture: A critical analysis. *Cognition* 28 (1988), 3 - 71

GOODMAN, N.: Seven Strictures on Similarity. In: ders.: *Problems and Projects*. Indianapolis: Hackett Publishing Company 1972, 57 - 82

JOHNSON-LAIRD, P. N.: Models of deduction. In: R.J. FALMAGNE (Hrsg.): *Reasoning, Representation, and Process in Children and Adults*. Hillsdale, New York: Erlbaum 1975, 7 - 54

KEMMERLING, A.: Mentale Repräsentationen. *Kognitionswissenschaft* 1 (1991), 47 - 57

8 Unabhängig davon, ob man wie RIPS (1986) die Auffassung vertritt, daß mentale Modelle sich aus bildhaften und propositionalen Repräsentationen zusammensetzen, oder ob man die Position von JOHNSON-LAIRD (1975, Kap. 7) für richtig hält, daß es sich bei mentalen Modellen um einen eigenständigen dritten Repräsentationstyp handelt, besteht Einigkeit darüber, daß mentale Modelle nicht rein propositionale Repräsentationen sind.

KEMMERLING, A.: Überzeugungen für Naturalisten. In: G. MEGGLE (Hrsg.): *Analyomen II*. Berlin, New York: de Gruyter 1997, 68 - 93

KOSSLYN, S. et al.: Visual Images preserve metric spatial Information: Evidence from Studies of Image Scanning. *Journal of Experimental Psychology: Human Perception and Performance* 4 (1978)

KOSSLYN, S.: *Image and Mind*. Cambridge/Mass.: Harvard University Press 1980

KOSSLYN, S.: *Image and Brain. The Resolution of the Imagery Debate*. Cambridge/Mass., London: MIT Press 1994

PALMER, S. E.: Visual Perception and World Knowledge: Notes on a Model of sensory-cognitive Interaction. In: D. A. NORMAN/ D. E. RUMELHART (Hrsg.): *Explorations on Cognition*. San Francisco: University of California Press 1975, 279 - 307

PYLYSHYN, Z.: The Imagery Debate: Analog Media versus Tacit Knowledge. In: N. BLOCK (Hrsg.): *Imagery*. Cambridge, Mass., London: MIT Press 1981, 151 - 206

RIPS, L. J.: Mental Muddles. In: M. BRAND/ HARNISH, R. M. (Hrsg.): *The Representation of Knowledge and Belief*. Tucson: Wiley 1986, 258 - 286

SEARLE, J. R.: *The Rediscovery of the Mind*. Cambridge/Mass., London: MIT Press 1992

SCHIRRA, J.: Understanding Radio Broadcasts on Soccer: The Concept „Mental Image“ and Its Use in Spatial Reasoning. In: K. SACHS-HOMBACH (Hrsg.): *Bilder im Geiste. Zur kognitiven und erkenntnistheoretischen Funktion piktorialer Repräsentationen*. Amsterdam, Atlanta: Rodopi 1995

SCHOLZ, O. R.: *Bild, Darstellung, Zeichen. Philosophische Theorien bildhafter Darstellung*. Freiburg, München: Verlag Karl Alber 1991

SCHOLZ, O. R.: Bilder im Geiste? - Das Standardmodell, sein Scheitern und ein Gegenvorschlag. In: K. SACHS-HOMBACH (Hrsg.): *Bilder im Geiste. Zur kognitiven und erkenntnistheoretischen Funktion piktorialer Repräsentationen*. Amsterdam, Atlanta: Rodopi 1995

SHEPARD, R. N./ METZLER, J.: Mental Rotation of Three-dimensional Objects. *Science* 171 (1970), 701 - 703

STERELNY, K.: The Imagery Debate. *Philosophy of Science* 53 (1986), 560 - 583

STERELNY, K.: *The Representational Theory of the Mind. An Introduction*. Oxford, Cambridge/Mass.: Basil Blackwell 1990

STICH, S. P.: *From Folk Psychology to Cognitive Science*. Cambridge/Mass., London: MIT Press 1983

TYE, M.: The Picture Theory of Mental Images. *The Philosophical Review* 97 (1988), 497 - 520

TYE, M.: *The Imagery Debate*. Cambridge/Mass., London: MIT Press 1991

MICHAEL PAUEN

Die Sprache der Bilder

1. Bestimmung und Funktion piktorialer Formen mentaler Repräsentation

Die Vertreter der in den letzten Jahrzehnten dominierenden funktionalistischen Strömungen in der Philosophie des Geistes nehmen eine recht eindeutige Position zu Fragen der mentalen Repräsentation ein. Aus ihrer Sicht ist das Gehirn ein besserer digitaler Computer, die mentalen Repräsentationen sind vordefinierte Symbole, und das Denken besteht in der Manipulation dieser Symbole. Am konsequentesten kommt dies wohl bei FODOR zum Ausdruck: Er beschreibt diese Symbole als die Elemente einer angeborenen '*language of thought*'. Piktoriale Formen mentaler Repräsentationen haben in diesem Ansatz nur eine untergeordnete Bedeutung; FODOR selbst behandelt sie im wesentlichen als Epiphänomene. Weiter noch gehen Autoren wie DENNETT und PYLYSHYN, die hier nur einen Sonderfall der symbolischen Repräsentation sehen. Was wir als mentale Bilder zu sehen glauben, ist in Wirklichkeit eine bloße Beschreibung: „It is not just imagining, however, that is like description in this way; all 'mental imagery', including seeing and hallucinating, is descriptional." (DENNETT 1980, 130)

Die Probleme dieses Ansatzes treten seit einiger Zeit immer deutlicher ins Bewußtsein. Schon lange war Fodors Behauptung, die 'language of thought' sei angeboren, mit Skepsis betrachtet worden. Darüber hinaus haben neuere Erkenntnisse der Neurophysiologie und der Künstlichen Intelligenz starke Zweifel an dem Vergleich des Gehirns mit einem digitalen Computer aufgeworfen, wie er auch von den meisten anderen Vertretern dieser Richtung gezogen wird. Im Gegenzug gewann eine These wieder an Bedeutung, die längere Zeit als Ausbund bloßer Naivität belächelt worden war, die Vorstellung nämlich, daß es so etwas wie 'mentale Bilder' oder besser: piktoriale Formen mentaler Repräsentation gibt. Verwiesen wird dabei häufig auf die Arbeiten von KOSSLYN und SHEPARD z. B. zur mentalen Rotation.

Hierbei ergeben sich allerdings einige Probleme. Zwar sind die Ergebnisse dieser Versuche sehr suggestiv, dennoch folgt aus ihnen nur eine enge Verwandtschaft von Imagination und visueller Wahrnehmung,[1] nicht jedoch schon ein direkter Beleg dafür, daß die Imagination in einem interessanten Sinne ihrerseits piktorial ist. Einer der entscheidenden Einwände gegen die Realität piktorialer Formen mentaler Repräsentation betraf deren Relevanz für funktionale Erklärungen mentaler Prozesse. Selbst Autoren, die die Existenz solcher Vorstellungen zugestanden, behaupteten, diese Form der Repräsentation trage nichts zu den konkreten mentalen Operationen bei. Piktoriale Repräsentationen, so wurde in diesem Zusammenhang behauptet, seien ohne einen propositionalen 'Kommentar' doppeldeutig, ja sie seien nicht dazu geeignet, etwas *als etwas* erkennen zu lassen.

Ich werde im folgenden *für* die funktionale Bedeutung piktorialer Repräsentationen argumentieren. Nach einer kurzen terminologischen Klärung werde ich daher im ersten Teil dieses Papiers einige grundsätzlichen Aspekte der Funktion mentaler Repräsentationen in den Vordergrund stellen. Eini-

---

1 „All this shows, however, is that imagining is like *seeing*, not that imagining is like making pictures." DENNETT (1980, 131).

ge dieser Funktionen, so werde ich zu zeigen versuchen, sind im Prinzip nur von piktorialen, kaum aber von symbolischen Repräsentationen zu erfüllen. Anschließend werde ich mich im zweiten Teil mit einigen Einwänden gegen die Relevanz piktorialer Repräsentationen für kognitive Prozesse auseinandersetzen. In diesem Zusammenhang werde ich auch auf empirische Untersuchungen zur Kategorienbildung bei Kleinkindern verweisen. Schließlich werde ich im dritten Teil kurz untersuchen, wie sich die hier vertretene These mit neueren Erkenntnissen der Neurophysiologie verträgt.

2. Zur Differenz von symbolischer und analoger Repräsentation

2.1 Terminologie

Zunächst möchte ich zu einer vorläufigen Verständigung über die Terminologie kommen. Eine *Repräsentation* läßt sich zunächst als eine asymmetrische Beziehung zwischen zwei Gegenständen bezeichnen, wobei der eine – repräsentierende – den anderen – repräsentierten – Gegenstand vertritt. Es sind jedoch auf beiden Seiten nur bestimmte Eigenschaften, die in die Repräsentationsbeziehung eingehen: Realistische Gemälde repräsentieren nur die Außenansicht der abgebildeten Objekte, nicht jedoch ihr Gewicht; sie selbst gehen nur mit ihrer bemalten Oberfläche in diese Relation ein, während der Rahmen oder die Rückseite geändert werden könnten, ohne daß dies Einfluß auf die Repräsentationsbeziehung hätte. Schließlich bedarf es einer Regel, die bestimmt, wie die Beziehung zwischen Objekt und Abbild hergestellt wird. Im vorliegenden Falle wäre etwa an die Zentralperspektive zu denken. Eine Repräsentation läßt sich somit als eine fünfstellige Relation bestimmen, die das 'Objekt', das 'Abbild', die repräsentierten Eigenschaften der einen und der anderen Seite und schließlich die Regel der Repräsentation umfaßt. Aus Gründen der Vereinfachung werde ich im folgenden von 'Objekt' und 'Abbildung' bzw. von 'Repräsentandum' und 'Repräsentant' sprechen.[2]

Bei einer *mentalen* Repräsentation wird man nicht nur verlangen, daß es sich bei dem Repräsentanten um einen mentalen Prozeß handelt. Eine der Konsequenzen des in mancherlei Hinsicht sicherlich fragwürdigen SEARLESCHEN 'Chinese-Room' Experiments dürfte außerdem sein, daß es hier ein Subjekt geben muß, das sich dieser Repräsentation in ihrer konkreten Repräsentationsfunktion[3] bewußt ist oder zumindest bewußt sein kann. Ihren Ort haben mentale Repräsentationen offenbar in drei verschiedenen Arten mentaler Prozesse: In der Imagination, der Wahrnehmung und schließlich auch in diskursiven oder inferentiellen kognitiven Akten.

Doch was ist überhaupt gemeint, wenn wir von 'mentalen Bildern', von 'piktorialen' oder von 'analogen' Formen mentaler Repräsentation sprechen? Die in der Forschung verwendete Terminologie ist uneinheitlich; ich selbst werde im folgenden von '*analoger*' im Gegensatz zu '*symbolischer*' Repräsentation sprechen. Eine vorläufige Charakterisierung wird bei *symbolischen* Re-

---

2 Damit ist lediglich eine Unterscheidung zwischen den beiden Ebenen der Repräsentationsbeziehung eingeführt. Soweit das Verhältnis von kognitiven Prozessen und ihren Referenten betroffen ist, unterstellt die Rede vom 'Objekt' ausdrücklich nicht, daß es so etwas wie eine konkrete,'eigentliche' Beschaffenheit dieser Objekte unabhängig von möglichen Formen ihrer Repräsentation gebe, so daß diese Objekte, gleichsam als 'Dinge an sich', dann mehr oder weniger genau abgebildet werden könnten.

3 Diese Qualifikation ist deshalb wichtig, weil ein repräsentierender Gegenstand, wie oben bereits erwähnt, in der Regel über eine ganze Reihe von Eigenschaften verfügt, die nicht in die Repräsentationsbeziehung eingehen

präsentationen zunächst auf die Nähe zum diskursiven Denken verweisen; *analoge* Repräsentationen dürften demgegenüber eher in Zusammenhang mit akustischen und optischen Wahrnehmungen bzw. Imaginationen auftreten. *Piktoriale* Repräsentationen, die mir im folgenden häufig als Beispiel dienen werden, stellen durch ihre Affinität zur visuellen Wahrnehmung einen besonders charakteristischen Sonderfall analoger Repräsentation dar. Sie zeichnen sich unter anderem durch den bereits von DENNETT (1980) hervorgehobenen perspektivischen Charakter aus. Notwendig ist schließlich noch eine Unterscheidung zwischen *perzeptuellen* und *imaginativen* Repräsentationen: Während erstere auf Wahrnehmungen basieren, handelt es sich bei letzteren um reine Vorstellungen, die auch in Abwesenheit des Repräsentandums entstehen können.

Eine Klärung des Unterschiedes zwischen analogen und symbolischen Repräsentationen kann ansetzen bei der Unterscheidung von drei möglichen Verwendungsweisen des Begriffs 'piktoriale Repräsentation', die in der Literatur zuweilen miteinander verwechselt werden. Der Begriff könnte sich zum einen auf den *Gegenstand* der Repräsentation beziehen. Von 'piktorialer Repräsentation' würden wir dieser Interpretation zufolge dann sprechen, wenn wir ein Bild betrachteten oder aber eine visuelle Vorstellung hätten. Eine solche Verwendung wäre jedoch zumindest sehr ungewöhnlich, schließlich spricht man auch nicht von 'mentalen Tigern', wenn man sich Tiger vorstellt. Eine zweite Möglichkeit, der Rede von piktorialen Repräsentationen Sinn zu verleihen, bestünde im Rückgriff auf die visuelle *Wahrnehmung.* 'Mentale Bilder' wären in diesem Falle solche Vorstellungen, die unserer visuellen Wahrnehmung entsprechen. Damit wäre das Problem jedoch nur verlagert, schließlich wissen wir noch nicht, ob man bei der Repräsentation visueller Wahrnehmungen selbst von mentalen Bildern sprechen kann – auch die *Wahrnehmung* von Tigern setzt schließlich nicht die Existenz mentaler Tiger voraus. Es gibt jedoch noch eine dritte Möglichkeit. Sie würde Bezug nehmen nicht auf das *Objekt* der Repräsentation, sondern auf ihren *Modus.* In diesem Falle würde sich die Rede von den 'mentalen Bildern' auf eine Verwandtschaft beziehen, die diese Form der Repräsentation mit dem Darstellungsmodus 'realer' Abbildungen, also etwa naturalistischer Gemälde hat.

Nun können piktoriale Repräsentationen allerdings nicht nur auf Farbe und Leinwand verzichten, auch das Verhältnis zwischen Objekt und Abbildung ist anders als im Falle eines realistischen Gemäldes. Wenn ich mir einen roten Ball ansehe, dann müssen sich natürlich keine Neuronen in meinem visuellen Kortex rot färben. Dennoch ist der Vergleich nicht völlig abwegig. Er ist es dann nicht, wenn man auf die *strukturellen* Beziehungen achtet, die hier vorliegen. Von einer 'Abbildung' spricht man nämlich nicht nur bei Photos und realistischen Gemälden, sondern auch bei Grafiken, Diagrammen und Stadtplänen – in Fällen also, wo keine unmittelbare Ähnlichkeit zwischen Objekt und Abbild vorliegt.

Keineswegs verschwindet damit auch gleich der Unterschied beispielsweise zu sprachlichen Symbolen. Die entscheidende Differenz besteht darin, daß die Zuordnung bei Symbolen jeweils nur *einen* Fall betrifft: Ein Symbol wird einem Referenten oder einer Klasse von Referenten zugeordnet, wobei die Zuordnung für alle Elemente dieser Klasse gilt. Wenn wir uns einmal darauf geeinigt haben, eine bestimmte Art von Trinkgefäßen als 'Tasse' zu bezeichnen, dann bezieht sich die Vereinbarung auf all diese Objekte in gleichem Maße. Auf der anderen Seite sind wir bei der Auswahl aller anderen Symbole nach wie vor weitgehend frei. Phänomenal oder funktional eng verwandten Objekten können daher Symbole zugeordnet werden, die keinerlei Rückschlüsse auf diese Verwandtschaft zulassen, so etwa im Falle von 'Tasse', 'Becher' und 'Glas'.

Analoge Repräsentationen lassen in beiden Punkten prinzipielle Differenzen erkennen. Zum einen gilt hier die Zuordnung nicht nur in einem Falle. Es handelt sich vielmehr um ein Zuordnungsschema, das es erlaubt, die Ausprägung einer Eigenschaft bei *verschiedenen* Objekten auf eine korrespondierende Eigenschaft von Repräsentanten abzubilden. So könnten etwa unterschiedliche Umsätze einer Firma durch die Höhe von Balken in einem Diagramm repräsentiert werden. Offensichtlich wäre es in diesem Falle verfehlt, nach einer direkten Ähnlichkeit zwischen Repräsentandum und Repräsentanten zu fragen. Dennoch gibt es hier eine Ähnlichkeit, doch sie betrifft nicht das Verhältnis zwischen Objekt und Abbild, sondern vielmehr die Darstellung der unterschiedlichen Ausprägungen einer Eigenschaft auf der Seite des Repräsentanten (vgl. REHKÄMPER 1995, 72). Dabei zeigt sich auch der zweite wesentliche Unterschied: Anders als Symbole lassen analoge Repräsentationen Verwandtschaften der repräsentierten Objekte erkennen: Entsprechen sich zwei Gegenstände in einer für die Darstellung relevanten Eigenschaft, dann entsprechen sich auch die Repräsentanten in der korrespondierenden Eigenschaft; vergrößern sich die Differenzen auf der Objektseite, dann ist dies auch auf der Seite der Repräsentanten zu erkennen. In der Forschung ist in diesem Zusammenhang von einer *'intrinsischen Repräsentation'* oder aber von einem *'Isomorphismus zweiter Ordnung'* die Rede (PALMER 1978, 291–297). Bei der Regel, die diesen Isomorphismus konstituiert, kann es sich um eine Konvention handeln, wie sie bei der Verwendung von Stadtplänen oder Balkendiagrammen verwendet wird, möglich sind aber auch direkte mechanische oder chemische Zusammenhänge wie etwa im Falle einer analogen Schallaufzeichnung oder eines Photos.

Hieraus ergeben sich drei wichtige Konsequenzen. Zum einen erlaubt die Kenntnis dieser Regel die Interpretation einer nicht beschränkten Zahl von Abbildungen. Wenn ich also die Abbildungsregel einmal verstanden habe, dann kann ich Diagramme mit den unterschiedlichsten Werten interpretieren, obwohl es hier bezüglich der Maximal- und Minimalwerte, aber auch bezüglich der erreichbaren Genauigkeit praktische Grenzen geben mag.[4] Während ich bei einer symbolischen Darstellung die Bedeutung in jedem einzelnen Fall neu erlernen muß, genügt bei einer analogen Repräsentation die Kenntnis der maßgeblichen Regel, um eine zunächst nicht festgelegte Zahl von Darstellungen zu verstehen. Eine zweite Konsequenz besteht darin, daß bei dieser Form der Repräsentation – anders als im Falle einer symbolischen Darstellung – Informationen, die *de facto* zugänglich sind, nicht explizit gemacht werden müssen. Wenn also ein bestimmter Wert einen anderen übertrifft, gleichzeitig aber unter einem dritten liegt, dann sind diese Beziehungen hier zwar implizit repräsentiert, die Größenverhältnisse werden jedoch als solche nicht eigens dargestellt. Im obigen Beispiel hätten also die einzelnen Balken jeweils eine unterschiedliche Höhe, es gäbe jedoch keine separate Abbildungsregel und folglich auch keine eigenen Repräsentanten für die Beziehung 'größer als' oder 'kleiner als'. Innerhalb eines Symbolsystems läßt sich dagegen jederzeit eine neue Konvention einführen, um so bestimmte Sachverhalte explizit zu machen oder Ambiguitäten auszuschließen.

In der Literatur ist daher die Meinung vertreten worden, daß analoge Darstellungen grundsätzlich mehrdeutig seien und überhaupt nur kraft symbolischer Interpretationen eine konkrete Rolle in kognitiven Prozessen spielen könnten. Ich werde auf diesen Punkt noch weiter unten eingehen. Wie PRIBBENOW (1995) gezeigt hat, bedeutet dies allerdings in jedem Falle, daß hier Inkonsistenzen ent-

---

4 Es wird also hier im Unterschied zu GOODMAN (1976) keine syntaktische oder semantische Dichte gefordert. Der Unterschied zu symbolischen Repräsentationen scheint auf der Basis der gegebenen Definition gleichwohl deutlich genug zu sein. Eine neuere Kritik der GOODMANSCHEN Definition findet sich bei BLACHOWICZ (1997).

stehen können, die in analogen Darstellungen nicht in gleichem Maße möglich sind. Wichtig ist schließlich drittens, daß der Spielraum einer analogen Repräsentation aufgrund der Bindung an ein bestimmtes Medium eingeschränkt ist. Dies ist besonders offensichtlich, wenn die Zuordnung auf einem mechanischen oder chemischen Zusammenhang beruht. So können Photos keine Informationen über Gewicht oder Temperatur eines Gegenstandes geben, die in einer symbolischen Darstellung problemlos verfügbar sind.

Es gibt somit deutliche Unterschiede zwischen symbolischer und analoger bzw. piktorialer Repräsentation, dennoch können sich beide Formen überlagern. Wie bereits erwähnt, setzt auch das Verständnis analoger Repräsentationen die Kenntnis bestimmter Regeln voraus; diese können allerdings häufig erschlossen werden. Auf der anderen Seite lassen sich Symbole durch syntaktische Regeln so kombinieren, daß auch bislang unbekannte Fälle erfaßt und verstanden werden können. Ein Beispiel hierfür ist unser Zahlensystem. Es kann beliebig große Werte durch lediglich zehn Zahlensymbole und eine Kombinationsregel darstellen. In diesem Falle muß ich nicht jede einzelne Ziffernkombination erlernen, sondern kann ihre Bedeutung erschließen, wenn ich die einzelnen Ziffern und die sie verbindende Regel kenne.

2.2 *Funktion analoger Repräsentationen*

Doch welche Bedeutung haben diese Überlegungen für die Frage nach Struktur und Bedeutung *mentaler* Repräsentationen? Offensichtlich entsteht hier zunächst ein gravierendes Problem. Die oben getroffenen Unterscheidungen zwischen symbolischer und analoger Repräsentation beziehen sich nämlich stets auf das Verhältnis von Objekt und Abbild. Dabei wurde ein Wissen über die Objekte in Anspruch genommen, das unabhängig war von unserer Kenntnis der Symbole oder der Abbilder: Von einer zuverlässigen Entsprechung zwischen einem Balkendiagramm und dem Umsatz einer Firma kann man schließlich nur dann sprechen, wenn man den Umsatz der Firma nicht nur aus dem Diagramm kennt. Im Falle der mentalen Repräsentation scheint uns jedoch ein solches unabhängiges Wissen zu fehlen: Die externe Wirklichkeit ist uns stets nur durch die Vermittlung mentaler Repräsentationen zugänglich. Es scheint also, als wären wir hier in einer ähnlichen Lage wie eine Person, die lediglich die oben erwähnten Balkendiagramme kennt, niemals aber direkten Zugang zu den Werten hat, die durch die Diagramme dargestellt werden (vgl. PALMER 1978).

Naheliegend dürfte hier zunächst der Rückgriff auf naturwissenschaftliche Beschreibungen sein. Zwar würde nur ein naiver Realismus den Naturwissenschaften einen Zugang zur 'eigentlichen Beschaffenheit' der Wirklichkeit unterstellen, dennoch handelt es sich bei den Erkenntnissen der Physik nicht einfach um Artefakte einer bestimmten Methode. Es gibt jedoch noch ein weiteres Argument. Treffen die oben vorgestellten Überlegungen zu, dann eignen sich analoge Repräsentationen in einem völlig anderen Maße als symbolische Darstellungen zur Bewältigung neuer und unbekannter Situationen. Die regelhafte Beziehung zwischen Objekt und Abbild macht es möglich, auch unbekannte Repräsentanten in Beziehung zu bereits vorhandenen Erfahrungen zu setzen und dadurch zu einer adäquaten Reaktion oder Interpretation zu gelangen, so wie dies oben am Beispiel eines Balkendiagramms gezeigt wurde. Wenn das Prinzip der Abbildung einmal erfaßt worden ist, dann entsteht ein Referenzsystem, in das immer wieder neue Werte eingeordnet werden können. Wichtig ist hier die proportionale Repräsentation von mehr oder minder großen Differenzen zwischen den repräsentierten Objekten. Wie bereits erwähnt, werden unter diesen Bedingungen zwei Objekte, die einander ähnlich sind, auch durch zwei Repräsentanten abgebildet, zwischen denen ei-

ne solche Ähnlichkeit besteht. Damit ist es beispielsweise möglich, bereits vorhandenes Wissen auch auf neue, aber ähnliche Situationen zu übertragen.[5]
Hieraus ergibt sich nun zumindest im Falle von perzeptuellen Repräsentationen ein weiteres Argument für die Existenz analoger Repräsentationen. Offensichtlich wäre es nämlich kaum möglich, unser im großen und ganzen erfolgreiches Verhalten in einer stets sich ändernden Umwelt zu erklären, würden wir für die Wahrnehmung nicht eben jenes regelhafte Abbildverhältnis voraussetzen, wie es als charakteristisch für die analoge Repräsentation bezeichnet wurde. Dies gilt im übrigen nicht alleine für die visuelle Wahrnehmung: Auch bei der akustischen oder der olfaktorischen Wahrnehmung werden Umwelteigenschaften in der skizzierten Weise perzeptuell repräsentiert. Zwar ist damit zunächst noch nichts darüber gesagt, ob man auch bei *Vorstellungen* von einem Verhältnis analoger Repräsentation sprechen kann. Genau hier läßt sich jedoch auf die bekannten Argumente insbesondere für die Affinität von visueller Wahrnehmung und visueller Imagination verweisen.
Neurophysiologisch kann man nämlich feststellen, daß bei der visuellen Imagination und der visuellen Wahrnehmung dieselben Zentren aktiv sind. In der Kognitiven Psychologie ist überdies gezeigt worden, daß visuelle Wahrnehmung mit visueller Imagination interferiert – auch dies legt den Schluß nahe, daß hier dieselben Prozesse beteiligt sind. Unterstützt werden diese Annahmen schließlich durch die bereits erwähnten Versuche SHEPARDS zur mentalen Rotation, durch die Arbeiten KOSSLYNS und schließlich durch die Tatsache, daß bei der visuellen Imagination ähnliche Komplementärfarbeneffekte wie bei der visuellen Wahrnehmung auftreten. *(McCullough-Effekt)* Ich werde diese allgemein bekannten Tatsachen hier nicht weiter kommentieren; die Konsequenz dürfte gleichwohl klar sein: Offensichtlich besteht eine recht deutliche Affinität zwischen Wahrnehmung und Imagination. Es erscheint daher gerechtfertigt, die Argumente die für den analogen Charakter von Wahrnehmungsrepräsentationen sprechen, auch auf die imaginativen Repräsentationen zu beziehen.

3. Einwände

Immerhin hat sich die Diskussion in den letzten Jahren von der Frage nach der bloßen Existenz hin zu Problemen der Bedeutung und Funktion analoger Repräsentationen verlagert. Wie bereits erwähnt, haben insbesondere Vertreter des Funktionalismus bestritten, daß diese Repräsentationen eine eigenständige Rolle in kognitiven Prozessen spielen können. Der wohl zentrale Einwand basiert auf der bereits erwähnten Ambiguität und Interpretationsbedürftigkeit piktorialer Repräsentationen. Wenn ich das Vorstellungsbild eines bestimmten korpulenten Mannes habe, dann kann damit der Ehemann von Hannelore K., der Einwohner eines Vorortes von Ludwigshafen oder aber der Nachfolger von Helmut Schmidt im Amt des Bundeskanzlers gemeint sein. Das Vorstellungsbild erlaubt keine Entscheidung darüber, welche der unterschiedlichen möglichen Interpretationen zutrifft. Auf der anderen Seite lassen sich diese Unklarheiten jedoch durch einen einfachen verbalen Kommentar ausräumen. Hieraus ist der Schluß gezogen worden, mentale Bilder bedürften grundsätzlich eines Kommentars oder einer Umschreibung, die ihre konkrete Bedeutung festlege und ihnen damit allererst auch kognitive Relevanz verschaffe.

---

[5] Vgl. JACKSON (1996); JACKSON spricht in diesem Zusammenhang von ›Map-Representation‹.

3.1 Ambiguität analoger Repräsentationen

Bei näherer Betrachtung erweist sich dieser Einwand jedoch als nicht stichhaltig. Zum einen abstrahieren die Beispiele, die in diesem Zusammenhang üblicherweise genannt werden, von der konkreten Situation, in der mentale Bilder verwendet werden. Berücksichtigt man diese Situationen jedoch, dann entstehen die behaupteten Ambiguitäten entweder erst gar nicht oder aber sie erweisen sich als irrelevant. Außerdem gibt es auch hier Strategien, diese Ambiguitäten durch genauere Bestimmungen auszuschließen oder zumindest zu verringern. Eines der Standardbeispiele für den Gebrauch mentaler Bilder ist der Gewinn zusätzlicher Informationen aus einem Erinnerungsbild. So könnte man sich das Gesicht des Bundeskanzlers vorstellen, um sich das Aussehen seiner Brille zu vergegenwärtigen. Zweifellos blieben auch hier die genannten Ambiguitäten, zusammen mit dem Kanzler hätte man sich schließlich auch einen Einwohner von Oggersheim vorgestellt. Für die Antwort auf die interessierende Frage ist dies jedoch unerheblich, ein zusätzlicher Kommentar also überflüssig. Ähnliches gilt für den Fall, daß man plötzlich von einem Vorstellungsbild überrascht wird, beispielsweise von dem von WITTGENSTEIN und FODOR zitierten Mann, der einen Berg herauf- oder hinuntergeht. Handelte es sich um ein isoliertes Bild, dann mag tatsächlich offenbleiben, ob der Mann den Berg nun vorwärts herauf- oder rückwärts hinuntergeht. In der Regel werden wir uns in solchen Fällen jedoch eine kurze Handlungssequenz gemerkt haben, in der schon das nächste 'Bild' eine Entscheidung erlaubt. Auch in anderen Fällen dürfte es möglich sein, verbleibende Unklarheiten auf rein piktorialer Ebene auszuschließen. Wollen wir uns beispielsweise einprägen, daß Herr Kohl der Vorsitzende einer bestimmten Partei ist, dann können wir dazu ein Bild benutzen, das ihn eindeutig in dieser Funktion zeigt. Auch dabei bleiben gewisse Ambiguitäten, doch es wäre ein Irrtum, wollte man annehmen, hier handle es sich ausschließlich um ein Problem mentaler Bilder: Wie nicht zuletzt WITTGENSTEIN gezeigt hat, bleiben auch verbale Äußerungen in der Regel mehrdeutig, und auch hier sind es im wesentlichen dieselben Strategien, mit denen wir diese Mehrdeutigkeiten zu überwinden suchen: Wenn gewisse Interpretationen nicht schon durch den situativen Zusammenhang ausgeschlossen werden, dann werden wir gegebenenfalls auf zusätzliche Bestimmungen zurückgreifen, um Mißverständnisse nach Möglichkeit auszuschließen.

3.2 Kategorisierung

Neuere Forschungen aus der Entwicklungspsychologie zeigen schließlich, daß piktoriale Formen mentaler Repräsentation auch in solchen Bereichen von Bedeutung sind, die bislang eher als die Domäne propositionalen Denkens betrachtet wurden. Dies gilt insbesondere für die Kategorienbildung. In jüngster Zeit konnte nämlich gezeigt werden, daß schon Kleinkinder lange vor dem Spracherwerb auf der Basis bloßer Wahrnehmungen, insbesondere visueller Wahrnehmungen, Konzepte erwerben. So können bereits Kinder im Alter von 10 Monaten zwischen Lebewesen und Artefakten unterscheiden. Da sie zu dieser Zeit noch nicht über verbale Konzepte verfügen, kann die Kategorisierung hier nur auf der Basis piktorialer Repräsentationen erfolgen, die aus der Wahrnehmung abgeleitet sind. Dies bedeutet allerdings nicht etwa, daß die Kinder allein auf äußerlich sichtbare Merkmale, wie etwa das Vorhandensein von Flügeln, Rädern oder Beinen zurückgreifen würden. Es konnte vielmehr gezeigt werden, daß die Kinder diese Merkmale nur als *Indizien* für die Kategorienzugehörigkeit eines Objektes betrachten.

Die Kategorie selbst basiert auf einem Wissen über allgemeine Eigenschaften der Objekte der fraglichen Kategorie. Dieses Wissen, so belegen die unter anderem von MANDLER (1992) durchgeführ ten Untersuchungen, liegt bei vorsprachlichen Kleinkindern in sogenannten '*Bild-Schemata*' (*image-schemas*) vor. Hierbei handelt es sich um piktoriale Repräsentationen einiger ganz allgemeiner Eigenschaften der Objekte der betreffenden Kategorie. Bei Tieren beziehen sich diese Schemata vor allem auf das Bewegungsverhalten. Im Unterschied zu den meisten unbelebten Objekten bewegen sich Tiere nämlich aus eigenem Antrieb, außerdem ist ihre Bewegung im allgemeinen unregelmäßiger als die von Artefakten wie Autos oder Flugzeugen.

4. Neuronale Netze und Mentale Modelle

Immerhin gibt es noch ein letztes wichtiges Argument, auf das sich die Skepsis der Funktionalisten bezüglich der Existenz oder zumindest der Relevanz piktorialer Repräsentationen stützt, nämlich die Frage der konkreten physiologischen Realisierung mentaler Prozesse. Vor allem FODOR hat hier ein sehr detailliertes Modell vorgelegt, in dem mentale Repräsentationen eine Schlüsselstellung einnehmen. Wie eingangs erwähnt, betrachtet FODOR mentale Prozesse als regelgeleitete Manipulationen von Symbolen (vgl. FODOR 1994, 9–12). Das Gehirn ist also im Prinzip eine Turing-Maschine, und die mentalen Repräsentationen sind die Symbole, auf die sich die Aktionen dieser Maschine beziehen. Da es sich hier um einen deterministisch funktionierenden Automaten handelt, muß die Menge der Symbole endlich sein, zum zweiten müssen diese Symbole eindeutig definiert sein. Beide Anforderungen werden von analogen Repräsentationen nicht erfüllt. Wenn sie überhaupt einen Platz in Modellen dieser Art finden, dann allenfalls über komplizierte Hilfskonstruktionen, die in der Regel die eigentliche Verantwortung wieder den symbolischen Repräsentationen zuschreiben.
Die neueren Erkenntnisse der Neurophysiologie haben indessen die Zweifel an diesem Modell erheblich verschärft.[6] Dabei sind insbesondere jene Bestandteile dieses Modells in Frage gestellt worden, welche die kognitive Relevanz analoger Repräsentationen betreffen. Wichtig ist zum einen, daß das Gehirn ganz anders organisiert ist als jene traditionellen Computer, an denen sich FODOR orientiert. Einer der auffälligsten Unterschiede betrifft die hochgradig parallele Architektur des Gehirns, in dem stets eine große Zahl von Prozessen gleichzeitig abläuft, während ein Computer jeweils einen Programmschritt nach dem anderen abarbeitet. Anders als ein traditioneller Computer kann ein neuronales System sein 'Programm' zudem weitgehend selbst generieren. Dies bedeutet nicht nur, daß die ansonsten nur schwer zu lösende Frage nach der Herkunft des Programmes entfällt, gleichzeitig wird auch Genese von Lernprozessen erklärbar. In Simulationen mit künstlichen neuronalen Netzen konnten sogar Fehler repliziert werden, die charakteristisch sind für das menschliche Lernen. Offensichtlich sind diese Unterschiede also auch funktional relevant. Dies bedeutet, daß die funktionalistische Prämisse nicht zu halten ist, derzufolge die Philosophie des Geistes von den Einzelheiten der physiologischen Realisierung mentaler Prozesse abstrahieren könne.
Prinzipiell anders als in einem digitalen Computer sind in einem neuronalen System aber auch die bedeutungstragenden bzw. funktionalen Einheiten realisiert. Hierbei handelt es sich eben nicht um genau definierbare Schaltzustände an einer bestimmten Speicheradresse, wie dies vom Turing-Modell vorausgesetzt wird. In einem Gehirn sind diese Zustände vielmehr als distribuierte Aktivität bzw. Aktivitätspotential innerhalb eines neuronalen Netzes realisiert. Entscheidend ist dabei, daß es hier – im Gegensatz zu den Annahmen des Turing-Modells – weder eine festgelegte Anzahl von

---

6 Vgl. dazu insbesondere EDELMAN (1992, 152); NEWMAN (1997, 53).

'Symbolen' gibt, noch ist eine genaue Definition der funktionalen Eigenschaften dieser Symbole möglich. Einer der Gründe ist hier von besonderem Interesse: Die neuronalen Netze stehen nämlich in einer Analogiebeziehung zu den von ihnen repräsentierten internen oder externen Sachverhalten. Wie oben mehrfach erwähnt, heißt dies, daß ähnliche Sachverhalte auf der Objektebene auch ähnliche Reaktionen auf der Abbildebene zur Folge haben. Konkret bedeutet dies vor allem, daß vergleichbare Objekte ähnliche Knoten innerhalb des Netzes aktivieren. Versuche der PDP-Gruppe um RUMELHART, HINTON und MCCLELLAND (1986) haben gezeigt, daß auf diese Weise vor allem Lernprozesse und Wissenstransfer zustande kommen. Erklärt werden können innerhalb dieses Modells also gerade jene Prozesse, mit denen der traditionelle Funktionalismus erhebliche Schwierigkeiten hatte, die aber – wie oben bereits gezeigt – innerhalb einer Theorie analoger Repräsentationen leicht verständlich zu machen sind. Wenn nämlich ein neues Objekt ähnliche Aktivitätszustände neuronaler Netze hervorruft wie vergleichbare bereits bekannte Objekte, dann wird – aufgrund der wechselseitigen Verknüpfung dieser Netze – auch das mit dem ursprünglichen Objekt verknüpfte Wissen aktiviert und im Erfolgsfalle transferiert werden. Wenn ich also weiß, daß Schimpansen Bananen bevorzugen, dann wird der Anblick eines Gorillas mich dazu veranlassen, diesem Tier ebenfalls eine Vorliebe für Bananen zuzuschreiben.[7]

Es kommt schließlich hinzu, daß in den letzten Jahren auch innerhalb der Philosophie des Geistes theoretische Alternativen entwickelt worden, die analogen Repräsentationen zentrale Bedeutung zuweisen und dabei weit besser mit den derzeit zur Verfügung stehenden neurophysiologischen Erkenntnissen übereinstimmen als die Konzeptionen der Funktionalisten. Von besonderem Interesse ist dabei die Theorie der 'Mentalen Modelle', wie sie im Anschluß an CRAIK von JOHNSON-LAIRD (1983) entwickelt worden ist. Von traditionellen Vorstellungen über die Funktion mentaler Repräsentation unterscheidet sich diese Theorie in zwei Punkten: Zum einen wird hier unterstellt, daß unterschiedliche perzeptuelle und imaginative Repräsentationen in ein Gesamtbild, eben ein 'mentales Modell' integriert werden. Gegenstand dieses Modells kann die äußere Wirklichkeit sein, ein menschliches Subjekt verfügt aber in der Regel auch über ein 'Selbstmodell' (vgl. METZINGER 1993). Diesen Modellen, so wird hier weiterhin angenommen, liegen vor allem *analoge* Formen der Repräsentation zugrunde. Dies bedeutet nicht zuletzt, daß analoge Repräsentationen auch Bedeutung für kognitive Prozesse gewinnen. JOHNSON-LAIRD kehrt dabei den Primat von analoger und symbolischer Repräsentation geradewegs um: Nicht die analoge Repräsentation ist von der symbolischen abhängig, vielmehr beruht vieles von dem, was wir als symbolische Repräsentation bezeichnen würden, in Wirklichkeit auf mentalen Simulationen in einem 'analogen' Format.

Es scheint also so, als würden die Vorbehalte der Funktionalisten gegenüber analogen Repräsentationen durch neuere Forschungen nicht bestätigt. Zweifellos ist es noch zu früh für ein abschließendes Urteil, wie es kürzlich von KOSSLYN abgegeben worden ist, dennoch gibt es zumindest eine deutlich erkennbare Tendenz: Die derzeit verfügbaren theoretischen Modelle scheinen ebenso wie die empirischen Erkenntnisse der Neurophysiologie und der Entwicklungspsychologie die Annah-

---

7 Hier sind zwei Vorbehalte am Platze, auf die ich allerdings nur im Vorübergehen aufmerksam machen kann. So arbeitet etwa unser Wahrnehmungssystem mit bestimmten Korrekturmechanismen, die Verzerrungen durch Umwelteinflüsse wie wechselnde Beleuchtungsverhältnisse kompensieren sollen. Aus diesem Grunde gibt es keine direkt proportionale Beziehung zwischen physikalisch meßbaren Eigenschaften und neuronalen Reaktionen. Ein weiterer Vorbehalt betrifft die sogenannte ›kategoriale Wahrnehmung‹. Sie führt dazu, daß Differenzen *innerhalb* einer Wahrnehmungskategorie weit weniger stark repräsentiert werden als Differenzen zwischen Objekten oder Eigenschaften unterschiedlicher Kategorien.

me zu unterstützen, daß analoge Repräsentationen keine belanglosen Epiphänomene sind, sondern entscheidende Bedeutung auch für kognitive Prozesse haben. Die 'Sprache der Bilder' ist also kein bloßes Dekor, vielmehr handelt es sich hier um einen zentralen Modus mentaler Repräsentation.

Literatur

BLACHOWICZ, J.: Analog Representation Beyond Mental Imagery. *Journal of Philosophy* 94 (1997), 55–84.

DENNETT, D.C.: The Nature of Images and the Introspective Trap. In: BLOCK, N. (Hrsg.): *Readings in Philosophy of Psychology*. 2 Bde. London: Methuen 1980 Bd. II, 128–134.

EDELMAN, G. M.: *Bright Air, Brilliant Fire. On the Matter of the Mind.* New York: Basic Books 1992.

FODOR, J.: *The Language of Thought.* New York: Thomas Y. Crowell 1975.

FODOR, J.: *The Elm and the Expert.* Cambridge MA London: MIT Press 1994.

GOODMAN, N.: *Languages of Art.* Indianapolis: Hackett 1976.

JACKSON, F.: Mental Causation. *Mind* 105 (1996), 377–413.

JOHNSON-LAIRD, P. N.: *Mental Models.* Cambridge, New York: Cambridge University Press 1983.

MANDLER, J.: How to Build a Baby: II. *Psychological Review* 99 (1992), 587–604.

METZINGER, T.: *Subjekt und Selbstmodell.* Paderborn, München, Wien: Ferdinand Schöningh 1993.

NEWMAN, J.: *Putting the Puzzle Together. Journal of Consciousness Studies* 4 (1997), 47–66; 100–121.

PALMER, St.: Fundamental Aspects of Cognitive Representation. In: ROSCH, E. /LLOYD, B. (Hrsg.): *Cognition and Categorization.* Hillsdale: Lawrence Erlbaum 1978, 259–303.

PRIBBENOW, S.: *Räumliche Inferenzen und Bilder.* In: SACHS-HOMBACH, (1995), 215–233.

REHKÄMPER, K.: *Analoge Repräsentationen.* In: SACHS-HOMBACH (1995), 63–105.

RUMELHART, D. E./HINTON G. E./MCCLELLAND, J. L.: *A General Framework for Parallel Distributed Processing.* In: RUMELHART, D. E/MCCLELLAND, J. L.: *Parallel Distributed Processing.* 2 Bde. Cambridge MA, London: MIT Press 1986. Bd. I, 45–76.

SACHS-HOMBACH, K. (Hrsg.): *Bilder im Geiste.* Amsterdam, Atlanta: Rodopi 1995.

RICHARD SCHANTZ

Die Natur mentaler Bilder

Mentale Bilder oder, weniger tendenziös ausgedrückt, bildhafte Vorstellungen, spielen seit der Antike in philosophischen und psychologischen Theorien des Geistes eine zentrale Rolle. Eine Auffassung beherrschte über viele Jahrhunderte hinweg weitgehend unangefochten das Feld – von ARISTOTELES über DESCARTES, HOBBES, LOCKE, BERKELEY, HUME und KANT bis hin zu G.E. MOORE und BERTRAND RUSSELL. Dieser Auffassung zufolge sind bildhafte, insbesondere visuelle Vorstellungen eigentümliche mentale oder phänomenale Objekte, die Gegenstände in der Welt in der Weise von Bildern repräsentieren; kurzum, sie sind mentale Bilder, Bilder einer besonderen Art zwar, innere Bilder, die wir mir einem besonderen geistigen Auge sehen, aber gleichwohl Bilder. Visuelle Vorstellungen sind Bilder, weil sie, so lautet ein vertrautes, sich auf die Introspektion berufendes Argument, mit realistischen, öffentlichen Bildern darin übereinstimmen, daß sie den Dingen, die sie repräsentieren, ähnlich sind, während sie sich von anderen Repräsentationen, und hier in erster Linie von sprachlichen Beschreibungen, in just dieser Hinsicht unterscheiden. Solche Vorstellungen, so wird häufig gesagt, repräsentieren piktorial und nicht deskriptiv.

Es ist ein wesentlicher Bestandteil der herkömmlichen Auffassung, daß sie die Fähigkeit, sich Dinge bildhaft vorzustellen, an die sinnliche Wahrnehmung assimiliert, daß sie mentale Bilder für Entitäten von prinzipiell derselben Art wie die inneren Repräsentationen hält, die sich in uns einstellen, wenn wir äußere Gegenstände und Ereignisse wahrnehmen. Sich eine Person vorzustellen, ist so ähnlich, wie diese Person unter nicht ganz optimalen Bedingungen wahrzunehmen. Die sinnliche Erfahrung wird im Rahmen dieser Tradition als die Aufnahme oder Apprehension von Daten angesehen, die die Sinne uns liefern, und die kognitive Verarbeitung dieser Daten, sei es im Denken, in der Erinnerung, in Träumen oder in der Vorstellung, wird als ihre Manipulation, ihre Verbindung oder Trennung, angesehen. Die ursprünglichen Sinneseindrücke schwächen sich im Verlauf ihrer Speicherung im Gedächtnis ab, so daß die mentalen Bilder, die aus den gespeicherten Materialien erzeugt werden, oft weniger scharf und weniger deutlich als die ursprünglichen sinnlichen Daten sind. Aber obwohl die mentalen Bilder zugestandenermaßen häufig matter sind als die frischen Sinneseindrücke, so insistieren die Verfechter dieser Auffassung dennoch darauf, daß die Erfahrungen, die wir haben, wenn wir mentale Bilder willentlich in uns hervorrufen, den Erfahrungen, die wir haben, wenn wir äußere Gegenstände sinnlich wahrnehmen, ähnlich sind, ja, daß sie von den letzteren Erfahrungen manchmal sogar phänomenologisch ununterscheidbar sind. Und zumindest in diesem Punkt müssen wir dem Standardmodell recht geben.

Die zunächst auf bloßer Introspektion beruhende Annahme einer qualitativen Ähnlichkeit oder Ununterscheidbarkeit von bildhaften Vorstellungen und genuinen Wahrnehmungen ist inzwischen durch ein berühmtes psychologisches Experiment, das C.W. PERKY 1910 durchführte, belegt (PERKY 1910, 422-452). Die Subjekte dieses Experiments, die sich in einem Raum mit normalen Lichtverhältnissen befanden, wurden aufgefordert, auf eine Leinwand zu schauen und sich eine Banane auf ihr vorzustellen. Die Subjekte wußten allerdings nicht, daß hinter der Leinwand ein Projektor aufgestellt war, der ein Diapositiv einer Banane enthielt. Nachdem die Subjekte ihre mentalen Bilder geformt hatten und dies auch berichteten, wurde die Beleuchtung auf dem Projektor allmählich gesteigert, bis er schließlich ein Bild einer Banane auf die Leinwand warf. Die Subjekte bemerkten jedoch nicht, daß sie nun ein wirkliches Bild betrachteten. Vielmehr berichteten sie, daß sich ihre „Vorstellungsbilder" im Laufe der Zeit in gewissen Weisen veränderten. Sie klassifizierten also ihre visuellen Wahrnehmungen als ihre eigenen imaginativen Konstruktionen, als mentale Bilder. PERKYS Experiment zeigt somit, daß visuelle Vorstellungsbilder in der Tat phänomenologisch vom Sehen ununterscheidbar sein können.

Dieses wichtige Element der traditionellen Theorien, das ich, weil es auf DESCARTES' Philosophie zurückgeht, die „cartesianische Intuition" nenne, nämlich daß verschiedene Typen sinnlicher und im besonderen visueller Erfahrungen, die ganz unterschiedliche kausale Antezedenzien haben, gleichwohl qualitativ denselben Gehalt haben können, sollte auch von konkurrierenden Theorien bewahrt werden. Ich möchte die cartesianische Intuition in eine neue Theorie der sinnlichen Erfahrung integrieren, die zentrale Annahmen des Standardmodells und in erster Linie die Annahme, daß mentale Bilder genuine Objekte sind, über Bord wirft.

Betrachten wir die folgenden vier Situationen:

(1) *P* sieht eine rote Rose unter normalen Bedingungen der Wahrnehmung.
(2) *P* sieht eine weiße Rose, die aufgrund besonderer Beleuchtungsverhältnisse rot aussieht.
(3) *P* hat eine Halluzination von einer roten Rose.
(4) *P* hat ein willentlich hervorgerufenes mentales Bild von einer roten Rose.

Die cartesianische Intuition ist die Intuition, daß die subjektiven Zustände, in denen sich die Person *P* in diesen vier verschiedenen Situationen befindet, einen gemeinsamen sinnlichen oder phänomenologischen Kern haben können. Wenn *P* aus ihrer subjektiven Perspektive zu beschreiben versucht, was sie unmittelbar vor ihrem Bewußtsein hat, wie ihr die Welt erscheint, dann wird sie in allen vier Fällen ihre visuelle Erfahrung mit Hilfe des Ausdrucks „rote Rose" charakterisieren, auch dann, wenn sie weiß, daß sie, wie in (2), in Wirklichkeit eine weiße Rose sieht, die unter den besonderen Umständen bloß rot aussieht, und auch dann, wenn sie, wie in (3), weiß, daß sie in Wahrheit halluziniert, oder wenn sie, wie in (4), weiß, daß sie selbst für ihr mentales Bild verantwortlich ist und somit darüber informiert ist, daß sich vor ihrem Bewußtsein keine wirkliche, physische Rose befindet. Im Fall (3) würde *P* etwa sagen können: „Ich weiß genau, daß ich jetzt wieder halluziniere, aber es ist, als ob ich dort drüben eine rote Rose sehen würde." Und sie würde damit zu verstehen geben, daß ihre visuelle Erfahrung in ihren phänomenologischen Aspekten mit einem genuinen Sehen einer wirklichen roten Rose identisch ist.

Das Problem, den phänomenologischen Gehalt der sinnlichen Erfahrung angemessen zu analysieren, ist eines der schwierigsten Probleme in der Philosophie der Geistes überhaupt. Die historisch gesehen populärste Analyse der sinnlichen Erfahrung und der charakteristischen Homogenität verschiedener Typen sinnlicher Erfahrungen lieferte die eingangs skizzierte Bilder-im-Geist-Theorie. Dieser Theorie zufolge heißt, eine sinnliche Erfahrung zu haben, in einer besonderen Beziehung der direkten Wahrnehmung oder des unmittelbaren Gewahrens zu einem besonderen bildartigen, nicht-physischen, sinnlichen Objekt, häufig „Sinnesdatum" oder „Erscheinung" genannt, zu stehen. Sinnesdaten sind erfordert, so wurde und so wird argumentiert, um solche Tatsachen wie Sinnestäuschungen, Nachbilder, Halluzinationen und sogar Träume zu erklären. Weil eine Person eine sinnliche Erfahrung von einem roten Rechteck auch dann haben kann, wenn sich kein physischer roter und rechteckiger Gegenstand in ihrer Umgebung befindet, wird typischerweise gefolgert, daß das, was sie direkt wahrnimmt, ein rotes und rechteckiges Sinnesdatum sein muß. Und da sich genuines

Sehen von Sinnestäuschungen und Halluzinationen qualitativ nicht unterscheidet, wird weiter geschlossen, daß wir in allen sinnlichen Erfahrungen immer nur Sinnesdaten unmittelbar vor unserem Bewußtsein haben. Die Proponenten dieser Theorie machen ferner geltend, daß Sinnesdaten durch bewußte Akte der Einbildungskraft erzeugt und betrachtet werden können.

In meinem Buch: „Der sinnliche Gehalt der Wahrnehmung" habe ich gezeigt, daß die Sinnesdatentheorie, ob in ihren klassischen oder in ihren modernen Versionen, einer kritischen Analyse nicht standzuhalten vermag (SCHANTZ 1990). Ich habe argumentiert, daß, sobald die zentrale These der Sinnesdatentheorie, die These, daß die direkten Gegenstände des Bewußtseins in der sinnlichen Erfahrung immer nur Sinnesdaten, nie aber äußere materielle Gegenstände sind, akzeptiert wird, im wesentlichen nur noch zwei Theorien der Wahrnehmung und der Außenwelt möglich sind: die Repräsentationstheorie und der Phänomenalismus. Ich habe die wichtigsten Varianten beider Theorien im Detail untersucht und bin zu dem Ergebnis gekommen, daß sie allesamt aufgrund ihrer epistemologisch und metaphysisch inakzeptablen Konsequenzen zum Scheitern verurteilt sind. Da die zentrale These der Sinnesdatentheorie, daß wir immer nur unsere Sinnesdaten direkt wahrnehmen, für dieses Scheitern verantwortlich ist, habe ich darauf insistiert, daß diese These ein für allemal über Bord geworfen werden muß. Ausgehend von ersten fruchtbaren Ansätzen bei THOMAS REID, dem großen Widersacher der klassischen Britischen Empiristen LOCKE, BERKELEY und HUME und aufbauend auf den richtungweisenden Resultaten, zu denen insbesondere WILFRID SELLARS, FRED DRETSKE, DAVID ARMSTRONG, GEORGE PITCHER und JAMES CORNMAN in der Philosophie der Wahrnehmung gelangt sind (SELLARS 1963, 1968; DRETSKE 1969, 1981; ARMSTRONG 1961; CORNMAN 1975; PITCHER 1971), habe ich die Position des Direkten Realismus als die Epistemologie und die Metaphysik unseres Common-sense-Weltbildes charakterisiert und verteidigt.

Aber epistemologische Schwierigkeiten sind beileibe nicht die einzigen Schwierigkeiten, die Sinnesdatentheorien aufwerfen. Sinnesdaten werden gewöhnlich, wie bereits erwähnt, als phänomenale oder mentale Gegenstände definiert, und das heißt, als Gegenstände, die dann und nur dann existieren, wenn sie wahrgenommen werden. Diese Definition läßt jedoch noch viele Fragen über ihren präziseren metaphysischen oder ontologischen Status offen, wie etwa die Fragen „Sind Sinnesdaten genauso, wie sie zu sein scheinen?", „Können zwei Personen numerisch identische Sinnesdaten wahrnehmen?", „Woraus bestehen Sinnesdaten eigentlich?", „Existieren Sinnesdaten in einem privaten, mentalen Raum?" „Was ist die Beziehung zwischen dem privaten Raum und dem wirklichen, physischen Raum?" Ich habe gezeigt, daß der Versuch, diese und andere Fragen zu beantworten, unüberwindbare Probleme, metaphysische Aporien, zur Folge hat (SCHANTZ 1990, 100-110). Das Bestreben, solchen verwirrenden Fragen aus dem Wege zu gehen, war ein wichtiges Motiv für das diffizile Unterfangen, adäquatere Analysen des phänomenologischen Gehalts der sinnlichen Erfahrung zu entwickeln.

Die Theorie, die ich vertrete, ist die Adverbialtheorie der sinnlichen Erfahrung, der schon THOMAS REID den Weg bahnte und die in der modernen Diskussion hauptsächlich von C. J. DUCASSE, RODERICK CHISHOLM, WILFRID SELLARS, JAMES CORNMAN und MICHAEL TYE entwickelt wurde (DUCASSE 1951; CHISHOLM 1957; SELLARS 1968, 1975; CORNMAN 1975; TYE 1975, 1984, 1989). Ich kann hier die semantischen und metaphysischen Grundlagen dieser Theorie natürlich nicht darstellen, sondern muß mich damit bescheiden, ihren zentralen Gedanken im Umriß zu skizzieren. Die Adverbialtheorie, deren Ziel es ist, eine angemessene Beschreibung des phänomenologischen Gehalts unserer verschiedenen sinnlichen Erfahrungen zu geben, ohne ihn zu besonderen sinnlichen oder mentalen Objekten zu reifizieren, sieht sich zunächst mit der unstrittigen Tatsache konfrontiert, daß wir häufig so reden, als ob es derlei mentale Objekte wirklich gäbe. So sagen wir zum Beispiel: „Dieses Nachbild ist von einer intensiveren Röte als das vorherige" oder „Ich habe einen Sinneseindruck von einer roten Rose" oder „Ich habe ein Vorstellungsbild von Maria". Sicherlich sind solche Redeweisen in den meisten Zusammenhängen unserer Alltagspraxis ganz in Ordnung. Es ist unkontrovers, daß viele Sätze dieser Formen, von verschiedenen Sprechern zu verschiedenen Zeitpunkten geäußert, wahr sind. Aber die Wahrheit solcher Aussagen allein vermag noch nicht zu beweisen, daß es innere, mentale Objekte wirklich gibt. Existenzfragen hängen nicht nur von der Wahrheit von Aussagen ab, sondern auch davon, wie diese Wahrheiten verstanden werden müssen, welches die ontologischen Verpflichtungen sind, die sie eingehen. Die Adverbialtheorie stützt sich auf den vertrauten Punkt, daß die grammatische und die logische oder semantische Form von Aussagen nicht zusammenzufallen brauchen und bietet alternative semantische Analysen derjenigen Aussagen an, deren grammatische Oberflächenstruktur uns auf die Existenz mentaler Objekte festzulegen scheint.

Der Adverbialtheorie zufolge heißt, eine sinnliche Erfahrung zu haben, nicht, einen eigentümlichen nichtphysischen Gegenstand, ein phänomenales Individuum, wahrzunehmen, sondern sich in einem sinnlichen Zustand, zu befinden. Sie macht sich dabei die Tatsache zunutze, daß Sinnesdaten gewöhnlich als Entitäten verstanden werden, die dann und nur dann existieren, wenn sie wahrgenommen werden, um Sätze, die sich auf solche phänomenalen Gegenstände zu beziehen scheinen, als Sätze über die spezifische Weise, in der eine bestimmte Person empfindet, zu paraphrasieren. Um die Idee, die der Adverbialtheorie zugrunde liegt, verständlich zu machen, möchte ich von der folgenden Analogie Gebrauch machen. Wir sagen von einer Person, die in einer gewissen charakteristischen Weise tanzt, daß sie einen Tango tanzt. In dieser Situation gibt es jedoch nicht zwei Gegenstände, eine Person und einen Tango, die in der Beziehung des Tanzens zueinander stehen. Vielmehr gibt es nur die Person, die in einer bestimmten Weise tanzt, und dies ist ein nichtrelationaler, objektloser Zustand von ihr. Wir können sagen, daß der Tango zu der tanzenden Person nicht in einer realen, sondern in einer bloß derivativen, nominalen Relation steht. Ähnlich ist der Satz „Anita trug ein verführerisches Lächeln" nichts anderes als eine semantisch derivative, nominalisierte Redeweise für das, was wir angemessen auch durch den Satz „Anita lächelte verführerisch" ausdrükken können.

Daran knüpft die Adverbialtheorie an. Sie behauptet, daß die korrekte semantische Analyse von

(A) *P* hat ein rotes Sinnesdatum

keine relationale, am Akt-Objekt-Modell orientierte Analyse wie

(B) $(\exists x)$ $(\exists y)$ (x ist die Person P, und y ist ein rotes Sinnesdatum, und x hat y)

sondern vielmehr eine nichtrelationale Analyse wie

(C) $(\exists x)$ (x ist die Person P, und x empfindet rötlich)

ist. Ein Ausdruck wie „rötlich", der, wie das adverbiale Suffix „lich" signalisieren soll, als ein Adverb fungiert, charakterisiert die spezifische Weise, in der *P* empfindet. Wenn eine Person rötlich empfindet, dann befindet sie sich in einem sinnlichen Zustand einer bestimmten Art, einer Art, die in normalen Beobachtern und unter normalen Bedingungen durch die Wahrnehmung von roten, physischen Gegenständen hervorgerufen wird, einer Art aber auch, die, wenn die Bedingungen nicht normal sind, durch andere kausale Antezedenzien hervorgerufen werden kann. In der adverbialen Analyse tritt deutlich zutage, daß Sinnesdaten, Sinneseindrücke und mentale Bilder, im Unterschied zu den Personen, die sie haben, keine Individuen der Ontologie, sondern vielmehr ontologische Parasiten, Modifikationen von Personen, sind.
Einer der hauptsächlichen Vorzüge der Adverbialtheorie ist, daß sie mit Sinnestäuschungen, mit Halluzinationen und mit mentalen Bildern zu Rande kommen kann und somit die Einheitlichkeit und Homogenität aller Arten von sinnlichen Erfahrungen zu erklären vermag. Wenn einer Person eine weiße Rose infolge besonderer Beleuchtungsverhältnisse rot erscheint, dann sollten wir der Adverbialtheorie zufolge sagen, daß diese Person rötlich bezüglich der weißen Rose empfindet. Und was wir dieser Theorie zufolge von Macbeth, der eine halluzinatorische Erfahrung von einem Dolch hat, sagen sollten, ist, daß er dolchlich empfindet. Wenn eine Person dolchlich empfindet, dann befindet sie sich nicht notwendigerweise in einem Zustand, der durch einen ihre sinnlichen Rezeptoren stimulierenden Dolch in ihr ausgelöst wird, sondern sie befindet sich in einem Zustand einer bestimmten Art, einer Art freilich, die unter normalen Umständen und in normalen Beobachtern durch Dolche, wirkliche Dolche, hervorgerufen wird, einer Art aber auch, die, wenn die Person halluziniert, nicht so, sondern durch eine ganz andere Kausalkette verursacht wird. Die adverbiale Analyse wirft somit Licht auf die wichtige Tatsache, daß eine Halluzination von einem Dolch zu haben, nicht heißt, ein merkwürdiges phänomenales Objekt wahrzunehmen, sondern sich in einem nichtrelationalen, objektlosen, subjektiven sinnlichen Zustand zu befinden.
Es muß allerdings beachtet werden, daß die adverbiale Terminologie allein, unabhängig von allgemeineren theoretischen Erwägungen, die die Wahl der semantischen Form letztlich bestimmen, nicht zu zeigen vermag, daß es keine Sinnesdaten oder Bilder im Geiste gibt. Wenn es derlei phänomenale Individuen wirklich gäbe, dann würden sie nicht dadurch, daß wir uns für die adverbiale Beschreibungsweise entschieden haben, zu existieren aufhören. Was die adverbialen Analysen jedoch zu zeigen vermögen, ist, daß wir uns nicht schon durch unsere Sprache auf die Existenz solcher metaphysisch suspekter Entitäten festgelegt haben. Wenn eine Paraphrase auch keine Gegenstände zu zerstören vermag, so vermag sie doch immerhin sprachliche Gründe, die für die Annahme, daß es Gegenstände einer gewissen Art gibt, zu zerstören. Die adverbiale Beschreibungsweise komplettiert somit meine Argumentation für die Preisgabe phänomenaler Individuen, in deren Mittelpunkt jedoch epistemologische und metaphysische Erwägungen stehen. Solche allgemeinen theoretischen Reflexionen sind es, die die philosophisch desaströsen Konsequenzen einer Reifikation des phänomenologischen Gehalts der sinnlichen Erfahrung zutage fördern und die mithin den Ausschlag zugunsten einer adverbialistischen Ontologie der sinnlichen Mannigfaltigkeit geben.

Literatur

ARMSTRONG, D. M.: *Perception and the Physical World*. London: Routledge & Kegan Paul 1961
CORNMAN, J. W.: *Perception, Common Sense, and Science*. London: Yale University Press 1975

DRETSKE, F. I.: *Seeing and Knowing*. London: Routledge & Kegan Paul 1969
DRETSKE, F. I.: *Knowledge and the Flow of Information*. Oxford: Basil Blackwell 1981
DUCASSE, C. J.: *Nature, Mind and Death*. La Salle: Open Court Publishing Company 1951
PERKY, C. W.: An Experimental Study of Imagination. *American Journal of Psychology* 21 (1910), 422-452
PITCHER, G.: *A Theory of Perception*. Princeton: Princeton University Press 1971
SCHANTZ, R.: *Der sinnliche Gehalt der Wahrnehmung*. München: Philosophia 1990
SELLARS, W.: *Science, Perception and Reality*. London: Routledge & Kegan Paul 1963
SELLARS, W.: *Science and Metaphysics*. London: Routledge & Kegan Paul 1968
SELLARS, W.: The Adverbial Theory of the Objects of Sensation. *Metaphilosophy* 6 (1975), 144-160
TYE, M.: The Adverbial Theory: A Defence of Sellars against Jackson. *Metaphilosophy* 6 (1975), 136-143
TYE, M.: The Adverbial Approach to Visual Experience. *The Philosophical Review* 93 (1984), 195-225
TYE, M.: *The Metaphysics of Mind*. Cambridge: Cambridge University Press 1989

IV.

Psychologie und Neurobiologie der Bildwahrnehmung und -verarbeitung

JOHANNES ENGELKAMP

Gedächtnis für Bilder

1. Einleitung

Es ist seit den 60er Jahren bekannt, daß unsere Fähigkeit immens ist, Bilder, die wir einmal gesehen haben, wiederzuerkennen. SHEPARD (1967) zeigte seinen Versuchspersonen 612 farbige Dias, jedes für 10 Sekunden. Die Wiedererkennensleistung prüfte er an 68 zufällig ausgewählten Dias im forced-choice-Verfahren. Das heißt, die Versuchspersonen sahen jeweils ein altes Dia mit einem neuen Dia und mußten beurteilen, welches das alte war. Bei sofortiger Prüfung fällten die Versuchspersonen in 98 % aller Fälle eine richtige Entscheidung, nach einer Woche in 92 % der Fälle. Daraufhin erhöhten STANDING, CONEZIO UND HABER (1970) die Zahl der Bilder auf 2560, die sie den Versuchspersonen über zwei bzw. vier Tage verteilt darboten. Sie zeigten die Bilder mit einer Rate von 1 oder 10 Sekunden pro Bild. Sie testeten die Wiedererkennensleistung an einer Stichprobe von 280 Bildpaaren. Bei einer Darbietungsrate von 1 Sekunde pro Bild wurden 85 %, bei einer Rate von 10 Sekunden pro Bild wurden 95 % der Bilder wiedererkannt. STANDING (1973) bot schließlich 10 000 Dias. Seine Versuchspersonen sahen täglich 2000 Dias. Nach zwei Tagen erkannten sie noch immer 73 % der Bilder wieder. Kein Zweifel, unsere Fähigkeit, Bilder wiederzuerkennen, ist gewaltig.

Ein zweiter, immer wieder belegter Befund ist der Bildüberlegenheitseffekt. Bilder von Objekten (und Objekte) werden besser erinnert als ihre Bezeichnungen (MADIGAN 1983; NELSON 1979; PAIVIO 1971, 1986; PEZDEK, ROMAN & SOBOLIK 1986; ZIMMER 1989). Dies gilt für das Wiedererkennen wie für das freie Reproduzieren gleichermaßen.

Der wesentliche Unterschied zwischen den zuerst genannten Untersuchungen und den Untersuchungen zum Bildüberlegenheitseffekt besteht darin, daß in den zuerst genannten Untersuchungen mit szenenhaften Bildern aus Zeitschriften, Kalendern etc. gearbeitet wurde und in den zuletzt genannten i. a. R. mit der Darstellung einzelner Objekte (wie Tasse, Schere, Baum etc.). Letztere stehen in diesem Beitrag im Zentrum. Warum das so ist, wird sogleich deutlich.

Es liegt natürlich nahe, bei der Erklärung beider Effekte an ein spezifisches Gedächtnis für Bilder zu denken. Bildhafte Vorstellungen, die wir subjektiv erleben können, unterstützen eine solche Erklärung. In der Tat wurde auch in psychologischen Gedächtnistheorien die Annahme eines visuellen Gedächtnisses vorgeschlagen. Dagegen stand jedoch immer die Auffassung, daß wir ein einheitliches Gedächtnis haben, daß auf der Erinnerung von Bedeutungen — die Psychologen sprechen von Konzepten — beruht und daß das bessere Behalten von Bildern im Vergleich zu Wörtern auf eine reichere Bedeutung von Bildern zurückgeht. Diese Kontroverse ist bis heute nicht entschieden. Zu ihrer Klärung beizutragen ist das Hauptziel dieses Beitrags. Gewissermaßen als Nebenprodukt dieser Bemühung entsteht ein tieferes Verständnis dessen, was eigentlich Gedächtnis bedeutet.

Eine erste, von der Frage nach einem visuellen Gedächtnis unabhängige Differenzierung des Gedächtnisses steht gleich am Anfang. Seit TULVING (1972) dies vorgeschlagen hat, wird zwischen einem semantischen und episodischen Gedächtnis unterschieden. Das semantische Gedächtnis bezieht sich auf unser generelles Wissen, z. B. auf die Kenntnis der Wochentage, darauf, daß Vögel fliegen und Fische schwimmen können, daß beides Lebewesen sind etc. Kurz, das semantische Gedächtnis bezieht sich auf unser Wissen, insoweit dieses nicht situationsgebunden ist. Das episodische Gedächtnis bezieht sich dagegen auf situationsspezifisches Wissen. Episodisches Wissen bezeichnet Wissen über spezifische Ereignisse wie über den Einkauf der Zeitung an einem bestimmten Tag und Ort oder über die Darbietung eines bestimmten Bildes an einem bestimmten Ort zu einem bestimmten Zeitpunkt.

Die Unterscheidung zwischen semantischem und episodischem Wissen hat Konsequenzen für ihre Messung. Semantisches Wissen wird typischerweise in Verifikationsaufgaben (z. B. „Ist ein Spatz ein Vogel?") erfaßt. Da Fehler kaum vorkommen, ist die abhängige Variable die Antwortzeit. Episodisches Wissen wird typischerweise in expliziten Behaltenstests erfaßt („Hast Du dieses Bild vorhin gesehen?" Oder: „Welche Bilder wurden Dir gestern gezeigt?") Im episodischen Gedächtnistest wird demnach geprüft, inwieweit ein spezifisches Ereignis (eine spezifische Episode) gespeichert wurde bzw. erinnert wird. Beim episodischen Erinnern unterscheidet man weiter zwischen einer expliziten Erinnerung (in Testaufgaben, wie oben erwähnt) und einer impliziten Erinnerung in sog. impliziten Tests. Ein typischer impliziter Gedächtnistest für Objekte ist die Objektidentifikation, z. B. unter erschwerten Bedingungen. Implizites episodisches Erinnern liegt vor, wenn Objekte bei der zweiten Darbietung besser identifiziert werden als bei der ersten Darbietung (und wenn methodisch ausgeschlossen ist, daß die Verbesserung ein bloßer Übungseffekt ist).

Im folgenden werde ich — zunächst an Hand von Untersuchungen zum expliziten episodischen Erinnern — diskutieren, wie weit die Befunde die Annahme eines einheitlichen Gedächtnisses bzw. eines spezifischen visuellen Gedächtnisses stützen. Im Fortgang der Arbeit werde ich dann auch Befunde zum impliziten episodischen Erinnern einbeziehen.

2. Die duale Kodetheorie

Da am Anfang die undifferenzierte Auffassung eines einheitlichen Gedächtnisses für Bedeutungen stand, die allgemein als selbstverständlich angesehen wurde, standen diejenigen, die von dieser Auffassung abwichen, unter Beweiszwang. Einer der ersten Abweichler war der Kanadier Allan PAIVIO (1971, 1986). Ausgehend von dem Befundmuster, daß nicht nur Objekte besser erinnert werden als ihre Bezeichnungen, sondern auch konkrete Nomina besser als abstrakte, schlug er zur Erklärung die duale Kodetheorie vor. In dieser Theorie geht Paivio davon aus, daß wir über zwei Gedächtnissysteme, ein verbales und ein nonverbales — ich beschränke mich hier auf das visuell-nonverbale — verfügen. Das verbale Gedächtnissystem beruht auf unserer Erfahrung mit sprachlichen Episoden und speichert verbal-semantisches Wissen. Das visuell-nonverbale Gedächtnissystem ist das Ergebnis unserer visuellen Erfahrung nonverbaler Episoden. Es speichert nonverbal-semantisches, visuelles Wissen. Wenn wir Bilder wahrnehmen, wird automatisch nonverbales visuelles Wissen enkodiert, aber fast immer wird auch das korrespondierende verbale Wissen (also die Bildbezeichnung) mitenkodiert. Die Wahrnehmung konkreter Wörter führt ebenfalls wahrscheinlich (aber etwas weniger wahrscheinlich als Bilder) zu einer dualen Kodierung. Hier beginnt die Enkodierung im verbalen System und leitet auf das nonverbale System über. Da abstrakte Begriffe keine bildhaften Entsprechungen haben, werden sie nur verbal enkodiert. Das oben beschriebene Befundmuster erklärt PAIVIO (1971) wie folgt. Bilder werden am wahrscheinlichsten dual enkodiert, konkrete Wörter etwas seltener, und abstrakte Wörter werden nur verbal enkodiert. Tabelle 1 illustriert diese Annahmen nach PAIVIO (1971).

Tabelle 1: Kodierprozesse bei Bildern, konkreten und abstrakten Wörtern nach Paivio (1971)

	Gedächtnissystem	
Reiz	**visuell-nonverbal**	**verbal**
Bild	+++	++
konkretes Wort	+	+++
abstraktes Wort	--	+++

Die Befunde belegen nach Paivio, daß die duale Kodierung effizienter ist als die einfache und die duale Kodierung nach Bildern wahrscheinlicher ist als nach ihren Bezeichnungen. Für die Vertreter eines einheitlichen konzeptuellen Gedächtnisses war diese Argumentation jedoch nicht überzeugend. Sie parierten mit der Erklärung, daß Bilder bedeutungsreicher seien als konkrete Wörter und diese bedeutungsreicher als abstrakter Wörter.

Die Vertreter eines einheitlich konzeptuellen Gedächtnisses wurden aber mit weiteren Phänomenen konfrontiert, deren Erklärung ihnen Probleme bereitete. Nimmt man an, daß die entscheidende Grundlage für den Bildüberlegenheitseffekt in der besseren konzeptuellen Enkodierung zu suchen ist, dann sollte man das Behalten von Bildern durch Instruktionen, die die Güte der konzeptuellen Enkodierung manipulieren, ebenso beeinflussen können wie das Behalten von Wörtern. Es ist bekannt, daß phonemische Enkodierinstruktionen (z. B. „beurteile, ob der nächste Reiz sich auf das Wort X reimt") bei Wörtern zu schlechteren Behaltensleistungen führen als semantische Instruktionen (z. B. „beurteile, ob der nächste Reiz in den Satzrahmen X paßt") (z. B. CRAIK & TULVING 1975). Dies nennt man den Effekt der Verarbeitungstiefe. D'AGOSTINO, O'NEILL und PAIVIO (1977) und DURSO und JOHNSON (1980) konnten zeigen, daß es zwar bei Wörtern, aber nicht bei Bildern einen solchen Effekt der Verarbeitungstiefe gibt. Die entsprechenden Befunde dieser Untersuchungen sind in Tabelle 2 zusammengefaßt.

Tabelle 2: Relative Behaltensleistungen im Free Recall als Funktion der semantischen und phonemischen Enkodierinstruktion bei Bildern und Wortern nach D'Agostino u.a. (1977) und Durso und Johnson (1980)

Enkodierinstruktion	Bilder	Wörter
nach D'Agostino u.a.		
Semantisch	.53	.51
Phonemisch	.53	.43
nach Durso & Johnson		
Semantisch	.41*	.36*
Phonemisch	.37	.13

* über mehrere semantische Bedingungen gemittelt

Es fällt schwer, nach der Theorie eines einheitlichen Gedächtnisses zu erklären, warum es keinen Effekt der Verarbeitungstiefe bei Bildern gibt. Allerdings ist es auch für Paivio schwer, diesen Befund zu erklären. Eine entscheidende Schwäche der Position eines einheitlichen konzeptuellen Ge-

dächtnisses besteht darin, daß sie dazu tendiert, beobachtete Behaltensunterschiede post hoc und damit zirkulär über unterschiedlich gute semantische Enkodierprozesse zu erklären, statt differenzierte und prüfbare Hypothesen ante hoc zu formulieren, wie es z. B. PAIVIO (1971) mit seiner Annahme der spontanen dualen Enkodierung von Bildern tut. Allerdings erweist sich diese Annahme bei direkter Prüfung als unzutreffend.
PAIVIO (1974) konnte z. B. selber zeigen, daß die Behaltensleistung im Free Recall für Bilder dadurch verbessert wurde, daß man zusätzlich die Bildbezeichnung darbot. Diese Behaltensverbesserung sollte nach Paivio nicht zu beobachten sein, da Bilder bereits spontan dual kodiert werden sollten. In ähnlicher Weise wie PAIVIO (1974) hatten schon BAHRICK und BOUCHER (1968) beobachtet, daß der sofortige Free Recall für Bilder besser war, wenn diese nicht nur betrachtet, sondern auch laut benannt wurden.
Die Annahme der dualen Kodierung von Bildern wurde auch von NELSON und BROOKS (1973) untersucht. Sie gingen vom sog. phonemischen Ähnlichkeitseffekt aus, der besagt, daß phonemisch ähnliche Wörter ihre Enkodierung erschweren, weil die Enkodierprozesse interferieren. NELSON und BROOKS (1973) ließen im Paar-Assoziationslern-Paradigma (PAL-Paradigma) Wort-Paare lernen. Die Behaltensprüfung in diesem Paradigma erfolgt i. d. R. so, daß das erste oder Reizwort geboten wird und das zweite oder Reaktionswort zu erinnern ist. Die Besonderheit in dem Experiment von Nelson und Brooks bestand darin, daß die Reizwörter in einer Bedingung untereinander phonemisch ähnlich waren und in einer Kontrollbedingung nicht. Unter diesen Umständen war die Behaltensleistung unter der Bedingung „ähnliche" Reizwörter schlechter als unter der Kontrollbedingung. Das ist der sog. phonemische Ähnlichkeitseffekt. Wenn Bilder spontan dual enkodiert würden, sollte derselbe Befund zu beobachten sein, wenn die Reizwörter durch die entsprechenden Bilder ersetzt werden. Bietet man Bilder statt ihrer Bezeichnungen, dann läßt sich jedoch kein phonemischer Ähnlichkeitseffekt beobachten.
Diese Befunde widerlegen zwar die Annahme der spontanen dualen Kodierung von Bildern, sie sind aber mit der Annahme eines verbalen und eines visuell-nonverbalen Kodes vereinbar und stützen sogar direkt die Annahme eines verbal-phonemischen Kodes. Sie erschüttern damit weiter die Annahme, Behalten sei eine alleinige Funktion von Bedeutung, aber sie belegen noch nicht die Annahme eines visuellen Gedächtnissystems. Die Annahme, daß es mehrere Gedächtnissysteme und nicht ein einheitliches Gedächtnissystem gibt, wird bisher nur dadurch gestützt, daß es im PAL-Paradigma phonemische Effekte bei Wörtern, aber nicht bei Bildern als Reizelementen gibt, und indirekt dadurch, daß die Manipulation konzeptueller Information sich bei Wörtern und Bildern unterschiedlich auswirkt. Was fehlt, sind direkte Belege für die Behaltenswirksamkeit visueller Information.

3. Die Theorie der sensorisch-semantischen Enkodierung

Um die vorliegenden (und andere, noch nicht berichtete) Befunde erklären zu können, schlug NELSON (1979) deshalb folgendes vor: Erstens sollte man zwischen sensorischer und semantischer (das ist, konzeptueller) Information unterscheiden. In diesem Sinne wären das verbale und das visuell-nonverbale System PAIVIOS (1971) als sensorische, präsemantische Systeme anzusehen, denen ein semantisches oder konzeptuelles System nachgeordnet ist. Das verbale und das visuell-nonverbale System wären dann Eingangssysteme zum konzeptuellen System. Diese Vorstellung ist in Abbildung 1 illustriert.

Zweitens sollte zwar das reizspezifische Eingangssystem (das verbale bei Wörtern und das visuelle bei Bildern) automatisch aktiviert werden, aber das jeweils komplementäre System (das verbale bei Bildern und das visuelle bei Wörtern) sollte nur aktiviert werden, wenn eine entsprechende Instruktion oder Zielsetzung dazu vorliegt.

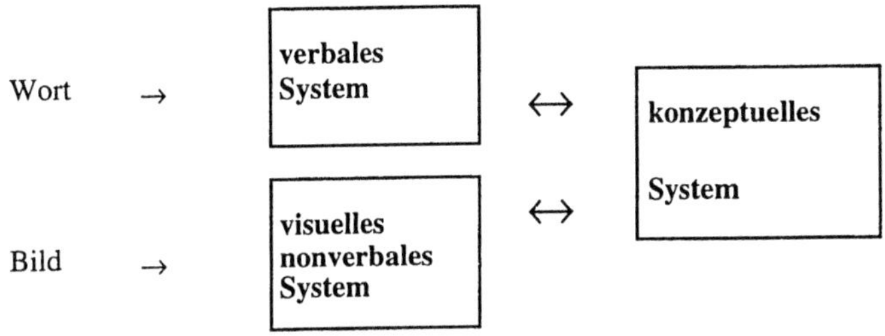

Abbildung 1: Das sensorisch-semantische Modell

Diese Theorie legt nicht nur die Manipulation optionaler Enkodierprozesse nahe, sie legt es auch nahe (im Gegensatz zur dualen Kodetheorie und natürlich auch zur reinen Bedeutungstheorie), sensorische und semantische Information unabhängig zu manipulieren. Wie in dem Experiment von NELSON und BROOKS (1973) die verbale Information über phonemische Ähnlichkeit manipuliert wurde, so könnte man auch die visuelle Information über visuelle Reizähnlichkeit manipulieren und unabhängig von beiden auch die konzeptuelle Ähnlichkeit.

Schließlich ist noch eine Annahme anzuführen, die in expliziter Form erst später (ENGELKAMP 1990) formuliert wurde. Natürlich ist es plausibel anzunehmen, daß sich unsere explizite episodische Erinnerung primär auf konzeptuelle Information richtet. Wenn wir uns daran erinnern, am Vortag an einem bestimmten Ort einen bestimmten Hund gesehen zu haben, dann erinnern wir uns nicht an eine bedeutungslose Form, sondern an ein konzeptuelles Ereignis, nämlich einen Hund gesehen zu haben. Aber wir erinnern uns an mehr, zum Beispiel daran, wie der Hund aussah, aus welcher Perspektive wir ihn gesehen haben usw. Das bedeutet, explizite episodische Erinnerung zielt auf Konzepte, die sensorisch-episodisch konkretisiert sind. Oder, noch einmal anders formuliert, wir erinnern konzeptuelle *und* sensorische Information. Das heißt ebenfalls, in einem expliziten episodischen Test erinnern wir nicht bedeutungslose sensorische Information.

Die sensorisch-semantische Theorie legt es nahe, die visuellen Eigenschaften von Bildern zu variieren und ihren Einfluß auf das Behalten bei konstanter konzeptueller Information zu untersuchen. Das wurde auf verschiedene Weise gemacht. In einer frühen Untersuchung wurde von BOUSFIELD, ESTERSON und WHITMARSCH (1957) der Free Recall von Bildern verglichen, die entweder schwarz-weiß oder farbig gezeigt wurden. Sie beobachteten einen positiven Effekt der Farbe auf den verbalen Recall der Objektbezeichnungen. Ähnlich konnten später MADIGAN und LAWRENCE (1980) beobachten, daß der verbale Recall der Objektbezeichnungen für Fotos besser war als für Zeichnungen und für diese besser als für die Objektbezeichnungen. Einen klaren Effekt der visuellen Komplexität von Reizen bei konstanter Bedeutung berichten auch GOLLIN und SHARPS (1988, Exp. 3). Sie verglichen den Free Recall für Objekte, Fotos der Objekte, Strichzeichnungen der Objekte und Bezeichnungen der Objekte. Die Behaltensleistung fiel mit abnehmender visueller Komplexität (die Mittelwerte waren 26.10 für Objekte, 22.8 für Fotos, 20 für Strichzeichnungen und

15.20 für Wörter). Einen entsprechenden Befund berichtet auch RITCHEY (1982). Er verglich Zeichnungen und Strichzeichnungen von Objekten.
Solche Effekte sind ohne die Annahme eines visuellen Gedächtnissystems schwer zu erklären, es sei denn, man macht die wenig überzeugende Annahme, daß sich die Bedeutung eines Objektes, das schwarz-weiß fotografiert wurde, von der desselben Objektes auf einem Farbfoto unterscheidet. Diese Befunde sprechen deshalb nicht nur gegen die Annahme eines einheitlichen konzeptuellen Gedächtnisses, sondern sie stützen auch direkt die Annahme eines visuellen Gedächtnissystems.
Was die Experimente zum Einfluß der sensorischen Komplexität auf den Free Recall nicht zeigen, ist, welche Rolle die visuelle und konzeptuelle Information bei dem Bildüberlegenheitseffekt spielen. Zwar macht die Variation der Leistung bei den Bildern in Abhängigkeit von der visuellen Komplexität der Bilder deutlich, daß die Größe des Bildüberlegenheitseffektes mit der visuellen Komplexität variiert, sie läßt aber keine klaren Rückschlüsse darauf zu, wie groß der Beitrag der visuellen Information im Verhältnis zum Beitrag der konzeptuellen Information — wenn es denn einen solchen gibt — zum Bildüberlegenheitseffekt ist. Zu dieser Frage tragen Experimente von NELSON und REED (1976, Exp. 4) bei. Sie variierten in dem oben erwähnten PAL-Paradigma die konzeptuelle Ähnlichkeit der Bild- bzw. Wortreize. Die Response-Reize waren in beiden Fällen Wörter. Unter großer konzeptueller Ähnlichkeit gehörten die Hinweis-Reize einer von zwei semantischen Kategorien (Tiere oder Kleidungsstücke) an. Unter geringer konzeptueller Ähnlichkeit waren alle Reize aus verschiedenen semantischen Kategorien. Die Konzeptähnlichkeit wirkte sich bei Wörtern und Bildern im gleichen Maße auf das Behalten aus. Das spricht gegen die Annahme, daß der Bildüberlegenheitseffekt primär ein konzeptueller Effekt ist.
NELSON, REED und WALLING (1976) sind einen Schritt weitergegangen und haben die visuelle und konzeptuelle Ähnlichkeit orthogonal variiert. Ihre Reize waren Objektdarstellungen, die entweder visuell und konzeptuell ähnlich waren (wie „Schraubenzieher", „Schraubenschlüssel" etc.) oder visuell ähnlich, aber konzeptuell unähnlich (wie „Nagel", „Bleistift" etc.) oder visuell unähnlich und konzeptuell ähnlich (wie „Pferd", „Katze" etc.) oder visuell und konzeptuell unähnlich (wie „Boot", „Vase" etc.). Diese Reize wurden als Bilder oder Bezeichnungen geboten. Die Responses waren immer Wörter.
Nimmt man an, wie es das sensorisch-semantische Modell tut, daß Wörter nicht visuell enkodiert werden, so sollte sich die visuelle Ähnlichkeit bei Wortreizen nicht auswirken. Das war auch nicht der Fall. Bei Wortreizen gab es lediglich einen Effekt der konzeptuellen Ähnlichkeit. Konzeptuell ähnliche Reize erschwerten das Behalten. Für Bildreize gab es dagegen zwei Effekte. Es gab einen Effekt der visuellen und einen Effekt der konzeptuellen Ähnlichkeit. Zudem gab es eine Interaktion, nach der die Ähnlichkeitseffekte besonders groß waren, wenn sie zusammen auftraten. Schließlich zeigte sich noch der übliche Bildüberlegenheitseffekt, wenn man das Behalten von Wörtern und Bildern bei geringer visueller Ähnlichkeit verglich. Dieser Effekt kehrte sich jedoch um zu einem Wortüberlegenheitseffekt, wenn die visuelle Ähnlichkeit groß war.
Es läßt sich demnach festhalten: Die Untersuchungen zeigen, daß explizite Behaltensleistungen unter angemessenen Bedingungen außer von der konzeptuellen Information von der phonemischen und von der visuellen Information beeinflußt werden, daß die Größe des Bildüberlegenheitseffekts von der Güte der visuellen Information beeinflußt wird und daß dieser Einfluß wiederum von der Güte der konzeptuellen Information abhängt. Diese Befunde unterstützen das sensorisch-semantische Modell des Gedächtnisses. Sie machen deutlich, daß es nicht hinreicht, nur ein kon-

zeptuelles Gedächtnis anzunehmen, wenn man explizite Behaltensleistungen erklären will. Sie zeigen, daß phonemische, visuelle und konzeptuelle Informationen das Behalten beeinflussen können. Der Befund, daß der Einfluß der visuellen und der konzeptuellen Ähnlichkeit beim Recall miteinander interagiert (NELSON u.a. 1976), legt darüber hinaus die Annahme nahe, daß die in den verschiedenen Teilsystemen enkodierten Informationen das Behalten konzertiert beeinflussen. Dieser Sachverhalt und die Beobachtungen, daß die verschiedenen Informationsarten bei Bildern und Wörtern eine unterschiedliche Rolle spielen, machen es schwierig, den Beitrag der einzelnen Teilsysteme zum Bildüberlegenheitseffekt generell aufzuklären. Man wird sich mit der Schlußfolgerung begnügen müssen, daß offensichtlich die Kombination von visuell-nonverbaler und konzeptueller Information zu einem Objekt behaltenswirksamer ist als die Kombination von phonemischer und konzeptueller Information.

4. Die Rolle der Abrufbedingungen

4.1 Wiedererkennen

Die bisherigen Überlegungen fokussierten einseitig die Rolle der Enkodierung für das Behalten. Alles Bemühen war darauf gerichtet zu zeigen, daß auch die Manipulation nicht konzeptueller Information wie die Variation phonemischer und visueller Information beim Einprägen die Gedächtnisleistung beeinflußt. Wenn verschiedene Informationen enkodiert werden können, stellt sich die Frage, ob alle enkodierten Informationen im Test genutzt werden oder ob die Nutzung der enkodierten Information auch selektiv und abhängig von den Bedingungen beim Test erfolgen kann.
Daß nicht alles, was enkodiert wird, sich in der Behaltensleistung niederschlägt, verdeutlicht ein frühes Experiment von Thomas NELSON und seinen Kollegen (NELSON, METZLER & REED 1974). Sie haben — wie oben für andere Experimente berichtet — die sensorische Komplexität von Bildern variiert. Das heißt, sie boten ihren Versuchspersonen Fotos, Strichzeichnungen mit und ohne Hintergrund sowie verbale Bezeichnungen von Objekten bzw. Personen. Je eine Gruppe von Personen sah die Reize einer dieser vier Versionen. Die Behaltensprüfung war hier ein Wiedererkennenstest. Die Personen sahen im Test die „alten" Reize vermischt mit gleich vielen „neuen" Reizen in jeweils der Version, in der sie die Reize auch in der Lernphase gesehen hatten. Überraschenderweise unterschieden sich die Wiedererkennensleistungen für die drei Bildversionen nicht. Lediglich die Bezeichnungen wurden schlechter wiedererkannt. Das heißt, es zeigte sich der übliche Bildüberlegenheitseffekt. Einen entsprechenden Befund berichteten auch ANGLIN und LEVIE (1985) und MADIGAN (1983). Die Befunde von Madigan sind zur Veranschaulichung in Tabelle 3 dargestellt. In dieser Untersuchung wurde das Wiedererkennen sofort und nach zwei Tagen geprüft.
Diese Befunde wurden in den 80er Jahren von den Vertretern eines einheitlichen Bedeutungsgedächtnisses als Unterstützung ihrer Position gewertet (z. B. KLATZKY 1980; ANDERSON 1985). Diese Interpretation ist jedoch voreilig. Die Befunde zeigen nur, daß die Variation der Reizkomplexität in diesen Untersuchungen nicht rekognitionswirksam war. Sie zeigen nicht, daß sensorische Reizkomplexität nicht enkodiert wird und allgemein unwirksam ist. Daß sensorische Reizkomplexität das Behalten beeinflussen kann, haben bereits die entsprechenden Experimente gezeigt, in denen das Behalten im Free Recall geprüft wurde.

Tabelle 3. Wiedererkennensleistung (in Prozent) für verschiedene Reizklassen bei gleichem Enkodier- und Testformat zu zwei Prüfzeitpunkten (nach MADIGAN 1983, 71)

	Wiedererkennenstest	
	sofort	nach 2 Tagen
Fotos	59	48
Zeichnungen	56	45
Bezeichnungen	46	32

Wie läßt sich der ausbleibende Effekt der sensorischen Komplexität in den Rekognitionsexperimenten erklären? Eine Annahme, die zur Erklärung der Abhängigkeit der Behaltensleistungen von der Art der Behaltenstests gemacht werden kann, lautet: In der Behaltensprüfung kommt nur zum Ausdruck, was zum Erbringen der jeweiligen Behaltensleistung erforderlich ist. Das heißt, was in der Behaltensleistung zum Ausdruck kommt, hängt von der im jeweiligen Test geforderten Differenzierung ab.

Im Hinblick auf die erwähnten Rekognitionsexperimente müßte man deshalb annehmen, daß für die Rekognitionsentscheidung eine Differenzierung nach der konzeptuellen Information der Reize genügte. Es ist wahrscheinlich, daß die neuen Distraktorreize von den alten Originalreizen konzeptuell deutlich verschieden waren. Kurz gesagt, es ist zu vermuten, daß sich alte und neue Reize in ihren Bedeutungen deutlich unterschieden, so daß sich die Berücksichtigung der sensorischen Unterschiede erübrigte. Es ist für den damaligen Theoriestand bezeichnend, daß über die Art der Distraktoren nichts mitgeteilt wird. Geht man davon aus, daß die sensorische Information enkodiert und im Test auch genutzt wird, wenn sie dort funktional ist, dann sollte sie dort wirksam werden, wenn eine Differenzierung nach konzeptueller Information für die Rekognitionsentscheidung nicht ausreicht, z. B. bei intrakategorialen Rekognitionsprüfungen.

Solche intrakategorialen Rekognitionsprüfungen haben bereits BAHRICK und BOUCHER (1968) durchgeführt. Sie zeigten ihren Versuchspersonen Bilder von verschiedenen Objekten und boten ihnen später mehrere Varianten der Objekte im Wiedererkennenstest. Hatten die Personen z. B. beim Lernen eine Tasse gesehen, so sahen sie im Rekognitionstest verschiedene Tassen, die der Originaltasse visuell unterschiedlich ähnlich waren. Sie mußten entscheiden, ob die Tasse, die sie sahen, die ursprünglich gesehene Tasse war. Unter diesen Bedingungen zeigte sich, daß die Wiedererkennensleistung deutlich von der Ähnlichkeit zum Originalreiz abhing. Die Zahl der falschen Alarme war um so größer, je ähnlicher der Distraktor dem Original war. Es ist offensichtlich, daß bei einem solchen Rekognitionstest die konzeptuelle Information nichts nützt und daß die sensorische Information für die Leistung kritisch ist.

Die visuelle Ähnlichkeit zwischen Original und Distraktor wurde auch von HOMA und VIERA (1988) untersucht. In ihrem Experiment gab es von jedem Reiz vier Versionen: ein Farbfoto, ein Schwarz-weiß-Foto, eine Zeichnung mit und eine Zeichnung ohne Hintergrund. Jeweils eine Version wurde beim Lernen geboten. Im Test kam jeder Reiz gleich oft in seiner Originalversion und in einer der anderen Versionen vor. Jedes Bild wurde im Test für 5 Sekunden gezeigt, und die Versuchspersonen mußten entscheiden, ob es die Version war, die sie vorher gesehen hatten. Das Wiedererkennen wurde sofort, nach einer Woche und nach 12 Wochen getestet. Dies sind die wichtigsten Befunde. (1) Auch nach 12 Wochen wurden die Originalversionen noch überzufällig wiederkannt. (2) Die Leistungen für die Farbfotos waren am besten, die für die Zeichnungen am schlechtesten. (3) Die Wiedererkennensleistung war eine Funktion der physikalischen Ähnlichkeit zwischen Original und Distraktor. Dies zeigte sich darin, daß die Wiedererkennensfehler der visuellen Ähnlichkeit zwischen Original und Distraktor folgten. Tabelle 4 zeigt die Rate der falschen Alarme als Funktion der Distraktortypen.

Tabelle 4: Falsche Alarmrate als Funktion der Reiz- und Testformate (F = Farbfoto, SW = Schwarz-weiß-Foto, ZH = Zeichnung mit Hintergrund und Z = Zeichnung ohne Hintergrund) (nach HOMA & VIERA 1988, Exp. 3)

Reizformate beim Lernen	Reizformate im Rekognitionstest F	SW	ZH	Z
F	-	.75*	.19	.07
SW	.37	-	.43*	.20
ZH	.23	.21	-	.56*
Z	.25	.19	.55*	-

Die mit * bezeichneten Werte sind signifikant von Null verschieden.

Die Experimente von HOMA und VIERA belegen eindeutig, daß visuelle Information langfristig behalten wird und daß dies bei geeigneter Aufgabenstellung auch im Wiedererkennenstest gezeigt werden kann. Es wird belegt, daß die Zahl der falschen Alarme mit zunehmender Distraktorähnlichkeit steigt und daß bei gleicher Distraktorähnlichkeit sensorisch reichere Reize besser wiedererkannt werden als sensorisch ärmere Reize.

Besondere Bedeutung kommt in diesem Zusammenhang Untersuchungen wie denen von COOPER, SCHACTER, BALLESTEROS und MOORE (1992), JOLICOEUR (1987), SNODGRASS, HIRSHMAN & FAN (1996) und von ZIMMER (1995) zu, in denen die Versuchspersonen nicht explizit dazu aufgefordert wurden, spezifische Reizvarianten wiederzuerkennen, sondern alte von neuen Reizen zu unterscheiden. In den Experimenten von ZIMMER (1995) wurden alte Reize (z. B. ein Bleistift) im Test orientierungskongruent (d. h. in der ursprünglichen Orientierung) bzw. orientierungsinkongruent (d.h. in veränderter Orientierung) gezeigt. Diese (kongruenten oder inkongruenten) alten Reize wurden aber im Kontext von, d. h. vermischt mit konzeptuell neuen Reizen (z. B. einer Kerze) gezeigt, und die Versuchspersonen wurden lediglich gebeten, zwischen „alten" und „neuen" Reizen zu unterscheiden. In Experiment 5 wurden die Versuchspersonen darüber informiert, daß es orientierungskongruente und orientierungsinkongruente alte Reize gab, in Experiment 4 nicht. Wie Tabelle 5 zeigt, wurden in beiden Experimenten kongruente alte Reize besser und vor allem schneller wiedererkannt als inkongruente alte Reize.

Entsprechende Befunde wurden für Größenvariation (z. B. JOLICOEUR 1987; ZIMMER 1995) und für Farbvariation (z. B. ZIMMER 1993) berichtet.

Befunde wie diese belegen, daß Reize in der Tat in ihrem ganzen episodischen Reichtum enkodiert und gespeichert werden. Die episodische Gedächtnisspur wird beim Wiedererkennen dann am besten reaktiviert, wenn der Reiz in seiner physikalisch identischen Form wieder auftritt.

Die Annahme, daß Bildreize in ihrem ganzen episodischen Reichtum gespeichert werden, wird auch durch die Beobachtungen gestützt, daß eine langsamere Darbietungsrate und eine längere Expositionszeit die Rekognitionsleistung für Bilder verbessern (z. B. HINES & SMITH 1977; INTRAUB 1979; READ 1979). Dafür, daß diese Effekte auf eine bessere Enkodierung der visuellen Informationen zurückgehen (und nicht auf mögliche verbale Rekodierungen und wohl auch nicht primär auf bessere konzeptuelle Enkodierung), spricht, daß die Effekte auch bei fremden Gesichtern und sinnlosen Figuren als Reizen zu beobachten sind (JOLICOEUR 1987; WISEMAN, MACLEOD & LOOTSTEEN 1985) und daß sich die Rate der falschen Alarme mit zunehmender Distraktorähnlichkeit bei mehrfacher Bilddarbietung erhöht (BAHRICK & BOUCHER 1968).

Tabelle 5: Relative Häufigkeiten korrekter Wiedererkennensentscheidungen und der entsprechenden Reaktionszeiten (in ms) als Funktion der Orientierungskongruenz (nach ZIMMER 1995)

	kongruent	inkongruent
Experiment 4		
(ohne Vorinformation über Orientierungsvariationen)		
Anteil korrekt	.91	.84
Reaktionszeit (ms)	1181	1264
Experiment 5		
(mit Vorinformation über Orientierungsvariationen)		
Anteil korrekt	.83	.76
Reaktionszeit (ms)	1281	1404

Diese Befunde zum Wiedererkennen von Bildern unterstützen, was aus den Befunden zum Recall gefolgert wurde. Reize werden in ihrem ganzen sensorischen Reichtum enkodiert und gespeichert. Die Wirkung sensorischer Reizaspekte kann beim Wiedererkennen jedoch nur dann beobachtet werden kann, wenn der Test entsprechend gestaltet ist. Das heißt z. B., ich kann den Einfluß einer physikalischen Reizveränderung vom Lernen zum Testen (der physikalischen Reizkongruenz) nur dann beobachten, wenn ich sie manipuliere. Das war z. B. in den Experimenten von MADIGAN (1983) und von NELSON, METZLER und REED (1974) nicht der Fall. Sie benutzten nur kongruente Testreize. Wenn die physikalische Reizbeschaffenheit manipuliert wird, beeinflußt sie die Gedächtnisleistung allerdings selbst dann, wenn die Versuchspersonen diese weder erinnern soll, noch von deren Variation weiß.

4.2 Implizites Erinnern

Daß die physikalische Reizbeschaffenheit und die Reizmodalität ebenso gespeichert werden wie die Bedeutung von Reizen, belegen auch Befunde zum impliziten Erinnern von Reizen. Implizite Behaltenstests beruhen — wie schon einleitend gesagt — auf der Logik, daß Gedächtniseffekte einer episodischen Erfahrung dadurch getestet werden, daß man die Enkodierprozesse im Behaltenstest erneut auslöst, ohne daß die Versuchspersonen hierzu explizit aufgefordert werden und ohne daß sie sich dessen bewußt sind. Die Wiederholung des Reizes oder eines Fragments des Reizes aus der Lernphase in der Testphase sollte sich in einer effizienteren Verarbeitung des Testreizes niederschlagen. Die Verbesserung wird dadurch demonstriert, daß sich die Verarbeitung für wiederholte Reize im Test verkürzt, oder dadurch, daß die wiederholten Reize im Test richtiger verarbeitet (z. B. häufiger erkannt) werden (immer im Vergleich zu Reizen, die zum ersten Mal verarbeitet werden). Die Richtigkeit ist z. B. ein wichtiger Indikator, wenn Reizfragmente im Test ergänzt werden müssen. Wenn Reize aus Bildern bestehen, sollte die Vorlage von Bildfragmenten (aus den Bildreizen) im Test dazu führen, daß diese die Gesamtgestalt reaktivieren und die Bilder besser (häufiger) identifiziert werden, als wenn die Bildreize vorher nicht verarbeitet wurden. Wenn z. B. das Bild eines Apfels gezeigt wird und später das Fragment eines solchen Apfels, dann sollte das Fragment besser als Teil eines Apfels erkannt werden, als wenn man vorher das Bild des Apfels nicht gesehen hat. Entsprechendes gilt für Wortfragmente, zu denen man vorher Wortreize gesehen oder nicht gesehen hat.

Um zu zeigen, daß solche Wiederholungseffekte auf der reizspezifischen sensorischen Information beruhen, kann man eine Testbedingung wählen, die das Konzept unverändert läßt, aber die sensorische Information ändert. Eine solche Bedingung ist z. B. der Modalitätswechsel vom Lernen zum Testen (vom Wort zum Bild und umgekehrt). Wenn der Wiederholungseffekt ein konzeptueller Effekt ist, sollte er auch beim Modalitätswechsel auftreten. Wenn es ein rein sensorischer Effekt ist, sollte der Wiederholungseffekt beim Modalitätswechsel verschwinden.

Einen entsprechenden Test haben ROEDIGER und WELDON (1987) durchgeführt. Als Reize benutzten sie Bilder von Objekten und deren Bezeichnungen. Im Test boten sie den Personen Fragmente von Bildern und Wörtern. Die Fragmente basierten zum Teil auf den vorher dargebotenen Bildern und Wörtern, zum Teil auf neuen Bildern und Wörtern. Der Behaltenstest war implizit. Er bestand darin zu erraten, welches Objekt bzw. Wort das jeweilige Fragment darstellt. Es gab vier Bedingungen: Die Versuchspersonen sahen in der Lernphase Bilder und Wörter, und sie wurden mit Bild- bzw. Wortfragmenten getestet. Die Meßgröße war das Ausmaß, in dem alte Fragmente besser erkannt wurden als neue. Dieses Maß nennt man Wiederholungspriming.

Es ließ sich beobachten, daß sich unter den modalitätskongruenten Testbedingungen deutliche Priming-Effekte zeigten, während sich unter modalitätsinkongruenten Testbedingungen, d. h. bei Modalitätswechsel, keine oder nur sehr schwache Priming-Effekte zeigten. Tabelle 6 faßt die Befunde zusammen.

Tabelle 6: Wiederholungspriming für Bilder und Wörter im Bildergänzungstest und im Wortergänzungstest (nach ROEDIGER & WELDON 1987).

Testbedingung	Reizmodalität beim Lernen: Bilder	Reizmodalität beim Lernen: Wörter
Bildergänzung	.18	.04
Wortergänzung	.07	.17

Ganz analoge Befunde hatten schon früher DURSO und JOHNSON (1979), KROLL und POTTER (1984) und WATKINS, PEYNIRCIOGLU und BREMS (1984) berichtet (siehe SCHACTER, DELANEY & MERIKLE 1990, für einen Überblick).

Die Befunde zum Modalitätswechsel zeigen, daß die Wiederholungseffekte in den impliziten Tests eindeutig auf der Wiederholung der sensorischen Information beruhen und daß es nicht genügt, die konzeptuelle Information zu wiederholen. Dies ist ein weiterer Beleg für die Annahme verschiedener Gedächtnissysteme.

Ein Modalitätswechsel bedeutet eine völlige Änderung des physikalischen Reizes. Wenn das physikalische Erscheinungsbild für das Wiederholungspriming kritisch ist, sollte der Priming-Effekt auch mit dem Ausmaß der physikalischen Reizveränderung variieren. Auch das ließ sich demonstrieren. Zu diesem Zweck wurden z. B. beim Lernen Bildfragmente geboten, die zu identifizieren waren. Im Test waren dann ebenfalls Bildfragmente zu identifizieren. Diese waren entweder mit den ursprünglichen Fragmenten identisch, oder sie stellten unterschiedlich stark veränderte Varianten dieser Fragmente dar. Es wurde beobachtet, daß Fragmentveränderungen das Wiederholungspriming reduzierten. Das Ausmaß der Reduktion hing dabei von der Art der Veränderung ab (SNODGRASS

& FEENAN 1990). Ähnlich wurde die Perspektive, aus der ein Objekt dargestellt wurde, vom Lernen zum Testen verändert, oder es wurde im Test ein anderes Objekt der gleichen Kategorie (z. B. eine andere Tasse) als beim Lernen dargeboten. Auch hier nimmt der Priming-Effekt mit dem Ausmaß der physikalischen Reizveränderung ab (BARTRAM 1974; SCHACTER, DELANY & MERIKLE 1990). JOLICOEUR (1985) und JOLICOEUR und MILLIKEN (1989) konnten ferner zeigen, daß der Wiederholungseffekt bei der Objektbenennung vom Rotationswinkel zwischen der ersten und zweiten Reizdarbietung abhing.

Damit legen die Befunde die Annahme nahe, daß implizite Wiederholungseffekte entscheidend auf physikalischer Information beruhen. Diese Schlußfolgerung wird auch dadurch unterstützt, daß eine variable konzeptuelle Enkodierung, wie sie durch entsprechende Instruktionen in der Lernphase induziert wird, keinen Effekt auf das Wiederholungspriming hat (CARROLL, BYRNE & KIRSNER 1985; JACOBY & DALLAS 1981).

Die Forschung der letzten Jahre macht jedoch deutlich, daß die zu beobachtenden Befunde von der Art des impliziten Tests abhängen. Etwa seit 1990 unterscheidet man zwischen perzeptuellen und konzeptuellen impliziten Tests. Erstere sollen auf physikalischer, letztere auf konzeptueller Information basieren. Bisher haben wir implizite Tests kennengelernt (wie Identifikation, Fragmentergänzunng), die als vorwiegend perzeptuell angesehen werden. Konzeptuelle implizite Tests sind dadurch charakterisiert, daß sie ausdrücklich nach konzeptueller Information fragen (z. B. in Urteilen über semantische Klassenzugehörigkeit oder in semantischen Assoziationstests).

Benutzt man solche konzeptuellen impliziten Tests, so zeigt sich ebenfalls ein Repetitionspriming. Zuvor bereits präsentierte Wörter und Bilder führen zu besseren impliziten Leistungen als zuvor nicht dargebotene Wörter und Bilder. Das Wiederholungspriming basiert jetzt aber auf der Wiederholung semantischer Information, wie der Befund zeigt, daß es beim Modalitätswechsel erhalten bleibt (DURSO & JOHNSON 1979) und daß es mit der Verarbeitungstiefe variiert (BLAXTON 1989; WELDON & COYOTE 1996).

Damit ergibt sich, daß auch implizite Testleistungen eindeutig die Trennung sensorischer und konzeptueller Information unterstützen und ihre Gedächtniswirksamkeit belegen. Im Unterschied zu expliziten episodischen Tests scheinen implizite episodische Tests dabei informationsspezifisch zu sein. Bestimmte implizite Tests scheinen nur sensorische Information, andere nur konzeptuelle Information zu nutzen, während explizite episodische Tests sowohl sensorische als auch konzeptuelle Information nutzen (SNODGRASS, HIRSHMAN & FAN 1996).

Es liegt deshalb nahe, den Sachverhalt, daß konzeptuelle implizite Tests offenbar konzeptuelle Information in „reiner“ Form nutzen, dazu zu verwenden, noch einmal die Basis des Bildüberlegenheitseffekts zu untersuchen. Wenn implizite konzeptuelle Tests nur auf konzeptueller Information beruhen und der Bildüberlegenheitseffekt ein konzeptbasierter Effekt ist, sollte er sich auch im impliziten konzeptuellen Test zeigen.

Dieser Frage sind WELDON und COYOTE (1996) in einer Serie von Experimenten nachgegangen. Sie boten den Versuchspersonen Bilder und Wörter. Im Test wurde den Versuchspersonen entweder Kategoriennamen vorgegeben, zu denen sie acht Exemplare zu generieren hatten (z. B. zu Möbelstück: Stuhl, Tisch, Bank etc.) (kategorialer Produktionstest), oder sie mußten zu einem vorgegebenen, mit dem Zielwort assoziierten Reizwort (z. B. „Wein“ zu „Korkenzieher“) das erste Wort nennen, das ihnen dazu einfiel (Wortassoziationstest). Obwohl sich in den Experimenten konsistent ein Wiederholungspriming beobachten ließ, fand sich kein Bildüberlegenheitseffekt. Die Priming-

Effekte für Bilder und Wörter unterschieden sich nicht. Die zentralen Befunde sind in Tabelle 7 zusammengefaßt.

Tabelle 7: Priming-Effekte und relativer Free Recall für Bilder und Wörter bei kategorialer Produktion von Wörtern und beim Wortassoziationstest (nach WELDON & COYOTE 1996)

	Priming			Free Recall		
	Bild	Wort	Bildüberlegenheit	Bild	Wort	Bildüberlegenheit
kategoriale Produktion						
Exp. 1a	.17	.13	.04	.44	.21	.23
Exp. 1b	.10	.13	-.01	.35	.20	.15
Exp. 1c	.18	.14	.04	.38	.26	.12
Wort-Assoziation						
Exp. 2a	.09	.07	.02	.33	.21	.12
Exp. 2b	.07	.04	.03	.44	.27	.17

Zum Vergleich wurden auch die Leistungen im Free Recall erhoben. Obwohl sich in den impliziten Testleistungen kein Bildüberlegenheitseffekt beobachten ließ, fand sich eine solche Bildüberlegenheit konsistent im Free Recall.

WELDON und COYOTE (1996) schließen aus ihren Befunden, daß konzeptuelle Information für den Bildüberlegenheitseffekt keine nennenswerte Rolle spielt und daß vielmehr die visuelle Information für den Effekt entscheidend ist. Dieser Schluß ist jedoch insofern einzuschränken, als in impliziten Tests Informationen offensichtlich selektiv genutzt werden und in expliziten Tests nicht.

5. Schlußfolgerungen

Ausgangspunkt des Beitrags war das gute Behalten von Bildern und besonders der Bildüberlegenheitseffekt. Diese beiden Phänomene führten zu der Frage, ob man zur Erklärung mit einem einheitlichen konzeptuellen Gedächtnissystem auskommt, oder ob man ein spezifisches Gedächtnissystem für visuelle Informationen annehmen sollte. PAIVIO (1971) vertrat schon relativ früh die Auffassung, daß zur Erklärung des Bildüberlegenheitseffektes und anderer Effekte zwei relativ unabhängige Gedächtnissysteme — ein verbales und ein nonverbal-visuelles System — postuliert werden müßten. Zur Erklärung des Bildüberlegenheitseffektes machte er dabei die spezifische Annahme, daß Bilder in aller Regel dual, d. h. verbal und visuell enkodiert würden und der Bildüberlegenheitseffekt maßgeblich auf der dualen Enkodierung beruhe. Die Befunde verschiedener Untersuchungen führten jedoch zu dem Schluß, daß die Annahme der dualen Enkodierung von Bildern nicht zutrifft. Andererseits zeigten Befunde zur phonemischen Ähnlichkeit bei Wörtern und zur Unwirksamkeit der Verarbeitungstiefe bei Bildern, daß die Annahme verschiedener Gedächtnissysteme sinnvoll ist und die Annahme eines einheitlichen Gedächtnissystems zur Erklärung der Behaltensphänomene nicht ausreicht.

NELSON (1979) schlug deshalb eine sensorisch-semantische Gedächtnistheorie vor, die drei Teilsysteme unterscheidet: ein verbales und ein nonverbal-visuelles System, die beide präsemantisch sind, und ein konzeptuelles System. Beide präsemantischen Systeme sollen zum konzeptuellen System Zugang haben. Duale Enkodierung bleibt weiterhin möglich, sie ist aber optional. Die entscheidende Veränderung dieser Theorie gegenüber der dualen Kodetheorie von Paivio besteht darin, daß sie das verbale und visuelle System um ein konzeptuelles System ergänzt. Es wird genauer spezifiziert, welche Informationen in den Systemen verarbeitet werden, und eine unabhängige Variation dieser Informationsarten wird möglich. Damit ändern sich aber zugleich auch die möglichen Ursachen für den Bildüberlegenheitseffekt. Dieser kann aus der größeren Gedächtniswirksamkeit des visuellen im Vergleich zum verbalen System resultieren, also ein Effekt der visuellen Information sein, er kann aber auch auf einer besseren konzeptuellen Enkodierung von Bildern im Vergleich zu Wörtern basieren, oder schließlich sowohl auf visueller als auch auf konzeptueller Information beruhen (s. auch ENGELKAMP 1990, Kap. 4).

In der Folge wurden deshalb Experimente mit dem Ziel durchgeführt, zwischen diesen Alternativen zu entscheiden. Die Behaltenswirksamkeit der visuellen Information ließ sich dabei für Bilder ebenso eindeutig belegen wie die Behaltenswirksamkeit der konzeptuellen Information. Das heißt, die von NELSON (1979 und auch von anderen) postulierte dreiteilige Systemarchitektur wurde durch die Behaltensbefunde klar gestützt. Obwohl gezeigt wurde, daß das Behalten von Bildern mit der visuellen Information variiert, blieb jedoch unklar, welchen Anteil die visuelle Information am Bildüberlegenheitseffekt hat. Die Beantwortung dieser Frage wird insbesondere dadurch erschwert, daß der Einfluß der visuellen Information auf den Recall von Bildern von der konzeptuellen Information nicht unabhängig ist.

Neben der Enkodierung erwies sich der Behaltenstest für die Untersuchung der Behaltensleistung von Bildern als bedeutsam. Während sich die visuelle Komplexität von Bildern im Recall klar niederschlug, ließ sich ein solcher Befund beim Wiedererkennen zunächst nicht beobachten. Eine genauere Betrachtung ergab, daß beim Wiedererkennen die Art der Distraktoren bedeutsam ist. In den frühen Experimenten zum Wiedererkennen von Bildern wurde das nicht bedacht. Distraktoren können den Lernreizen unterschiedlich ähnlich sein. Diese Ähnlichkeit kann sich bei Bildern darüber hinaus auf die visuelle und auf die konzeptuelle Information beziehen. Wird die visuelle Ähnlichkeit bei kontrollierter konzeptueller Ähnlichkeit variiert, so läßt sich ein klarer Einfluß sowohl der visuellen Komplexität als auch der visuellen Ähnlichkeit auf das Wiedererkennen beobachten. Als besonders interessanter Befund beim Wiedererkennen von Bildern erwies sich dabei, daß geringfügige Änderungen des Originals (z. B. der Orientierung) die Wiedererkennensleistung selbst dann verschlechtern, wenn „nur" die Konzeptinformation der Bilder beurteilt werden sollte. Dieser Befund spricht dafür, daß beim expliziten Wiedererkennen entgegen dem ersten Anschein die enkodierte Information vollständig genutzt wird.

Die Situation ist anders bei impliziten Behaltenstests. Hier hängt es offensichtlich von der Art der Testaufgabe ob, ob diese von visueller oder konzeptueller Information beeinflußt wird. Sogenannte perzeptuelle implizite Tests scheinen nur auf visuelle Veränderungen der Reize zu reagieren und von konzeptuellen Informationen weitestgehend unabhängig zu sein. Sogenannte konzeptuelle implizite Tests reagieren dagegen auf konzeptuelle Information, aber nicht auf visuelle. Die Beobachtung, daß konzeptuelle implizite Tests nur auf konzeptuelle Information reagieren, war für WELDON und COYOTE (1996) Anlaß zu prüfen, ob sich bei konzeptuellen impliziten Tests ein Bildüberlegenheitseffekt beobachten läßt. Das ist jedoch nicht der Fall. Hieraus jedoch wie WELDON und COYOTE zu schließen, daß der Bildüberlegenheitseffekt im expliziten Erinnerungstest nicht konzeptuell mitbestimmt wird, scheint übereilt. Ein solcher Schluß läßt außer acht, daß implizite Testleistungen selektiv und abhängig vom ausgewählten Testverfahren auf bestimmten Informationstypen bzw. Gedächtnissystemen beruhen, während explizite Testleistungen weitgehend auf der vollständigen Reaktivation der Episode beruhen. Die Nutzung der gesamten Episode, d. h. der sensorischen und konzeptuellen Information im Test, macht es wahrscheinlich, daß das explizite Erinnern von Bildern immer das gemeinsame Ergebnis aller beteiligten Gedächtnissysteme ist und daß der jeweilige Anteil dieser Systeme an der Gesamtleistung von den jeweiligen konkreten Bedingungen der Lern- und Testsituation abhängig ist.[1]

Literatur

ANDERSON, J. R.: *Cognitive psychology and its implications.* New York: Freeman 1985

ANGLIN, G. J./LEVIE, W. H.: Role of visual richness in picture recognition memory. *Perceptual and Motor Skills* 61 (1985), 1303-1306

BAHRICK, H. P./BOUCHER, B.: Retention of visual and verbal codes of the same stimuli. *Journal of Experimental Psychology* 78 (1968), 417-422

BARTRAM, D. J.: The role of visual and semantic codes in object naming. *Cognitive Psychology* 6 (1974), 325-356

BLAXTON, T.: Investigating dissociations among memory measures: Support for a transfer-appropriate processing framework. *Journal of Experimental Psychology: Learning, Memory, and Cognition* 15 (1989), 657-668

BOUSFIELD, W. A./ESTERSON, J./WHITMARSCH, G. A.: The effects of concomitant colored and uncolored pictorial representations on the learning of stimulus words. *Journal of Applied Psychology* 41 (1957), 165-168

CARROLL, M./BYRNE, B./KIRSNER, K.: Autobiographical memory and perceptual learning: A developmental study using picture recognition, naming latency, and perceptual identification. *Memory & Cognition* 13 (1985), 273-279

COOPER, L. A./SCHACTER, D. L./BALLESTEROS, S./MOORE, C.: Priming and recognition of transformed three-dimensional objects: Effects of size and reflection. *Journal of Experimental Psychology: Learning, Memory, and Cognition* 18 (1992), 43-58

CRAIK, F. I. M./TULVING, E.: Depth of processing and the retention of words in episodic memory. *Journal of Experimental Psychology: General* 104 (1975), 268-294

D'AGOSTINO, P. R./O'NEILL, B./PAIVIO, A.: Memory for pictures and words as a function of level processing: depth or dual coding? *Memory & Cognition* 5 (1977), 252-256

DURSO, F. T./JOHNSON, M. K.: Facilitation in naming and categorising repeated pictures and words. *Journal of Experimental Psychology: Human Learning and Memory* 5 (1979), 449-459

DURSO, F. T./JOHNSON, M. K.: The effects of orienting tasks on recognition, recall and modality confusion of pictures and words. *Journal of Verbal Learning and Verbal Behavior* 19 (1980), 416-429

ENGELKAMP, J.: *Das menschliche Gedächtnis.* Göttingen: Verlag für Psychologie Dr. C. J. Hogrefe 1990[2]

GOLLIN, E. S./SHARPS, M. J.: Facilitation of free recall by categorical blocking depends on stimulus type. *Memory & Cognition* 16 (1988), 539-544

HINES, D./SMITH, S.: Recognition of random shapes followed at varying delays by attended or unattended shapes, digits, and line grids. *Journal of Experimental Psychology: Human Learning and Memory* 3 (1977), 29-36

HOMA, D./VIERA, C.: Long-term memory for pictures under conditions of thematically related foils. *Memory & Cognition* 16 (1988), 411-421

INTRAUB, H.: The role of implicit naming in pictorial encoding. *Journal of Experimental Psychology: Human Learning and Memory* 5 (1979), 78-87

JACOBY, L. L./DALLAS, M.: On the relationship between autobiographical memory and perceptual learning. *Journal of Experimental Psychology: General* 110 (1981), 306-340

JOLICOEUR, P.: The time to name disoriented natural objects. *Memory & Cognition* 13 (1985), 289-303

JOLICOEUR, P.: A size-congruency effect in memory for visual shape. *Memory & Cognition* 15 (1987), 531-543

[1] Ich danke der DFG (Zi 308/2) für die Unterstützung dieser Arbeit.

JOLICOEUR, P./MILLIKEN, B.: Identification of disordered objects: Effects of context of prior presentation. *Journal of Experimental Psychology: Learning, Memory, and Cognition* 15 (1989), 200-210
KLATZKY, R. L.: *Human memory*. San Francisco: Freeman 1980
KROLL, J. F./POTTER, M. C.: Recognizing words, pictures and concepts: A comparison of lexical, object and reality decisions. *Journal of Verbal Learning and Verbal Behavior* 23 (1984), 39-66
MADIGAN, S.: Picture memory. In J. C. YUILLE (Hrsg.), *Imagery, memory and cognition*. Hillsdale, N. J.: Erlbaum 1983
MADIGAN, S./LAWRENCE, V.: Factors effecting item recovery and reminiscence in free recall. *American Journal of Psychology* 93 (1980), 489-504
NELSON, D. L.: Remembering pictures and words: Appearence, significance and name. In L. CERMAK & F.I.M. CRAIK (Hrsg.), *Levels of processing in human memory*. Hillsdale, N. J.: Erlbaum 1979
NELSON, D. L./BROOKS, D. H.: Independence of phonetic and imaginal features. *Journal of Experimental Psychology* 97 (1973), 1-7
NELSON, D. L./REED, V. S.: On the nature of pictorial encoding: A levels-of-processing analysis. *Journal of Experimental Psychology: Human Learning and Memory* 2 (1976), 49-57
NELSON, D. L./REED, V. S./WALLING, J. R.: Pictorial superiority effect. *Journal of Experimental Psychology: Human Learning and Memory* 2 (1976), 523-528
NELSON, T. O./METZLER, J./REED, D. A.: Role of details in the long-term recognition of pictures and verbal descriptions. *Journal of Experimental Psychology* 102 (1974), 184-186
PAIVIO, A.: *Imagery and verbal processes*. New York: Holt, Rinehard & Winston 1971
PAIVIO, A.: Spacing of repetitions in the incidental and intentional free recall of pictures and words. *Journal of Verbal Learning and Verbal Behavior* 13 (1974), 497-511
PAIVIO, A.: *Mental representations: A dual coding approach*. New York: Oxford University Press 1986
PEZDEK, K./ROMAN, Z./SOBOLIK, K. G.: Spatial memory for objects and words. *Journal of LExperimental Psychology* 12 (1986), 530-537
READ, J. D.: Rehearsal and recognition of faces. *American Journal of Psychology, 92* (1979), 71-85
RITCHEY, G. H.: Pictorial detail and recall in adults and children. *Journal of Experimental Psychology: Learning, Memory, and Cognition* 8 (1982), 139-141
ROEDIGER, H. L./WELDON, M. S.: Reversing the picture superiority effect. In M. MCDANIEL & M. PRESSLEY (Hrsg.), *Imagery and related mnemonic processes*. New York: Springer 1987
SCHACTER, D. L./DELANEY, S. M./MERIKLE, E. P.: Priming of nonverbal information and the nature of implicit memory. In G. H. BOWER (Hrsg.), *The psychology of learning and motivation*. San Diego: Academic Press 1990
SHEPARD, R. N.: Recognition memory for words, sentences and pictures. *Journal of Verbal Learning and Verbal Behavior* 6 (1967), 156-163
SNODGRASS, J. G./FEENAN, K.: Priming effects in picture fragment completion: Support for the perceptual closure hypothesis. *Journal of Experimental Psychology: General* 119 (1990), 276-296
SNODGRASS, J. G./HIRSHMAN, E./FAN, J.: The sensory match effect in recognition memory: Perceptual fluency or episodic trace. *Memory & Cognition* 24 (1996), 367-383
STANDING, L.: Learning 10.000 pictures. *Quarterly Journal of Experimental Psychology* 25 (1973), 207-222
STANDING, L./CONEZIO, J./HABER, R. N.: Perception and memory for pictures: Single trial learning of 2560 visual stimuli. *Psychonomic Science* 19 (1970), 73-74
TULVING, E.: Episodic and semantic memory. In E. TULVING & W. DONALDSON (Hrsg.), *Organization of memory*. New York: Oxford University Press 1972
WATKINS, M. J./PEYNIRCIOGLU, Z. F./BREMS, D. J.: Pictorial Rehearsal. *Memory & Cognition* 12 (1984), 553-557
WELDON, M. S./COYOTE, K. C.: Failure to find the picture superiority effect in implicit conceptual memory tests. *Journal of Experimental Psychology: Learning, Memory, and Cognition* 22 (1996), 670-686
WISEMAN, S./MACLEOD, C./LOOTSTEEN, P. J.: Picture recognition improves with subsequent verbal information. *Journal of Experimental Psychology: Learning, Memory, and Cognition* 11 (1985), 588-595
ZIMMER, H. D.: Visuelle und semantische Merkmale im Recall. *Sprache & Kognition* 8 (1989), 115-125
ZIMMER, H. D.: Sensorische Bildmerkmale im expliziten und impliziten Gedächtnis. In L. MONTADA (Hrsg.), *Bericht über den 38. Kongreß der Deutschen Gesellschaft für Psychologie 1992 in Trier*. Göttingen: Hogrefe 1993
ZIMMER, H. D.: Size and orientation of objects in explicit and implicit memory: A reversal of the dissociation between perceptual similarity and type of test. *Psychological Research* 57 (1995), 260-273

BERND WEIDENMANN

Psychologische Ansätze zur Optimierung des Wissenserwerbs mit Bildern

1. Bilder können den Wissenserwerb fördern, aber werden sie auch optimal verarbeitet?

1.1 Die Wirksamkeit von Illustrationen

Zur Vermittlung von Information wird in unserer Kultur bevorzugt der sprachliche Code verwendet. Bilder sind dann von Nutzen, wenn ein Text schwierig wird oder wenn man einen Text optisch attraktiver gestalten möchte. So können Bilder manches besser mitteilen als Sprache und sie können eine ansprechende Bereicherung sein.

Das gilt für alle Bildertypen, für Abbilder ebenso wie für logische Bilder oder Analogiebilder. Abbilder verdeutlichen Objekte und Situationen, indem sie auf der zweidimensionalen Fläche charakteristische Merkmale des Dargestellten durch Punkte, Linien, Farben, Flächen usw. simulieren. Diagramme präsentieren z.B. einen umfangreichen Satz von Daten oder eine Beziehungsstruktur übersichtlich „auf einen Blick“. Diagramme sind eigene kulturelle Zeichensysteme, die man kennen muß, um das Diagramm „lesen“ zu können. Bilderfolgen lassen einen komplizierten Mechanismus oder eine komplexe Handlung leichter nachvollziehen. Analogien machen Unanschauliches oder Unbeobachtbares leichter begreiflich, indem sie auf Bekanntes zurückgreifen (Struktur- oder Funktionsanalogie); der Aufbau eines Atoms wird durch eine Abbildung des Sonnensystems mit den Planeten veranschaulicht; die Funktion des Herzens wird durch die Abbildung einer Pumpe per Analogie visualisiert. Alle diese Gebrauchsweisen von Abbildungen sind Grund für den bekannten Satz: „Ein Bild sagt mehr als tausend Worte“.

Die empirische Forschung zum Wissenserwerb mit Text und Bild stützt das Vertrauen in die Lernwirksamkeit von Illustrationen. Viele Studien zeigen, daß sich tatsächlich das Verstehen und Behalten von Text verbessert, wenn man Bilder hinzufügt. LEVIN, ANGLIN & CARNEY (1987) haben z.B. die Befunde von 75 empirischen Studien metaanalytisch ausgewertet .

Die Ergebnisse in Abb.1 zeigen Effektstärken um .80 für solche Illustrationen, die etwas im Text Beschriebenes abbilden (representation function), die einen Text strukturieren, also gliedern bzw. zusammenfassen (organization function) und die einen Text erklären (interpretation function). Für mnemotechnische Bilder, d.h. Bilder, die als Gedächtnisstützen dienen (transformation function), sind die Effektstärken mit etwa 1.6 doppelt so hoch. (Eine Effektstärke von 1.6 bedeutet: Der Unterschied der Mittelwerte zwischen den Treatments „Lernen mit Text und Bildern“" und „Lernen nur mit Text“ beträgt 1.6 Standardabweichungen.)

Insgesamt zeigen diese Studien, daß man Verstehen und Behalten eines Textes deutlich verbessern kann, wenn man Illustrationen hinzufügt. Wie zu erwarten war, erbrachten rein dekorative Bilder keinen Lernzuwachs, sondern im Schnitt eine geringe Verschlechterung von -.11. Solche Bilder scheinen also eher vom Text abzulenken.

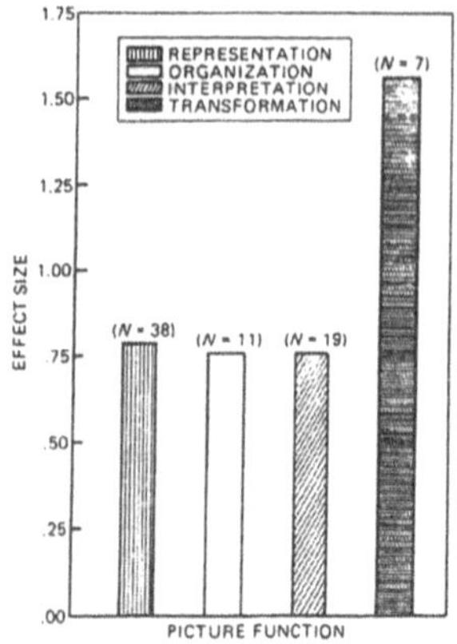

Abb. 1: Bilder können die Lernwirksamkeit von Texten deutlich verbessern. Die Effektstärken liegen je nach Bildfunktion (s. Text) zwischen .78 und 1.60. N gibt jeweils die Zahl der empirischen Studien an, deren Resultate zusammengefaßt wurden (aus LEVIN u.a. 1987, 70).

1.2 Zweifel: Nicht immer sind Illustrationen wirksam

Nun zum Thema „Psychologische Ansätze zur Optimierung des Wissenserwerbs mit Bildern". Wenn Bilder den Wissenserwerb mit Text so eindrucksvoll verbessern, weshalb sollte man Gedanken auf eine Optimierung verschwenden? Zeigen nicht die Ergebnisse der Forschung, daß die Bilder optimal zum Wissenserwerb genutzt werden?

Im folgenden gehe ich von einer anderen Position aus. Ich bin der Meinung, daß die Ergebnisse zum Wissenserwerb mit Bildern noch besser hätten ausfallen können. In anderen Worten, die Versuchspersonen haben die Bilder oft genug nicht optimal, sondern suboptimal verwertet.

Für diese Annahme gibt es Indizien. Zum Beispiel blieb in einer Reihe von Studien ein nennenswerter Lernzuwachs durch Illustrationen aus (LEVIE 1987). Zum anderen bin ich in zwei eigenen Studien auf das Phänomen gestoßen, daß informative Bilder nicht effektiv verarbeitet wurden. Ich möchte diese beiden Studien kurz schildern.

1.2.1 Erste Studie: Bildbezogene Instruktionen machen den Effekt

Bei der ersten Studie ging es um einen kurzen Studientext zum klassischen Führungsstil-Experiment von LEWIN, LIPPITT & WHITE (1939). Der Text mit 350 Wörtern beschrieb diese Studie zu den Auswirkungen von Führungsstilen auf das Sozialklima in Freizeitgruppen von Jugendlichen.

Abb. 2 zeigt zwei Fotos, die diesen Text illustrierten. Das obere Foto zeigt den autoritären Führungsstil, das untere Foto den partizipativen Führungsstil in einer Jugendgruppe.

In meiner Studie (WEIDENMANN 1988a) wurden fünf Treatments miteinander verglichen. Sie unterschieden sich darin, ob der Text mit oder ohne die Fotos präsentiert wurde und ob es im Text zusätzliche Instruktionen gab. Treatment 1: Nur Text, Treatment 2: Text + Fotos, Treatment 3: Text und Fotos mit bildbezogenen Instruktionen, Treatment 4: Text mit Imaginations-Instruktionen, Treatment 5: Text und Fotos mit Imaginations-Instruktionen.

Abb. 2: Zwei Fotos zum Thema „Fuhrungsstile" (s. Text). Links soll der autoritare, rechts der partizipative Fuhrungsstil illustriert werden (aus WEIDENMANN 1988a, 145)

Jede Version mit Instruktionen enthielt an drei verschiedenen Textstellen besondere Hinweise. Die bildbezogenen Instruktionen regten zu einer genaueren Bildbetrachtung an. Sprachlich schlossen sie an Formulierungen im Text an und gaben damit auch einen Anstoß, die Bilder mit den jeweiligen Textpassagen zu verknüpfen.

> Beispiel: „Auch hierzu sind die Fotos aufschlußreich. Beachten Sie einmal genau das unterschiedliche Verhalten des Leiters im oberen Foto, dann im unteren Foto. Das erste Bild zeigt deutlich den Abstand des Leiters zur Gruppe, das zweite die Gemeinsamkeit mit der Gruppe. Ist Ihnen aufgefallen, daß auch der Kamerawinkel diesen Unterschied betont?“

Um auszuschließen, daß eine mögliche Wirkung dieser Instruktionen nicht auf eine intensivere Bildverarbeitung zurückgehen könnte, sondern auf eine allgemeine Aktivierung oder eine stärkere Beschäftigung mit den entsprechenden Textpassagen, mußte eine Kontrollvariante der Instruktion eingeführt werden. Wir wählten drei Instruktionstexte, die die Lerner anregten, sich an eigene Erfahrungen zu erinnern oder sich in das Experiment hineinzuversetzen (Imaginations-Instruktionen).

> Beispiel: „Stellen Sie sich vor, Sie hatten in der Studie die Leiterrolle spielen sollen. Einmal hätten Sie Abstand zur Gruppe zeigen müssen, das andere Mal Gemeinsamkeit mit der Gruppe. Welches Verhalten hätte Ihnen mehr gelegen?“

Diese Instruktionen wurden an den gleichen Textpassagen eingefügt wie die bildbezogenen Instruktionen und wörtlich möglichst ähnlich gehalten.
Probanden waren 206 Studenten unterschiedlicher Fachrichtungen (nicht Psychologie). Sie erhielten das Material mit der Vorgabe, man wolle herausfinden, wie lernwirksam diese Version sei. Nach der Lektüre gaben sie eine Reihe von Ratings zu bipolaren Dimensionen ab wie interessant/langweilig, abstrakt/konkret, leicht zu behalten/schwer zu behalten usw. Nach zwei Wochen wurde ein nicht angekündigter Wissenstest appliziert mit Fragen zu Hauptideen und zu Details.
Die Treatments erlaubten nun einen Vergleich sowohl des Faktors „Illustration“ wie des Faktors „Instruktion“. Hier sehen Sie das überraschende Ergebnis.
Ein signifikanter Effekt der Bilder zeigte sich nur in Kombination mit den bildbezogenen Instruktionen. Die in den referierten Studien gefundene Effektstärke von ca. .80 zum Vorteil des illustrierten Textes zeigt sich in dieser Studie also nur bei diesem Treatment. Die Personen dieses Treatments erinnerten sich in einem Test 14 Tage nach dem Versuch signifikant häufiger an Hauptideen sowie an Details des Textes. Der Wissenserwerb mit dem illustrierten Text ohne Instruktionen war nicht besser als bei dem Text ohne Bilder.

Materialien

Instruktionen	ohne Abb.	mit Abb.
ohne Instruktionen	6.74	6.70
bildbezogene Instruktionen	---	**8.47**
Imaginations-Instruktionen	6.16	6.51

Tab. 1: Die Ergebnisse im Wissenstest zu den 5 Treatments zeigen, daß die Bilder nur dann die Lernwirksamkeit des Textes verbesserten, wenn es zusätzliche bildbezogene Instruktionen gab.

Wir haben noch einen Subtest ausgewertet, bei dem nur Wissen zu den „illustrierten Textteilen“ abfragt wurden. Die Effekstärke beträgt hier sogar .98. Aber dies auch wieder nur bei der Kombination von Text plus Fotos plus bildbezogene Instruktionen. Die Version „Text + Fotos + Imaginations-Instruktion“ war nicht erfolgreicher als

die reine Textversion. Bei den nicht-illustrierten Textteilen gab es keine Unterschiede zwischen den Treatments.
Zu den Ratings: Die erfolgreiche Version „Text + Fotos + bildbezogene Instruktionen“ wurde signifikant verständlicher, anschaulicher und leichter zu behalten eingestuft. Bei diesem Treatment gaben die Studenten auch häufiger an, sich mehr Mühe zum Verstehen gegeben zu haben.
Noch ein interessanter Befund: alle bebilderten Versionen wurden im Hinblick auf „wissenschaftliche Seriosität“ signifikant niedriger eingestuft als die Textversionen ohne Abbildungen.
Fazit: In dieser Studie entfalteten die beiden Bilder ihre Lernwirksamkeit erst dann, wenn die Nutzer konkrete Bildlesehinweise erhielten. Ohne solche Instruktionen wurden die Bilder suboptimal verarbeitet.

1.2.2 Zweite Studie: Anspruchsvollere Bilder werden übersehen

Die zweite Studie, bei der ich auf das Phänomen „suboptimaler Wissenserwerb mit Bildern“ stieß, war eine Untersuchung im Auftrag der Bundeszentrale für politische Bildung und der Stiftung Lesen. Es ging um einen unkonventionellen Text/Bildband zum Thema „Hitler“. Mit Stilmitteln des Comic bzw. des Bilderbogens sollten Jugendliche für die Auseinandersetzung mit der jüngsten Geschichte gewonnen werden. Neben historischen Abbildern gab es in diesem Band auch mehrere metaphorische bzw. symbolische Bilder. Eine Doppelseite zum Reichstagsbrand zeigt z.B. eine Montage, bei der Göring eine Fackel hält, deren Feuer sich mit dem Feuer des Reichstages verbindet. Damit soll der Verdacht visualisiert werden, er selbst habe zum Brand angestiftet. Ein zweites Beispiel für eine solche sinnhaltige Montage ist ein doppelseitiger Bilderbogen zur Bücherverbrennung. Man sieht im Rauch die Köpfe der verfemten Autoren aufsteigen, als Visualisierung des Heine-Wortes „Wo man Bücher verbrennt, verbrennt man am Ende Menschen“.
Unsere Analyse der Rezeption von Text und Bildern zeigte nun, daß die Leser (Studenten) sich zwar an viele Details aus Text und Bildern erinnern konnten, daß aber gerade die Hauptideen solcher metaphorischen Bilder kaum wiedergegeben werden konnten. Dies ist umso bemerkenswerter, als wir die Erinnerung daran in Form eines „cued recall“ überprüften, d.h. es wurde zu jedem dieser Bilder das thematische Stichwort, z.B. „Reichstagsbrand“ oder „Bücherverbrennung“, vorgegeben.
Nach der bisherigen Bildforschung hätte man das gegenteilige Ergebnis erwarten müssen. Mehrere Studien , wie z.B. von FRIEDMAN (1979), zeigen nämlich, daß gerade überraschende und von den Alltagsschemata abweichende Bildelemente besonders beachtet und erinnert werden.
Wie in der ersten Studie stößt man also auch hier wieder auf das Phänomen, daß die Rezipienten die Bilder nicht intensiv genug verarbeitet haben, um zum „visualisierten Argument“ vorzudringen.
Interessant ist noch ein weiterer Befund: Bei der Verarbeitung des Textes ergab sich ein signifikant positiver Zusammenhang zwischen mentalem Verstehensaufwand und Wissenserwerb. Bei den Bildern –das gilt für alle Bilder, die getestet wurden– gab es diesen Zusammenhang nicht.

1.3 Der „flüchtige Blick“

Halten wir fest: In beiden Studien kam es zu einem suboptimalen Wissenserwerb mit Bildern. Vielen Rezipienten gelang es nicht, das „visualisierte Argument“ zu erfassen. Da es nicht an der Intelligenz der Probanden gelegen haben kann, liegt die Annahme nahe, daß in beiden Studien die Rezipienten die Informativität der Bilder unterschätzt haben. Sie haben sich damit begnügt, zu erkennen, was jeweils abgebildet ist: bei den Fotos aus der Führungsstil-Studie eine Szene mit

Jugendlichen, in den Bilderbogen Göring mit der Fackel oder Köpfe von Autoren im Rauch. Die Rezipienten haben es dann versäumt, diese Bildelemente weitergehend zu analysieren, um das grafisch codierte Argument zu extrahieren oder besser zu rekonstruieren.

Allerdings waren die Bilder in beiden Studien dazu angetan, diese oberflächliche Verarbeitung zu fördern. Sie haben dem „flüchtigen Blick" (WEIDENMANN 1988b) wenig Widerstand entgegengesetzt. In der ersten Studie handelte es sich um leicht identifizierbare Szenen-Fotos, in der zweiten Studie um realistische Zeichnungen (teils nach Fotovorlagen), die ebenfalls das Erkennen leicht machten.

In der ersten Studie erwies sich eine explizite Bildlese-Instruktion als wirksam, um die Leser zu einer weiteren, gezielten Beschäftigung mit den Fotos anzuregen. Mit SALOMON (1979) könnte man davon sprechen, daß die verbale Instruktion einen fehlenden kognitiven Prozeß „supplantiert", also quasi vorgemacht und ersetzt hat. In der zweiten Studie gab es eine solche Anregung nicht. Zwar wies der Grafiker mit bildlichen Mitteln (hier der Montage) deutlich auf sein Argument hin; die meisten Leser sahen jedoch darüber hinweg.

Erlernte Einstellungen gegenüber Texten und Bildern mögen dieses Verhalten zusätzlich gefördert haben. Erinnern wir uns an einen Befund aus der ersten Studie: Texte mit Bilder werden als weniger seriös eingestuft als Texte ohne Bilder. Die Unterschätzung der Bilder mag also noch begünstigt worden sein durch eine erlernte Einstellung im Sinne von: „Wenn man Text und Bilder antrifft, dann halte man sich an den Text, wenn es einem auf die wirklich relevanten Informationen ankommt". Diese medienspezifische Einstellung hat SALOMON (1984) schon bei Jugendlichen nachweisen können. Sie lernen lieber mit Bildern, weil sie meinen, sich da weniger anstrengen zu müssen; aber sie trauen es dem schwierigeren Medium „Text" eher zu, daß sie mit ihm erfolgreich lernen. Das ist wohl eine Folge unserer sprachdominierten Schulkultur.

Als Resumée dieses ersten Teiles läßt sich festhalten, daß Bilder nicht immer zum Wissenserwerb beitragen. Stattdessen gibt es Befunde für eine suboptimale Verarbeitung von Bildern. In den beiden geschilderten Studien haben die Rezipienten das „visualisierte Argument" nur rudimentär erfaßt. Wahrscheinlich haben sie die Informativität der Bilder unterschätzt und informative Bildelemente nicht ausreichend tief verarbeitet.

Ein Bild „sagt" oft mehr als Worte, aber es braucht meist auch Worte, damit es von den Betrachtern erfolgreich zum Wissenserwerb verarbeitet wird.

2. Warum sind Worte so hilfreich beim Wissenserwerb mit Bildern?

2.1 „Kein Bild erklärt sich selbst."

Der verbale und der piktoriale Code haben unterschiedliche Leistungsprofile, wenn es um Lehren und Lernen geht. Manche Aussagen und Argumente lassen sich besser piktorial als verbal codieren, z.B. „So sieht etwas aus", „So ist etwas im Raum lokalisiert" oder „In diesem Szenarium ereignet sich dies und das". In einer Hinsicht ist der piktoriale Code dem verbalen allerdings deutlich unterlegen: man kann mithilfe von Sprache den Verarbeitungsprozeß durch die Rezipienten viel effektiver steuern als im piktorialen Code. GOMBRICH (1984, S.142) hat dies prägnant so formuliert: „Kein Bild erklärt sich selbst."

Die dadurch bedingte Unvorhersagbarkeit der Verarbeitung eines Bildes, die bei künstlerischen und

unterhaltenden Bildern gerade den Reiz ausmacht und erwünscht ist, wird bei informierenden Bildern zum Problem. Denn hier kommt es darauf an, daß die Rezipienten das codierte Argument zutreffend erfassen und es erfolgreich für den Aufbau von Wissensstrukturen verwenden.
In der didaktischen Literatur (BALLSTAEDT u.a. 1981) gibt es viele Empfehlungen dazu, wie man Lerntexte gestalten soll. Diese Empfehlungen gründen vor allem auf Annahmen und Befunden der Psychologie des Wissenserwerbs. Ein Textautor kann demnach den Wissenserwerb unterstützen, wenn er bei den Rezipienten elaborative und reduktive Prozessen erleichtert bzw. anregt. Elaboration heißt z.B. detailliert ausführen, erklären und erläutern, Beispiele anführen. Bei der Elaboration wird das Neue mit den Wissensstrukturen der Rezipienten verknüpft. Reduktion heißt dagegen komprimieren, zusammenfassen, verallgemeinern, kurz: einordnen der Details in Makrostrukturen. Für die Autoren von Lerntexten lauten daher die Empfehlungen wie folgt: man soll den Lernenden zuerst einen orientierenden Überblick geben („organizer") und am Ende eines Abschnitts die wichtigsten Aussagen zusammenfassen, man soll den Text übersichtlich gliedern, man soll schwer verständliche Aussagen besonders erläutern usw.
All dies ist mit Sprache leicht möglich. Wie soll man jedoch Elaborationen und Reduktionen zu einem Bild und in einem Bild vornehmen? Ein Bild präsentiert das Gesamt aller grafischen Elemente auf einmal. Wo der Rezipient mit der Betrachtung beginnt, was er elaboriert oder wo er reduziert, wie er versucht, etwas besser zu verstehen, das ist allein mit bildlichen Mitteln kaum zu beeinflussen.
Der piktoriale Code läßt Explizitheit nicht zu. Eine Lehrerin kann ihre sprachlichen Ausführungen kommentieren und damit den Rezeptionsprozeß aufseiten der Schüler explizit steuern. Sie kann ihre Aussagen kommentieren: „Darauf kommt es mir vor allem an" oder „Ich meine das nicht so, sondern so" oder „Was jetzt kommt, ist eine Ergänzung zu dem, was ich gerade gesagt habe". Diese Kommentare, die zusammen mit der Information zum Thema mitgeteilt werden, sind explizit steuernde Hinweise für die Lernenden, die ihnen bei der Arbeit an ihrer Wissensstruktur helfen. Ein Bildautor kann dies mit bildlichen Mitteln zwar versuchen; die Aussichten sind jedoch ungewiß.

2.2 Piktoriale Steuerungscode verlangen ein besonderes Bildverstehen

Es gibt auch im piktorialen Code Steuerungscodes (WEIDENMANN 1994). Die verbale Steuerung „Das ist wichtig und muß besonders beachtet werden" kann eine Grafikerin z.B. bildhaft wie folgt versuchen: sie kann das wichtige Bildelement mit einer besonderen Farbe hervorheben, es vergößern oder im Bildraum in den Vordergrund rücken. Sie kann auch spezielle piktoriale Hinweiszeichen wie Pfeile oder Rahmen verwenden. Aber diese piktorialen Steuerungscodes sind ungleich vieldeutiger und unschärfer als die verbalen. Vor allem verlangen sie einen Betrachter, der sie überhaupt als Steuerungscodes erkennt und sie richtig zu deuten weiß.
In den Fotos zu den Führungsstilen von LEWIN, LIPPITT & WHITE (1939; s. oben Abb. 1) ist z.B. die gezielt kontrastierende Kameraperspektive ein Steuerungscode. Das verbale Äquivalent dazu wäre etwa: „Beachten Sie, wie sich im autoritären Stil der Führer über die Gruppe erhebt und wie er im kooperativen Stil sich in die Gruppe einreiht." Aber diesen Unterschied in der Perspektive muß ein Betrachter erst einmal wahrnehmen und ihn als bedeutsames Indiz für das visualisierte Argument interpretieren.
Ich habe für diese Qualität des Bildverstehens die Bezeichnung „indikatorisches Bildverstehen" vorgeschlagen (WEIDENMANN 1994). Dabei wird das Bild vom Rezipienten als etwas intentional

Gemachtes betrachtet und auf das codierte Argument hin analysiert. Viele Rezipienten begnügen sich jedoch mit dem sog. „natürlichen Bildverstehen“. In Analogie zur Alltagswahrnehmung wird das Bild dann quasi als „Fenster zur Welt“ perzipiert. Man wertet die Bildelemente nur für die Frage aus: „Was ist da abgebildet?“. Wenn man erkannt hat, daß auf den Fotos sitzende Jugendliche und ein Mann abgebildet sind, ist dieses Erkennen zufriedenstellend abgeschlossen. Eine weitere Verarbeitung erscheint nicht mehr notwendig und der Kontakt mit dem Bild wird beendet. Aber das „visualisierte Argument“ ist nicht erfaßt worden, weil es zu keinem indikatorischen Bildverstehen kam.

2.3 Wie kann die Bildwahrnehmung verbal unterstützt werden?

Die Schwäche des piktorialen Codes für Steuerungszwecke und die mangelnde „visual literacy“ (PETTERSSON 1994) vieler Rezipienten für bildliche Steuerungscodes ist der Grund, warum instruktionale Bilder oft ihre Wirksamkeit erst dann entfalten, wenn die Rezeption verbal gesteuert wird.

2.3.1 Allgemeine Instruktionen fruchten wenig

Eines hat die Forschung gezeigt: es bleibt folgenlos, wenn man zu einem Bild lediglich eine pauschale Aufforderung gibt wie etwa „Schau dir dieses Bild aufmerksam an“ (REINKING, HAYES & MCENEANEY 1988).

Es scheint es auch nichts zu fruchten, wenn man Lernern, die über keine gut ausgebildeten Bildverarbeitungsstrategien verfügen, helfen möchte, indem man während des Lernens mit Bildern diese Strategien durch Instruktionen ersetzt. DREWNIAK (1992) hat dies in einer differenzierten Studie versucht. Sie hat nach einem Modell des „Good-Strategy-Users“ von PRESSLEY, BORKOWSKI & SCHNEIDER (1989) ein „Good-Picture-Processing-Model“ entwickelt.

	Instruktion zur Verstehens-überwachung	***Instruktion zur Text-Bild-Verknüpfung***	***Instruktion zur selektiven Aufmerksamkeit***
Bild 1: Teile eines Experten-Systems	"Überlege, ob Du Dir unter den in der Abbildung erklärten Komponenten etwas vorstellen kannst. Wenn nein, welche Informationen fehlen Dir?"	"Versuche, Dir das in der Abbildung gezeigte Schema gut einzuprägen, damit Du die wichtigen Informationen aus dem Text darin einordnen kannst."	"Achte bei der Betrachtung des Bildes darauf, über welche Komponente der Benutzer Kontakt zum Expertensystem aufnimmt."
Bild 2: Prinzip der Vorwärts-verkettung	"Um das das Prinzip der Vorwärtsverkettung zu verstehen, solltest Du bei der folgenden Abbildung überlegen, wie Du es jemand erklären würdest."	"Im Text wurde das Prinzip der Vorwärtsverkettung beschrieben, das nun an einem Beispiel erläutert wird. Lies ggf. im Anschluß nochmal im Text nach."	"Beginne bei der folgenden Abbildung mit der Betrachtung unten links und verfolge dann die numerierten Kästchen bis zum Ziel."

Tab. 2: Beispiele für drei Strategien, die nach DREWNIAK (1992) zum optimalen Bildverstehen gehören (s. Text) (aus WEIDENMANN 1994, S. 35).

Das Modell basiert auf drei Strategien:

- Strategien zur Verstehensüberwachung, d.h. „Habe ich das Bild richtig verstanden?", „Könnte ich es jemand erklären?"
- Strategien zur Text-Bild-Verknüpfung, d.h. „Kann ich die Informationen des Bildes mit dem Text verbinden?", „Passen Text und Bild zusammen?",
- Strategien zur selektiven Aufmerksamkeit, d.h. „Habe ich die wichtigen Bildelemente gemustert?", „In welcher Blickrichtung muß ich das Bild abtasten?".

DREWNIAK hat ein computerpräsentiertes Lernprogramm aus Text und Bildern mit solchen Instruktionen versehen. Eine Kontrollgruppe bekam keine solchen strategischen Hinweise.

Das Ergebnis zeigte entgegen den Erwartungen keinen Effekt der Instruktionen. Allerdings konnte festgestellt werden, daß besonders erfolgreiche Lerner von sich aus solche Strategien einsetzen; sie brauchen diese Instruktionen also nicht. Rezipienten, die nicht gelernt haben, mit Bildern strategisch umzugehen, können oder wollen anscheinend entsprechende Instruktionen nicht nutzen. In Interviews nach dem Versuch gab es Äußerungen wie „Ich möchte lieber selbst entscheiden, wie ich mit einem Bild umgehe." Alles in allem scheint ein strategisches Vorgehen bei der Verarbeitung von Bildern für die Mehrzahl der Rezipienten ungewohnt zu sein.

2.3.2 Wie sollten Kommentare zu Bildern gestaltet sein?

Die übliche Methode der verbalen Begleitung von Bildern ist neben der Beschriftung von Bildelementen die Bildlegende. Bedauerlicherweise ist die Kultur der Bildlegenden jedoch unterentwickelt. Die Mehrzahl der Legenden steuert nämlich nicht explizit die Bildrezeption, sondern ist kaum mehr als ein Untertitel. BERNARD (1990) spricht hier von deskriptiven Legenden.

Kognitionspsychologisch wären jedoch „instruktive Legenden" zu entwickeln, die gezielt die genannten Schwächen des piktorialen Codes kompensieren. Im Unterschied zu DREWNIAKS strategischem Ansatz verstehe ich unter instruktiven Legenden eine konkret auf das visuelle Argument des Bildes bezogene „Lesehilfe".

Instruktive Legenden sollten

- das visualisierte Argument prägnant formulieren (Hauptaussage)
- auf besonders informative Bildelemente hinweisen
- bei komplexen Bildern eine bestimmte Reihenfolge der Bildperzeption (Blickverlauf) anzeigen.

Solche Bildlegenden oder Bildkommentare findet man in instruktionalen Materialen kaum. Der Grund ist wohl darin zu suchen, daß auch die Autoren von Lernmaterialien der Überzeugung sind, Bilder seien wenig erklärungsbedürftig.

Ein Problem bei Text-Bild-Kombinationen ist die räumliche Trennung von Text und Bild. Bei den traditionellen Bildlegenden muß der Blick der Rezipienten zwischen Text und Bild hin- und herspringen. Deshalb spricht in Multimedia-Programmen vieles dafür, Kommentare zu Bildern auf dem Bildschirm nicht per Text, sondern auditiv per Sprache zu geben. Man kann dann beim Zuhören in Ruhe das Bild betrachten und muß nicht vom Bild zum Text springen (PAECHTER 1993; WEIDENMANN 1995).

3. Infografik: eine neue Form der Text-Bild-Kombination

Im letzten Abschnitt möchte ich auf eine relativ neue Form der Text-Bild-Kombination eingehen. Sie ist eine mögliche Antwort auf einige der genannten Probleme beim Wissenserwerb mit Bildern

und bei der verbalen Begleitung von Bildern. Gemeint ist die Infografik (KNIEPER, 1995). Man kennt diesen Typus von Informationsangebot aus Magazinen wie Spiegel, Focus oder Stern.
Hier ein Beispiel aus FOCUS (1995, S. 199, leicht verändert).

Typisch für Infografiken ist, daß Text- und Bildelemente nicht –wie bei Bild und Legende– räumlich getrennt, sondern ineinander montiert sind. Die Textteile werden direkt an jene Bildelemente plaziert, auf die sie sich beziehen. Typisch ist auch, daß Infografiken ein recht komplexes Argument visualisieren und verbalisieren. In der Regel geht es in einer Infografik um Konzepte und Relationen sowie um zeitliche Abläufe.

Kognitionspsychologisch zielen Infografiken auf die Konstruktion eines mentalen Modells (GENTNER & STEVENS 1983, DUTKE 1994). Das heißt, der Rezipient soll sich zu einem komplexen Realitätsausschnitt eine adäquate mentale Repräsentation konstruieren. Eine wichtige Eigenschaft von mentalen Modellen ist, daß sie mentale Simulationen ermöglichen. Man kann sich z.B. in Gedanken vorstellen, welche Auswirkungen es hat, wenn sich eine Größe im System ändern sollte. Jedes Verstehen eines komplexen Sachverhaltes setzt ein solches mentales Modell voraus. Infografiken sollen beim Verstehen eines komplexen Sachverhaltes helfen.

Vom Design her sind Infografiken in sich abgeschlossene Informationspakete aus Text- und Bildelementen. Die Vielfalt sowohl der Informationen als auch der Anordnung im zweidimensionalen Raum stellt erhebliche Anforderungen an die Rezipienten. Die Betrachter müssen sich entscheiden, wo sie mit der Verarbeitung beginnen und welchen Pfad sie durch die Infografik wählen. Sie müssen die Detail-Elemente in Elemente höherer Ordnung gruppieren und aus der Vielfalt ein kohärentes mentales Modell konstruieren. Erst dann ist das „visualisierte Argument" der Infografik auch verstanden.

In einem von der Deutschen Forschungsgemeinschaft geföderten Projekt untersuchen wir (WEIDENMANN, PAECHTER, HARTMANNSGRUBER) derzeit, wie Rezipienten an solche Infografiken herangehen. Das Beispiel (s. Abb.3) entstammt unserem Versuchsmaterial. Wir erfassen in einer ersten explorativen Studie, welche Verarbeitungspfade die Rezipienten durch eine Infografik wählen und ob sich ein Zusammenhang zwischen Pfaden und dem Verstehen und Behalten ergibt. In einer zweiten Studie prüfen wir, ob solche Infografiken besser verarbeitet werden, wenn man sie nicht komplett „auf einen Blick" – wie im Printmedium Focus – darbietet, sondern am Bildschirm Stück für Stück in einer bestimmten Abfolge.

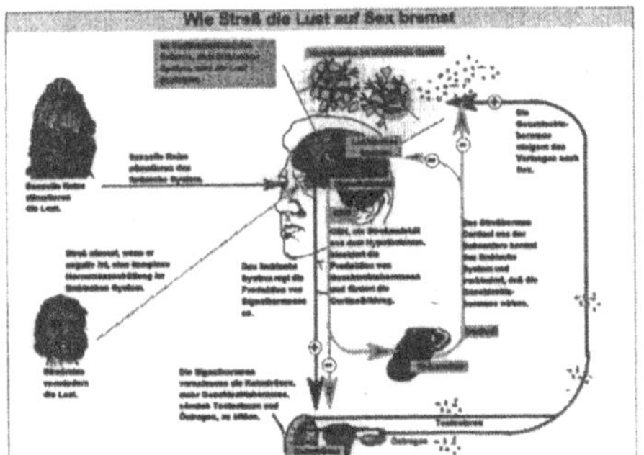

Abb. 3: Beispiel für eine Infografik, bei der Text und Bild auf eine besondere Weise miteinander verbunden werden (s. Text).

Wir vergleichen dabei zwei Sequenzierungsvarianten mit einer nicht-sequenzierten Version. Bei der Sequenzierung vergleichen wir ein „Step-by-Step-Modell" und ein „Zooming-Modell". Letzters orientiert sich am Elaborationsmodell von REIGELUTH (1983): man greift aus der Infografik zuerst einen Makro-Ausschnitt heraus und zeigt dann die Elemente dieses Makros Schritt für Schritt. Anschließend zeigt man wieder die Totale der Infografik und greift das nächste Makroelement heraus, das dann wieder Schritt für

Schritt im einzelnen gezeigt wird. Für die Konstruktion mentaler Modelle soll dieses Vorgehen nach REIGELUTH besonders geeignet sein. Wir vermuten daher, daß die REIGELUTH-Sequenzierung am erfolgreichsten verarbeitet wird. Außerdem erwarten wir, daß beide Sequenzierungsvarianten zu einer erfolgreicheren Text- und Bildverarbeitung führen als die nichtsequenzierte Darbietung der Infografiken, weil die Sequenzierungen ein Overload vermeiden und den Rezipienten die Arbeit abnehmen, selbst einen optimalen Pfad durch das Informationsangebot finden zu müssen.

Die Studien sind noch nicht abgeschlossen. Die Zwischenresultate sind jedoch überraschend. Wenn man die Probanden fragt, mit welcher Variante sie am liebsten und am besten lernen, nennen die meisten das Zooming-Modell. Faktisch wird jedoch mit dieser Variante unter unseren Versuchsbedingungen relativ am schlechtesten gelernt.

Erklärungsansätze für dieses noch vorläufige Ergebnis könnte die genaue Auswertung der ersten Studie erbringen, bei der wir untersuchen, welche Sequenzierungen die Rezipienten spontan bei Infografiken vornehmen. Es könnte sich herausstellen, daß der eine Rezipient diese, der andere jene Reihenfolge bevorzugt, das stehende Gesamtbild also den Vorzug hätte, daß jeder nach seinen Präferenzen vorgehen könnte.

Geplant ist, in einer dritten Studie instruktive auditive Bildkommentare –im Sinne der oben beschriebenen instruktiven Legenden– zu erproben. Der Lerner würde also auf das Gesamtbild blicken, während ihm auditiv bildbezogene Betrachtungshinweise (wie in der oben genannten Studie von WEIDENMANN 1988a, s.o. 1.2.1) gegeben würden. Der Wissenserwerb mit dem Gesamtbild könnte dadurch vielleicht noch besser werden. Außerdem wollen wir untersuchen, wie sich bei den Sequenzierungsvarianten eine freie Wahl des Tempos auswirkt. Die Lerner könnten durch die Entertaste selbst bestimmen, wann sie die nächste Bild/Text-Portion perzipieren wollen. Möglicherweise erhöht dies die Lernwirksamkeit besonders der komplexeren Zooming-Variante.

Insgesamt zeigen diese Überlegungen und Befunde, daß die Optimierung des Lernens mit Bildern eine lohnenswerte und herausfordernde Forschungsaufgabe darstellt. Es ist zu wünschen, daß mehr Pädagogen, Psychologen und Medienwissenschaftler sich dieser Frage annehmen.

Literatur

BALLSTAEDT, S.P., MANDL, H., SCHNOTZ, W. & TERGAN, S.O.: *Texte verstehen - Texte gestalten.* München: Urban & Schwarzenberg 1981

BERNARD, R.M.: Using extended captions to improve learning from instructional illustrations. *British Journal of Educational Technology* 21/3 (1990), 215-225

DREWNIAK, U.: *Lernen mit Bildern in Texten.* Münster, New York: Waxmann 1992

DUTKE, S.: *Mentale Modelle: Konstrukte des Wissens und Verstehens.* Göttingen: Hogrefe 1994

FOCUS: Wie Streß die Lust auf Sex bremst. *Focus*, 42 (1995), 199

FRIEDMAN, A.: Framing pictures: The role of knowledge in automatized encoding and memory for gist. *Journal of Experimental Psychology* 108 (1979), 316-355

GENTNER, D. & STEVENS, A. L.: *Mental models.* Hillsdale, NJ: Erlbaum 1983

GOMBRICH, E. H.: *Bild und Auge. Neue Studien zur Psychologie der bildlichen Darstellung.* Stuttgart: Klett-Cotta 1984

KNIEPER, T.: *Infographiken.* München: Reinhard Fischer 1995

PAECHTER, M.: *Sprechende Computer in CBT: eine didaktische Konzeption.* Bericht 1/93. Arbeiten aus dem Seminar für Pädagogik. Braunschweig: Technische Universität 1993

PETTERSON, R.: Visual Literacy und Infologie. In: WEIDENMANN, B. (Hrsg.): *Wissenserwerb mit Bildern: instruktionale Bilder in Printmedien, Film/Video und Computerprogrammen.* Bern: Huber 1994

PRESSLEY, M., BORKOWSKI, J.G. & SCHNEIDER, W.: Good information processing: What it is and how education can promote it. *International Journal of Educational research* 8 (1989), 857-867
REIGELUTH, C.M.: *Instructional-design theories and models: An overview of their current status.* Hillsdale, NJ: Lawrence Erlbaum 1983
REINKING, D., HAYES, D.A. & MCENEANEY, J.E.: Good and poor readers' use of explicitly cued graphic aids. *Journal of Reading Behavior* 20 (1988), 229-247
SALOMON, G.: *Interaction of media, cognition and learning.* San Francisco: Jossey-Bass 1979
SALOMON, G.: Television is „easy" and print is „tough": The differential investment of mental effort in learning as a function of perceptions and attribution. *Journal of Educational Psychology* 76 (1984), 647-658
LEVIE, W. H.: Research on Pictures: A Guide to the Literature. In: D.M. Willows & H. A. Houghton (Hrsg.): *The Psychology of Illustration. Vol. 1: Basic Research* (pp. 1-50). New York: Springer 1987
LEVIN, J. R., ANGLIN, G. J. & CARNEY, R. N.: On empirically validating functions of pictures in prose. In: WILLOWS, D.M./HOUGHTON, H.A. (Hrsg.), *The Psychology of Illustration. Vol. 1: Basic Research.* New York: Springer 1987
LEWIN, K., LIPPITT, R. & WHITE, R. K.: Patterns of aggressive behavior in experimental created social climates. *Journal of Social Psychology* 10 (1939), 271-299
WEIDENMANN, B.: *Psychische Prozesse beim Verstehen von Bildern.* Bern: Hans Huber 1988a
WEIDENMANN, B.: Der flüchtige Blick beim stehenden Bild: Zur oberflächlichen Verarbeitung von pädagogischen Bildern. *Unterrichtswissenschaft 16* (1988b), 43-57
WEIDENMANN, B.: Informierende Bilder. In: WEIDENMANN, B. (Hrsg.), *Wissenserwerb mit Bildern: instruktionale Bilder in Printmedien, Film/Video und Computerprogrammen.* Bern: Huber 1994
WEIDENMANN, B.: Multicodierung und Multimodalität im Lernprozeß. In: ISSING, L.J./KLIMSA, P. (Hrsg.): *Information und Lernen mit Multimedia.* Weinheim: Beltz-PVU 1995, 65-84

ANNEKATRIN KLOPP

Ein Mangel avanciert zum leitenden Prinzip — Das Konzept der Unsicherheit in Egon Brunswiks Wahrnehmungstheorie

BRUNSWIKS Wahrnehmungstheorie war während der 40er und 50er Jahre sehr umstritten. Doch gerade die Ideen, die den größten Widerstand seiner Zeitgenossen hervorriefen, sind heute eher anerkannt. So zum Beispiel die Idee des Zufälligen, des nur Wahrscheinlichen, des Unsicheren; diese Idee wurde besonders in der Psychologie der 40er und 50er Jahre in den USA nur als Mangel angesehen, denn sie spiegele, so die damalige Meinung, den Mangel an sicherem Wissen wider. BRUNSWIK aber stellte diesen Mangel in das Zentrum seiner Wahrnehmungstheorie. Was seine Wahrnehmungstheorie heute so interessant erscheinen läßt, ist der disziplinübergreifender Ansatz, da dieser gerade für die Kognitionswissenschaft einen Argumentations- und Erklärungsrahmen bieten kann.
Egon BRUNSWIK wurde 1903 in Budapest geboren. Er studierte in Wien Psychologie. Später arbeitete er als Assistent von K. BÜHLER und hatte enge Kontakte zu M. SCHLICK. 1935 – er hatte sich mittlerweile habilitiert – holte ihn E. C. TOLMAN für zunächst ein Jahr nach Berkeley an die University of California. Ab 1937 war er festes Mitglied der Berkeley Fakultät und blieb es bis zu seinem Tod im Jahr 1955. BRUNSWIK war Experimentalpsychologe, sein Schwerpunkt lag in der Wahrnehmungsforschung. Er besaß ein enormes Wissen über die Geschichte der Psychologie, über Philosophie und Biologie. Er war stets über aktuelle Entwicklungen in anderen Wissenschaftsdisziplinen informiert und er gehörte zu den ersten Psychologen, die die Relevanz der Kybernetik und der Kommunikationstheorie für die Psychologie erkannten. BRUNSWIKS Interessensgebiete – gerade auch in der Wahrnehmungsforschung – wechselten. Er kam aus der Wahrnehmungsforschung und blieb auch immer in ihr verhaftet, weitete aber seine Untersuchungen auf die Methodologie, die Geschichte der Psychologie und unter anderem auch auf die Sozialpsychologie aus. In allen diesen Bereichen forschte BRUNSWIK innovativ. Sein Anliegen war es immer, seine experimentelle Forschung theoretisch zu fassen. Nicht mit einem Mikromodell über einzelne Wahrnehmungsleistungen wollte er sich zufrieden geben, sondern er war immer versucht, seine Forschungsergebnisse in einen weiten Rahmen zu stellen. BRUNSWIK hat über einen Zeitraum von dreißig Jahren sehr viel veröffentlicht und seine Schriften und die in ihnen entwickelten theoretischen Konstrukte sind dem interessierten Leser zum Teil nur schwer zugänglich. Die Fülle seines Wissens, die vielen Querverweise, machen es schwer, sein Werk zu verstehen. Um den Zusammenhang aus den vielen verschiedenen Artikeln und Büchern herauszuschälen, erscheint es am sinnvollsten, sein Werk historisch zu betrachten, denn in einer historischen Analyse, wie sie z.B. von LEARY (1987) und GIGERENZER (1989) geleistet wurde, wird dieser Zusammenhang in seiner Theorie schon wesentlich faßbarer. Leary und Gigerenzer zeichnen ein Bild von BRUNSWIKS Werk, das viele lose Enden verknüpft und Ungereimtheiten als Phänomene von historischen Umständen und Entwicklungsprozessen sieht.
Es soll hier nun versucht werden, mit der historischen Analyse in der Hinterhand, BRUNSWIKS Wahrnehmungstheorie systematisch zu rekonstruieren und damit aufzuzeigen, daß sein (faszinierender) Ansatz, wenn er ersteinmal handhabbar gemacht worden ist, auch der heutigen Forschung zu neuen Fragestellungen und Problemlösungen verhelfen könnte. Es wird sich meines Erachtens herausstellen, daß BRUNSWIKS Ideen der Kognitionsforschung einen gemeinsamen theoretischen Rahmen liefern könnten.

1. Einleitung

Brunswik nannte seinen Ansatz probabilistischen Funktionalismus, dessen Ausgangspunkt eine darwinistische Sicht der Wahrnehmung war. Er machte hier die Unsicherheit zum Kernstück seiner Theorie.

Brunswik stellt das Lebewesen (er redet selten vom Menschen, eher vom Organismus) und die Umwelt (gemeint als Welt, Realität, physikalische Welt) als ein System, eine Einheit vor. Dabei ist die Umwelt der primäre Teil, die primäre Einheit, an die sich das Lebewesen während seiner phylo- und ontogenetischen Entwicklung anpassen mußte. Um die Leistungen des Lebewesens feststellen und beurteilen zu können, (d.h. um Psychologie bzw. Wahrnehmungsforschung betreiben zu können) muß zu allererst untersucht werden, welche für das Lebewesen relevanten Eigenschaften die Umwelt besitzt und auf welche Art sie dem Lebewesen zugänglich ist. Brunswiks Ansatz läßt sich in zwei Komponenten zerlegen. Die eine ist die *topographische* Komponente, die andere die *dynamische* oder Prozeßkomponente.

Die *topographische Komponente* stellt Brunswik in seinem Regionenmodell vor.

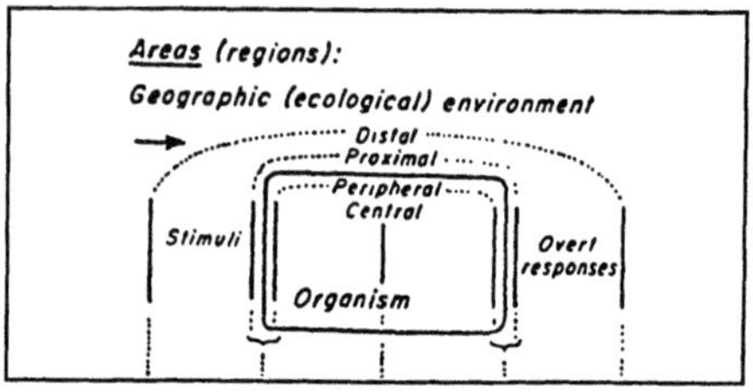

Abb. 1: Das Regionenmodell (aus: Brunswik 1952, 52)

Im Zentrum der Darstellung liegt der Organismus, um ihn herum, ihn einschließend, liegt die Umwelt. Der Organismus besitzt eine periphere Region (die sensorische Oberfläche) und eine zentrale Region. In der Darstellung liegt links vom Organismus die Wahrnehmungswelt und auf der rechten Seite die Handlungsumwelt. Diese beiden Aspekte der Welt spalten sich wiederum in zwei verschiedene Regionen. Die eine – nah am Organismus – nennt Brunswik die proximale Region, die andere, dahinter- bzw. weiter entfernt liegende Ebene nennt er distale Region.

Die andere Komponente seines Ansatzes, die *dynamische Komponente* oder Prozeßkomponente kommt in Brunswiks Linsenmodell zum Ausdruck. Dieses Linsenmodell soll ganz allgemein die Wahrnehmungs- und Verhaltensleistungen von Lebewesen charakterisieren. Diese Leistung besteht für Brunswik in der aktiven, vom Organismus ausgehenden Koppelung des Organismus an die Dinge und Ereignisse in der Welt. Der Organismus hat keinen direkten Kontakt zu den Objekten der Welt (der distalen Region), sondern nur zur Oberfläche der Umwelt (proximale Region), die in einer nicht eindeutigen Beziehung zu den Objekten steht. Der Wahrnehmungseindruck von den Dingen selbst ist aber wieder eindeutig. Dieser Zusammenhang zwischen dem Objekt, seinen mehrdeutigen Projektionen (Netzhautbild) und dem darauffolgenden eindeutigen Wahrnehmungseindruck skizziert das Feld der Wahrnehmungskonstanzforschung. Brunswiks Linsenmodell stellt dieses zeichnerisch dar:

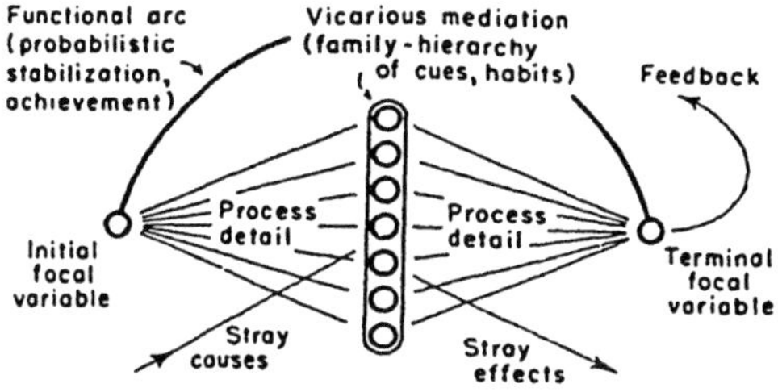

Abb. 2: Das Linsenmodell (aus: BRUNSWIK 1952, 20)

Ganz links liegt der Ausgangs(brenn)punkt des Wahrnehmungs- oder Verhaltensprozesses. Ganz rechts liegt der End(brenn)punkt des Prozesses. Diese beiden Brennpunkte bilden den funktionalen Rahmen von BRUNSWIKS probabilistischen Funktionalismus. Die Wahrnehmung (-sleistung) läßt sich für BRUNSWIK nun als stabilisierte Verbindung zwischen diesen Brennpunkten beschreiben. Der Wahrnehmungsprozeß selbst, als eine Aktion des Organismus, beginnt bei den mehrdeutigen Projektionen auf der proximalen Ebene. Und die Leistung des Organismus liegt in der aktiven Unsicherheits- bzw. Mehrdeutigkeitsreduzierung.

2. Die Umwelt

Ganz unabhängig davon, ob man Umweltpsychologie oder Kognitionsforschung betreiben will, muß die Umweltanalyse generell die konzeptionelle, theoretische Möglichkeit eröffnen, beide Systeme – Organismus und Umwelt – in einem durchgehenden Beschreibungssystem zu erfassen. Dafür muß ein hinreichend genaues Modell der Umwelt entwickelt werden. Dies ist eines der wichtigsten Anliegen BRUNSWIKS.

Wie im Regionenmodell (s. Abb. 1.) gezeigt, teilt BRUNSWIK die Welt bzw. Umwelt in zwei Bereiche auf, in den Oberflächenbereich (die proximale Ebene) und in den Tiefenbereich (die distale Ebene). Dadurch, daß er die Umwelt, die Welt in zwei Bereiche aufteilt, in Oberfläche und Tiefe, hat er die Möglichkeit, schon in der Umwelt die „objektiven" Anteile der Welt, die der Dinge und Ereignisse, die der meßbaren Gegenstände, von den mehr „subjektiven", d.h. perspektivischen Anteilen der Welt zu trennen. Dadurch kann man bei der Beantwortung der Frage, ob die Welt so ist, wie man sie sieht, nicht mehr von einer einfachen Gleichsetzung bzw. Ungleichsetzung von Welt und Wahrnehmungswelt ausgehen. Hier ist jetzt noch eine Ebene zwischen die „eigentliche" Welt und den Betrachter gelegt. Eine Ebene, die eindeutig zur Welt gehört, von der Welt der Dinge und Ereignisse verursacht wird, in der aber trotzdem nicht alles so abgebildet wird wie es ist. Die Oberfläche (proximale Ebene, Projektion) ist zwar abhängig von der distalen Ebene, d.h. sie wird von ihr verursacht; wie aber eine bestimmte Szene der distalen Ebene in der Projektion erscheint, hängt von der Lage der Projektionsebene ab, hängt davon ab, wo sich der Beobachter befindet. Hier findet sich der Grund für die Zweiteilung der Welt in BRUNSWIKS Ansatz. Die Beziehung zwischen Ding und Projektion des Dinges ist zwar kausal, aber nicht eindeutig. Und hier liegt auch die Wurzel aller Unsicherheit, die dann auch zu Täuschungen führen kann.

2.1 *Die distale Region*

In BRUNSWIKS Charakterisierung der distalen Region geht es im weitesten Sinne um meßbare Entitäten, Eigenschaften von Dingen bzw. Bündel von Dingeigenschaften. Jetzt fragt sich, wenn es hier nur um Messungen geht, welche Körnung, welche Ereignis- oder Dinggröße soll oder kann betrachtet werden. Hier liefern die verschiedenen physikalischen Naturwissenschaften auf unterschiedlichen Ebenen unterschiedlich große Beschreibungseinheiten. Desweiteren wird hier der Zusammenhang der Dinge und Ereignisse untereinander in der distalen Region interessant. Auch hier können wieder die verschiedenen physikalischen Disziplinen unterschiedliche Lösungen liefern. Die kausalen Strukturen einer im Prinzip wahrnehmbaren Welt müssen aber, zumindest in ihrer Aufbereitung für die Ökologie bzw. Psychologie, in einer „mesokosmischen" Beschreibungsebene enden. Egal auf welcher Ebene man beobachtet, die Dinge der Welt stehen alle (in unterschiedlichem Ausmaß) miteinander in Beziehung, es gibt keine Einheit, die isoliert vorkommt. Auch hier muß, wenn man das kausale Gefüge der distalen Welt beschreiben will, das Forschungsziel die Beschreibungsebene festlegen. Es ist also nicht einfach zu sagen, was denn genau die distale Region ist. Sie ist kein einheitliches Gefüge. Sie läßt sich in ihrer Gesamtheit nicht einheitlich beschreiben, aber sie ist der (einzige) Ankerpunkt einer objektiven Analyse, denn nur anhand von Messungen stellen wir die Diskrepanz von Welt und Wahrnehmungswelt fest.

2.2 *Die proximale Region*

Der andere Bereich ist der Oberflächenbereich der Umwelt; er ist derjenige Bereich, der allein dem Lebewesen zugänglich ist; ihn nennt BRUNSWIK die proximale Region. Sie läßt sich denken als Projektionsebene. Es ist die Einführung einer beobachterabhängigen Perspektive. Die Dinge der distalen Welt projizieren durch reflektierte Strahlen ihre „Abbilder" überall hin, also auch zu (möglichen) Beobachtern. Den Beobachtern oder Lebewesen sind nur diese „Abbilder" bzw. Projektionen zugänglich. Die ihnen innewohnenden Strukturen, Muster, Zusammenhänge, die projektiven Regularitäten, also Ordnungen – oder die „Unordnungen" – liefern dem Wahrnehmenden gute oder schlechte Hinweise auf die distale Ebene. Hier ist es notwendig, die Strukturen dieser Ebene zu untersuchen. Zum einen kann die proximale Region einzeln, d.h. relativ unabhängig von der distalen Ebene untersucht werden. Zum anderen kann sie direkt in Beziehung zur distalen Ebene untersucht werden. BRUNSWIKS eigener Schwerpunkt lag in der zweiten Untersuchung. Auf der Qualität der Beziehung, der Relation der beiden Bereiche, lag sein Augenmerk. Das Ausmaß des Zusammenhangs zwischen diesen beide Bereichen nannte BRUNSWIK ökologische Validität.

Eine relativ isolierte Untersuchung der proximalen Ebene hat GIBSON (1982) erbracht. GIBSON versuchte in seiner ökologischen Optik die Zusammenhänge in der proximalen Ebene (als die einzig relevante Ebene, die ohne expliziten Bezug zur physikalischen Welt steht) umfassend zu beschreiben. Die Ergebnisse, die er aus der Anwendung seiner „ökologischen Optik" erhielt, sind für die Analyse der proximalen Ebene von hervorragender Bedeutung. BRUNSWIK selbst betrachtete z.B. das gestaltpsychologische Gesetz der Nähe als ein proximales Muster, welches einen engen Zusammenhang (d.h. es ist ökologisch sehr valide) mit den zusammengehörigen Einheiten in der distalen Region steht, d.h. Nähe im proximalen Muster zeigt relativ zuverlässig Gegenstände oder andere zusammengehörige Einheiten in der Tiefe der Welt an. In seiner Untersuchung (BRUNSWIK 1956) zeigte er experimentell, daß das Gestalt-Gesetz der Nähe, nicht als autochthoner Prozeß angesehen werden muß, sondern ein funktional nützlicher Hinweisreiz ist, der über generalisiertes Wahrscheinlichkeitslernen angeeignet wird.

2.3 Die Interaktion der beiden Umweltbereiche

Die distale Ebene verursacht die Erscheinungen der proximalen Ebene bzw. die proximale Ebene ist die Projektionsebene der distalen Ebene, aber die Beziehung zwischen ihnen ist nicht eindeutig, sondern in beide Richtungen mehrdeutig. Es verursachen dieselben Dinge unzählbar viele (mehr oder weniger) verschiedene Projektionen, während sich die Projektionen unterschiedlicher Dinge sehr ähneln können (oder sich sogar vollkommen gleichen). Um die Beziehungen der beiden Regionen zu fassen, entwickelte BRUNSWIK ein quantitatives Maß für den Zusammenhang ihrer Beziehung und nannte es ökologische Validität. Ein Muster auf der proximalen Ebene hat eine hohe ökologische Validität, wenn sein Auftreten in einem relativ stabilen Zusammenhang mit dem Auftreten eines bestimmten Sachverhaltes in der distalen Ebene zusammenhängt. Dieses Ausmaß des Zusammenhangs stellte BRUNSWIK über Korrelationen fest. Ein hoher Korrelationskoeffizient zeigt eine stabile Beziehung zwischen einem Ereignis auf der distalen Ebene und einer Projektion auf der proximalen Ebene an. Wenn zwei Ereignisse einen hohen Korrelationskoeffizienten haben, d.h. die Beziehung ökologisch valide ist, heißt das noch lange nicht, daß sie es für immer und ewig und unter allen Umständen sind. Wenn man die Umwelt wechselt, sich also von einer Nische zu einer anderen begibt, dann kann die Beziehung zwischen dem spezifischen Muster und dem Ding auf der proximalen Ebene ganz anders sein, entweder weil dasselbe Muster von einem anderen Ereignis verursacht wird oder weil das Ereignis, das in der anderen Umwelt jenes Muster verursacht, in dieser Umwelt andere Muster verursacht. So könnte man annehmen, daß Gibsons grundlegendes Bezugssystem mit den Einheiten „Boden-Himmel-Horizont“ als valide Beschreibung der proximalen Ebene, wahrscheinlich nur auf dem Übungsgelände der Air-Force in der Wüste von Nevada ökologisch valide ist. Es stellt sich die Frage, was fängt man mit dem Konzept Himmel oder Horizont im Dschungel an, welchen Sinn, welchen Hinweiswert haben dort die Texturmerkmale, konvergierende Linien u.a. Ist seine Ausarbeitung der ökologischen Optik vielleicht doch kein allgemeiner Bezugsrahmen, sondern einer, der ökologisch valide Beschreibungen speziell von großen Ebenen liefert? Man kann also die Beziehungen der beiden Regionen in unterschiedlichen Umwelten messen (Biotopforschung), man kann aber auch, wie oben schon angedeutet, elementare Reizmuster untersuchen in ihrem Verhältnis zur distalen Ebene, wie BRUNSWIK dies mit den Gestaltgesetzen versucht hat. Auch hier gilt wieder, was für die beiden einzelnen Bereiche schon galt: die Frage nach der Analyseeinheit sollte grundsätzlich nicht beschränkt sein und aus der spezifischen Fragestellung heraus festgelegt werden. Die Kritik an BRUNSWIKS Ökologiekonzept, welches einigen zu schwammig erscheint (z.B. GORDON 1989, 89), ist insofern nicht angebracht, als daß BRUNSWIK mit seinem Regionenmodell, d.h. mit seinem Konzept der Trennung von Oberflächen- und Tiefenebene und seiner Betrachtung der distalen Ebene, die Reichweite seines Modells so wenig wie möglich einschränken wollte, sie andererseits aber so „objektiv“ wie möglich konstruieren wollte. Der Begriff Ökologie erhält erst seinen Gehalt und seine Berechtigung im Zusammenspiel des Lebewesens mit der Welt und ihren zwei Ebenen. BRUNSWIK gibt nicht an, was die Ökologie im allgemeinen ist, sondern gibt das Verfahren an, mit dem man diesen Begriff mit Leben bzw. Inhalt füllen kann. Daß der Ökologiebegriff sich so flexibel bestimmen läßt, birgt auch Vorzüge, wenn die kulturelle und soziale Umwelt miterfaßt werden soll.

3. Das Lebewesen

Bis jetzt hatten wir es noch nicht mit dem ureigensten Gegenstand der Psychologie zu tun. Die Überlegungen „Was macht das Lebewesen aus?“, „Wie funktioniert es?“, lassen sich für BRUNSWIK nicht im „luftleeren Raum“ anstellen. Das Lebewesen bedarf zu seiner Bestimmung (zur Bestimmung seiner Leistungen und Fähigkeiten) der Umwelt, die nicht es selbst ist, die sich von ihm absetzt (die vielmehr – relativ zu ihm – Objekt ist).
Die Konzeption des Lebewesens läßt sich aus BRUNSWIKS Umweltkonzeption ableiten, da die Umwelt dem Lebewesen sowohl historisch, als auch logisch vorausgeht. Das Lebewesen ist als biologisches Wesen Teil der Welt und von ihr abhängig und deswegen muß es sich auf die Welt beziehen, es muß die Welt wahrnehmen, um überleben zu können. Überleben kann dann definiert werden als ein Zustand, der über die Erstellung stabiler Beziehungen zur (lebensrelevanten) Umwelt realisiert wird. BRUNSWIK geht davon aus, daß unsere Wahrnehmung so zuverlässig ist, daß sie unser Überleben (bis jetzt) ermöglicht hat. Das heißt es gibt eine, wie auch immer geartete Beziehung zwischen der von uns unabhängigen Welt und unseren Wahrnehmungen und diese gilt es zu erforschen. Aufgrund dieser biologischen Relevanz ergibt sich die Intentionalität, die Gerichtetheit von Wahrnehmung. Wahrnehmung bezieht sich nicht auf Reize oder Projektionen (also auf die proximale Ebene), sondern auf die Welt, auf Dinge und Ereignisse (also auf die distale Ebene). Wir stehen zwar im Kontakt zur Welt, die vor uns da war und an die wir uns (im Laufe der Evolution) anpassen mußten, nur ist dieser Kontakt nicht direkt, denn zu der distalen Ebene der Welt, zu den Dingen, haben wir nur über ihre Projektionen Zugang. Das Lebewesen hat nun, ähnlich der Welt, eine Oberflächenebene, die von BRUNSWIK periphere Region genannt wird und eine Tiefenebene, die von ihm zentrale Region genannt wird.

3.1 Die periphere Region

Die periphere Ebene umfaßt die sensorische Oberfläche des Lebewesens, seine Rezeptoren. Sie ist die Ebene, auf die die Reize, die Projektionen der distalen Ebene auftreffen. Sie markiert den Punkt, an dem die physiologische Reizaufnahme und Weiterleitung stattfindet bzw. anfängt. Sie war BRUNSWIK lange Zeit nur als Markierungslinie zwischen Umwelt und dem kognitiven Bereich des Lebewesens wichtig. Er meinte, bevor die Wahrnehmungsleistungen des Organismus, die sich aus dem Wechselspiel von Umwelt und Organismus ergeben, nicht hinreichend untersucht worden sind, ist das psychologische Engagement bei physiologischen Fragen verfrüht. Da nach BRUNSWIKS Modell der Rezeptoroberfläche nur mehrdeutige Reize zur Verfügung stehen, die zum Teil eine Hierarchie bezogen auf ihre Aussagekraft über distale Ereignisse bilden, kann man hier nicht einfach irgendwelche sensorischen Wege erforschen, analysieren und dann auf ein durchschlagendes Ergebnis hoffen. Die physiologische Forschung, soweit sie die Psychologie betrifft, muß von einer Theorie, die den Wahrnehmungsprozeß funktional erfaßt, d.h. die Wahrnehmungsleistungen vom fokalen Ausgangspunkt zum eindeutigen Wahrnehmungseindruck beschreibt, den Rahmen gesetzt bekommen, in dem dann die Erforschung der physiologischen Vermittlungsprozesse stattfindet. Die Frage, wie diese Beziehung physiologisch realisiert wird, muß nach einer funktionalen Analyse kommen. Für BRUNSWIK waren die physiologischen Prozesse nur Vermittlungsprozesse, daß dies heutzutage nicht mehr so gesehen werden kann, tut seinem Modell keinen Abbruch; denn welche Rolle sie auch spielen, sie liegen zwischen der proximalen Ebene und der zentralen Ebene. Und wieviel sie auch dem kognitiven Anteil entreißen können, das System im allgemeinen bleibt erhalten. Hierin ist auch wieder ein Vorteil eines funktionalistischen Modells zu sehen.

3.2 Die zentrale Region

Die zentrale Ebene ist die Ebene des Psychischen, die Ebene der geistigen Prozesse, der Kognition. Also der Bereich, in dem der Prozeß der Wahrnehmung endet, in dem das Denken zu Hause ist, in dem Gedächtnis, Motivation, Lernen und all die anderen psychischen Prozesse ablaufen. Hier wären auch Lewins Feldtheorie oder Bischof Berkeleys Weltkonzeption zu finden. Die verschiedenen Aspekte der zentralen Ebene werden von BRUNSWIK, soweit er sie behandelt hat, über Leistungsunterschiede, also funktional unterschieden. So hat er z.B. das Wahrnehmen und das Denken aufgrund unterschiedlicher Fehlerverteilungen bei Entfernungsbeurteilungsaufgaben dissoziiert. BRUNSWIK hat keine Theorie des Psychischen entwickelt, in der die Struktur der Psyche bestimmt wird, sondern er hat versucht, die Aspekte des Psychischen in seinen theoretischen Rahmen aufzunehmen, die einer funktionalen Analyse zugänglich sind. Auch hier gilt wieder, was schon zu den anderen Regionen seiner Theorie gesagt wurde: seine Theorie ist offen für Erweiterung, die Arbeit ist noch nicht beendet und der Rahmen seiner Theorie läßt vielfältige Differenzierungen auch auf dieser Ebene zu. Sie müssen auch nicht immer Ergebnis einer funktionalen Analyse sein. So hat sich BRUNSWIK (z.B. 1952, 55-60) sehr intensiv mit der Einordnung der Psychoanalyse in sein Modell beschäftigt.

4. Die Interaktion von Umwelt und Organismus

Das Lebewesen steht nun in dieser Welt und muß in ihr leben, d.h. wahrnehmen und handeln. Ihm ist aber nur die Oberfläche der Welt zugänglich. Die Wahrnehmung und das Verhalten müssen sich aber auf die Dinge der distalen Ebene beziehen. Wie gezeigt wurde, ist die Beziehung zwischen distaler und proximaler Ebene für BRUNSWIK nicht eindeutig, sondern unsicher. Wäre die Beziehung zwischen den beiden Ebenen eineindeutig, dann könnte das Lebewesen das Muster auf der proximalen Ebene als 100%igen Indikator für das ihn verursachende Objekt oder Ereignis auf der distalen Ebene nehmen. Da die Beziehung nun aber weder eineindeutig noch eindeutig ist, sind die jeweiligen proximalen Muster weniger zuverlässige Hinweise auf die distale Ebene. Aus der Konzeption der Umwelt, der ihr innewohnenden Unsicherheit, ergibt sich für das Lebewesen unter der Voraussetzung, daß es sich auf die Dinge und Ereignisse in der Welt bezieht, nur eine Möglichkeit mit der Unsicherheit auf der Umweltseite umzugehen: es muß die Unsicherheit, die im proximalen Muster steckt, reduzieren, die Mehrdeutigkeiten in Eindeutigkeiten überführen. Das Lebewesen muß eine kompensatorische Strategie entwickeln. Die allgemeine organismische Strategie liegt in der Unsicherheitsreduzierung und sie wird in BRUNSWIKS Linsenmodell (s. Abb. 2) schematisch dargestellt. Das wahrzunehmende Objekt, als Ausgangspunkt des Wahrnehmungsprozesses (initial focus) streut seine Effekte in die Umwelt. Diesen Prozeß nennt BRUNSWIK „vicarious mediation", bei dem sich ein Objekt über verschiedene Abbilder, Projektionen oder Hinweise dem Betrachter vermittelt. Auf der rechten Seite der Linse bildet der Wahrnehmungseindruck den Endpunkt des Prozesses (terminal focus). Den Prozeß des Konvergierens der „Strahlen", nennt er "vicarious functioning", der zum einen das Gegenstück zur „vicarious mediation" darstellt; wenn ein Objekt in der Welt über nicht eindeutige Abbilder vermittelt wird, müssen sich die Abbilder als Hinweise auf das Objekt untereinander austauschen lassen, wenn zum Beispiel die Entfernung eines Objektes zum Beobachter beurteilt werden soll, d.h. zum Wahrnehmungs-"Gegenstand" wird, gibt es eine Reihe von Hinweisreizen, die zur Ermittlung der Entfernung herangezogen werden können. Die Hinweisreize können nun aber auch gegenseitig ausgetauscht werden; so kann der Ort eines Objektes über konvergierende Linien als Anzeichen für die Entfernung bestimmt werden oder über die Anzahl dazwischen liegender Objekte. Die Entfernungshinweise lassen sich gegenseitig austauschen, wenn auch nicht alle gleich zuverlässig sind. Allgemein ist aber bei BRUNSWIK mit „vicarious functioning", nicht die Ersetzbarkeit eines einzelnen Hinweisreizes gemeint, sondern das generelle (organismische) Prinzip der Überleitung vom Mehrdeutigen zum Eindeutigen. Dieser Prozeß kann vielfältig realisiert werden. BRUNSWIK geht es darum, mit diesem Begriff festzuhalten, daß es diese vielfältigen Möglichkeiten bei jedem einzelnen Prozeß gibt und sie sozusagen als *Möglichkeitsraum der Wahrnehmung* gesehen werden können.

4.1 Der Prozeß des Wahrnehmens

BRUNSWIK nimmt zwei entgegengesetzte Prozesse für das Zustandekommen der Wahrnehmung an. Auf der einen Seite findet ein Prozeß von der (Um-)Welt hin zum Lebewesen statt. Dieser Prozeß ist kausal, d.h. die Dinge und Ereignisse der distalen Ebene verursachen die Projektionen bzw. die Reize auf der proximalen Ebene. Aber er ist auch mehrdeutig und ungerichtet, d.h. die Dinge verursachen nicht nur eine Projektion, sondern unendlich viele, an unendlich vielen Orten. Das Lebewesen muß zur selben Zeit aktiv den Weg der kausalen Kette von der proximalen Ebene zu der ihm nicht direkt zugänglichen distalen Ebene, zur Welt, zu den Dingen zurückverfolgen. Es muß die kausale Kette rekonstruieren, rückwärts extrapolieren. Es muß aus den nicht eindeutigen Projektionen der proximalen Ebene auf die Dinge in der Welt schließen. Da die Beziehungen zwischen proximaler und distaler Ebene vielfältig und unsicher sind, kann es hier keine festen, starren Rechenvorschriften, Zuordnungsvorschriften geben, die aus dem proximalen Muster, das dahinterliegende distale Ereignis sicher und zuverlässig ermitteln. Dieses Rekonstruieren hat, wenn es auch nicht über feste Algorithmen läuft, die Eigenschaften des (statistischen) Urteilens:

> All imperfections notwithstanding, the use of cues and the taking into account of several variables at the same time injects an element of reasoning into the stabilization mechanisms. Implicit reasoning of this kind may readily be made explicit by modern 'cybernetics', or in 'mathematical biophysics'. In the field of the perceptual constancies, it has first been recognized in Helmholtz' doctrine of 'unconscious inference' (BRUNSWIK 1952, 23f).

Dieses implizite, nicht bewußte Urteilen in der Wahrnehmung, dieses quasi-rationale, vernunftähnliche Urteilen realisiert sich über Wahrscheinlichkeitsschlüsse. Der Zusammenhang zwischen einem Muster auf der proximalen Ebene und einem distalen Ereignis kann hier über die Erfahrung, die vergangenen relativen Häufigkeiten der Koppelung beider erfaßt werden, deren Überprüfung in der Vergangenheit auch über Handlungen stattgefunden haben kann, d.h. nicht nur durch passives Registrieren, sondern auch durch aktives, planvolles „Testen" eines Zusammenhanges. Dies ist die dem Lebewesen einzig zugängliche Charakterisierung der Beziehung der beiden Ebenen. Dieser Erfahrungswert gibt dann das Ausmaß an, mit welchem das vorliegende Muster auf einen bestimmten Gegenstand in der distalen Ebene hinweist. Wenn der Hinweis nicht ausreicht, müssen mehrere Hinweise gesammelt werden, bei denen dann bei ähnlicher Zuverlässigkeit die Notwendigkeit besteht, einen von ihnen auszuwählen oder alle zu kombinieren oder neu zu gewichten. Das Lebewesen muß also die Beziehung zur distalen Ebene schätzen und für diese Schätzungen gewichtet es die proximalen Muster durch seine Erfahrungswerte, durch die vergangenen relativen Häufigkeiten. Das Lebewesen agiert also als intuitiver Statistiker. „Here it is the environment which is being tested by the reacting organism, rather than vice versa as in 'test reliability'" (BRUNSWIK 1952, 23). BRUNSWIK faßt das bisher Gesagte folgendermaßen zusammen:

> Because of this environmental ambiguity, no matter how smoothly the organismic instruments and mechanisms may function, relationships cannot be foolproof, at least as far as those connecting with the vitally relevant more remote distal regions of the environment are concerned. This intrinsic lack of perfection, that is of univocality, will on the whole be greater the more wide-spanning the relationships involved are. The only way in which perfection could be secured would be by control over all the remaining conditions which would possibly become relevant in the given case. This however is something the reacting organism cannot do for lack of time if not for other more serious reasons – and thus something which the psychologist who wishes to catch and rationally to reconstruct organismic achievement at large, with all of its faults and fallacies, should also not do. All a finite, sub-divine individual can do when acting is – to use a term of Reichenbach – to make a posit or wager. The best he can do is to compromise between cues so that his posit approaches the 'best bet' on the basis of all the probabilities, or past relative frequencies, of relevant interrelationships lumped together (BRUNSWIK 1943, 258f).

Das Lebewesen kann auch, wenn es keine Hierarchie in der Zuverlässigkeit der Hinweisreize gibt oder das Lebewesen sie (noch) nicht erstellt hat, den stabilen Wahrnehmungseindruck auch über einen Kompromiß erreichen (BRUNSWIKS Münzexperimente von 1934). Die Hinweisreize der distalen Ebene bilden bezogen auf eine spezifische Umweltsituation eine Hierarchie, deren Rangordnung sich aus den ökologischen Validitäten ergibt. Für den Organismus aber bilden dieselben Hinweisreize, nun auf der Organismusseite, also auf der peripheren Ebene eine abweichende Rangordnung, denn sie wird vom Lebewesen selbst, d.h. über eigene Erfahrungen mit diesem speziellen Zusammenhang gebildet oder errechnet. So kann es durchaus sein, daß ein ökologisch sehr valider Hinweis vom Lebewesen nicht genutzt wird und ein nicht so valider dann zur Erreichung der Wahrnehmungsleistung beiträgt. Die Beziehung zwischen einem Ereignis oder Objekt in der distalen Region und einer bestimmten Wahrnehmung nannte BRUNSWIK funktionale Validität (dessen quantitatives Maß die relative Häufigkeit der Koppelung von spezifischer Wahrnehmung und distalem Ereignis ist). Mit all der Komplexität und Vielfältigkeit, den systematischen und statistischen Zusammenhängen, die in der Umweltanalyse dargestellt wurden, muß das Lebewesen fertig werden. Das kann es nur mit einer flexiblen Strategie, die es ermöglicht, auch mit Ungewöhnlichem, Neuem und Unerwartetem ebenso wie mit Unsicherem auf möglichst schnelle und unkomplizierte Art umzugehen. Ein Teil dieser Arbeit mag über festgeschriebene Rechenschemata ablaufen, aber ein Großteil der Wahrnehmungsleistung muß es ermöglichen, mit Unsicherheit umzugehen, mag sie aus einer bekannten, aber unsicheren Umwelt entstammen oder aus einer Umwelt, deren interne Beziehungen noch nicht über generalisiertes Wahrscheinlichkeitslernen bewertet wurden. Es muß darüber hinaus auch so schnell wie möglich reagieren können, so daß auch für diese Notwendigkeit eine lange und genaue Berechnung nicht in Frage kommen kann. Auch hier geht die Schnelligkeit und Unsicherheit vor Präzision.

> [...] any organism has to cope with an environment full of uncertainties. Forced to react quickly or within reasonable limits of time, it must respond before direct contact with the relevant remote conditions in the environment (BRUNSWIK 1952, 22).

Mit BRUNSWIKS Art die Wahrnehmung zu charakterisieren, lassen sich auch die Prismenversuche von Erismann und Kohler gut fassen. Die Versuche zeigen, daß es diese fixierten organismischen Berechnungen, die die Beziehung zwischen proximaler Ebene und distaler Ebene herstellen sollen, nicht geben kann, denn die Fähigkeit zur Adaption würde für jede neue Relation von proximalem Muster und distaler Ebene einen neuen Satz fertiger Algorithmen erfordern und woher sollten diese neuen Algorithmen kommen, sie können sich ja auch nicht stammesgeschichtlich entwickelt haben. Was sich bei den Prismenversuchen ändert sind die Verhältnisse auf der proximalen Ebene und ihre Beziehungen zur distalen Ebene. Und wir sind anscheinend jederzeit (nicht nur im Säuglingsalter) in der Lage diese neuen Beziehungen zu lernen, sie uns anzueignen. Hier müssen für die einzelnen proximalen Muster die Gewichtungen neu entwickelt werden, die relativen Häufigkeiten neu bestimmt werden. Unser visuelles System ist in der Lage über völlig veränderte proximale Muster in neuen stabilen Kontakt zur Welt zu treten. Dies zeigt wie außerordentlich flexibel das Wahrnehmungssystem ist, genau wie BRUNSWIK es behauptete: es gibt wohl einige „feste Verdrahtungen" im Wahrnehmungssystem, die über überdauernde physikalische Invarianten, als Konstanten genetisch festgeschrieben wurden. Aber im Generellen ist das Wahrnehmungssystem, da es ständig mit Unsicherheiten umgehen muß, so flexibel, daß es auch größere globale Veränderungen meistern kann. Mit einem kleinen thematischen Schlenker kann man hier noch festhalten, daß der Begriff der Information in BRUNSWIKS Ansatz sich erst aus der stabilisierten Beziehung zwischen Lebewesen und Welt ergibt. Der Input in BRUNSWIKS System hat noch keine Bedeutung für das Lebewesen, auch wenn er von bestimmten Dingen verursacht wurde. Er ist noch nicht Information. Die Bedeutung erlangt der Input erst oder wird erst zur Information dadurch, daß die Beziehung zum Objekt über „Erfahrung", über generalisiertes Wahrscheinlichkeitslernen, einen gewissen „Wert", eine Gewichtung besitzt. Nicht der Input selbst zeigt die Beziehung an, sondern die relative Häufigkeit, mit der er mit einem bestimmten Objekt oder Ereignis assoziiert ist und die steckt nicht im Ding selbst und auch nicht im proximalen Muster. Das steht ganz im Gegensatz zu Gibsons Ansatz. Seine Konzeption der Umwelt liefert einen Informationsbegriff, dessen einzige Quelle direkt in der Umwelt liegt. Die Information in Gibsons System „liegt" in der Welt und der Wahrnehmende muß sie einfach nur aufnehmen.

4.2 Integrationsfähigkeit als allgemeines kognitives Prinzip

BRUNSWIK zeigt in seinem Ansatz, wie die mehrdeutigen, untereinander austauschbaren Wahrnehmungshinweise vom Lebewesen so integriert werden, daß sie zu einem eindeutigen und zuverlässigen, überlebensichernden Wahrnehmungseindruck führen. Diese Integration kann über verschiedene Prozesse realisiert werden, wie über eine Kompromißfindung, ein Verschmelzen der Hinweise oder über eine Rivalität zwischen den Hinweisen, die der am stärksten gewichtete, der zuverlässigste Hinweis gewinnt, d.h. es findet eine Integration über die Zusammenführung und die Auswahl von Hinweisen statt. Diese Integrationsfähigkeit von Lebewesen bei der Wahrnehmung, läßt sich zum generellen Prinzip des Lebendigen ausweiten. Denn ähnliche Probleme tauchen schon auf der nächsten Stufe wieder auf, nämlich die Notwendigkeit die Informationen der verschiedenen Sinnessysteme, irgendwie in Beziehung zueinander zu setzen. Auch hier kann BRUNSWIKS Linsenmodell als Analogie zur organismischen Integrationsleistung gesehen werden.

4.3 Wahrnehmungstäuschungen

BRUNSWIKS Ansatz liefert eine Wahrnehmungstheorie, die prinzipiell und auch im Detail Wahrnehmungstäuschungen nicht nur zuläßt, sondern sie eher in den Kern der Theorie integriert hat.
Da für uns nur die proximale Ebene zugänglich ist und wir als Wahrnehmende induktiv über relative Häufigkeiten auf die distale Ebene schließen müssen, können hier ungewöhnliche Beziehungen zwischen den beiden Ebenen zu „Fehlschlüssen" führen. Wenn bei der Ponzo-Täuschung die Länge der beiden Balken zwischen zwei konvergierenden Linien beurteilt werden soll, wird der obere Balken länger als der untere beurteilt. Mit BRUNSWIK kann man hier von einer Aufgaben Dissoziation ausgehen. Wir betrachten das Bild und sehen es als Darstellung einer (imaginären) dreidimensionalen Szene. Jetzt sollen wir aber laut Aufgabe, die projektive Größe der Linien beurteilen. Entweder sehen wir das Bild als zweidimensionales Bild, oder wir sehen die dreidimensionale Szene. Aber aus der dreidimensionalen Szene die „wahren" (projektiven) Größen zu sehen scheint nicht im Bereich des Möglichen für unseren Sehapparat zu liegen. Die Aufgabendissoziation mündet nicht in einer Leistungsdissoziation. Eine andere Form der Wahrnehmungstäuschungen läßt sich vielleicht als starre Beziehung von Reiz oder proximalem Muster und Wahrnehmungseindruck verstehen, die vom Organismus, als wichtige physikalische Invariante erkannt wurde, die über die Lebensspanne vieler Individuen hinweg konstant war und im Verlaufe der Evolution genetisch als Reiz-Reaktions-Schema oder angeborener Auslösemechanismus internalisiert wurde. So z.B. die Horizontal-Vertikal-Täuschung, bei der es zur „Überschätzung" vertikaler und „Unterschätzung" horizontaler Strecken kommt. Zu nennen wäre hier noch die Licht-von-oben-Hypothese. Beide Täuschungen führen unter „normalen" Bedingungen zu zuverlässigen Wahrnehmungen, nur unter bestimmten Umständen erscheinen sie und vermitteln so einen Eindruck wie Wahrnehmung eigentlich funktioniert. Denn erst an den Stellen, an denen die Wahrnehmung versagt, liefert sie uns einen Zugang zu dem scheinbar so mühelosen und einfachen Prozeß.
Wahrnehmung kann sich „täuschen", aber nur deshalb und nur in wenigen Fällen, weil sie ansonsten so hervorragend arbeitet. Weil sie kleinere oder größere Abkürzungen wählt, den einen oder anderen Hinweis ohne weitere Begutachtung als starren Indikator für einen Sachverhalt in der Welt sieht, der aber aufgrund phylogenetischer und ontogenetischer Erfahrung ökonomisch und zuverlässig ist. Aber die Wahrnehmung ist trotzdem noch so flexibel, daß sie sich an globale Veränderungen, Verzerrungen noch anpassen kann (Prismenversuche). Das Eindrucksvolle an BRUNSWIKS Theorie hier ist, daß er den Punkt der Wahrnehmungstäuschungen, der vielen Theorien Schwierigkeiten bereitet und einige Philosophen dazu gebracht hat, sich von der Wahrnehmung abzuwenden, weil sie unzuverlässig sei, so mühelos in seinen funktionalen Probabilismus integrieren kann.

5. Ausblick

Ziel des Artikels war es, einen Teil von BRUNSWIKS Werk systematisch darzustellen. Es muß festgehalten werden, daß eine Vielzahl von anderen Schwerpunkten BRUNSWIKS damit unerwähnt blieb. BRUNSWIKS funktionalistischer Probabilismus besticht durch einen weiten Rahmen, durch seine große Reichweite. Er hat für viele Richtungen der Psychologie, und auch für die anderer Disziplinen, einen sowohl begrifflichen als auch regionalen Rahmen geliefert. So hat er sein Hauptwerk nicht umsonst „The conceptual framework of psychology" genannt.

Meines Erachtens ist die Möglichkeit, daß sich die verschiedenen, nicht nur psychologischen, sondern auch biologischen, philosophischen und informationstheoretischen Ansätze, in sein Modell integrieren lassen, bzw. einen Platz in seinem Modell finden, ein vielversprechender Hinweis auf das Potential dieses Modells. Da sein Ansatz funktionalistisch ist, legt BRUNSWIK die Forschung nicht auf bestimmte Details fest. Er gibt der Forschung Referenzpunkte vor, innerhalb derer Raum für unterschiedliche Herangehensweisen ist. Sein System könnte so gerade auch für die Kognitionswissenschaft einen expliziten Rahmen liefern. Denn die Kognitionswissenschaft hat zwar einige gemeinsame Grundannahmen und einen impliziten Zusammenhang; es gibt aber keine übergreifende kognitionwissenschaftliche Rahmen-Theorie. Meines Erachtens ist BRUNSWIKS Theorie in der Lage diese Funktion auszuüben.

Literatur

BRUNSWIK, E.: *Wahrnehmung und Gegenstandswelt. Grundlegung einer Psychologie vom Gegenstand her.* Leipzig & Wien: Deuticke 1934.

BRUNSWIK, E.: Das Induktionsprinzip in der Wahrnehmung. In: H. PIERON, J. MEYERSON (Hrsg.), *11ieme Congres International de Psychologie a Paris 1937*, Paris: Alcan 1938, 346-347

BRUNSWIK, E.: Probability as a determiner of rat behavior. *Journal of Experimental Psychology* (1939), 25, 175-197

BRUNSWIK, E.: Organismic achievement and environmental probability. *Psychological Review* (1943), 50, 255-272

BRUNSWIK, E.: *The conceptual framework of psychology*. Chicago: The University of Chicago Press 1952

BRUNSWIK, E.: „Ratiomorphic" models of perception and thinking. *Acta Psychologica* (1955), 11, 108-109.

BRUNSWIK, E.: *Perception and the represenative design of psychological experiments*. Berkeley & Los Angeles: University of California Press 1955

BRUNSWIK, E.: Scope and aspects of the cognitive problem. In: J.S. BRUNER, E. BRUNSWIK, L.FESTINGER, F. HEIDER, K.F. MUENZINGER, C.E. OSGOOD & D. RAPPORT (Hrsg.): *Contemporary approaches to cognition*. Cambridge: Harvard University Press 1957, 5-31

GIBSON, J.J.: *Wahrnehmung und Umwelt.* München: Urban & Schwarzenberg 1982

GIGERENZER, G.: Survival of the fittest probabilist: BRUNSWIK, Thurstone, and the two disciplines of the psychology. In: L. KRÜGER, G. GIGERENZER, M. MORGAN (Hrsg..): *The probabilistic rvolution*. Vol II: Ideas in the sciences. Cambridge: The MIT Press 1989, 49 72

GORDON, I.E.: *Theories of visual perception*. Chichister: J. Wiley & Sons 1989

LEARY, D.E.; From act psychology to probabilistic functionalism: the place of Egon Brunswik in the history of psychology. In: M.G. ASH, W.R. WOODWARD (Hrsg.): *Psychology in the twentieth-century thought and society*. Cambridge University Press 1987, 115-142

RAINER HÖGER

Strukturelle Bildanalyse und Verarbeitungszeiten

1. Problemstellung

Bei der Erkennung und Identifizierung von Objekten sind im allgemeinen zwei Typen von mentalen Vorgängen involviert: Prozesse der Muster- und Formwahrnehmung und Gedächtnisprozesse. Es wird dabei davon ausgegangen, daß die Vielzahl der optischen Informationen, die in einer Reizvorlage enthalten sind, vom Organismus zunächst perzeptuell organisiert und die intern aufgebauten Strukturen anschließend zu Gedächtnisinhalten in Beziehung gesetzt werden. Diese Vorgänge unterliegen spezifischen zeitlichen Verhältnissen, die sich durch geeignete experimentelle Methoden quantifizieren lassen.

Im folgenden sollen Überlegungen zur Analyse dieser zeitlichen Verarbeitungsverhältnisse, die sich an einem theoretischen Modell orientieren, sowie eine Untersuchung vorgestellt werden. Die Betrachtungen beschränken sich dabei auf die zeitlichen Aspekte der Prozesse, die auf der Stufe der Muster- und Formwahrnehmung stattfinden. Im Bereich der Anwendung spielt die Zeit, die vom Wahrnehmenden zur Identifikation eines Objekts benötigt wird, besonders dann eine Rolle, wenn die zeitliche Verfügbarkeit über diesen Reiz eingeschränkt ist. Eine solche Situation ist beispielsweise für Fahrzeugführer, die sich mit einer bestimmten Geschwindigkeit an optischen Anzeigen und Informationstafeln vorbeibewegen oder für Operateure an einer Kontrollkonsole gegeben, die auf die in einem Display dargestellten Informationen entsprechend rasch reagieren müssen.

2. Das Multi-Channel Modell

Seit den 70er Jahren wächst die Zahl der empirischen Belege, daß im visuellen System des Menschen optische Muster nach den Prinzipien der Fourieranalyse zerlegt werden (zusammenfassend HÖGER 1998). Die Helligkeitsverteilungen, die die eigentliche visuelle Information innerhalb eines Bildes darstellen, werden als kontinuierliche Signale aufgefaßt, die sich in sinusförmige Bestandteile, sog. Ortsfrequenzen, dekomponieren lassen. Es wird dabei davon ausgegangen, daß eine Reihe von neuronalen Einheiten im visuellen Cortex verschiedene Ortsfrequenzbereiche aus einem Bild herausfiltern (vgl. BRADDICK u.a. 1978). Das Resultat einer solchen Filterung sind unterschiedliche Teilrepräsentationen, die im Fall einer Hochpaßfilterung die Kanten eines Objektes hervorheben und im Fall einer Tiefpaßfilterung nur globale Merkmale dieses Objektes übriglassen. Abbildung 1 zeigt dies am Beispiel einer Tasse. Psychophysikalische Untersuchungen haben ergeben, daß im visuellen System des Menschen mindestens neun solcher Filter, sog. Ortsfrequenzkanäle, existieren (vgl. GINSBURG 1986), deren wesentlichste Funktion darin besteht, eine optische Reizvorlage auf unterschiedlichen Skalen aufzulösen. Wird ein Objekt in das Sehfeld gebracht, dann arbeiten diese Kanäle als parallele Filterbank, die die in einem Reiz enthaltenen Ortsfrequenzen unterschiedlicher Größenordnung simultan extrahieren (Multi-Channel Modell). Eine solche Dekomposition des Reizmusters durch separate Kanäle stellt die Realisierung einer groben Fourieranalyse auf biologischer Basis dar.

Abb. 1: Original, tiefpaß- und hochpaßgefilterte Version einer Tasse

Welche funktionale Bedeutung innerhalb des Wahrnehmungsprozesses den Informationen, die die einzelnen Kanäle liefern, zukommt, wird bislang nur unzureichend verstanden. Möglicherweise stellt der Output der einzelnen Kanäle geeignetes Rohmaterial zur Verfügung, an dem verschiedenartige mentale Organisationsprozesse, sog. Gruppierungsoperationen, ansetzen (HÖGER 1997).

3. Gruppierungsaufwand und Zeitbedarf

Die Identifikation eines Objektes aus einer Bildvorlage oder einer optischen Szene birgt eine Reihe von Problemen in sich, die in den Forschungen zur Entwicklung künstlicher Sehsysteme vor allem dadurch in Erscheinung getreten sind, daß es bisher nicht gelungen ist, die Leistungen des menschlichen visuellen Systems technisch nachzubilden. Neben dem Sachverhalt, daß zur adäquaten Interpretation eines Bildes Wissenstrukturen zur Verfügung stehen müssen, sind bereits auf elementaren Ebenen des Bilderkennungsvorgangs eine Vielzahl von Schwierigkeiten zu meistern: Figur und Hintergrund müssen voneinander getrennt, Schatten dürfen nicht als Kanten des entsprechenden Objekts interpretiert, unterbrochene bzw. verdeckte Kanten müssen vervollständigt und zusammengehörige Bildelemente müssen als solche identifiziert werden.

Ein Teil dieser Aufgaben wird vom visuellen System durch die Anwendung von Gruppierungsoperationen geleistet. Innerhalb der Wahrnehmungspsychologie sind eine Reihe dieser Prinzipien in Form der Gestaltgesetze zusammengefaßt (METZGER 1966).

Wie hängen nun das Multi-Channel Modell und Gruppierungsoperationen zusammen? Betrachten wir zwei Extreme: Tieffrequente und hochfrequente Information. Bereits aus dem oben dargestellten Tassenbeispiel wird deutlich, daß tieffrequente Information mit dem globalen Eindruck und hochfrequente Information mit den Details eines Objektes korrespondiert. Von der tieffrequenten

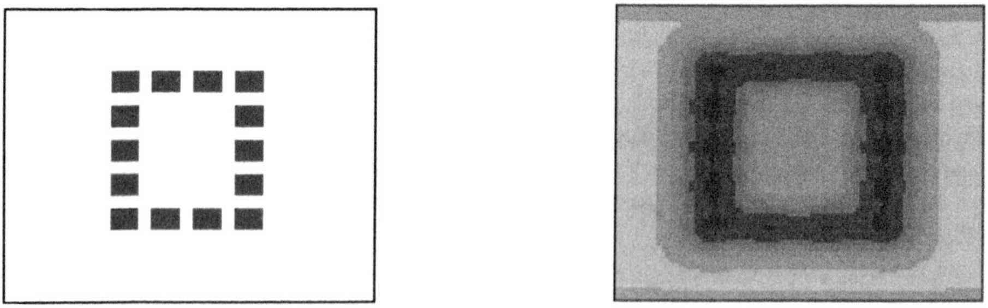

Abb. 2 Gesetz der Nahe. Phanomenale Organisation eines Punktemusters als Quadrat und Output des Tiefpaßfilters.

Information wird angenommen, daß sie bereits die Realisation eines gestaltpsychologischen Gesetzes darstellt: Das "Gesetz der Nähe" (GINSBURG 1986). Nach diesem Gruppierungsgesetz werden Bildelemente, die räumlich nahe beieinander liegen als zusammengehörig organisiert. Abbildung 2 verdeutlicht dies an einer Menge von schwarzen Rechtecken, die als Quadrat wahrgenommen werden. Durch die räumliche Nachbarschaft der Rechtecke kann die im Material enthaltene tieffrequente Information den visuellen Eindruck organisieren, ohne daß sie selbst phänomenal in Erscheinung tritt. (Bei anderen Organisationsformen des Reizmaterials würde man vielleicht vier senkrechte oder fünf waagrechte Reihen von schwarzen Punkten wahrnehmen, wovon einige Reihen größere weiße Lücken aufweisen). Da die neuronalen Filter parallel arbeiten, steht das Ergebnis dieser Gruppierungsoperation unmittelbar zur Verfügung. Weiterhin läßt sich zeigen, daß bestimmte Wahrnehmungstäuschungen (z.B. Müller-Lyer Täuschung) auf den organisierenden Einfluß der tieffrequenten Information zurückgehen (GINSBURG & EVANS 1979).

Abb. 3 Wahrnehmung „salienter" Strukturen (aus ULLMANN 1993, 84)

Welche Funktion kann dem entgegengesetzten Bereich der Ortsfrequenzen, den hochfrequenten Informationen, zugeschrieben werden? Hier sieht die Sachlage ungleich komplizierter aus. Da die Hochpaßfilterung vor allem Kanten und Texturanteile eines Objekts hervorhebt, müssen zur Erzeugung größerer sinnvoller Strukturen verschiedenartige Operationen angewendet werden. Vermutlich stellen die hochfrequenten Anteile eines Bildes eine spezifische Aufbereitung von Detailinfomationen dar, die weiteren Verarbeitungsstufen zugeführt müssen. Die Effektivität solcher "aufgesetzter" Gruppierungsmechanismen wird sehr anschaulich durch das nachfolgende Kantenbild, das ausgeprägte hochfrequente Anteile besitzt demonstriert (Abbildung 3). Dem Wahrnehmungssystem gelingt es ohne nennenswerte Schwierigkeiten sog. saliente Strukturen – hier das Auto – aus einer Reihe ähnlicher Bildelemente zu identifizieren.
Zur Anwendung gelangt das gestaltpsychologische Gesetz der "guten Fortsetzung". Es werden diejenigen Linienelemente als zusammengehörig organisiert, die keine abrupten Richtungsänderungen aufweisen. Abbildung 4 illustriert dieses Prinzip. Wahrgenommen werden zwei sich überkreuzende Linien (AB und CD) und nicht zwei abgeknickte Linien (beispielsweise AD und CB), die sich an einer Stelle berühren.

Das Zusammengruppieren von Texturelementen, die im hochfrequenten Anteil eines Bildes besonders in Erscheinung treten, erlaubt auch die Detektion von Kanten, die durch aneinandergrenzende Flächen entstehen (Abb. 5).
Computationale Theorien des Sehens, wie sie insbesondere von MARR (1982) formuliert wurden, betrachten die geschilderten und weitere Gruppierungsmechanismen als hierarchisch organisierte Vorgänge, die auf höheren Ebenen zunehmend komplexere Strukturen aufbauen. Dabei

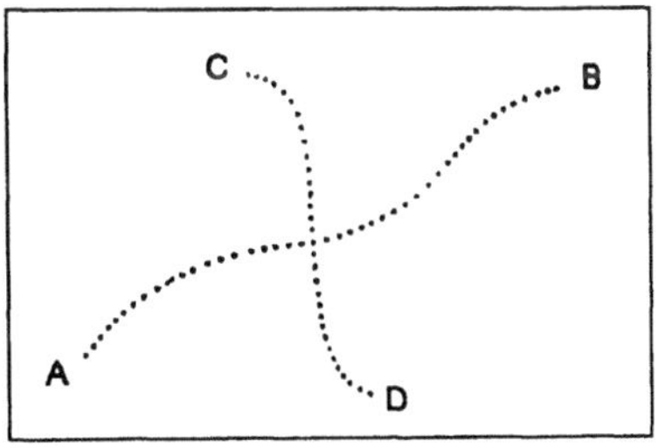

Abb. 4. Gestaltpsychologisches Gesetz der guten Fortsetzung (näheres s. Text)

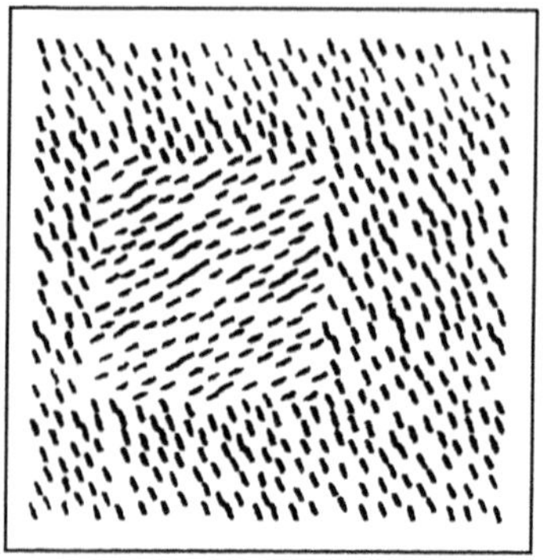

Abb 5: Detektion von Kanten durch unterschiedlich texturierte Flächen

werden die Organisationsregeln rekursiv angewendet, d.h. der Output einer elementaren Gruppierungsstufe wird zum Input der nächst höheren Verarbeitungsstufe, auf der die gleichen Regeln angewendet werden. In Abhängigkeit vom Gruppierungsaufwand, der getrieben werden muß, um zusammenhängende Strukturen zu erzeugen, steigt die Anzahl der rekursiven Prozesse und damit die Verarbeitungszeit.

Abbildung 6 veranschaulicht die bisherigen Erörterungen in Form eines Wahrnehmungsmodells für elementare Stufen der visuellen Informationsverarbeitung.

Hinsichtlich der mentalen Verarbeitungszeit, die benötigt wird, um die strukturellen Aspekte eines Reizes zu sinnvollen Einheiten zu organisieren, läßt sich aus den bisherigen Darstellungen folgendes ableiten:

1. Die Extraktion tieffrequenter Information aus einer Bildvorlage stellt bereits einen Organisationsprozeß dar. Da es sich um einen parallelen Prozeß handelt, bei dem die Bildvorlage simultan bearbeitet wird, ist der mentale Zeitbedarf konstant und das System profitiert in zeitlicher Hinsicht in dem Maße, wie die Komplexität des Ausgangsmaterials zunimmt.

2. In gegensätzlicher Weise verhält es sich mit der ausgefilterten hochfrequenten Information. Hier hängt der mentale Zeitbedarf vom Gruppierungsaufwand ab, der notwendig ist, um die einzelnen hochfrequenten Bildelemente zu organisieren. In dem Maße, in dem die Komplexität des Bildmaterials zunimmt, müssen zunehmend mehr Rekursionsschleifen durchlaufen werden und um so mehr Zeit wird benötigt.

3. Aus den Punkten 1 und 2 ergibt sich, daß der mentale Zeitbedarf zur Organisation struktureller Bildelemente vom Komplexitätsverhältnis zwischen hoch- und tieffrequenter Information abhängt. Der auf strukturelle Komponenten zurückgehende Anteil bei der Bestimmung der Identifikationszeit von Objekten läßt sich damit durch geeignete Komplexitätsmaße, die diese Verhältnisse widerspiegeln, vorhersagen.

4. Empirische Daten

In einem Wahrnehmungsexperiment wurden die obigen Aussagen einer empirischen Überprüfung unterzogen. Hierzu wurden einer Reihe von Versuchspersonen auf einem Computerbildschirm in zufälliger Reihenfolge je 10 verschiedene Bilder aus dem Tier- und Pflanzenreich dargeboten (Bildgröße 236 x 156 Pixel, gezeigt unter einem Sehwinkel von 7.4° horizontal und 4.9° vertikal). Aufgabe der Probanden war es, das jeweilig präsentierte Bild der Kategorie "Tier" bzw. "Pflanze" zuzuordnen und eine von zwei Reaktionstasten, die entsprechend beschriftet waren, zu drücken. Gemessen wurde die Zeit von Beginn der Prä-

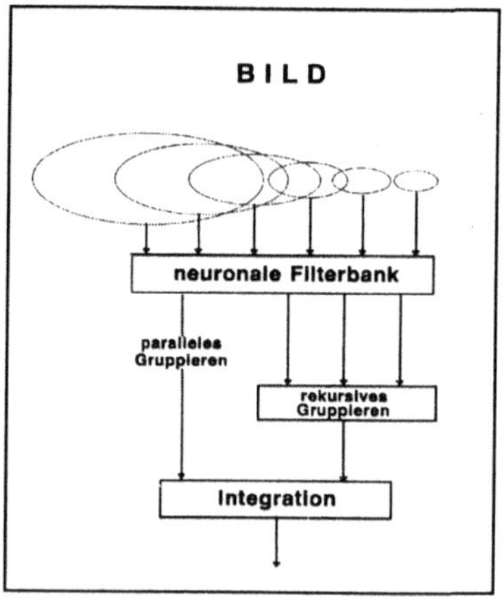

Abb. 6: Multi-Channel Modell und Gruppierungsprozesse

sentation eines Bildes bis zum Niederdrücken der jeweiligen Taste (Reaktionszeit). Es wurde dabei von der Annahme ausgegangen, daß eine Klassifikation der dargebotenen Objekte nur erfolgen kann, wenn sie zuvor identifiziert worden sind. Die gemessene Reaktionszeit sollte demzufolge proportional zur Identifikationszeit für das jeweilige Objekt sein.

Zur Bestimmung des Komplexitätsgrades der tief- und hochfrequenten Anteile der Bilder wurden diese jeweils einer Tiefpaß- und einer Hochpaßfilterung unterzogen (Gaußfilter mit s = 7 Pixel und DoG-Filter mit s_1 = 0.05 und s_2 = 0.01 Pixel). In den resultierenden Teilbildern wurde jeweils die

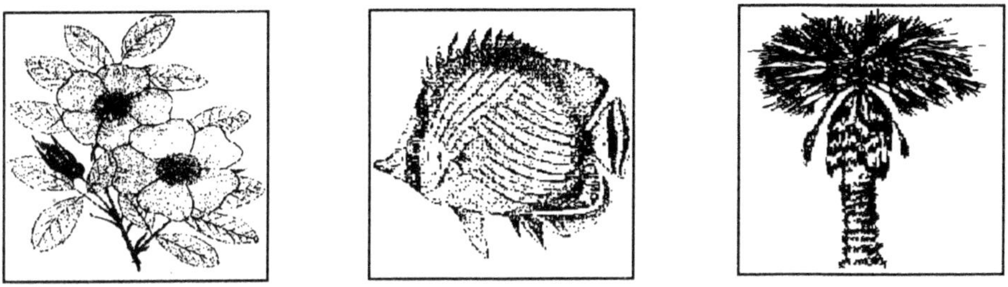

Abb. 7: Beispiele für die im Wahrnehmungsexperiment verwendeten Bilder (Komplexitätsrelationen von links nach rechts: 0.54, 0.58 und 0.66)

Anzahl der Helligkeitswechsel ausgezählt und an der Bildgröße normiert. Es wurde davon ausgegangen, daß die Zahl der Helligkeitswechsel einen Indikator für die Komplexität der Teilbilder darstellt. Die ausgezählten Werte wurden logarithmiert und für jedes Bild wurde das Verhältnis von Helligkeitswechseln im tieffrequenten Teilbild zur Anzahl der Helligkeitswechsel im hochfrequenten Teilbild bestimmt. Die Auswahl der Bilder orientierte sich an einer für das Experiment herzustellenden genügend großen Variationsbreite der berechneten Koeffizienten. Abbildung 7 zeigt Beispiele für das verwendete Reizmaterial.

10 Probanden nahmen an der Untersuchung teil. Die Reaktionszeiten auf die 20 verschiedenen Bilder wurden für jedes Bild einzeln über die Zahl der Probanden gemittelt. Zeiten für falsch gedrückte Tasten wurden bei der Auswertung nicht berücksichtigt, wobei festzuhalten ist, daß sich die Fehlerrate unterhalb einer Grenze von 2 % bewegte.

Abbildung 8 zeigt die Abhängigkeit der mittleren Reaktionszeiten vom Grad der bestimmten Komplexitätsrelation zwischen tief- und hochfrequentem Teilbild. In der Grafik repräsentiert jeder Punkt ein dargebotenes Objekt. Aus der Abbildung geht hervor, daß mit zunehmendem Grad der ermittelten Komplexitätsrelation die Reaktionszeiten zunehmen. Die berechnete Korrelation zwischen Reaktionszeit und Komplexitätsrelation beträgt r = .56 und ist auf dem 1 %-Niveau signifikant.

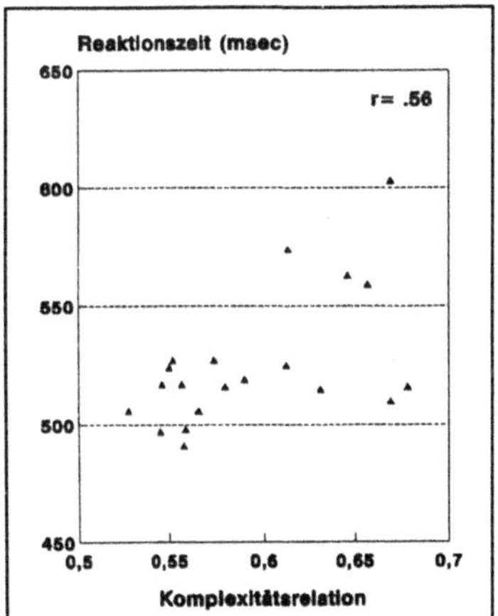

Abb. 8: Mittlere Reaktionszeiten und Grad der bestimmten Komplexitätsrelation

Die Ergebnisse bestätigen den unterstellten Zusammenhang einer Abhängigkeit der Identifikationszeit von strukturellen Bildmerkmalen. Die Abschätzung des Gruppierungsaufwandes nach Zerlegung eines Bildes in verschiedene Frequenzanteile hat sich dabei als tragfähiges Konzept zur Bestimmung des mentalen Zeitbedarfs bei der Identifikation von Objekten erwiesen.

Der Vorteil dieses Verfahrens hat jedoch nur dann Bestand, wenn sich eine einfache Komplexitätsbestimmung aus dem Originalmaterial nicht als günstiger bzw. genauso günstig für die Prognose der Identifikationszeiten herausstellt wie die hier vorgestellte Vorgehensweise. Zur Überprüfung dieses Sachverhalts wurde für die einzelnen Bilder die informationstheoretisch definierte Entropie sowie das von ATTNEAVE (1957) vorgeschlagene Komplexitätsmaß "Anzahl der in einem Bild enthaltenen Abknickpunkte" bestimmt. Da sich die Bestimmung der Zahl der Abknickpunkte für komplexes Material als schwierig herausstellt, wurden für die einzelnen Bilder sog. Edge-Only-Versionen erzeugt. Bei diesen Bildern sind nur die Stellen markiert, an denen Helligkeitsveränderungen auftreten. Abbildung 9 zeigt an einem Beispiel das Originalbild sowie die daraus abgeleitete Edge-Only-Version.

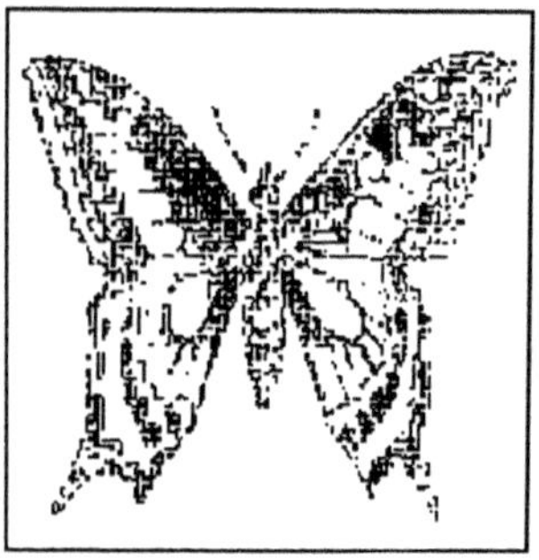

Abb. 9: Original und Edge-Only-Version zur Bestimmung der Anzahl der Abknickpunkte

Sowohl für die Entropie als auch für die Zahl der Abknickpunkte ergeben sich keine substantiellen Zusammenhänge zu den Reaktionszeiten für die einzelnen Objekte, d.h. die berechneten Korrelationen sind nicht signifikant von Null verschieden. Zur Vorhersage von Identifikationszeiten erweisen sich damit klassische Komplexitätsmaße als ungeeignet. Daß die Ableitung eines Komplexitätsmaßes, das sich an einem wahrnehmungstheoretischen Modell orientiert, zum Erfolg führt, konnte in der vorliegenden Untersuchung gezeigt werden. Einschränkend muß an dieser Stelle allerdings hinzugefügt werden, daß eine vollständige Prognose von Verarbeitungszeiten aus strukturellen Bildmerkmalen aus theoretischen Gründen nicht möglich ist, da beim Identifikationsvorgang neben Mustererkennungsprozessen auch Faktoren wie Bekanntheit, Prototypikalität und Verfügbarkeit der Objekte im Gedächtnis eine Rolle spielen. In der hier vorgestellten Studie wurde nur der Einfluß tief- und hochfrequenter Bildinformation auf die Verarbeitungszeiten untersucht. Es ist jedoch denkbar, daß durch die Berücksichtigung weiterer kanalspezifischer Informationen die Vorhersagegenauigkeit für Identifikationszeiten von Objekten weiter gesteigert werden kann.

Literatur

ATTNEAVE, F.: Physical determinants of the judged complexity of shapes. *Journal of Experimental Psychology* 61 (1957), 183-193

BRADDICK, O./CAMPBELL, F.W./ATKINSON, J.: Channels ind vision: Basic aspects. In: HELD, R./ LEIBOWITZ, H.W./ TEUBER, H.L. (Hrsg..): *Handbook of sensory physiology, Vol. VIII, Perception*. Heidelberg: Springer 1978, 3-38

GINSBURG, A.P.: Spatial filtering and visual form perception. In: BOFF, K.R./KAUFMAN, L./THOMAS, J.P. (Eds.): *Handbook of perception and human performance, Vol. II, Cognitive processes*. New York: Wiley 1986, 34/1-34/41

GINSBURG, A.P./EVANS, D.W.: Predicting visual illusions from filtered images based upon biological data. *Journal of the Optical Society of America* 69 (1979), 1443 (Abstract)

HÖGER, R.: *Raumzeitliche Prozesse der visuellen Informationsverarbeitung*. Lengerich: Pabst Science Publishers 1998

HÖGER, R.: Speed of processing and stimulus complexity in low and high frequency channels. *Perception* 26 (1997), 1039-1045

MARR, D.: *Vision*. New York: Freeman 1982

METZGER, W.: Figural-Wahrnehmung. In: METZGER, W. (Hrsg.): *Hanbuch der Psychologie, Bd.1, Allgemeine Psychologie*. Göttingen: Hogrefe 1966, 693-744

ULLMAN, S.:The visual recognition of three-dimensional objects. In: MEYER, D.E./KORNBLUM, S. (Hrsg.): *Attention and performance, XIV*. Cambridge, MA: MIT Press 1993, 79-98

ANDREAS K. SCHIERWAGEN

Visuelle Wahrnehmung und Augenbewegungen: Neurale Mechanismen der Sakkadenkontrolle

1. Einleitung

Zwischen visueller Wahrnehmung und Augenbewegungen bestehen enge Beziehungen. Schon das 1583 erschienene erste Lehrbuch der Augenheilkunde, der "Augendienst" von BARTISCH, verweist darauf, daß Seheindrücke in einem sehr komplexen Prozeß im Gehirn verarbeitet werden. Aus diesem Buch stammt der Holzschnitt in Abb. 1, der die damals bekannten anatomischen Gegebenheiten eindrucksvoll wiedergibt. Erst im letzten Jahrhundert (vgl. HELMHOLTZ 1866), vor allem aber in den letzten Jahrzehnten haben die fortgeschrittenen Experimentiertechniken der Neurobiologie, Psychophysik und Psychologie wesentlich tiefergehende Erkenntnisse über die Organisation des visuellen Systems einschließlich des komplizierten Zusammenspiels von Augenbewegungen und visueller Wahrnehmung erbracht.

Die Sinnesfläche im menschlichen Auge (die Retina) ist dadurch gekennzeichnet, daß sie eine Region hoher Auflösung nahe der optischen Achse besitzt (die Fovea). In diesem kleinen Bereich (weniger als 3 % der Retina) ist die Auflösung eine Größenordnung besser als in der Peripherie. Dieser retinale Aufbau bewirkt, daß ein großer Teil des visuellen Felds auf die Retina abgebildet wird, wobei hohe Sehschärfe nur in der Fovea vorliegt. Das menschliche visuelle System benutzt also Augenbewegungen, um die Fovea auf räumliche Ziele in unterschiedlicher Position zu lenken. Daher ist adaptive Blickkontrolle von grundsätzlicher Bedeutung für das menschliche Sehen.

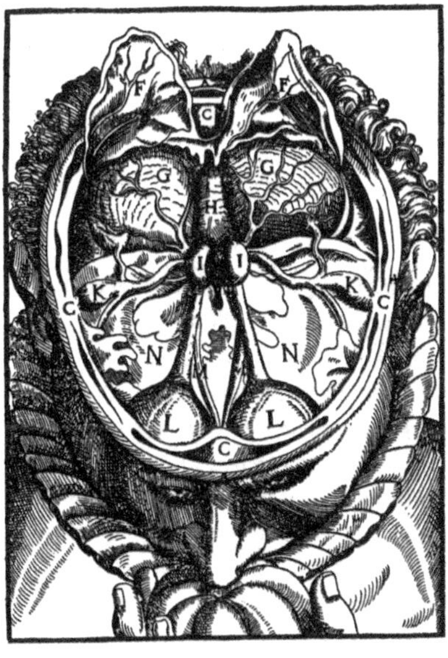

Abb. 1. Das visuelle System des Menschen in einer mittelalterlichen Darstellung. Dieser Holzschnitt ist dem "Augendienst" von BARTISCH (1583), dem ersten Lehrbuch der Augenheilkunde, entnommen.

Die frühen Verarbeitungsstufen visueller Reize sind in struktureller und funktioneller Hinsicht recht gut bekannt. Zwei anatomische Hauptbahnen im visuellen System der Primaten lassen sich unterscheiden. Sie besitzen komplementäre Eigenschaften, die den Gedanken einer funktionellen Dualität unterstützen. Das eine Bahnsystem (das ventrale System) ist zuständig für die Kodierung von Objekteigenschaften; es realisiert damit die Objekterkennung. Das andere, dorsale System, das die Kodierung von räumlichen Objekteigenschaften leistet, führt die Objektlokalisation aus (UNGERLEIDER/MISHKIN 1982).

Wir gehen davon aus, daß sich die neuronalen Mechanismen der Kodierung und Verarbeitung in den Subsystemen unterscheiden: bei der Objekterkennung spielen zeitliche Muster der neuronalen Aktivität eine wichtige Rolle, während für die Objektlokalisation räumliche bzw. raum-zeitliche Aktivitätsmuster vorrangige Bedeutung haben. Der Prozeß der kategorialen Verarbeitung im ventralen System basiert auf der Funktion verschiedener Subsysteme, die unterschiedliche Merkmale verarbeiten (Form, Farbe, Textur usw.). Als wahrscheinlicher neuronaler Mechanismus der Integration dieser Merkmale (*feature linking, binding*) wurde die Synchronisation von merkmalsspezifischen Neuronengruppen vorgeschlagen (ECKHORN u.a. 1988; GRAY/SINGER 1989).

Die Repräsentation räumlicher Information ist ein entscheidender Schritt bei senso-motorischen Transformationen. Da Bewegungen zu Lokalisationen im Raum gemacht werden, müssen diese Lokalisationen in einem Bezugssystem kodiert werden, das unhabhängig von Augen- und Kopfposition und von der Sinnesmodalität ist, die das Target momentan signalisiert. Grundlage der Repräsentation räumlicher Information scheint das *coarse coding* zu sein. Dies bezeichnet eine Repräsentationsstrategie, die auf Populationen breit abgestimmter Einheiten beruht, von denen viele simultan aktiv sind, um einen Wert sehr präzise zu kodieren. Am Beispiel der Kontrolle schneller Augenbewegungen (*Sakkaden*) analysieren wir im folgenden neuronale Mechanismen, mit denen die Abgleichung unterschiedlicher Bezugssysteme mit dem Ziel einer einheitlichen Raumrepräsentation und die Bildung von motorischen Plänen (Augenbewegungen) erklärbar wird.

Funktionale Überlegungen (KOPECZ/SCHÖNER 1995) und aktuelle neurobiologische Befunde (MUNOZ/WURTZ 1995) legen ein Modell aus drei Kompartimenten für die neurale Maschinerie nahe, die der overten Orientierung in Form sakkadischer Augenbewegungen zugrunde liegt. Die drei Kompartimente des Modells führen (1) die retinotope Transformation der visuellen Information, (2) die Programmierung der Sakkade und (3) die Erzeugung der resultierenden Blicktrajektorie aus. Im weiteren stellen wir auf der Grundlage aktueller neurophysiologischer Daten ein Modell der Sakkadenkontrolle vor, das Funktionen der 2. und 3. Ebene realisiert. Das Modell basiert auf dem Konzept einer dynamischen Repräsentation des visuellen und motorischen Raums (DROULEZ/BERTHOZ 1991). Die formale Beschreibung verwendet neurale Felder, die erstmals von AMARI (1977) analysiert wurden.

2. Das behaviorale Paradigma

Erklärtes Ziel der Neuroinformatik ist es, das theoretische Instrumentarium für die Analyse neuronaler Struktur-Funktions-Beziehungen zu entwickeln (SCHIERWAGEN 1993). Ein Kritikpunkt betrifft den Umstand, daß das Verhalten als entscheidende biologische Grundlage kognitiver Prozesse in konnektionistischen Modellen meist unberücksichtigt bleibt: das Nervensystem wird als Input-Output-System betrachtet, das isoliert vom zugehörigen Körper untersucht und verstanden werden kann. Ein derartiger Ansatz steht wie der Symbolverarbeitungsansatz der Künstlichen Intelligenz vor dem Problem erklären zu müssen, worauf sich die Semantik des Systems gründet. Eine Lösungsmöglichkeit scheint darin zu bestehen, die neuronalen Netzwerke mittels eines sensomotorischen Systems mit der Umwelt zu verbinden. Auf diese Weise läßt sich möglicherweise die Symbolverankerung (HARNAD 1990) des kognitiven Systems erreichen, so daß dessen Semantik quasi automatisch begründet werden könnte (LAKOFF 1988). Entsprechend sind in den letzten Jahren von verschiedenen Teildisziplinen der Kognitionswissenschaft Forschungsansätze formuliert worden, die auf einem expliziten Verhaltensbezug beim Studium kognitiver Prozesse basieren (z.B. NEUMANN/PRINZ 1990).

Eine für die Künstliche Intelligenz spezifische Ausprägung dieser Ideen stellt das von Brooks am MIT entwickelte Konzept einer verhaltensbasierten Robotik dar (BROOKS 1991). Zentraler Punkt ist die Abkehr von dem Versuch, intelligente Systeme mit Hilfe von Wissensrepräsentation und wissensbasierten Techniken zu entwickeln. Statt dessen ist die physische Realisierung künstlicher Systeme vorgesehen, die in einer dynamischen Umwelt agieren. Die dafür vorgeschlagene Subsumptions-Architektur basiert auf selbständigen Verhaltenseinheiten, über die weitere, diese kontrollierende Einheiten geschichtet werden. Durch die Interaktion der konkurrierenden Verhaltenseinheiten emergiert das komplexe Gesamtverhalten des Systems (STEELS 1991).
In dem Paradigma der verhaltensbasierten Intelligenz ist das Sehen von entscheidender Bedeutung. Sehen kann bei Lebewesen nicht von Verhalten getrennt werden; in seiner Gerichtetheit auf die Interaktion mit der Umwelt ist es zweckbezogen und willentlich. Diesem Umstand trägt der Forschungsansatz des Aktiven Sehens (BAJCSY 1988; ALOIMONOS 1993) Rechnung, dessen Wurzeln einerseits in kognitivistischen Theorien des Bildverstehens (Computer Vision) liegen. Andererseits ist er durch Brooks' Zugang zur KI motiviert, indem das Sehen im Kontext des visuellen Verhaltens untersucht wird, das ein System ausführt. Kennzeichnend für die Aktiven Sehsysteme der KI sind Architektur-Merkmale wie Binokularität, Fovealisierung und schnelle Blicksteuerung, wie sie Primaten aufweisen. Ein spezieller Verhaltenskontext ist durch die Notwendigkeit gegeben, die Blickrichtung zu kontrollieren, wenn die Bildabtastung auf ungleichförmiger Auflösung beruht, wie es bei fovealem Sehen der Fall ist. Im folgenden werden die neurobiologischen Grundlagen und Berechnungsstrategien der visuomotorischen Kontrolle vorgestellt, die im okulomotorischen System von Primaten identifiziert wurden.

3. Blickkontrolle: Neurobiologische Resultate und Modelle

Eine zentrale Rolle bei der Blickkontrolle spielt der Colliculus superior (CS), ein sensomotorisches Transformationszentrum im Mittelhirn der Säuger. Er ist sowohl an der Lokalisation visueller, auditorischer und anderer sensorischer Stimuli als auch an der Auslösung der Orientierungsantwort beteiligt. Der CS ist eine aus 7 Faser- bzw. Zellschichten aufgebaute Struktur. Aufgrund von anatomischen, physiologischen und Verhaltensstudien wird der CS in zwei Hauptteile eingeteilt - die oberen und die tiefen Schichten. Neurone in den oberen CS-Schichten antworten nur auf visuelle Reize. Sie sind über die CS-Fläche in einem topographischen, kartenartigen Format verteilt, d.h., die Lage eines Neurons in dieser Karte wird durch die Position des Zentrums seines rezeptiven Felds bestimmt. Diese retinotope Repräsentation erstreckt sich über die CS-Fläche von 0° bis zu 80° des kontralateralen visuellen Halbfelds.
Zellen in den tiefen Schichten entladen mit hochfrequenten Bursts von Spikes unmittelbar vor Beginn von schnellen Augenbewegungen (Sakkaden). Der Bereich möglicher Sakkaden, vor denen ein gegebenes Neuron jeweils feuert, bestimmt sein Bewegungsfeld (BF). Das BF eines Sakkadenneurons hat ein Zentrum, das zu maximaler Entladung gehört, und einen Gradienten der Antwort, der für Sakkadenvektoren abfällt, die vom Optimum abweichen. Damit feuert ein bestimmtes Neuron für einen spezifischen, aber großen Bewegungsbereich. Die Neurone in den tiefen Schichten sind gleichfalls in topographischer Anordnung organisiert: die BF-Zentren der Sakkadenneurone bilden eine Motorkarte (Übersicht in SPARKS/MAYS 1990). Das bedeutet, daß die Lage aktiver Neurone den

Motorfehler repräsentiert, der durch den Blickänderungsvektor (Amplitude und Richtung) definiert wird, der noch von den Augen ausgeführt werden muß, um das Ziel zu erreichen. Die Topographie der Motorkarte ist derart, daß der horizontale Motorfehler i.w. längs der rostro-caudalen Achse kodiert ist, während der vertikale Motorfehler längs der medio-lateralen Achse kodiert ist. Je weiter das Zentrum neuronaler Aktivität in caudaler (medio-lateraler) Richtung lokalisiert ist, desto größer ist der horizontale (vertikale) Motorfehler.

Eine Population von Sakkadenneuronen beginnt zu feuern, wenn ein Motorfehler auftritt; dabei hat die Aktivitätsverteilung innerhalb der Motorkarte das Aussehen eines glockenförmigen Hügels. Die neuronalen Feuerraten kodieren die Bewegungsgeschwindigkeit (BERTHOZ u.a. 1987). Sakkaden zu verschiedenen Teilen des visuellen Felds gehen Aktivitätsgipfel in verschiedenen Regionen der Karte voraus. In Tracerstudien (GRANTYN 1988; HILBIG/SCHIERWAGEN 1994) konnte gezeigt werden, daß die oberen, visuellen Schichten mit den tiefen Schichten verbunden sind. Die Aktivität in der Motorkarte bringt dann das Auge von seinem aktuellen Fixationspunkt zu dem Ziel, das das rezeptive Feld des entsprechenden visuellen Neurons aktiviert hat.

Elektrophysiologische Ableitungen haben gleichfalls gezeigt, daß Neurone in der 0°-Amplitudenregion am rostralen Pol der Motorkarte während Fixationsperioden aktiv sind, und inaktiv bei Sakkaden (sog. Fixationsneurone). Die reziproke Beziehung der Aktivität zwischen Sakkaden- und Fixationsbereichen der CS-Motorkarte ist im Sinne einer wechselseitigen Inhibition der beiden Gebiete interpretierbar.

Neue Untersuchungen bei Affen (MUNOZ/WURTZ 1995) haben Evidenz dafür geliefert, daß zwei Typen von Sakkadenneurone die genannten Aktivitätsmuster in der Motorkarte des CS hervorbringen - Burst-Neurone (BN) und Build up-Neurone (BUN). Die stationäre Aktivität in der BN-Schicht geht mit der Verringerung des Motorfehlers während der Sakkade zurück. In der BUN-Schicht wandert ein Aktivitätsgipfel während einer Sakkade über die Motorkarte von seiner Ausgangsposition zur Fixationszone. Die jeweilige momentane Gipfelposition auf der Karte bestimmt den verbleibenden Motorfehler. Die Sakkade endet, wenn der wandernde Aktivitätsgipfel die Fixationszone erreicht. Dieses Ergebnis verdeutlicht, wie die räumliche Repräsentation der Aktivität auf der Motorkarte in einen Zeitkode (Frequenz und Dauer der Entladung) transformiert wird, wie er von Motoneuronen benötigt wird: das momentane Motorfehler-Signal wird räumlich als ein bestimmter Ort auf der Trajektorie der neuralen Aktivität über die BUN-Schicht kodiert.

Die BUN-Schicht scheint demnach eine Form der neuralen Repräsentation zu verwirklichen, die als dynamische Speicherung bezeichnet wird (DROULEZ/BERTHOZ 1991). Die Zielposition wird in der BUN-Schicht in retinotopen Koordinaten gespeichert und auch bei fehlender visueller Reafferenz kontinuierlich angepaßt. Der Output eines solchen Speichers ist daher nicht die beabsichtigte Blickänderung, sondern der in retinotopen Koordinaten kodierte momentane Motorfehler.

Die theoretische Analyse der Blickkontrolle durch den CS basierte bis in die jüngste Vergangenheit fast ausschließlich auf den regelungstheoretischen Konzepten der linearen Systemtheorie. So gehen nahezu alle Blickkontroll-Modelle von der Existenz einer Feedback-Schleife aus, mit der die Genauigkeit der Sakkaden gewährleistet werden soll. Während frühere CS-Modelle dem CS einen Platz oberhalb der Feedback-Schleife zuwiesen, wird das oben betrachtete dynamische Fehlerkodierungsschema nun als starkes Argument für eine Position des CS innerhalb dieser postulierten Schleife angesehen.

Bezogen auf die Motorkarte bedeutet das, daß diese ein Feedback-Signal - eine sog. Efferenzkopie

des Motorfehlers - vom Hirnstamm erhalten muß, um die neuronale Aktivität anzupassen. Entsprechend nehmen DROULEZ/BERTHOZ (1991) an, daß die Anpassung der BUN-Aktivität durch die Efferenzkopie des Augengeschwindigkeitssignals erfolgt. Im Unterschied zu der gut verstandenen Kodierung der Sakkaden in der komputatorischen Motorkarte des CS ist die Idee der Rückprojektion einer Efferenzkopie zu dieser Karte, die die erforderliche temporal-spatialen Transformation realisiert, aber eher spekulativ.
Auf die Notwendigkeit, die theoretische Beschreibung neuraler bzw. kognitiver Prozesse nicht länger auf die Konzepte der linearen Systemtheorie zu stützen, habe ich an anderer Stelle hingewiesen (SCHIERWAGEN 1993). An deren Stelle ist die Theorie nichtlinearer dynamischer Systeme der selbstorganisierenden Dynamik des Gehirns weit besser angepaßt. Eine ähnliche Kritik hat DEUBEL (1994) bezüglich der weiterhin dominierenden linearen, regelungstheoretischen Konzepte bei der Analyse der Blickkontrolle geäußert. Wir schlagen daher eine Erklärung vor, bei der die dynamische Fehlerkodierung ohne Efferenzkopie realisiert wird, sondern aufgrund der nichtlinearen, raumzeitlichen Attraktordynamik der Neuronenpopulationen in der Motorkarte des CS (SCHIERWAGEN 1996; SCHIERWAGEN/WERNER 1996b). Die zugrundeliegenden Berechnungskonzepte - neurale Karten, Populationskodierung und neurale Felder - werden als nächstes erläutert.

4. Prinzipien neuraler Berechnungen

Im Unterschied zu den extrem vereinfachten Modellen künstlicher neuraler Netze erfordert die Modellierung biologischer Neuronennetze, daß eine Reihe komplexer Struktur- und Funktions-Prinzipien einbezogen wird, die die Neurowissenschaften in den letzten Jahrzehnten aufgedeckt haben.
Zu den grundlegenden Architekturmerkmalen gehören neurale Karten. Im weiteren ignorieren wir das Problem der Kartenentstehung durch Selbstorganisation und betrachten Karten als Strukturen biologischer Informationsrepräsentation und ihre Beziehung zur nichtlinearen, raum-zeitlichen Dynamik in neuralen Schichten. Eine neurale Karte besteht aus einer Schicht von Neuronen, deren komputatorische Eigenschaften mit ihrer räumlichen Position variieren. Grundsätzlich sind Karten durch die rezeptiven Feldeigenschaften ihrer Neurone bestimmt, die ihrerseits durch Parameter wie Position (Schwerpunkt), Linienorientierungspräferenz, Bewegungsrichtungsselektivität usw. beschrieben werden (Diskussion in MALLOT u.a. (1990)).
Die Position eines Neurons in der Karte bestimmt weitgehend (1) welchen Teil des Inputs es empfängt, (2) wie dieser Input verarbeitet und (3) zu welchem Ziel das Ergebnis übertragen wird. In Übereinstimmung mit diesen Aspekten lassen sich Karten als (1) afferente, rezeptotope oder sensorische Karten, (2) interne oder Verarbeitungskarten und (3) efferente oder Motorkarten kennzeichnen.
Die Neurone einer rezeptotopen Karte stellen ein Feld breit abgestimmter Filter dar, die das Inputsignal parallel verarbeiten. Auf diese Weise wird ihr Input augenblicklich in eine räumlich kodierte Verteilung neuraler Aktivität überführt, wobei die Werte der abgebildeten Parameter als Lokalisationen und Höhen von Gipfeln neuronaler Aktivität dargestellt werden. Auf diese räumlich kodierte Information kann durch Prozessoren höherer Ordnung bequem zugegriffen werden (letztere können gleichfalls Karten sein), unter Verwendung relativ einfacher Verknüpfungsschemata. Beispiele rezeptotoper Karten sind retinotope, tonotope und somatotope Karten.

Wird "Berechnung" als eine (nichttriviale) Transformation der repräsentierten Information definiert, ergibt sich, daß rezeptotope Karten nicht komputatorisch sind - sie realisieren nur die Abbildung von Sinnesflächen unter Beibehaltung der räumlichen Beziehungen im peripheren Sensorium. Die bisher untersuchten komputatorischen Karten sind zumeist an der Verarbeitung sensorischer Information beteiligt, etwa die schon erwähnten Karten im visuellen System, aber auch im auditorischen System, und an der Programmierung von Bewegungen (vgl. KNUDSEN u.a. 1987).
Die oben beschriebene Motorkarte des CS, d.h. die Karte der Blickrichtungsänderung, ist eine der bekanntesten komputatorischen Karten, mit der eine Bewegungsprogrammierung realisiert wird. Diese Beispiel hat gezeigt, daß Motorkarten systematische Veränderungen in den Bewegungsparametern (Amplitude und Richtung) topographisch auf der neuralen Schicht repräsentieren. Der Berechnungscharakter dieser Karten ist offensichtlich: das topographisch repräsentierte Bewegungskommando muß in zeitliche Erregungsmuster der Motoneurone transformiert werden; dabei definiert das Aktivitätsmittel die Merkmale der Transformation. Dieses Verarbeitungsprinzip komputatorischer Motorkarten kann als invers zu dem komputatorischer sensorischer Karten gekennzeichnet werden: während sensorische Karten das Resultat ortsvarianter Berechnungen repräsentieren, stellen Motorkarten den Quellkode für systematisch variierende Berechnungen dar.

5. Neurale Felder und ihre Dynamik

Die Bedeutung, die der synchronen Aktivität großer Neuronenpopulationen (etwa in Form von Oszillationen und wandernden Aktivitätswellen) zukommt, ist bekannt (MILTON u.a. 1995). Ein weiteres Architekturmerkmal vieler neuraler Subsysteme ist die Schichtung. Neurale Schichten sind durch anatomische und physiologische Parameter gekennzeichnet, die innerhalb einer Schicht mehr oder weniger konstant bleiben, zwischen verschiedenen Schichten aber variieren. Ein Modelltyp, der speziell an diese Umstände angepaßt ist, wird durch neurale Felder repräsentiert, wobei Neurone als Punkte in einem räumlichen Kontinuum betrachtet werden. Dieser Zugang ist besonders gut geeignet für neurale Systeme wie CS und Kortex, wo Neurone eines Typs in relativ homogenen Schichten angeordnet sind, die möglicherweise ein gleichförmiges laterales Konnektivitätsmuster vom Typ der lateralen Inhibition aufweisen.
Eine Kategorisierung der Dynamik in 1-dimensionalen Varianten neuraler Felder mit homogener ortsinvarianter lateraler Kopplung wurde von AMARI (1977) angegeben. In einschichtigen Feldern konnten 5 Dynamik-Typen nachgewiesen werden, die i.a. multistabil sind. Bestimmte Feldparameter ermöglichen, daß ein lokalisiertes Erregungsmuster an der Stelle, wo ein Reiz einwirkte, auch nach seinem Verschwinden aufrecht erhalten wird. Dieses Verhalten läßt sich als Speichermechanismus eines Kurzzeitgedächtnisses interpretieren.
Folgende Interaktionsmoden für Erregungsmuster treten auf: zwei erregte Gebiete können einander anziehen, so daß sie zu einer lokalen Erregung verschmelzen. In anderen Fällen stoßen sie einander ab, oder sie bleiben unabhängig voneinander bestehen. Zweischichtige Felder gestatten oszillatorische und Wanderwellen-Lösungen.
Die genannten Ergebnisse übertragen sich auf den uns interessierenden 2-dimensionalen Fall (MILTON u.a. 1995). Allerdings folgt auch, daß die Amari-Gleichungen keine isolierten, 1-dimensionalen Trajektorien der Aktivitätshügel erlauben, wie sie in der Motorkarte des CS beobachtet wurden. Dies wird durch die Eigenschaft neuraler Felder mit beliebiger lateraler Konnektivität

(homogen oder nicht) verursacht, die besagt, daß die Erregungsausbreitung in Form einer Wanderwelle richtungsunabhängig ist. Ein Modell mit den gewünschten Merkmalen läßt sich aber gewinnen, wenn Ergebnisse aus der Theorie erregbarer Medien herangezogen werden. Im Rahmen dieser Theorie werden v.a. nichtlineare partielle Differentialgleichungen (PDG) untersucht. Eine herausragende Rolle spielt hierbei das FitzHugh-Nagumo (FHN)-Modell, vor allem wegen seiner Einfachheit und der qualitativen Übereinstimmung mit komplizierten Modellen (SCHIERWAGEN 1991). Ein wichtiges Ergebnis der Untersuchungen zum 2-dimensionalen FHN-Modell ist das folgende: im Gegensatz zu kontinuierlichen, 2-dimensionalen FHN-Modellen mit beliebigen Kopplungen hängt in diskreten Modellen mit inhomogenen Kopplungen der Ausbreitungserfolg einer Erregung von der Richtung ab. KEENER (1988) konnte zeigen, daß ein diskretes 2-dimensionales FHN-Feld mit inhomogenen Kopplungen 1-dimensionale Trajektorien von Aktivitätshügeln unterstützt, wobei diese Gipfel sich nicht in benachbarte Feldregionen ausbreiten, wenn die Kopplungskoeffizienten in den zwei Raumrichtungen hinreichend unterschiedlich sind.

6. Modellstruktur und Simulationsergebnisse

In Verallgemeinerung des Konzepts homogener, ortsinvarianter neuraler Felder (AMARI 1977) modellierten wir die Motorkarte des CS als 2-dimensionales, 2-schichtiges Neuronenfeld. Aufgrund der experimentell beobachteten Aktivitätsmuster wählten wir für die BN- bzw. BUN-Schicht ein laterales Verknüpfungsschema, das vom *on center-off surround* Typ ist. Die erwähnten theoretischen Ergebnisse zum FHN-Modell und die verfügbare experimentelle Evidenz dafür, daß die laterale Konnektivität in der BUN-Schicht inhomogen ist, veranlaßte uns, ein asymmetrisches, radial orientiertes Kopplungsschema im Feldmodell der BUN-Schicht zu wählen (vgl. SCHIERWAGEN 1996 und SCHIERWAGEN/WERNER 1996b für Details). Dagegen weist die BN-Schicht ein homogenes Kopplungsschema auf.
In Simulationen mit dem Modell konnten wir die oben erwähnten, in neurophysiologischen Experimenten beobachteten Aktivitätsmuster reproduzieren. In der BN-Schicht des Modells traten Dynamik-Typen auf, die auch schon in 1-dimensionalen Modellen gefunden worden waren (KOPECZ u.a. 1995). Die geeignete Wahl der Feldparameter bewirkte, daß ein Aktivitätsgipfel an der Stelle, wo ein Reiz eingewirkt hatte, auch nach seinem Verschwinden bestehen blieb. Unter anderen Bedingungen interagierten Aktivitätsgipfel: zwei erregte Bereiche zogen einander an, so daß sie zu einer lokalen Erregung verschmolzen. In anderen Fällen stießen sie einander ab, oder sie blieben unabhängig voneinander bestehen. Diese (quasi)stationären Erregungsmuster wurden von KOPECZ u.a. (1995) zur Erklärung der Zielauswahl und motorischen Programmierung der Sakkaden verwendet. Mit der Speicherung der Zielposition realisiert die BN-Schicht ein räumliches Kurzzeitgedächtnis.
Die ortsvariante Verarbeitung in der BUN-Schicht wurde durch die asymmetrische Zentrum-Umfeld-Organisation der lateralen Kopplungen und durch ihre radiale Ausrichtung verwirklicht. Ausgehend von einer lokalisierten Erregung auf dem Feld entwickelte sich ein Aktivitätshügel, der eine Trajektorie auf der BUN-Schicht beschrieb, wie in der Motorkarte des CS beobachtet. Die Bewegungsrichtung des Hügels war durch die Richtung der steiler abfallenden Flanke der Koppelfunktion bestimmt. Die radiale Anordnung der Koppelfunktionen bewirkte, daß sich der Hügel stets hin zum Ursprung des Koordinatensystems bewegte, unabhängig von der Startposition auf dem Feld.

7. Schlußfolgerungen

Neurale Felder verwirklichen auf natürliche Weise die Idee der analogen Berechnung (SCHIERWAGEN/WERNER 1996a). Sie stellen einen Spezialfall erregbarer Medien dar, die verschiedentlich als Mittel für analoge Berechnungen vorgeschlagen worden sind (MIKHAILOV 1990; STEELS 1990). Diese Idee beruht auf der Möglichkeit, ein bestimmtes Problem auf die Dynamik eines erregbaren Mediums abzubilden, so daß sich die Lösung ergibt, indem man dessen Evolution in Raum und Zeit verfolgt. Wie der vorliegende Bericht gezeigt hat, weisen neurale Felder ein reichhaltiges, qualitativ unterschiedliches dynamisches Verhalten auf, das auch andere Autoren schon mit Erfolg benutzt haben, um diese Idee zu verwirklichen. So schlugen KOPECZ/SCHÖNER (1995) ein 1-dimensionales, homogenes Feldmodell vor, um die Speicherung und Auswahl von Zielen bei der Sakkadenkontrolle zu erklären. ENGELS/SCHÖNER (1995) untersuchten eine 2-dimensionale, homogene Feldarchitektur aus mehreren Schichten im Rahmen der Roboter-Navigation (Zielerfassung und Hindernisvermeidung).

Wir untersuchten am Beispiel der Sakkadenkontrolle neuronale Mechanismen, die an der Abgleichung unterschiedlicher Bezugssysteme mit dem Ziel einer einheitlichen Raumrepräsentation und an der Bildung von motorischen Plänen (Augenbewegungen) beteiligt sind. Vorgestellt wurde ein Modell der raum-zeitlichen Dynamik in der Motorkarte des CS. Das Modell verwirklicht neurale Berechnungsprinzipien wie neurale Karten, Populationskodierung und ortsvariante Verarbeitung in geschichteten Systemen, von denen bekannt ist, daß sie der Sakkadenkontrolle zugrunde liegen. Es stellt eine Beziehung zwischen mikroskopische Daten zur lateralen Kopplung in den neuralen Schichten und den emergenten dynamischen Aktivitätsmustern in diesen Schichten her.

Für die BN-Schicht des Modells wählten wir eine homogene laterale Kopplungsstruktur, die stationäre Aktivitätsgipfel ermöglichte. Diese (quasi)stationären Erregungsmuster realisieren die Zielauswahl und motorische Programmierung der Sakkaden. Damit stellt die BN-Schicht einen Kurzzeitspeicher dar, in dem die Zielposition in retinotopen Koordinaten abgelegt wird.

Dagegen realisiert die BUN-Schicht des Modells die als dynamische Speicherung bezeichnete Form der neuralen Repräsentation. Die inhomogene laterale Kopplungsstruktur in der BUN-Schicht bewirkt, daß ein Aktivitätsgipfel von seiner Startposition zur Fixationszone wandert, wobei seine aktuelle Position den momentanen Motorfehler repräsentiert. Die dynamische Kodierung des Motorfehlers im CS wird also aufgrund der Attraktordynamik in der BUN-Schicht verwirklicht. Im hier betrachteten Fall einfacher Sakkaden wird eine Rückkopplung in Form einer Efferenzkopie des motorischen Signals nicht benötigt, um den Motorfehler anzupassen. In anderen Situationen (Doppelsakkaden, Sequenzen, Auge-Kopf-Bewegungen, vgl. SPARKS/MAYS (1990)) erscheint ein Feedback der Augenposition jedoch unverzichtbar.

Von einem allgemeinen Gesichtspunkt aus gesehen haben unsere Untersuchungen ergeben, daß das Berechnungskonzept der homogenen, ortsinvarianten Amari-Felder zusätzliche Leistungsfähigkeit gewinnt, wenn auch inhomogene laterale Kopplungen der Felder betrachtet werden. Dabei kann dieses Berechnungskonzept bequem mit topographischen Abbildungen entweder von Sinnesflächen (rezeptotope Karten) oder von gewissen Parametern wie Motorfehler im CS (komputatorische Karten) verknüpft werden. Im Rahmen des behavioralen Paradigmas treten Fragen danach in den Vordergrund, wie neurale Information repräsentiert und verarbeitet wird. Das ist vor allem darin begründet, daß Mechanismen der Perzeption und Aktion innerhalb verschiedener Bezugssysteme operieren, so daß aktiv handelnde Systeme verschiedene Transformationen zwischen den Bezugssystemen realisieren müssen, was mehrfache Wechsel des Kodierungsformats impliziert. Jüngste Untersuchungen (MORASSO/SANGUINETI 1997) unterstützen unsere Auffassung, daß neurale Felder einen konzeptionellen Rahmen bereitstellen, der an die Untersuchung solcher Probleme besonders angepaßt ist. Insbesondere läßt sich auf diese Weise das Konzept der dynamischen Speicherung theoretisch begründen, das eine entscheidende Rolle bei der neuralen Repräsentation räumlicher Information zu spielen scheint.

Literatur

ALOIMONOS, Y. (Hrsg.): *Active Perception*. Orlando FL: L. Erlbaum Assoc. 1993

AMARI, S.: Dynamics of pattern formation in lateral-inhibition type neural fields. *Biol. Cybern.* 27 (1977), 77-87

BAJCSY, R.: Active perception. *Proceedings of the IEEE* 76 (1988), 996-1005

BERTHOZ, A./GRANTYN, A./DROULEZ, J.: Some collicular neurons code saccade velocity. *Neurosci. Lett.* 72 (1987), 289-294

BROOKS, R.A.: Intelligence without reason. *Proc. 12th Int. Joint Conf. on Artificial Intelligence*, Sydney: Academic Press 1991, 569-595

DEUBEL, H.: Visuelle Verarbeitung und kognitive Faktoren bei der Generierung sakkadischer Augenbewegungen. In: PRINZ, W./BRIDGEMAN, B. (Hrsg.): *Wahrnehmung*. Göttingen: Hogrefe-Verlag 1994, 189-253

DROULEZ, J./BERTHOZ, A.: A neural network model of sensoritopic maps with predictive short-term memory properties. *Proc. Natl. Acad. Sci.* USA 88 (1991), 9653-9657

ECKHORN, R./BAUER, R./JORDAN, W./BROSCH, M./KRUSE, W./MUNK, M./REITBOECK, H.J.: Coherent oscillations: a mechanism of feature linking in the visual cortex? *Biol. Cybern.* 60 (1988), 121-130

ENGELS, C./SCHÖNER, G.: Dynamic fields endow behavior-based robots with representations. *Robotics and Auton. Syst.* 14 (1995), 55-77

GRANTYN, R.: Gaze control through superior colliculus: Structure and function. In: BÜTTNER-ENNEVER, J. (Hrsg.): *Neuroanatomy of the Oculomotor System*. New York: Elsevier 1988, 273-333

GRAY, C.M. AND W. SINGER: Stimulus-specific neuronal oscillations in orientation columns of cat visual cortex. *Proc. Natl. Acad. Sci. USA* 86 (1989), 1698-1702

HARNAD, S.: The symbol grounding problem. *Physica* D 42 (1990), 335-346

HELMHOLTZ, H.: *Handbuch der Physiologischen Optik*. Leipzig: Voss 1866

HILBIG, H./SCHIERWAGEN, A.: Interlayer neurons in the superior colliculus of the rat - a tracer study using DiI/Di-ASP. *NeuroReport* 5 (1994). 477-480

KEENER, J. P.: On the formation of circulating patterns of excitation in anisotropic excitable media. *J. Math. Biol.* 26 (1988), 41-56

KNUDSEN, E.I./DU LAC, S./ESTERLY, S.D.: Computational maps in the brain. *Ann. Rev. Neurosci.* 10 (1987), 41-65

KOPECZ, K./ENGELS, C./SCHÖNER, G.: *Dynamic field approach to target selection in gaze control.* In: GIELEN, S./KAPPEN, H. (Hrsg.): *Proceedings ICANN '93*, Berlin: Springer 1993, 96-101

KOPECZ, K./SCHÖNER, G.: Saccadic motor planning by integrating visual information and pre-information on neural dynamic fields. *Biol. Cybern.* 73 (1995), 49-60

LAKOFF, G.: Smolensky, semantics, and the sensori-motor system. *Behav. Brain Sci.* 11 (1988), 39-40

MALLOT, H.A., VON SEELEN, W. AND GIANNAKOPOULOS, F.: Neural mapping and space-variant processing. *Neural Networks* 3 (1990), 245-263

MIKHAILOV, A.S.: *Foundations of Synergetics I*. Berlin Heidelberg New York: Springer-Verlag 1990

MILTON, J./MUNDEL, T./AN DER HEIDEN, U./SPIRE, J.-P./COWAN, J.: Traveling activity waves. In: ARBIB, M.A. (Hrsg.): *The Handbook of Brain Theory and Neural Networks*. Cambridge, MA: MIT Press 1995, 994-997

MORASSO, P./ SANGUINETI, V.: *Self-Organization, Computational Maps, and Motor Control*. Amsterdam etc. Elsevier 1997

MUNOZ, D.P./WURTZ, R.H.: Saccade-related activity in monkey superior colliculus. *J. Neurophysiol.* 73 (1995), 2313-2348.

NEUMANN, O./PRINZ W. (Hrsg.): *Relationships between Perception and Action*. Berlin: Springer-Verlag 1990 besten untersucht ist, ist die assoziative Informationsverarbeitung im „what"-stream, der objektbezogene Kodierung leistet (inferotemporaler Cortex) und im „where"-stream, der eine räumliche Kodierung leistet (parietaler Cortex), organisiert (TANAKA 1991; ZEKI u.a. 1991; FUJITA u.a. 1992; VAN ESSEN u.a. 1992; CHELAZZI u.a. 1993; MCINTOSH u.a. 1994).

Der temporale Cortex ist insbesondere spezialisiert für Formerkennung (RICHES u.a. 1991). In Primatenexperimenten konnten Neurone im anterioren Anteil des Temporallappens gezeigt werden, die auf komplexe visuelle Stimuli reagieren (MIYASHITA u.a. 1993); es ließ sich dort auch eine für den Neocortex typische Kolumnenarchitektur zeigen, in der komplexe Stimuli verarbeitet werden (FUJITA u.a. 1992). Die Vorstellung von adaptiven mnemonischen Filtern läßt sich aus den Untersuchungen von MILLER u.a. (1991) ableiten, die herabgesetzte Reaktionen im inferotemporalen Cortex nach repetitiven visuellen Stimuli zeigten. Interaktionen von Gedächtnisleistungen und Aufmerksamkeit mit Bezug auf visuelle Suchleistungen sind von CHELAZZI u.a. (1993) diskutiert worden.

Gegenüber diesem objektkodierenden Mechanismus, der wesentlich im temporalen Cortex implementiert ist, zeigen sich Ortskodierungen komplexer visueller Stimuli im parietalen Cortex implementiert. PET-Studien konnten bei Erwachsenen Aktivierungen des temporo-parieto-occipitalen Assoziationscortex (V5) bei Bewegungsdetektionen zeigen (CORBETTA u.a. 1993). „Dot location matching"-Aufgaben, die eine topische Repräsentation visueller Stimuli erfordern, werden wesentli ch vom lateralen superioren parietalen Cortex geleistet, wie in PET-Studien demonstriert (HAXBY u.a. 1991; MCINTOSH u.a. 1994). Eine wichtige Aufgabe des parietalen Cortex scheint insbesondere die Angleichung der Repräsentation des visuellen Raums unter intendierten Augenbewegungen zu sein (DUHAMEL u.a. 1992). Eine neurobiologische Theorie für einen objekt-zentrierten Rahmen, das positions- und skaleninvariant ist und vom Pulvinar kontrolliert wird, wurde von OLSHAUSEN u.a. (1993) vorgestellt. Empirische Hinweise auf eine starke Interaktion zwischen dorsalem und ventralem Verarbeitungsweg unterstützen die plausible Idee einer Verschränkung in der Erkennung von räumlichen und objektbezogenen Parametern von visuell erfaßten komplexen Reizstrukturen (HAXBY u.a. 1991; MCINTOSH u.a. 1994).

3. Imagination

Am Beispiel der visuellen Sinnesmodalität ist die Teilleistung der Imagination als innere Vorstellungskraft oder das „Sehen vor dem inneren Auge" besonders bei der Anbindung episodisch-autobiographisch relevanter oder kontextuell eingebundener Information wirksam (DE BENI & PAZZAGLIA 1995). Die Imagination stellt damit eine memorative Hintergrundfolie und wichtige strukturierende Komponente unserer visuellen Informationsverarbeitung dar (DEWHURST & CONWAY 1994; RICHARDSON 1995). Eine fMRI-Studie, die das für Imaginationsstudien zentrale Rotationsparadigma von SHEPARD & METZLER (1971) nutzt, belegt die Aktivierungen von primären und assoziativen visuellen Cortexarealen und postuliert die Existenz eines „conservation principle", wonach primäre Sinneserfahrung und Imagination möglicherweise dieselben Hirnstrukturen involvieren (COHEN u.a. 1996). Interessant sind Beobachtungen, daß es bei Imaginationsprozessen auch eine Hemisphärenspezialisierung geben könnte. Unterschieden werden können linkshemisphärisch gesteuerte kategoriale und rechtshemisphärisch gesteuerte metrisch geordnete räumliche Bildgenerierungen (KOSSLYN u.a. 1994). Bei den meisten Patienten mit Verschlechterung der visuellen Imaginationsfähigkeit

sind Verletzungen der linken Hemisphäre in ihren hinteren Anteilen zu finden (FARAH 1984, 1995). In der visuellen Informationsverarbeitung bestehen also enge Verbindungen zwischen Imagination und Perzeption (FARAH 1985, 1989), wobei von gemeinsamen internen Repräsentationsstrukturen ausgegangen wird, in denen sowohl Imaginations- als auch Perzeptionsleistungen implementiert sind (ISHAI & SAGI 1995). Neuronal werden Inhalte des Langzeitgedächtnisses abgerufen, welche dann als Imaginat im Kurzzeitgedächtnis erscheinen. Diese Prozesse sind wahrscheinlich in einer neuronalen Netzwerkarchitektur des visuellen Systems realisiert, die in seriellem Sinn als „rückprojektionsfähig" angenommen wird (FARAH 1989, 1995). Die Reihung von frühen retinotopen Repräsentationen im primären unimodalen Cortex bis zu späten assoziativ-corticalen Repräsentationen werden danach als rückprojektiv „umkehrbar" im Imaginationsprozeß angenommen. Die Aktivierung von frühen retinotopen Cortexarealen wird aber z.B. von ROLAND & GULYÁS (1994) bestritten. So ließen sich in der fMRI-Studie zur visuellen Imagination von D'ESPOSITO u.a. (1997) auch nur Aktivierungen des inferotemporalen Cortex und Area 19, nicht aber des primären visuellen Cortex, nachweisen. Die Rückprojektionsidee bleibt aber prinzipiell gültig, auf Initiative heteromodal assoziativ tätiger Cortexareale könnten dann unter Nutzung des visuellen Assoziationscortex Imaginate erzeugt werden, die phänomenal als kurzlebige, perzeptartige Bilder erscheinen. Diese Beobachtungen haben zu der führenden Vorstellung einer funktionalen Äquivalenz von Perzeption und Imagination geführt mit wahrscheinlich gemeinsamen neuroanatomischen Grundlagen (COOPER 1995).
Ein entscheidender Aspekt in der Debatte behandelt die quasi-piktoriale Natur mentaler Bilder im Gegensatz zur propositionalen Alternative (KOSSLYN u.a. 1994; dazu special issue von *Neuropsychologia* 33 (11) 1995). Ein hochinformativer Beitrag zu dieser Thematik der piktorial-propositionalen Dichotomie wurde in einer PET-Studie von VANDENBERGHE u.a. (1996) vorgelegt, die ein gemeinsam genutztes, modalitätsunspezifisches semantisches Netzwerk zeigen konnten. In zwei unabhängigen semantischen Aufgaben, die auf visuellen und verbalen Wegen präsentiert wurden, zeigte sich ein übergeordnetes, für beide Verarbeitungsmodalitäten relevantes System, das den Gyrus occipitalis superior links, den mittleren und inferioren temporalen Cortex sowie den Gyrus frontalis inferior umfaßt. Modalitätsspezifische Aktivierungen mit semantischem Bezug ließen sich darüber hinaus für verbale Bedingungen im Sulcus temporalis superior links, für piktoriale Reize im Sulcus temporalis inferior links, Gyrus temporalis medius links und Sulcus frontalis inferior links zeigen. Ohne semantischen Bezug (in einer Subtraktionsbedingung) ließen sich im Lobulus parietalis inferior Aktivitäten für verbal präsentierte Stimuli und im Gyrus occipitalis medius für Bilder nachweisen. Semantisch relevante Information benutzt also sowohl modalitätsspezifische als auch -unspezifische Repräsentationsareale. Diese Studie unterstützt daher die Idee einer einheitlichen semantischen Ablage, die aber multimodal implementiert und auch multimodal zugänglich ist, im Gegensatz zu einer nur immer unimodal abgelegten Semantik. Für die erwähnte Debatte heißt das, daß sowohl piktoriale als auch propositionale Repräsentationsweisen zur Anwendung kommen und darüberhinaus auch die Existenz einer abstrakteren semantischen Ebene plausibel ist.

4. Halluzination

Eine der Imagination ähnliche Form der inneren Bildwahrnehmung stellt die Halluzination dar, die als visuelle Trugwahrnehmung sowohl bei De-Afferenzierungs-Syndromen als auch als psychopathologisches Phänomen auftritt. Als „leibhaftige Trugwahrnehmungen“ (JASPERS 1913), die in reale Wahrnehmungshorizonte eingebettete Wahrnehmungen bezeichnet, entbehren sie aber eines in der jeweils intersubjektiv vermittelbaren Realität existierenden Stimulus. Solche kontext-adäquaten Halluzinationen sind besonders bei De-Afferenzierungen von Sinnesorganen, z.B. bei Gesichtsfelddefekten in den anopen Gesichtsfeldanteilen oder bei peripher-auditorischen Störungen auch als musikalische Halluzinationen bekannt (z.B. KÖLMEL 1988; ERKWOH u.a. 1993; Vogeley & Curio im Druck). Analog zur visuellen Informationsverarbeitung ist der auditorische Assoziationscortex links temporoparietal in der Interpretation von Sinnesinformationen von besonderer Bedeutung. So ließ sich in einer SPECT-Studie bereits eine Aktivierung dieser Hirnregion bei schizophrenen Patienten mit akustischen Halluzinationen zeigen (SUZUKI u.a. 1993). Diese Überlegungen machen die Hypothese zulässig, daß auch im auditorischen Kanal ein „conservation principle“ tätig ist, wonach akustische Perzeptions-, Halluzinations- und Imaginationsleistungen in ähnlichen Hirnregionen implementiert sind. (In Bezug auf die bei schizophrenen Patienten wichtigen akustischen Halluzinationen vgl. auch MCGUIRE u.a. 1996). Auf dem Hintergrund der Modellvorstellung, daß es sich bei akustischen Halluzinationen um Störungen bei der Wahrnehmung von innerem Sprechen handelt, konnte prädisponierend eine fehlende Aktivierung von Gebieten gefunden werden, die zum Selbst-Monitoring nötig sind (Gyrus temporalis medius, supplementär-motorisches Areal). Eine Untersuchung von fünf nicht-behandelten schizophrenen Patienten wurde von SILBERSWEIG u.a. (1995) vorgelegt. Darin zeigte sich bei akustischen Halluzinationen eine Aktivierung in subcorticalen (Thalamus, Striatum) und corticalen Strukturen (Hippokampusformation, Gyrus parahippocampalis, Gyrus cinguli, orbitofrontaler Cortex). Cortical sind häufig assoziative, nicht immer primäre Projektionsareale an den Halluzinationen beteiligt. Die Initiierung von Halluzinationen wird von den Autoren sogenannten „deep brain structures“, insbesondere thalamocorticalen Regelkreisen, zugeschrieben.

5. Kontinuität äußerer und innerer Wahrnehmung

Es kann also am Beispiel visueller Vorgänge davon ausgegangen werden, daß primäre Projektions- und Assoziations-Cortices einen hohen Anteil an der Generierung nicht nur von Perzeptions- und Imaginations-, sondern auch von ihnen verwandten Halluzinationsvorgängen haben. Wahrnehmung, Halluzination und Imagination können aufgereiht werden in einem Kontinuum äußerer und innerer Wahrnehmung. Darin stellt das innere Bild, gewissermaßen als revitalisierte Wahrnehmung, ein Schema dar, auf dessen Basis Objektrepräsentation und -erkennung geleistet wird (BROWN 1985). Eine solche innere Bildwahrnehmung bildet dann eine Vorstufe im Prozeß der Objektrepräsentation. Wir haben es also zu tun mit einem „continuum in visual perception from a memory image to an eidetic image to an object“ (BROWN 1985, 359).
Interessanterweise zeigt sich auch bereits in der phänomenologischen Analyse „Das Imaginäre“ von J.P. SARTRE (1936) das Imaginative dem Halluzinativen sehr verwandt. Als ein Charakteristikum wird nämlich die (auch der Halluzination eigene) unumstößliche Sicherheit der Zuordnung des imaginierten Inhaltes zu seinem Signifikat hervorgehoben, während die Wahrnehmung selbst immer nur Aspekte des Wahrgenommenen liefere und daher bis zuletzt veränderlich und korrigierbar bleibe. Dafür überwiege im Detailreichtum die Wahrnehmung, während in der Imagination Details

nicht sicher beschreibbar seien. Zugespitzt formuliert, erscheine die Imagination damit dem realen imaginierten Objekt gegenüber ungenau, aber gewiß, die Perzeption unsicher, aber dafür überprüfbar. Als Verlustbilanz weist in Sartres Analyse die Imagination eine Detailarmut auf, während die Perzeption eine größere Detailfülle leistet.

> Wahrnehmen, Begreifen, Vorstellen, das sind in der Tat die drei Bewußtseinsformen, in denen ein gleiches Objekt uns gegeben sein kann. (SARTRE 1936, 1980, 48)

Neben dieser introspektiven phänomenologischen Analyse sind Differenzierungen auch aus neuropsychologischer Sicht evident. Es finden sich nach fokalen Hirnläsionen unter anderem Dissoziationen zwischen Objekt- und Worterkennungsleistungen, zwischen lebenden und nicht-lebenden Gegenständen, so daß sich das Problem der Konstruktion einer Repräsentationsmatrix ergibt, die adäquat ist für Wiedererkennungsleistungen. Zahlreiche in der Literatur dokumentierte Fallbeispiele beschreiben Patienten, die an visueller Agnosie mit, aber auch ohne Störung der Imaginationsfähigkeit leiden (e.g. TAYLOR & WARRINGTON 1971; WAPNER u.a. 1978; BEHRMANN u.a. 1992; JANKOWIAK u.a. 1992; MEHTA u.a. 1992; GOLDENBERG u.a. 1995; SERVOS & GOODALE 1995). Die Dissoziationen legen eine unterschiedliche Implementierung im Gehirn von visueller Wahrnehmung und Imagination nahe. Insgesamt muß daher das Konzept mentaler Imaginationen weniger als ein einheitliches Konstrukt, sondern vielmehr als ein differenzierungspflichtiges Konzept behandelt werden, um die Wertigkeit der funktionalen Verwandtschaft von Wahrnehmung und Imagination zu untersuchen (COOPER 1995). Offensichtlich muß es eine neuronale Architektur geben, die den Gebrauch visuell-corticaler Assoziationszentren für frühe Schritte in der Generierung imaginativer Teilleistungen erlaubt (KOSSLYN u.a. 1994). Wenn das postulierte Konzept einer rückprojektionsfähigen Architektur, die top-down tätig ist, zur Erzeugung mentaler Imaginate richtig ist, dann kann ein spezifischer Schaden an diesem neuronalen Regelkreis eine Dissoziierung erzeugen (MIYASHITA u.a. 1993; FARAH 1995; ISHAI & SAGI 1995). Umgekehrt könnte die Imagination auch ein notwendiger Schritt in der Prozessierung von Perzeptionen sein, da sie schema-artig Hintergrundinformationen bereitstellt, die zur Interpretation von neuen Informationen wichtig ist. "an image is a prepraratory stage in the process leading to an object representation, ... different types of images are manifestations of different levels of object representation." (BROWN 1985, 351). Auf dieser Basis wird die Imagination als Modell der Halluzination nutzbar, insbesondere im Hinblick auf den möglichen heuristischem Nutzen dieser Gemeinsamkeit für experimentell-empirische Projekte.

6. Differenzierung äußerer und innerer Wahrnehmung

Es ist eine gemeinsame neuroanatomische Grundlage von innerer und äußerer Wahrnehmung anzunehmen (COOPER 1995). Es ergibt sich im Anschluß daran die Frage nach einer *differentia specifica*, wie diese unterschiedlichen Phänomene der äußeren und inneren Wahrnehmung bei gleicher anatomischer Grundlage entstehen können.

> Man kann die Vorstellung nicht gesondert untersuchen. Es gibt nicht eine Welt der images und eine Welt der Objekte. Aber jedes Objekt, dargeboten durch die äußere Wahrnehmung oder dem inneren Sinn erscheinend, kann als gegenwärtige Realität fungieren oder als image, je nach dem gewählten Bezugszentrum. Die beiden Welten, das Imaginäre und das Reale, sind durch die gleichen Objekte konstitutiert; lediglich die Zusammenstellung und die Interpretation dieser Objekte variieren. Was die imaginäre Welt wie das reale Universum definiert, ist eine Bewußtseinshaltung. (SARTRE 1936 1980, 66f)

Diesen übergeordneten Leistungen in der Differenzierung der Wahrnehmungsphänomene entsprechen die Gebiete des heteromodalen Assoziationskortex. Darunter fallen die Gebiete des inferioren parietalen Cortex (Brodmann 39 und 40), der Gyrus temporalis superior, besonders das planum temporale (Brodmann 22) und der dorsolaterale präfrontale Cortex (Brodmann 9, 10, 46). Insbesondere dem präfrontalen Cortex kommt die Integrationsfunktion zwischen externen Sinnesinformationen und internen Milieu-Daten zu (VOGELEY u.a. im Druck). Der präfrontale Cortex zeichnet sich außerdem dadurch aus, daß er kein primäres Sinnesprojektionsareal enthält. Der dorsolaterale präfrontale Cortex ist dabei für die zeitliche Sequenzierung komplexer Handlungsabfolgen verantwortlich (FUSTER 1989). Dieses Konzept wird besonders deutlich an den klassischen delayed-response-task-Paradigmen. Sowohl tierexperimentell (z.B. GOLDMAN-RAKIC 1987) als auch in Humanstudien (z.B. VERIN u.a. 1993) läßt sich zeigen, daß bei präfrontalen Läsionen Stimuli nach einer zeitlichen Latenz, in der die Stimuli unterbrochen sind, nicht mehr adäquat beantwortet werden können. Erwartet werden in den Paradigmen als Reizantwort kurze Entscheidungs- und Handlungsfolgen, die bei intaktem präfrontalen Cortex mühelos geleistet werden können. In einer anderen Lesart dieser Phänomene wird als wichtigste Leistung des präfrontalen Cortex das Arbeitsgedächtnis hervorgehoben, das über eine längere Zeitstrecke Präsentationen interner Zustände exponieren und der Handlungs- und Planungskontrolle zur Verfügung stellen kann (GOLDMAN-RAKIC 1994). Dem präfrontalen Cortex wird auf dieser Grundlage wesentliche Bedeutung für Self-Monitoring-Prozesse zugeschrieben, neurophysiologisch lassen sich außerdem die Beteiligung des Gyrus cinguli und des supplementär-motorischen Areals zeigen (FRITH 1995).
Diese Self-Monitoring-Leistung können auch als „supervisory attentional system" (SHALLICE 1988) oder aber als Metarepräsentational-System (FRITH 1993) konzeptuell gefaßt werden, die jeweils als selbstorganisierende nicht-hierarchische Ebene vorzustellen sind. Diese Monitoring-Leistung wird benötigt, um zwischen selbst- und welterzeugter Wahrnehmung unterscheiden zu können. Darin liegt das entscheidende Kriterium zwischen äußerer und innerer Wahrnehmung. Dem Subjekt müssen die Art der Erzeugung und die tatsächliche Erzeugung der Wahrnehmung präsent sein, um eine eindeutige Verknüpfung herstellen zu können. Auf dieser Basis ist die Unterscheidung von Imagination (selbsterzeugt) und Perzeption (welterzeugt) sicher durchzuführen. Bei fehlender Monitoring-Fähigkeit mit Ausfall der Differenzierungsfähigkeit läßt sich dann innere von äußerer Wahrnehmung nicht mehr trennen. Die Differenz kann sich dem postulierten Monitoring-System möglicherweise wegen fehlender Zeitfenster nicht mehr mitteilen, die nötig wären, um eine klare Zuordnung herstellen zu können. Es könnte dann zu einer Fehlinterpretation einer inneren Wahrnehmung kommen, so daß eine innere Wahrnehmung nicht mehr als Imaginat, sondern als Halluzination imponierte.

7. Zusammenfassung

Piktorial-imagistische Repräsentationsverfahren stellen neben propositionalen die wesentlichen Mechanismen unserer Weltmodellierung dar. Die Teilleistung der Imagination als innere „evozierte" Wahrnehmung innerhalb der visuellen Informationsverabeitung hat darin besonders bei episodisch-autobiographisch relevanter oder kontextuell eingebundener Information hohe Relevanz für memorative Aufgaben. Dabei werden Inhalte des Langzeitgedächtnisses abgerufen, welche dann als

Imaginat im Kurzzeitgedächtnis erscheinen. Diese Prozesse sind wahrscheinlich in einer rückprojektiven neuronalen Netzwerkarchitektur des visuellen Systems implementiert. Imaginations- und Perzeptionsleistungen werden von internen Repräsentationen in gemeinsamen neuroanatomischen Strukturen im Sinne eines konservativ-ökonomischen Bauprinzips realisiert. Eine der Imagination nahe Form der inneren Bildwahrnehmung stellt die Halluzination dar, die ohne korrespondierenden Umweltreiz als visuelle Trugwahrnehmung erscheint. Hypothetisch kann ein Kontinuum von innerer und äußerer Wahrnehmung angenommen werden, in dem Perzeptions-, Halluzinations- und Imaginationsvorgänge aufgereiht sind. Imagination und Halluzination unterscheiden sich aber wesentlich dadurch, daß die Imagination willkürlich als interne Bildwahrnehmung selbst erzeugt wird, während die ebenfalls intern generierte Halluzination den Eindruck einer Perzeption macht und das Halluzinat mit sicherer Gewißheit als reales Perzept erscheinen läßt. Diskrepant ist daher die Gemeinsamkeit in der neuroanatomischen Implementierung gegenüber der phänomenalen Differenz in ihrer Generierung. Pathomechanistisch kann eine Störung in der Fähigkeit zum self-monitoring angenommen werden, die die Fehlzuweisungen erst ermöglicht und die die Zuordnung von Bildwahrnehmungen zu selbsterzeugter und welterzeugter Wahrnehmung stört. Die zeitliche Integration von Handlungsabläufen und Wahrnehmungsprozessen wird topisch dem dorsolateralen Anteil des sogenannten präfrontalen Cortex zugeschrieben, der insbesondere bei schizophrenen Patienten funktionellen und strukturellen Veränderungen unterliegen kann.

Literatur

BEHRMANN, M./WINOCUR, G./MOSCOVITCH, M.: Dissociation between mental imagery and object recognition in a brain-damaged patient. *Nature* 359 (1992) 636-637

BROWN, J.W.: Hallucinations. Imagery and the microstructure of perception. In: Boller, F./ Grafman, J. (Ed.) *Handbook of Clinical Neurology, Vol. 1(45) Clinical Neuropsychology*. 1985, 351-372

CHANGEUX, J.P./DEHAENE, S.: Neuronal models of cognitive functions. *Cognition* 33, 63-109, 1989

CHELAZZI, L./MILLER, E.K./DUNCAN, J./DESIMONE, R.: A neural basis for visual search in inferior temporal cortex. *Nature* 363 (1993) 345-347

COHEN, M.S./KOSSLYN, S.M./BREITER, H.C./DIGIROLAMO, G.J./THOMPSON, W.L./ANDERSON, A.K./ BOOKHEIMER, S.Y./ROSEN, B.R./BELLIVEAU, J.W.: Changes in cortical activity during mental rotation. A mapping study using functional MRI. *Brain* 119 (1996) 89-100

COOPER, L.A.: Varieties of visual representation: how are we to analyze the concept of mental image? *Neuropsychologia* 33 (1995) 11, 1575-1582

CORBETTA, M./MIEZIN, F.M./SHULMAN, G.L./PETERSEN, S.E.: A PET study of visuospatial attention. *J Neurosci* 13 (1993) 3, 1202-1226

D'ESPOSITO, M.D./DETRE, J.A./AGUIRRE, G.K./STALLCUP, M./ALSOP, D.C./TIPPET, L.J./FARAH, M.J.: A functional MRI study of mental image generation. *Neuropsychologia* 35 (1997) 5, 725-730

DE BENI, R./PAZZAGLIA, F.: Memory for different kinds of mental images: role of contextual and autobiographic variables. *Neuropsychologia* 33 (1995) 11, 1359-1371

DEWHURST, S.A./CONWAY, M.A.: Pictures, images, and recollective experience. *J Exp Psychol (Learning, Memory, and cognition)* 20 (1994) 5, 1088-1098

DUHAMEL, J.R./COLBY, C.L./GOLDBERG, M.E.: The updating of the representation of visual space in parietal cortex by intended eye movements. *Science* 255 (1992) 90-92

ERKWOH, R./EBEL, H./KACHEL, F./REICHE, W./RINGELSTEIN, E.B./Bull, U./SASS, H.: 18FDG-PET and electroencephalographic findings in a patient suffering from musical hallucinations. *Nuklearmedizin* 32 (1993) 159-63

FARAH, M.J.: Psychophysical evidence for a shared representational medium for mental images and percepts. *J Exp Psychol Gen* 114 (1985) 1, 91-103

FARAH, M.J.: The neurological basis of mental imagery: a componential anlysis. *Cognition* 18 (1984) 245-272

FARAH, M.J.: Current issues in the neuropsychology of image generation. *Neuropsychologia* 33 (1995) 11, 1455-1471
FARAH, M.J.: The neuropsychology of mental imagery. In: Boller, F./ Grafman, J. (Ed.) *Handbook of Neuropsychology*, Elsevier Science Publishers Vol. 2, Ch. 21, 395-413, 1989
FRITH, C.D.: The cognitive abnormalities underlying the symptomatology and the disability of patients with schizophrenia. *Int J Psychopharmacol* 10 (1995) Suppl. 3, 87-98
FUJITA, I./TANAKA, K./ITO, M./CHENG, K.: Columns for visual features of objects in monkey inferotemporal cortex. *Nature* 360 (1992) 343-346
FUSTER, J.: *The prefrontal cortex. Anatomy, Physiology, and neuropsychology of the frontal lobe.* (1989) New York: Raven Press
GOLDENBERG, G./MÜLLBACHER, W./NOWAK, A.: Imagery without perception - a case study of anosognosia for cortical blindness. *Neuropsychologia* 33 (1995) 11, 1373-1382
GOLDMAN-RAKIC, P.S.: Circuitry of primate prefrontal cortex and regulation of behaviour by representational memory. In: PLUM, F./MOUNTCASTLE, U.: *Handbook of Physiology.* Vol 5 (1987) 373-417, Washington
GOLDMAN-RAKIC, P.S.: Working memory dysfunction in schizophrenia. *J Neuropsychiatry Clin Neurosci.* 6 (1994) 4, 348-57
HAXBY, J.V./GRADY, C.L./HORWITZ, B./UNGERLEIDER, L.G./MISHKIN, M./CARSON, R.E./HERSCOVITCH, P./SCHAPIRO, M.B./RAPOPORT, S.I.: Dissociation of object and spatial visual processing pathways in human extrastriate cortex. *Proc Natl Acad Sci USA* 88 (1991) 1621-1625
HOGREBE, W.: *Metaphysik und Mantik.* (1992) Frankfurt a.M.: Suhrkamp
ISHAI, A./SAGI, D.: Common mechanisms of visual imagery and perception. *Science* 268 (1995) 1772-1774
JANKOWIAK, J./KINSBOUNRE, M./SHALEV, R.S./BACHMAN, D.L.: Preserved visual imagery and categorization in a case of associative visual agnosia. *J Cogn Neurosci* 4 (1992) 119-131
JASPERS, K.: *Allgemeine Psychopathologie.* (1913), Heidelberg: Springer [9]1973
KÖLMEL, H.W.: *Die homonymen Hemianopsien.* (1988) Berlin: Springer
KOSSLYN, S.M./ALPERT, N.M./THOMPSON, W.L./CHABRIS, C.F./RAUCH, S.L./ANDERSON, A.K.: Identifying objects seen from different viewpoints. A PET investigation. *Brain* 117 (1994) 1055-1071
MCGUIRE, P.K./SILBERSWEIG, D.A./WRIGHT, I./MURRAY, R.M./FRACKOWIAK, R.S.J./FRITH, C.D.: The neural correlates of inner speech and auditory verbal imagery in schizophrenia: relationship to auditory verbal hallucinations. *Br J Psychiatry* 1679 (1996) 148-159
MCINTOSH, A.R./GRADY, C.L./UNGERLEIDER, L.G./HAXBY, J.V./RAPOPORT, S.I./HORWITZ, B.: Network analysis of cortical visual pathways mapped with PET. *J Neurosci* 14 (1994) 2, 655-666
MEHTA, Z./NEWCOMBE, F./DE HAAN, E.: Selective loss of imagery in a case of visual agnosia. *Neuropsychologia* 30 (1992) 7, 645-655
MILLER, E.K./LI, L./DESIMONE, R.: A neural mechanism for working and recognition memory in inferior temporal cortex. *Science* 254 (1991) 1377-1379
MIYASHITA, Y./DATE, A./OKUNO, H.: Configurational encoding of complex visual forms by single neurons of monkey temporal cortex. *Neuropsychologia* 31 (1993) 10, 1119-1131
OLSHAUSEN, B.A./ANDERSON, C.H./VAN ESSEN, D.C.: A neurobiological model of visual attention and invariant pattern recognition based on dynamic routing of information. *J Neurosci* 13 (1993) 11, 4700-4719
PUTNAM, H.: *Repräsentation und Realität.* Frankfurt a.M.: Suhrkamp (1988) 1991
RICHARDSON, J.T.E: The efficacy of imagery mnemonics in memory remediation. *Neuropsychologia* 33 (1995)11 , 1345-1357
RICHES, I.P./WILSON, F.A.W./BROWN, M.W.: The effects of visual stimulation and memory on neurons of the hippocampal formation and the neighboring parahippocampal gyrus and inferior temporal cortex of the primate. *J Neurosci* 11 (1991) 6, 1763-1779
ROLAND, P.E./GULYÁS, B.: Visual imagery and visual representation. *TINS* 17 (1994) 7, 281-289
SARTRE, J.P.: *Das Imaginäre.* Rowohlt (1936) 1980
SERVOS, P./GOODALE, M.A.: Preserved visual imagery in visual form agnosia. *Neuropsychologia* 33 (1995) 11, 1383-1394
SHALLICE, T.: *From neuropsychology to mental structure.* (1988) Cambridge: Cambridge University Press
SHEPARD, R.N./METZLER, J.: Mental rotation of three-dimensional objects. *Science* 171 (1971) 701-703
SILBERSWEIG, D.A./STERN, E./CRITH, C./CAHILL, C./HOLMES, A./GROOTOONK, S./SEAWARD, J./MCKENNA, P./CHUA, S.E./SCHNORR, L./JONES, T./FRACKOWIAK, R.S.J.: A functional neuroanatomy of hallucinations in schizophrenia. *Nature* 378 (1995) 176-179

SUZUKI, M./YUASA, S./MINABE, Y./MURATA, M./KURACHI, M.: Left superior temporal blood flow increases in schizophrenic and schizophreniform patients with auditory hallucination: a longitudinal case study using 123I-IMP SPECT. *Eur Arch Psychiatry Clin Neurosci* 242 (1993) 5, 257-261
TANAKA, K.: Inferotemporal cortex and higher visual functions. *Curr Opin Neurobiol* 2 (1992) 502-505
TAYLOR, A./WARRINGTON, E.K.: Visual agnosia. A single case report. *Cortex* 7 (1971) 152-161
VAN ESSEN, D.C./ANDERSON, C.H./FELLEMAN, D.J.: Information processing in the primate visual system: an integrated systems perspective. *Science* 255 (1992) 419-422
VANDENBERGHE, R./PRICE, C./WISE, R./JOSEPHS, O./FRACKOWIAK, R.S.J.: Functional anatomy of a common semantic system for words and pictures. *Nature* 383 (1996) 254-256
VERIN, M./PARTIOT, A./PILLON, B./MALAPANI, C./AGID, Y./DUBOIS, B.: Delayed response tasks and prefrontal lesions in man - evidence for self generated patterns of behaviour with poor environmental modulation. *Neuropsychologia* 31 (1993) 12, 1379-1396
VOGELEY, K.: Repräsentation und Identität. Zur Konvergenz von Hirnforschung und Gehirn-Geist-Philosophie. *Erfahrung und Denken* (Band 77). Berlin: Duncker und Humblot 1995
VOGELEY, K./CURIO, G.: Complex visual pseudohallucinations – postulate of the „aperture effect." *Journal of Neurology, Neurosurgery and Psychiatry* (im Druck)
VOGELEY, K./KURTHEN, M./FAUKAI,P./MAIER,W.: The prefrontal cortex is the neural substrate of the self. *Consciousmess and Cognition* (im Druck)
WAPNER, W./JUDD, T./GARDNER, H.: Visual agnosia in an artist. *Cortex* 14 (1978) 434-464
ZEKI, S./WATSON, J.D.G./LUECK, C.J./FRISTON, K.J./KENNARD, C./FRACKOWIAK, R.S.J.: A direct demonstration of functional specialization in human visual cortex. *J Neurosci* 11 (1991) 3, 641-649

GPSR Compliance

The European Union's (EU) General Product Safety Regulation (GPSR) is a set of rules that requires consumer products to be safe and our obligations to ensure this.

If you have any concerns about our products, you can contact us on ProductSafety@springernature.com

In case Publisher is established outside the EU, the EU authorized representative is:

Springer Nature Customer Service Center GmbH
Europaplatz 3
69115 Heidelberg, Germany

Batch number: 10815964

Printed by Printforce, the Netherlands